ARTURO BAREA

Spanientrilogie

EUROPA
VERLAG

Spanientrilogie

ARTURO BAREA
Die
Rebellenschmiede

Übersetzt von Joseph Kalmer

Europa Verlag
Hamburg · Leipzig · Wien

Inhalt

ERSTER TEIL

1. Fluß und Mansarde	7
2. Cafè Español	29
3. Die Straßen Kastiliens	43
4. Weizenland	53
5. Weinland	71
6. Vorwerk von Madrid	97
7. Madrid	117
8. Schule	141
9. Die Kirche	159

ZWEITER TEIL

1. Der Tod	181
2. Einführung ins Mannestum	203
3. Rückkehr in die Schule	215
4. Arbeit	227
5. Das Testament	243
6. Kapitalist	269
7. Proletarier	285
8. Rückschau auf die Jugend	301
9. Rebell	319

Kapitelübersicht aller drei Bände	338

Spanientrilogie

BAND 1

Die Rebellenschmiede

VORWORT

Nur wenige Bücher über den Spanischen Bürgerkrieg von 1936 bis 1939 und seine Ursprünge haben so viel Lob erhalten wie Arturo Bareas *Spanientrilogie*. Der erste Band dieser autobiographischen Trilogie, *Die Rebellenschmiede*, erschien im Juni 1941 und wurde von Stephen Spender wegen seines ›großen künstlerischen Werts‹ und ›außergewöhnlichen poetischen Gespürs‹ gelobt, während die Londoner *Times* erklärte: ›Eine überzeugendere Darstellung des Ambosses, auf dem ein Rebell geschmiedet wurde, dürfte bislang noch nicht veröffentlicht worden sein.‹

Das zweite Buch, *Die endlose Straße*, im Juli 1943 publiziert, wurde wegen seiner ›großen Schönheit und lebendigen Detailschilderung‹ gepriesen. Cyril Connolly meinte, ein Autor, der ›so klar und aufrichtig denkt und fühlt‹ wie Barea, sei ›in diesen Zeiten sonst kaum zu finden‹.

Den dritten und abschließenden Band, *Die Stimme von Madrid*, der im Februar 1946 erschien, hielt George Orwell für ein ›außergewöhnliches Buch von beträchtlichem historischem Interesse‹. Insgesamt sei, so ein Kritiker, die Trilogie ›für das Verständnis des modernen Spaniens so unerläßlich wie die Lektüre der Romane Tolstois für das Begreifen der Entwicklung Rußlands im 19. Jahrhundert.‹

Allerdings war Barea erst spät zum Schreiben gekommen. Als *Die Rebellenschmiede*, sein erster Roman, erschien, war er bereits dreiundvierzig, und ohne den Spanischen Bürgerkrieg wäre er vielleicht niemals Autor geworden. Nicht, daß es ihm an der nötigen Motivation gefehlt hätte. Schon früh fühlte er sich zwischen seinen künstlerischen Bestrebungen und der

Notwendigkeit, seinen Lebensunterhalt verdienen zu müssen, hin- und hergerissen.

Geboren wurde er am 20. September 1897 im Städtchen Bajadoz in der Estremadura nahe der portugiesischen Grenze. Nach dem frühen Tod seines Vaters, eines Rekrutierungsoffiziers, mußte die Familie, die zur Unterschicht gehörte, schon zwei Monate später nach Madrid ziehen, wo seine Mutter als Dienstmagd im Haushalt ihres Bruders und als Wäscherin am Ufer des Manzanares arbeitete. Allerdings lebte Arturo, im Gegensatz zu seinen Geschwistern (zwei Brüdern und einer Schwester), bei seinem wohlhabenden Onkel und dessen Frau und sah seine Angehörigen, die im Arbeiterviertel El Avapiés wohnten, nur an den Wochenenden. Diese spannungsreiche Erfahrung eines Lebens in zwei Welten schärfte sein Empfinden, Außenseiter zu sein, und prägte seine schriftstellerische Arbeit in entscheidender Weise.

Der plötzliche Tod seines Onkels zwang den mittlerweile dreizehnjährigen Arturo, sich Arbeit zu suchen. Nach mehreren schlecht bezahlten Jobs konnte er während des Ersten Weltkriegs, mit dessen Ausbruch *Die Rebellenschmiede* endet, als Handlungsreisender für einen Diamantenhändler einiges Geld machen, und er war bereits, wie er in seinen autobiographischen Notizen vermerkt, vom ›literarischen Virus‹ befallen. Er nahm an Diskussionszirkeln, sogenannten *peñas*, in Madrider Cafés teil, mußte aber, wie er zu seinem Schrekken feststellte, sehr viel mehr Zeit als für das Schreiben dafür aufwenden, den jeweiligen Redakteuren ›in den Arsch zu kriechen‹. Diese ›geist- und nervtötende Tortur‹ konnte hin und wieder zur Veröffentlichung eines unbezahlten Artikels führen, zog sich aber über Monate und sogar Jahre hin, wenn man es darauf angelegt hatte, Mitarbeiter einer Zeitung zu werden, eine Tätigkeit, mit der sich im übrigen nicht viel Geld verdienen ließ.

Ein derart erniedrigender und vorgezeichneter Weg zum literarischen Erfolg kollidierte heftig mit Bareas hochfahrendem Stolz. Er kehrte dem literarischen Milieu den Rücken und begrub seine Ambitionen. So scheiterte sein erster Versuch, sich seinen Lebensunterhalt durch schriftstellerische Tätigkeit zu verdienen. Überdies hatte er den Entschluß gefaßt, seine von ihm tief verehrte Mutter zu unterstützen. Der Widerspruch zwischen literarischer Neigung und materieller Notwendigkeit wird in der Trilogie immer wieder zum Thema und kristalliert sich in der Kurzgeschichte ›The Centre of the Ring‹, die zwischen 1914 und 1920 spielt und somit den Zeitraum umfaßt, der in den ersten beiden Bänden seiner Trilogie ausgespart blieb.

Mit dem Jahr 1920 setzt *Die endlose Straße* ein. Barea, mittlerweile erwachsen und von großer, geschmeidiger Statur, wurde zum Militärdienst in Spanisch-Marokko, der einzigen noch verbliebenen Kolonie des Landes, einberufen. Seine Erfahrungen im Kolonialkrieg bilden den Kern. Er erlebte die allgegenwärtige Habgier und Unfähigkeit der spanischen Armee, die Widerwärtigkeiten ihrer strengen Hierarchie, die Erniedrigung der marokkanischen Bevölkerung. Zudem lernte er viele Generäle, die später beim Aufstand gegen die Republik eine führende Rolle spielen sollten, persönlich kennen.

Seine literarische Tätigkeit ruhte während dieser Zeit nicht vollständig; es entstanden einige Gedichte und Kurzgeschichten, von denen sich aber wohl nur ›La Medalla‹ erhalten zu haben scheint.

Wiederum wählte er nach seinem Abschied aus der Armee nicht die schriftstellerische Laufbahn, sondern folgte der Konvention: Er heiratete, wurde Vater und fand eine feste Anstellung im Patentgeschäft. Ende der zwanziger Jahre war er zum technischen Leiter einer führenden Firma aufgestiegen und konnte so für seine Familie und die hochbetagte Mutter sorgen. Allerdings war die Heirat mit Aurelia Grimaldos ein, wie er es formulierte, ›deprimierender Fehlschlag‹, vor dem er Zuflucht in der Arbeit suchte.

Als 1931 mit der Zweiten Republik die erste demokratische Regierung an die Macht gelangte und nun auch die Massen sich politisch beteiligen und betätigen konnten, fand Bareas ruheloser Geist einen Haltepunkt. Er engagierte sich, wie schon in seiner Jugend, in der sozialistischen Gewerkschaftsbewegung, was jedoch, wie er später notierte, ›einen fortwährenden und bitteren Widerspruch‹ zu seiner Arbeit im Patentbüro darstellte, wo er es täglich mit Großunternehmen zu tun hatte.

Im Juli 1936 brach der Bürgerkrieg aus. Barea hatte bislang nur ein paar Gedichte, Kurzgeschichten und politische Artikel veröffentlicht. Das sollte sich jetzt grundlegend ändern – die Kriegsereignisse stehen im Mittelpunkt von *Die Stimme von Madrid*, dem dritten Teil der Trilogie. Nachdem er im August beim Amt für Zensur der Auslandspresse, das dem Außenministerium unterstellt war, eine Tätigkeit gefunden hatte, lernte er viele Journalisten und Schriftsteller kennen, darunter auch Persönlichkeiten wie Ernest Hemingway und John Dos Passos, die seine spätere schriftstellerische Arbeit entscheidend prägen sollten. Stark beeinflußt wurde er auch von Ilsa Kulcsar, einer kleinen, dicklichen, lockenköpfigen Österreicherin, Mitglied der SPÖ, die, wie viele andere Ausländer, nach Spanien gekommen war, um die Republik zu verteidigen.

Als im November 1936 die Regierung nach Valencia verlegt werden mußte, war Barea zum Leiter des Zensuramts ernannt worden und hatte Ilsa Kulcsar als Assistentin eingestellt. Weil sie, wenngleich mit wienerischem Akzent, fünf Sprachen fließend beherrschte, war sie ihm bei seiner Arbeit eine unersetzliche Hilfe. Zugleich aber ermutigte sie ihn zum Schreiben. Kein Wunder, daß sie schon nach kurzer Zeit seine Geliebte wurde. Außerdem mußte Barea als ›Unbekannte Stimme von Madrid‹ täglich im Radio Vorträge literarischen und propagandistischen Inhalts halten. Der entscheidende Auslöser war jedoch der Nervenzusammenbruch, den er im Sommer jenes

Jahres erlitt – Ergebnis eines sechzehnstündigen Arbeitstags, der fortwährenden Bombardements, des Scheiterns seiner Ehe und der immer unerfreulicher werdenden Auseinandersetzungen mit der kommunistisch beherrschten Bürokratie in Valencia. Barea versuchte, diese allumfassende Krise durch Schreiben zu bewältigen.

Am 17. August 1937 veröffentlichte er im *Daily Express* eine Kurzgeschichte mit dem Titel: ›This was written under shell-fire‹ (›Dies wurde unter Granatenbeschuß geschrieben‹) – was angesichts der Tatsache, daß die meisten Sachen, die er später im britischen Exil publizierte, zuerst in englischer Sprache erschienen, von gewissermaßen symbolischer Bedeutung war.

1938 kam sein erstes Buch heraus, das unter dem Titel *Valor y Miedo* (Mut und Furcht) einige leichtgewichtige, propagandistische Kurzgeschichten versammelte, die zumeist aus überarbeiteten Radiovorträgen hervorgegangen waren und sich mit dem alltäglichen Kampf der Bevölkerung gegen den ›Faschismus‹ beschäftigten. Es war, so Barea, der letzte Band, der in Barcelona gedruckt wurde, bevor Francos Truppen die katalanische Hauptstadt besetzten.

Ende 1937 hatten die Kommunisten erreicht, daß Barea sein Zensuramt und die Arbeit beim Radio einstellen mußte, und zwangen ihn im Februar 1938 sogar dazu, Spanien zu verlassen. In Paris begann er mit der Arbeit an *Die Rebellenschmiede*, um den Hunger zu betäuben, die schwierigen Lebensbedingungen und den Schmerz angesichts der allmählichen, aber unabwendbaren Niederlage der Republik zu bewältigen.

Arturo und Ilsa, die eine Woche vor der Flucht aus Spanien geheiratet hatten, registrierten mit tiefem Erschrecken den ›inneren Zerfall‹ Frankreichs und waren davon überzeugt, daß ›die Katastrophe unmittelbar bevorstand‹. Sie gingen nach England. Im März 1939, dem Monat, als die Republik endgültig in die Hände der Nationalisten fiel, kamen sie dort an.

So hatte der Bürgerkrieg Arturo Bareas Leben von Grund auf verändert: Er hatte seine Frau verlassen, war eine neue Bindung eingegangen, war ins Exil geflohen und hatte sich zum Schriftsteller entwickelt.

›Schneller als erwartet‹, betont Arturo in seinen autobiographischen Notizen, ›und leichter, als man es von einem Spanier denken sollte, paßte ich mich der englischen Lebensweise an und entdeckte meine Liebe zum englischen Landleben.‹ Im ›ländlichen Frieden‹ feierte er denn auch seinen ersten literarischen Erfolg – nämlich mit der Kurzgeschichte ›*A Spaniard in Hertfordshire*‹, die im Juni 1939 im *Spectator* erschien. Im darauffolgenden Jahr nahm er seine Tätigkeit im Auslandsprogramm der BBC, Abteilung für Lateinamerika, auf, wo er unter dem Pseudonym ›Juan de Castilla‹ einen fünfzehnminütigen Vortrag zu einem Aspekt der britischen Lebensweise hielt. Bis zu seinem Tod sollte er nun jede Woche einen solchen Beitrag schreiben und verlesen – insgesamt über 850 dieser kurzen, nachdenklichen Stücke, die sich schon bald als sehr populär erwiesen und bei jährlichen Hörerumfragen mehrmals Spitzenwerte erzielten. Sie wurden zu seiner hauptsächlichen Einkommensquelle, so daß Bareas Tätigkeit bei der BBC ihm nicht nur ein gewisses Maß an materieller Sicherheit bot, sondern auch zu seinem Ruf als Schriftsteller beitrug – allerdings nicht in seinem Heimatland.

1941 etablierte sich Barea mit dem Essay ›*Not Spain but Hemingway*‹, einer scharfen Verurteilung des Romans *Wem die Stunde schlägt*, als Literaturkritiker. Im selben Jahr veröffentlichte er *Struggle for the Spanish Soul*, eine Analyse der materiellen und ideellen Grundlagen der frankistischen Diktatur, die zusammen mit George Orwells *The Lion and the Unicorn* bei Secker & Warburg in der Reihe ›*Searchlights*‹ erschien. Deren Herausgeber, Tosco Fyvel, versicherte Barea in einem Brief, daß dieses Buch ihn ›berühmt‹ machen werde. ›Noch vor dem Ende des Sommers‹, meinte Fyvel, dürfte Arturo ›als *der* spanische Schriftsteller‹ in England bekannt sein.

Barea wurde tatsächlich 1941 berühmt, aber nicht aufgrund dieses Buches, sondern weil *Die Rebellenschmiede* publiziert wurde. Verantwortlich für die Herausgabe bei Faber & Faber zeichnete T. S. Eliot, die Übersetzung stammte von Sir Peter Chalmers-Mitchell, dem ehemaligen britischen Konsul in Malaga, der mit der republikanischen Sache sympathisierte und die Veröffentlichung von *Die Rebellenschmiede* gefördert hatte. Allerdings war seine Übersetzung, wie Stephen Spender diskret formulierte, ›nicht ganz das, was man sich gewünscht hätte‹, weshalb die nächsten zwei Bände von Ilsa übertragen wurden. ›Jeder englische Schriftsteller‹, bemerkte der Autor Gerald Brenan daraufhin in einem Brief an Arturo, ›wäre hocherfreut, wenn er ebenso gut schriebe.‹ Auch die *Times* war sehr angetan und meinte, *Die endlose Straße* sei ›so gut übersetzt, daß es sich wie ein englischer Text liest, der von einem englisch denkenden Autor verfaßt ist‹. Kein Wunder also, daß Ilsa 1946 für eine neue Version von *Die Rebellenschmiede* sorgte. Im selben Jahr erschienen die drei Bücher unter dem Titel *The Forging of a Rebel* als einbändige Ausgabe in den USA, wo sie als ›Meisterwerk‹ und ›unverzichtbarer Beitrag zur Kenntnis des modernen Spaniens sowie als Werk von hohem literarischem Rang‹ gelobt wurden. Für Bertram Wolfe war die Trilogie ›eine der großen Autobiographien des zwanzigsten Jahrhunderts‹. Allein im ersten Monat wurden 4000 Exemplare verkauft.

Mit der Niederschrift der *Spanientrilogie* verfolgte Barea zwei miteinander zusammenhängende Ziele. Zum einen wollte er, wie er in der Einleitung zu *Die endlose Straße* erklärt, ›die dunklen psychologischen und gesellschaftlichen Unterströmungen des Spanischen Bürgerkriegs‹ beleuchten, indem er, zum anderen, den ›gewöhnlichen Menschen‹, zu denen er sich rechnete, ›eine Stimme‹ verlieh. Mithin verwarf er die erste Fassung des Buchs als zu abstrakt und ideologisch ausgerichtet und legte bei der Überarbeitung den Schwerpunkt auf das konkrete Leben individueller Menschen. ›Ich kann nur von dem berichten, was ich selbst erlebt und gesehen habe‹, bemerkte er in einem Brief. ›Lebendige Menschen interessieren mich sehr viel mehr als Theorie und Analyse.‹ Mit seinem nüchtern-knappen Stil, der fotografischen Genauigkeit der Beschreibungen, der Aufmerksamkeit für Details und alltagssprachliche Wendungen sowie mit seiner kompromißlosen, auf jede Bitterkeit verzichtenden emotionalen Aufrichtigkeit ist die Trilogie, so der *Guardian*, ›ein spanisches Meisterwerk, das eine ganze geschichtliche Epoche erhellt‹.

Die erste spanischsprachige Ausgabe wurde 1951 in Buenos Aires vom Verlag Losada veröffentlicht. Da die Originalmanuskripte nahezu vollständig verlorengegangen waren, mußten Arturo und Ilsa die englische Version in die Ursprungssprache rückübersetzen, was offensichtlich in großer Eile geschah, weil der Text von grammatikalischen Fehlern und Anglizismen nur so wimmelte. In Spanien selbst konnten natürlich nur Kopien in aller Heimlichkeit zirkulieren; die sozialistisch-republikanische Vergangenheit des Autors und seine unbarmherzige Kritik am *ancien régime* erlaubten erst 1978, nach der Rückkehr Spaniens zur Demokratie, eine reguläre Veröffentlichung. Neuauflagen gab es 1980 und 1985/86, aber erst in der Debate-Ausgabe von 2000 wurden die Fehler des bei Losada erschienenen Textes endgültig berichtigt.

Dennoch läßt sich die englische Version der Trilogie, obwohl sie nicht von einem Muttersprachler stammt, eleganter und flüssiger lesen als die spanische Rückübersetzung. Zudem bildete sie, wie Ilsa in einem Brief erklärt, die Grundlage für die Übertragungen in andere Sprachen, da ›praktisch kein Übersetzer‹ mit Arturos ›sehr unakademischer, direkter und umgangssprachlicher Ausdrucksweise‹ vertraut war. Insgesamt ist das Buch in zehn Sprachen übertragen worden. Auch dafür hatte Arturo Ilsa zu danken. Sie war, wie er anerkannte, ›meine Gefährtin im umfassendsten Sinn des Wortes‹.

Schon bald nach Veröffentlichung des letzten Teils der Trilogie schlug sich Bareas Anerkennung als Schriftsteller nieder.

1946 unternahm er eine Lesereise durch Dänemark, und im folgenden Jahr wurde er für den Nobelpreis vorgeschlagen, wobei er, wie Ilsa berichtet, in die engere Auswahl geriet. 1952 lud ihn die State University of Pennsylvania ein, Vorlesungen über die spanische Literatur des neunzehnten und zwanzigsten Jahrhunderts zu halten – für einen Autodidakten ein beträchtlicher Erfolg. Zudem waren seine Radiovorträge so populär geworden, daß ihn die BBC 1956 auf eine siebenwöchige Reise durch Argentinien, Chile und Uruguay schickte, wo er zahlreiche Vorträge hielt und Interviews gab und auch für sein Buch gefeiert wurde, dessen Ausgabe bei Losada in wenigen Monaten mehr als zehntausendmal verkauft worden war. Obwohl die spanischen Botschaften einiges unternahmen, um ihn, in Anspielung auf Stalins brutalen Geheimdienstchef, als ›Arturo Beria‹ zu denunzieren und ihm eine kommunistische Vergangenheit zu unterstellen, war die Reise ein unzweideutiger Triumph.

Der Schriftsteller Arturo Barea läßt sich jedoch nicht auf die *Spanientrilogie* beschränken. Leider ist er nur zu oft als literarisch anspruchsloser, realistischer Autor der Arbeiterklasse porträtiert worden, wodurch seine eher theoretischen Schriften in den Hintergrund gerieten. So veröffentlichte er 1944 *Lorca, the Poet and His People*, eine bahnbrechende, noch heute lesenswerte Analyse des Dichters aus Andalusien. Allerdings muß man zugeben, daß seine in Zusammenarbeit mit Ilsa entstandene Studie über das baskische Universalgenie Miguel de Unamuno deutlich weniger gelungen ist. Dennoch verfaßte er einige höchst anregende literaturtheoretische Untersuchungen, die sich durch Zugänglichkeit, Urteilskraft und sozialhistorische Kontextualisierung der analysierten Romane auszeichnen. Hier erweist sich Barea als unabhängiger und nachdenklich stimmender Autor.

Nach *Spanientrilogie* hat Arturo nur noch einen Roman vollendet. Das auf Englisch 1951 und auf Spanisch vier Jahre später unter dem vielsagenden Titel *The Broken Root* veröffentlichte Buch kann in gewisser Weise als Folgeband der Trilogie betrachtet werden, insofern es von einem in England exilierten Spanier handelt, der jedoch, im Gegensatz zu Barea, in die Heimat zurückkehrt. Es beschäftigt sich, kurz gesagt, mit der Epoche nach dem Bürgerkrieg. Zwar besitzt der Roman viele Vorzüge, die auch der Trilogie eignen, doch fehlen ihm die strukturelle Geschlossenheit und der erzählerische Nachdruck, die unmittelbare Zeitzeugenschaft verleihen. Bis zu seinem Tod schrieb Arturo weiterhin Kurzgeschichten, von denen eine posthume Auswahl, *El centro de la pista* (Der Mittelpunkt des Rings), 1960 in Spanien erschien, eine vollständige Ausgabe, *Cuentros Completos*, wurde jedoch erst 2001 publiziert. Viele der Geschichten sind Seitenstücke zur Trilogie, und fast alle spielen in Spanien, obwohl der Autor seit 1939 im englischen Exil lebte. Aber das gilt, mit Ausnahme seiner journalistischen Arbeiten, für sein gesamtes Werk.

Wie schmerzvoll die Aufgabe der Heimat war, verdeutlicht *The Broken Root* über die Maßen. Dennoch fand Arturo Barea in England – und in der Partnerschaft mit Ilsa – die Ruhe und Stabilität, die es ihm ermöglichten, Schriftsteller zu werden. Zudem bemerkte er: ›Ich habe nicht vor, dauerhaft nach Spanien zurückzukehren, auch nicht nach dem Sturz des faschistischen Regimes, sondern möchte weiterhin „irgendwo in England" leben.‹ Er starb in der Nacht des 24. Dezember 1957 an Herzversagen und hinterließ einen unvollendeten Roman, *His Brother's Keeper*, dessen Handlung ebenfalls in Spanien angesiedelt ist.

Zweifellos ist die Vielfalt und Qualität der Arbeiten von Arturo Barea, die von literaturtheoretischen Essays und politischen Analysen bis zu seinen Romanen und Kurzgeschichten reicht, noch nicht hinreichend gewürdigt worden. Doch *Spanientrilogie* bleibt sein Hauptwerk, nicht nur, weil es um die Wurzeln und den Verlauf des Spanischen Bürgerkriegs geht, sondern weil die Trilogie die Geschichte aus der Sicht der gewöhnlichen Spanier erzählt – mit detailfreudiger Genauigkeit, emotionaler Integrität und bezwingender narrativer Kraft. Insofern bleibt *The Forging of a Rebel* eine der bedeutsamsten Darstellungen der größten Tragödie des modernen Spaniens: des Bürgerkriegs.

Nigel Townson*, Madrid 2001

---

* Nigel Townson lehrt Geschichte an der Europäischen Universität in Madrid. Er hat die spanische Neuausgabe der *Spanientrilogie* veröffentlicht, die Kurzgeschichten von Barea unter dem Titel *Cuentros Completos* zusammengestellt und eine Edition ausgewählter weiterer Schriften Arturo Bareas – *Palabras Recobradas* – besorgt. Townson ist Autor von *The Crisis of Democracy in Spain: Centrist Politics Under the Second Republic, 1931–1936* (Sussex Academic Press, 2000).

Vorwort übersetzt von Michael Haupt.

Erster Teil

FLUSS UND MANSARDE

Der Wind blies in die zweihundert Paar Hosen und blähte sie auf. Wie sie so an den Wäscheleinen des Trockenplatzes schaukelten, kamen sie mir wie dicke Männer ohne Kopf vor. Wir Jungen liefen an den Reihen weißer Hosen entlang und droschen sie auf die prallen Hintern. Die Señora Encarna geriet in Zorn und rannte wutschnaubend hinter uns her, wobei sie uns mit dem Holzschlegel drohte, der für gewöhnlich dazu diente, die Schmutz- und Fettflecke aus der Wäsche zu klopfen. Wir versteckten uns zwischen den Gassen und Gäßchen, die von den vierhundert Bettüchern gebildet wurden. Manchmal erwischte sie einen von uns. Dann warfen wir anderen dicke Lehmpatzen auf die Hosen. Das gab Flecken, als ob einer in die Hosen gemacht hätte, und wir malten uns schmunzelnd aus, was für eine Tracht Prügel solche Schweinerei möglicherweise eintragen könnte.

Mittags, wenn die Hosen trocken waren, halfen wir, sie in Zehnerhaufen zu ordnen, bis alle zweihundert Paare beisammen waren. Dann zogen wir Kinder der Wäscherinnen allesamt mit der Señora Encarna auf den Trockenboden des Waschhauses. Der ähnelte einem Kirchenschiff mit einem spitzen Dach darüber. Die Señora Encarna konnte zwar in der Mitte gerade noch aufrecht stehen, stieß dabei aber mit ihrem Haarknoten beinahe an den Tragbalken. Wir Kinder hielten uns an den Seiten, stießen aber da schon mit den Köpfen ans Dach. Vor der Señora Encarna breiteten sich Berge von Hosen, Bettüchern, Unterhosen und Hemden aus; ganz hinten stapelten sich die Polsterüberzüge. Jedes Stück trug seine Nummer. Señora Encarna rief diese einzeln aus, warf die Stücke jeweils dem Jungen zu, der den Zehnerhaufen, zu dem sie gehörten, zu betreuen hatte. Jeder von uns hatte sich um zwei oder drei dieser Gruppen zu kümmern und jedes Wäschestück auf den richtigen Haufen zu legen. Zuletzt stopften wir dann in jeden der Polsterüberzüge je ein Paar Hosen, zwei Bettücher, ein Paar Unterhosen und ein Hemd, alle mit der gleichen Merknummer.

Regelmäßig am Donnerstag kam ein großer vierspänniger Pferdewagen zum Fluß heruntergefahren, der die zweihundert Bündel sauberer Wäsche auflud und zweihundert Bündel schmutzige Wäsche zurückließ.

Das war die Ausstattung der Soldaten der Königlichen Leibgarde, der einzigen Truppe, die zum Schlafen mit Bettüchern versorgt wurde.

Diese Leibgardisten ritten Tag für Tag am frühen Morgen über die Königsbrücke und geleiteten eine offene Kutsche, in der für gewöhnlich der Prinz von Asturien saß, manchmal auch die Königin selber. Immer erschien zuerst ein Vorreiter, der aus dem Tunnel hervortrat, der zum Königlichen Palast führt, und verständigte die Brückenwache. Diese jagte alle Passanten und herumstehenden Leute davon, damit die Kutsche mit ihrer Eskorte über eine leere Brücke fahren könne. Bei uns Kindern drückte die Wache ein Auge zu: Wir durften auf der Brücke bleiben. Und keiner von uns hatte Angst vor der Berittenen Garde; ihre Hosen waren uns allzu vertraut.

Der Prinz war ein blonder blauäugiger Junge. Er sah uns an und lachte wie ein Trottel. Es hieß, er sei stumm und müsse jeden Tag, auf der rechten Seite von einem Geistlichen und auf der linken von einem General mit weißem Schnurrbart begleitet, in der Casa de Campo spazierengehen. Vermutlich hätte es ihm besser getan, mit uns hier am Fluß zu spielen. Wir hätten ihn uns dann beim Baden anschauen und herausbekommen können, wie ein Prinz unbekleidet aussieht. Aber offenbar wurde ihm so etwas nicht gestattet. Wir unterhielten uns darüber einmal mit Onkel Granizo, dem Besitzer des Waschhauses, der mit dem Parkwächter der Casa de Campo befreundet war. Und dieser wiederum pflegte gelegentlich mit dem Prinzen zu sprechen. Onkel Granizo sagte uns zu, sich darum zu bemühen, daß dem Prinzen die Erlaubnis zum Baden gegeben werde, erklärte aber bald darauf, der General habe abgelehnt.

Diese Herren vom Militär sind alle gleich. Ein General, der früher auf den Philippinischen Inseln gewesen war, kam öfters zu Onkel José auf Besuch. Er hatte von den Philippinen einen alten Chinesen mitgebracht, der mich sehr gern hatte; ferner einen Spazierstock aus rosa Holz, von dem er behauptete, er sei das Rückgrat eines Fisches namens Manati gewesen und bringe jedem, der einen Hieb damit erhielt, den Tod; und schließlich noch ein Kreuz, das aber gar kein wirkliches Kreuz war, sondern ein vielzackiger grüner Stern, der alle seine Gewänder schmückte, auch auf Weste und Hemd aufgestickt war und als Emailknopf das Knopfloch zierte.

Jedesmal, wenn dieser General beim Onkel erschien, brummte er, räusperte sich und richtete an mich die Frage, ob ich schon ein kleiner Mann sei. Und danach begann er mich anzufahren und auszuschelten: »Sei doch ruhig, Junge, ein kleiner Mann tut so etwas nicht!...Laß die Katze in Ruhe, Junge, du bist doch schon ein kleiner Mann!« Meistens setzte ich mich zu Füßen meines Onkels auf den Fußboden, während sie über Politik und den Russisch-Japanischen Krieg redeten. Dieser Krieg war längst vorüber, aber der General redete immer wieder gern davon, weil er selber in China und Japan gewesen war. Während sie sprachen, hörte ich zu, und wenn ich hörte, wie die Japaner die Russen verdroschen hatten, freute ich mich jedesmal von neuem. Ich konnte die Russen nicht leiden. Sie hatten einen sehr bösen König, der Zar hieß, und einen Polizeipräsidenten namens Petroff. Kapitän Petroff war ein Rohling und schlug auf die Leute mit der Peitsche ein. Der Onkel kaufte mir jeden Sommer eine neue Folge der »Abenteuer des Kapitäns Petroff«. Andauernd wurden Bomben nach ihm geworfen, aber getötet wurde er nie.

Wenn sie mit dem Gespräch über den Krieg aufhörten, langweilte mich ihre Unterhaltung, und ich trieb auf dem Eßzimmerteppich meine eigenen Spiele.

Sicherlich war der General, der den Prinzen begleitete, ganz genau so. Sicherlich hatte er dem Prinzen beizubringen, wie er Krieg zu führen hatte, wenn er einmal König wurde; denn alle Könige müssen wissen, wie man Krieg führt. Der Geistliche dagegen sollte ihm das Sprechen beibringen. Das verstand ich nicht; wie sollte er denn reden lernen, wenn er stumm war? Möglich, daß er's doch konnte, weil er ein Prinz war! Aber die Stummen, die ich kannte, redeten nur in der Zeichensprache. Das lag bestimmt nicht etwa daran, daß es an Geistlichen fehlte.

Zu dumm, daß kein Ball den Fluß herabgeschwommen kam, da wir doch heute Abend einen zum Spielen brauchten! Es war sehr leicht, einen Ball herauszufischen. Vor Onkel Granizos Haus gab es eine kleine Holzbrücke aus zwei alten Schienen mit Brettern darüber. Sie hatte sogar ein Geländer, und das Ganze war grün gestrichen. Darunter floß ein trüber Bach, der aus einem Gewölbe herauskam, und Gewölbe und Bach waren der Hauptabflußkanal von Madrid. Alle Bälle, die den Kindern Madrids in die Gosse fielen, kamen hier herangeschwommen, und wir fischten sie von der Brücke mit einem Netz heraus, das wir uns aus einem Stecken und dem Schutzgitter eines Kohlenbeckens gebaut hatten. Einmal habe ich einen rotlackierten Gummiball herausgefischt. Tags darauf nahm ihn mir Cerdeño in der Schule weg, und ich mußte den Mund halten, denn er war größer als ich. Ich habe es ihm aber kräftig heimgezahlt. Auf der Corrala, dem Platz vor der Schule, wo wir zu spielen pflegten, habe ich ihm vom obersten Treppengeländer aus einen Stein so kräftig an den Kopf geworfen, daß ihm der Schädel mit einem Faden genäht werden und er drei Tage lang einen Verband tragen mußte. Natürlich hat er nie erfahren, wer's getan hatte. Für alle Fälle trug ich seither ständig einen spitzen Stein in der Tasche, und wenn er versucht hätte, mich zu verprügeln, hätte man ihm den Schädel zum zweiten Mal nähen müssen.

Einmal ist Antonio, der kleine Hinkebein, von der Brük-

ke gefallen und wäre beinahe ertrunken. Señor Manuel, der
Knecht, hat ihn herausgezogen. Er massierte ihm mit beiden Händen den Bauch, bis Antonio schmutziges Wasser aus-
spuckte. Dann gab man ihm Tee und Schnaps zu trinken, und
Señor Manuel, der ein rechter Trinker war, tat gleich einen
langen Zug aus der Flasche, weil seine Hosen ganz durchnäßt
waren und ihn, wie er sagte, heftig fror.

Es war nichts zu machen: Kein Ball kam geschwommen!
Meine Mutter rief nach mir, und ich ging essen. An diesem Tag
setzten wir uns zum Essen aufs Gras in die Sonne. Das gefiel
mir besser als die kalten Tage ohne Sonne, an denen wir bei
Onkel Granizo essen mußten. Sein Haus war eine alte Schenke
mit einer Theke aus Zinkblech und etlichen wackligen runden Tischen. Die Suppe lief immer über, und der Herd qualm-
te heftig. Eigentlich war es gar kein Herd, sondern ein großer
tragbarer Ofen mit einem offenen Feuer in der Mitte, um das
herum alle Wäscherinnen ihre Kochtöpfe stellten. Meine Mutter hatte einen kleinen Topf, denn wir waren nur zwei; aber
Señora Encarnas Topf war so groß wie ein Weinfaß. Neun Personen waren sie, und als Eßschüssel benutzten sie ein Waschbecken. Alle neun saßen sie auf dem Gras um ihre Schüssel
herum und tauchten der Reihe nach den Löffel hinein. Wenn
es regnete und sie drinnen essen mußten, saßen sie an zwei
Tischen und verteilten ihren Erbsenbrei auf das Waschbecken
und die riesige Steingutkasserolle, in der Onkel Granizo sonn-
tags seine Schnecken dünstete. An den Sonntagen nämlich wurde nicht gewaschen, und Onkel Granizo dünstete Schnecken.
Am Abend kamen dann viele Männer und Frauen zum Fluß,
tanzten, aßen Schnecken und tranken Wein. Einmal lud Onkel Granizo meine Mutter und mich dazu ein und stopfte mich
mächtig voll. Die Schnecken wurden an Ort und Stelle im Gras
aufgelesen, besonders nach Regenfällen, wenn sie an die Sonne
krochen. Wir Jungen sammelten sie, strichen die Gehäuse mit
verschiedenen Farben an und spielten Pferderennen.

Der Erbsenbrei schmeckte mir hier besser als zu Hause.
Zuerst schnitt man Brot in sehr dünne Stückchen und über-

goß sie mit der safrangelben Brühe: Das war die Suppe. Dann aß man die Kichererbsen, und zuletzt kam das Fleisch, dazu in Hälften geschnittene, mit Salz bestreute Tomaten. Als Nachtisch gab's noch Salat, saftigen grünen Kopfsalat mit ganzen Herzen, wie man ihn in der Stadt gar nicht bekommen konnte. Onkel Granizo züchtete diesen Salat selber am Ufer des Kanals. Vom Kloakenwasser, meinte er, wüchse er besonders gut. Und das stimmte auch. Es hört sich unappetitlich an, aber schließlich streuen die Leute ja auch Dünger auf die Getreidefelder, und die Hühner fressen Kot, und trotz alledem sind Brot und Hühner leckere Dinge.

Die Hühner und die Enten wußten genau, wann wir aßen. Kaum hatte die Mutter den Waschtrog umgedreht, kamen sie auch schon herbeigelaufen. Unter dem Waschtrog war ein langer fetter Regenwurm gelegen und wand sich nun hin und her. Schon hatte ein Enterich ihn erblickt. Er fraß ihn genau so, wie ich die dicken Nudeln zu essen pflegte: Er ließ ihn im Schnabel baumeln, schlürfte – pff! – und drunten war er. Dann zupfte er an den Halsfedern, als wären Brotkrumen darin hängengeblieben, und wartete drauf, daß ich ihm ein Stück Brot zuwürfe. Aus der Hand fressen ließ ich ihn nie, denn er war bösartig und zwickte mit seinem harten Schnabel in die Finger.

Den umgekehrten Waschtrog als Tisch benützend, aßen wir beide, Mutter und ich, und saßen dabei im Grase. Die Mutter hatte sehr kleine Hände. Und da sie seit Sonnenaufgang gewaschen hatte, waren ihre Finger mit Runzeln bedeckt wie die Haut einer alten Frau, aber ihre Nägel glänzten. Mitunter verletzte ihr die Lauge die Haut und fraß stecknadelkopfgroße Löcher in die Fingerspitzen. Im Winter platzte ihr häufig die Haut an den Händen, denn wenn sie aus dem Wasser in die kalte Luft kamen, gefror das Wasser zu kleinen scharfen Eiskristallen. Dann bluteten die Hände, als wenn eine Katze sie gekratzt hätte. Mutter tat Glyzerin darauf, und so heilten sie bald.

Nach dem Essen spielten wir Jungen »Autorennen Paris – Madrid«. Die Wäscheschubkarren benutzten wir als Autos.

Wir hatten dem Señor Manuel vier davon gestohlen, ohne daß er es bemerkt hatte, und hielten sie auf der Wiese versteckt. Er sah es nicht gern, daß wir mit ihnen spielten, weil sie schwer waren, und er meinte, sie könnten einem von uns einmal ein Bein brechen. Wir aber hatten großen Spaß daran. Die Karren hatten vorn ein mit Eisen beschlagenes Rad, das bei jeder Drehung knarrte. Einer von uns stieg in den Karren, und ein anderer rannte und schob ihn, bis er davon genug hatte. Dann drehte er den Karren plötzlich um, und der Passagier fiel auf den Boden. Einmal spielten wir Zugzusammenstoß, und der lahme Antonio quetschte sich einen Finger. Er war ein richtiger Pechvogel. Er lahmte, weil sein Vater ihn einmal mit einem Prügel zu grob geschlagen hatte. Dann wieder fiel er in den Kanal. Und weil er immer den einen Schuh stärker abnützte als den anderen, ließ seine Mutter ihn beide Schuhe eines Paares auf beiden Füßen tragen und täglich wechseln, damit er sie beide gleich schnell abnütze. Wenn er den linken Schuh auf dem rechten Fuß trug – das war der gesunde –, dann hinkte er auf beiden Beinen, und es war sehr komisch anzusehen, wie er da auf seinen Krücken herumhüpfte.

Ich hatte das richtige Autorennen Paris – Madrid gesehen, in der Calle del Arenal, an der Ecke der Straße, in der mein Onkel wohnte. Eine große Anzahl Polizisten hatte eine Kette gebildet und abgesperrt, damit niemand überfahren würde; und das Ziel lag nicht an der Puerta del Sol, wie zuerst geplant war, sondern an der Puente de los Franceses. Dort sind vier oder fünf Wagen verunglückt. Bis dahin hatte ich noch nie einen Rennwagen gesehen. Alle anderen Autos in Madrid sahen wie Kutschen ohne Pferde aus, diese Rennwagen aber waren ganz anders. Sie waren lang und niedrig, und der Fahrer hockte in ihnen so, daß nur der Kopf zu sehen war: eine Pelzmütze und eine Brille mit großen Gläsern, wie Taucher sie haben. Alle Wagen hatten dicke Auspuffrohre, aus denen Explosionen kamen, die wie Kanonenschüsse krachten und scheußlich stinkenden Rauch ausstießen. In der Zeitung stand, daß sie bis zu neunzig Stundenkilometer fahren konnten. Der Zug nach Méntrida, 57 Kilometer von Madrid, braucht für diese Strecke von sechs Uhr früh bis elf Uhr vormittags; es war also gar nicht zu verwundern, wenn sich so ein Rennfahrer des öfteren den Schädel einschlug.

Ich liebe es sehr, schnell zu fahren. In unserem Viertel besaßen wir Jungen ein eigenes Auto. Es war eine Kiste auf vier Rädern, und die vorderen konnten mit einem Strick gesteuert werden. Damit sausten wir den langen Abhang der Calle de Lepanto hinunter. Unten angelangt, entwickelten wir eine so große Geschwindigkeit, daß wir auf dem Asphalt der Plaza de Oriente ein gutes Stück weiterrollten. Eine Straßenlaterne an der Ecke war die einzige Gefahr. Manolo, der Wirtssohn, sauste eines Tages hinein und brach sich den Arm. Er brüllte fürchterlich, aber es war gar nicht so schlimm. Der Arm wurde in Gips gelegt, und er fuhr wieder in unserem Auto genau wie zuvor. Allerdings war er nun vorsichtig: Am Ende des Abhangs bremste er rechtzeitig mit dem Fuß am Randstein.

Die Wiese, auf der wir damals Autorennen spielten, hieß »Promenade Unserer Lieben Frau vom Hafen«. Das Gras stand dicht, und viele Pappeln und Roßkastanien wuchsen auf der Wiese. Wir rissen die Rinde von den Pappeln, so daß ein hellgrüner Fleck zurückblieb, der zu schwitzen schien. Die Roßkastanien trugen stachelige Kugeln, in denen Kastanien steckten, die man nicht essen konnte. Tat man es doch, waren Bauchschmerzen die Folge. Wir füllten unsere Hosentaschen mit diesen Kugeln, und wenn sich einer bückte, warfen ihm die anderen die Kugeln an den Hintern: die Stacheln stachen heftig, und er sprang in die Höhe. Einmal spalteten wir so eine grüne Kugel, nahmen die Kastanien heraus und steckten das Gehäuse einem Esel, der auf der Wiese weidete, unter den Schweif. Der Esel fing zu toben an, sprang hin und her, schlug aus und ließ nicht einmal seinen Herrn in die Nähe kommen.

Ich habe nie erfahren können, warum die Wiese nach Unserer Lieben Frau vom Hafen benannt wurde. Allerdings gab es eine Heilige Jungfrau in einer kleinen Einsiedelei; ein dikker Priester hauste dort, der manchmal auf der Wiese spazieren ging und sich zuweilen unter eine der Pappeln setzte. Ein sehr hübsches junges Mädchen wohnte bei ihm. Die Wäscherinnen erzählten, sie sei seine Tochter, er aber nannte sie seine Nichte. Eines Tages fragte ich ihn, warum der Ort »Unsere Liebe Frau vom Hafen« hieß, und er erklärte mir, daß sie die Schutzheilige der Fischer sei. Wenn Schiffbruch drohte, beteten sie zu ihr und würden von ihr gerettet. Wenn sie aber dennoch ertranken, kamen sie in den Himmel. Was ich nicht verstand, war, wieso man diese Heilige Jungfrau in Madrid stehen ließ, statt sie nach San Sebastian zu bringen, wo es Meer und Fischer gibt. Vor zwei Jahren, im Sommer, hatte ich sie selbst gesehen, als mich der Onkel dorthin mitgenommen hatte. Aber hier, auf dem Manzanares, gab es weder Boote noch Fischer; hier hätte niemand ertrinken können, denn nicht einmal an der tiefsten Stelle ging einem das Wasser über den Gürtel.

Vermutlich stand diese Jungfrau Maria hier wegen der Leute aus Galicien und Asturien, die in Madrid lebten. Im August sammelten sich alle Gallegos und Asturier auf dieser Wiese, sangen und tanzten zum Spiel ihrer Dudelsäcke, schmausten und betranken sich. Die Statue der Jungfrau wurde im Umzug über die Wiese getragen, und alle Dudelsäcke folgten ihr. Auch die Knaben vom Waisenhaus kamen und spielten in der Prozession auf. Das waren Kinder ohne Vater und Mutter, die im Hospiz lebten und dort Musik zu lernen hatten. Wenn einer von ihnen die Trompete falsch blies, schlug der Lehrer mit der geballten Faust darauf und brach so dem Jungen die Zähne aus. Ich habe einen gesehen, der keinen Zahn mehr im Munde hatte, aber die Trompete blies er wunderbar. Er konnte sogar die Melodien der Jotas ganz allein blasen; alle anderen hörten auf zu spielen, und er blies auf seiner Trompete die Copla. Alle Leute klatschten Beifall, und der zahnlose Junge verbeugte sich. Dann steckten ihm die Frauen und einige Männer etliche Groschen zu. Das geschah aber heimlich, damit der Direktor es nicht sehe, der ihm das Geld sonst wieder abgenommen hätte, denn die Waisenknaben wurden für das Aufspielen beim Umzug bezahlt. Das Geld aber steckte der Lehrer ein, und die Kinder bekamen im Hospiz nichts als Knoblauchsuppe. Sie waren alle verlaust und litten an einer Augenkrankheit, die Trachom genannt wurde und aussah, als hätte man ihnen die Augenlider mit Paprikawurst beschmiert. Einigen waren die Köpfe vom Grind ganz kahl geworden.

Eine ganze Anzahl dieser Knaben waren von ihren Müttern ins Findelhaus gesteckt worden, als sie noch Wickelkinder waren. Meine Mutter hatte das nicht getan, darum liebte ich sie so. Wir waren vier Geschwister, als mein Vater starb, und ich war erst vier Monate alt. Die Nachbarn – so hatte man's mir erzählt – hatten der Mutter zugeredet, uns ins Findelhaus zu tun, weil sie nie imstande sein würde, uns alle am Leben zu erhalten. Unsere Mutter aber stellte sich an den Fluß, um Wäsche zu waschen. Mich haben Onkel José und Tante Baldomera ins Haus genommen. An den Tagen, an denen meine Mutter nicht wusch, arbeitete sie als Dienstmädchen bei ihnen; sie kochte für sie, verrichtete alle Hausarbeit und ging am Abend in die Mansarde zurück, in der sie mit meiner Schwester Concha lebte. José, mein ältester Bruder, bekam sein Essen zuerst in der Escuela Pía. Als er elf Jahre alt war, nahm ihn der älteste Bruder meiner Mutter in sein Geschäft in Cordova. Concha bekam ihr Essen bei den Nonnen in der Klosterschule. Rafael, mein zweiter Bruder, war Interner im Institut des heiligen Ildefonso. Das war eine Anstalt für in Madrid geborene Waisenknaben.

An zwei Abenden in der Woche schlief auch ich in der Mansarde, weil Onkel José der Ansicht war, ich sei um nichts besser als meine Brüder und die Schwester und sollte mich nicht für den »jungen Herrn« der Familie halten. Ich hatte nichts dagegen, denn ich unterhielt mich dort besser als im Hause des Onkels. Zwar war Onkel José sehr gut, aber die Tante war eine zänkische alte Betschwester, die mich nicht in Ruhe ließ. Jeden Abend mußte ich mit ihr zum Rosenkranz in die Santiagokirche gehen, und das schien mir zuviel des

Guten. Wohl glaubte ich an Gott und die Heilige Jungfrau, aber das hieß noch lange nicht, daß es mir Spaß machte, den ganzen Tag über zu beten oder lange Stunden in der Kirche zu verbringen. Tag für Tag um sieben Uhr früh – Schulgottesdienst. Vor Beginn des Unterrichts – Gebet. Und wenn ich endlich friedlich auf der Gasse spielte, rief mich die Tante zum Rosenkranz, und schließlich zwang sie mich auch noch vorm Schlafengehen und vorm Aufstehen zu beten. Wenn ich in der Mansarde war, dann brauchte ich weder zum Rosenkranz zu gehen noch am Abend und am Morgen zu beten.

Während des Sommers gab es keine Schule. Jeden Montag und Dienstag ging ich in die Mansarde; das waren die Tage, an denen meine Mutter am Fluß wusch und ich sie begleitete, um auf der Wiese zu spielen. Abends, nachdem meine Mutter die Wäsche gebündelt hatte, gingen wir beide auf der steilen Straße über die Cuesta de la Vega nach Hause. Ich liebte diesen Weg, weil er unter dem Viadukt durchführte, einer großen eisernen Brücke, die die Calle Segovia überspannt. Von der Höhe dieses Viaduktes stürzten sich die Leute herunter, die sich das Leben nehmen wollten. Ich kenne eine Steinplatte im Pflaster der Calle Segovia, die gespalten ist, weil ein Mann auf ihr seinen Kopf zerschmetterte. Der Kopf wurde zu Brei, und der Stein zerbrach in vier Stücke. Zur Erinnerung wurde in die Steinplatte ein kleines Kreuz eingemeißelt. Jedesmal, wenn wir den Viadukt erreichten, schaute ich in die Höhe, ob nicht gerade jemand herunterspringen wollte. Es wäre freilich kein Spaß gewesen, wenn er der Mutter oder mir den Kopf eingeschlagen hätte. Wäre er aber auf den Wäschesack gefallen, den Señor Manuel für meine Mutter nach Hause trug, dann hätte es niemand wehgetan, denn der Sack war mächtig groß, viel größer als ein Mann.

Ich wußte genau, was drin war, denn ich hatte der Mutter beim Zählen der Wäsche geholfen: zwanzig Bettücher, sechs Tischtücher, fünfzehn Hemden, zwölf Nachthemden, zehn Paar Unterhosen, kurz, eine ganze Menge Zeug. Der arme Señor Manuel mußte sich immer tief bücken, um mit seiner

Last nicht an die Mansardentür zu stoßen. Nachher ließ er den Sack vorsichtig zu Boden gleiten, damit er nicht platzte, und lehnte sich an die Wand, wobei er sehr rasch atmete und ihm der Schweiß von der Stirne rann. Mutter gab ihm immer ein volles Glas Wein und forderte ihn auf, Platz zu nehmen. Hätte er Wasser getrunken, dann hätte er plötzlich aufgehört zu schwitzen und wäre womöglich gestorben. Er trank seinen Wein, zog dann aus der Jacke eine Handvoll Zigarettenstummel und grobes Zigarettenpapier und drehte sich eine dicke, unordentliche Zigarette. Einmal habe ich Onkel José eine seiner guten Zigarren mit goldener Binde gestohlen und sie dem Señor Manuel gegeben. Er erzählte es meiner Mutter, die darüber sehr erregt und böse war und es dem Onkel weitererzählte. Auch er schalt mich aus, weil man nicht stehlen darf, gab mir dann aber einen Kuß und nahm mich ins Kino mit, weil ich, wie er sagte, das Herz am rechten Fleck hätte. Auf diese Art wußte ich am Ende nicht, ob es nun recht oder unrecht gewesen war, daß ich dem Señor Manuel die Zigarre gegeben hatte. Schließlich meinte ich doch, daß es recht gewesen war, denn er freute sich sehr. Er rauchte sie nach dem Essen und hob den Stummel auf, den er dann recht fein zerschnitt, um sich daraus eine besonders gute Zigarette zu drehen. Nachher gab mir der Onkel ab und zu eine Zigarre für Señor Manuel; vorher hatte er das nie getan.

Der Viadukt war ganz aus Eisen, wie der Eiffelturm in Paris, bloß nicht so hoch. Der Eiffelturm ist ein riesiger eiserner Turm, den ein französischer Ingenieur in dem Jahr, in dem ich geboren wurde, für eine Ausstellung gebaut hat. Ich kannte die Geschichte ganz genau, denn Onkel José besaß die alten Nummern der »Ilustración« mit den Bildern des Turms und auch jenes Ingenieurs, eines Herrn mit einem langen Bart, wie alle Franzosen ihn haben. Offenbar brachte man es nach Schluß der Ausstellung nicht zustande, den Turm abzumontieren, also hat man ihn stehen lassen, bis er einmal von selber einstürzt. Dann, dacht ich, wird er in die Seine fallen – das ist der Fluß, der durch Paris fließt – und eine Menge Häuser zerstören. Die Leute in Paris sollen davor mächtig Angst haben; viele, die in der Nachbarschaft wohnten, übersiedelten in andere Stadtteile, um nicht zermalmt zu werden.

Genauso war es auch mit unserem Viadukt: Eines schönen Tages würde er sicher einstürzen. Schon jetzt durften die Soldaten nur im Schritt darüber reiten, und dennoch zitterte die ganze Brücke. Wenn man sich genau in die Mitte stellte, spürte man deutlich, wie sie schwankte – es war wie bei einem Erdbeben. Onkel José behauptete, der Viadukt würde abbrechen, wenn er nicht so stark vibrierte, aber natürlich muß er brechen, wenn er allzu stark vibriert. Ich möchte nicht gerade in diesem Augenblick darunter stehen, dachte ich mir, aber der Anblick wäre sicher sehr interessant. Im vorigen Jahr hat die Zeitung »ABC« eine Photographie gebracht, die den eingestürzten Viadukt zeigte. »ABC« brachte immer sehr gute Bilder. Damals war es bloß ein Aprilscherz, aber viele Leute gingen hin, um sich die Sache anzusehen, weil sie glaubten, es müßte wahr sein, da doch ein Bild in der Zeitung war. Nachher schimpften sie auf die Zeitung, ich aber dachte, es ging ihnen so wie mir: Sie ärgerten sich bloß, weil es nicht tatsächlich so war.

An jedem Ende des Viadukts stand ein Polizist Posten, um die Leute davon abzuhalten, sich hinunterzustürzen. Wollte einer es unbedingt tun, mußte er die Nacht abwarten. Da schlief nämlich die Wache, und dann konnte er springen. Es muß für diese armen Menschen schrecklich langweilig gewesen sein, den ganzen Tag über in den Straßen umherzulaufen, bis sie sich umbringen konnten. Und nachher mußten sie immer noch über das Geländer klettern. Alte Leute, die das nicht mehr fertigbrachten, konnten den Viadukt nicht benutzen. Ihnen blieb nichts übrig, als sich aufzuhängen oder in den großen Teich im Retiropark zu springen, aber dort wurden sie fast immer herausgezogen, und es wurde ihnen der Bauch massiert, wie es mit dem lahmen Antonio geschah, so daß sie das Wasser ausspuckten und nicht starben. Meine Mutter sagte, sie wollten sich das Leben nehmen, weil es ihnen an Geld fehlte, um sich Essen zu kaufen, aber deshalb hätte ich mich bestimmt nicht umgebracht. Ich hätte einfach ein Brot gestohlen und wäre davongelaufen. Man hätte mich nicht ins Gefängnis stecken können, weil ich noch ein Kind war. Wenn die Leute aber nicht stehlen wollten, warum arbeiteten sie denn nicht? Mutter arbeitete doch auch, und dabei war sie eine Frau. Und Señor Manuel arbeitet und war doch ein recht alter Mann; schwere Säcke mit Wäsche schleppte er, obwohl er einen Bruch hatte, aus dem ihm manchmal die Gedärme heraustraten. Einmal brachte er ein großes Bündel Wäsche zu uns, und oben in der Mansarde wurde ihm sehr schlecht. Mutter legte ihn aufs Bett und streifte ihm die Hosen herunter. Sie erschrak sehr und rief Señora Pascuala, die Portiersfrau, herbei. Die beiden Frauen zogen ihm Hosen und Unterhosen aus. Er hatte einen schwärzlichen Bauch voll grauer und weißer Haare, und unten trat ihm eine Art Beutel aus dem Leib, ähnlich wie bei einem Ochsen. Mutter und die Señora Pascuala drückten ihm mit den Fäusten diesen Beutel wieder in den Bauch hinein und preßten das Bruchband darauf, so eine Art Gürtel mit Polsterung, der das Loch zudeckte, aus dem die Gedärme ausgetreten waren. Dann zog sich der Señor Manuel wieder an und trank eine Tasse Tee und ein Glas Branntwein dazu. Mir gab die Señora Pascuala ein paar Ohrfeigen, weil ich zugeschaut hatte. Sie sagte, Kinder sollten solche Dinge nicht zu Gesicht bekommen. Aber ich war froh, denn nun wußte ich, wie ich Señor Manuels Eingeweide zurückpressen mußte, wenn sie je wieder herausschlüpfen sollten, während ich mit ihm allein war. Am schlimmsten wäre es wohl, wenn es auf der Straße passierte, daß ihm die Eingeweide herausfielen, dann würde er sterben müssen.

Nun, der Señor Manuel, mit seinem Bruch im Bauch und nichts zum Rauchen als Zigarettenstummeln, dachte nicht daran, sich das Leben zu nehmen. Er war immer vergnügt und spielte mit mir, ließ mich auf seinen Schultern reiten und erzählte mir, er habe in Galicien Enkelkinder, die gerade so groß seien wie ich. Die Stummel rauchte er, weil er sparte, um jedes Jahr einmal zu ihnen hinfahren zu können. Onkel José verschaffte ihm dann immer eine Armenfahrkarte, und er machte die Reise fast umsonst. Wenn er zurückkam, brachte er meinem Onkel jedesmal eine kugelrunde Schweinsblase mit. Darin war süße frische Butter, die ich gern aufs Brot strich und mit Zucker bestreute. Einmal fragte ich den Señor Manuel, warum er nicht Selbstmord beging, und er antwortete mir, er wünsche daheim, in Galicien, zu sterben. Vielleicht würde er sich einmal im Sommer umbringen, wenn er dort war, aber ich glaubte das nicht. Überdies sagte er, daß alle Selbstmörder in die Hölle kamen, und das sagen alle anderen auch.

Unsere Mansarde befand sich in der Calle de las Urosas, in einem sehr großen Haus. Im Erdgeschoß gab es weiter nichts als Stallungen, mit mehr als hundert Herrschaftskutschen und ihren Pferden. Den Stall verwaltete ein alter Man mit einer merkwürdig eingedrückten Nase. Mutter sage, er habe immerzu in der Nase gebohrt, wie ich das tat, und weil seine Fingernägel immerzu schmutzig waren, faulte ihm einmal die Nasenspitze; man mußte sie abnehmen und an ihre Stelle ein Stück nähen, das man ihm aus dem Hintern geschnitten hatte. Um ihn zu ärgern, fragte ich ihn einmal, ob es wirklich wahr sei, daß man ihm den Hintern an die Nase genäht hatte. Er warf mir einen der schweren Holzkeile nach, die man hinter die Wagenräder schiebt, damit sie nicht weiterrollen.

Aber er traf nicht mich, sondern einen der Schubkasten in der Druckerei gegenüber. Eines der Fächer mit den Buchstaben rutschte heraus, und alle A und T fielen durcheinander. Die Buben aus unserer Gasse saßen dann stundenlang da und sortierten sie zu kleinen Häufchen.

Unser Haustor war so groß, daß wir, wenn die Señora Pascuala nicht da war, im Flur Kreisel, Tempelhüpfen und Ball spielen konnten. Ihr Verschlag war sehr klein und unter dem Treppenhaus eingekeilt. Dieses war so groß wie der Hausflur und hatte hundertundeine Stufe. Beim Hinuntergehen sprang ich immer über drei Stufen auf einmal; manchmal rutschte ich auch am Geländer hinunter, aber einmal verlor ich das Gleichgewicht und blieb an der Außenseite des Geländers im zweiten Stockwerk hängen. Niemand bemerkte es, aber ich erschrak so, daß ich glaubte, mein Herz würde zerspringen, und meine Knie zitterten. Wäre ich damals hinuntergefallen, dann wäre es mir ergangen wie unserem Wasserkrug. Wir hatten nämlich keine Wasserleitung in der Mansarde und mußten das Wasser aus dem Stall holen. Mutter hatte einen sehr großen Krug gekauft, der schon beim Hinuntersteigen recht schwer war. Beim Hinaufsteigen aber mußte ich auf jedem Treppenabsatz stehenbleiben und mich ausruhen. Einmal ließ ich ihn vom zweiten Stock hinunterfallen, und er explodierte unten wie eine Bombe. Und an der gleichen Stelle wäre ich beinahe selbst hinuntergefallen. Sooft ich künftig da vorbeiging, hielt ich mich vom Geländer möglichst weit entfernt.

Oben im Haus gab es ein riesiges rundes Fenster, mit kleinen Scheiben wie in einer Kirche. Als das Pulvermagazin in Carabanchel in die Luft ging, zerbrachen alle Scheiben auf einmal, und die Splitter wurden auf sämtliche Stufen gestreut. Ich war damals noch sehr klein, aber ich erinnere mich, wie mich Mutter in die Arme nahm und auf die Straße hinunter trug. Sie lief, denn sie wußte nicht, was geschehen war. Die Leute waren damals alle sehr ängstlich, weil es so viele Katastrophen gab. Ein paar Jahre vorher war in Madrid ein mächtig großer Meteor vom Himmel gefallen. Dann hatte es einen Ausbruch des Vesuv gegeben, des großen Vulkans in Italien, und hernach erschien der Halleysche Komet. Außerdem war ja ein Erdbeben in San Franzisco gewesen, einer Stadt, die viel größer war als Madrid, und eines in Messina. Viele Leute glaubten, nach dem Ende des neunzehnten Jahrhunderts würde das Ende der Welt kommen. Den Halleyschen Kometen habe ich selber gesehen, aber ich fürchtete mich nicht: Er war sehr schön. Onkel José und ich beobachteten ihn von der Plaza de Palacio aus. Es war eine Feuerkugel mit Funkenschweif, die rasch am Himmel entlanglief. Die Tante war nicht mit uns gekommen, denn sie fürchtete sich zu sehr. Sie hatte vor der Muttergottes, die zu Hause im Zimmer stand, alle Kerzen angezündet und betete dort die ganze Nacht hindurch. Vor dem Zubettgehen schloß sie alle Fensterläden so sorgfältig, daß der Onkel sie fragte, ob sie Angst habe, der Komet werde zum Balkon hereinkommen. Zur selben Zeit flog in Santander ein mit Dynamit beladenes Schiff, die Machichaco, in die Luft und mit ihm die halbe Stadt. Eine Eisenschiene durchbohrte zwei Häuser, ehe sie steckenblieb. »Sucesos« veröffentlichten eine bunte Zeichnung, auf der Schiffstrümmer und menschliche Arme und Beine zu sehen waren, wie sie durch die Luft flogen.

Gegenüber dem runden Fenster begann der Gang, an dem alle Mansardenwohnungen lagen. Die erste gehörte der Señora Pascuala; sie war die größte und hatte sieben Zimmer. Dann kam die Señora Paca mit ihren vier Zimmern und, auf der anderen Seite des Ganges Señora Francisca, die nur ein Zimmer hatte, wie alle übrigen Mansarden. Paca und Francisca ist in Wirklichkeit der gleiche Name, aber die Señora Paca und die Señora Francisca waren grundverschieden. Die Señora Francisca war eine alte Frau, die seit vielen Jahren verwitwet war. Sie hatte kein Geld und verkaufte deshalb auf der Plaza del Progreso allerlei Sachen und Zeug für Kinder: Erdnüsse, Haselnüsse, Juxschachteln und bengalische Zündhölzer, eine Menge Dinge für einen Groschen. Bei alledem war sie wie eine Dame. Die andere war ein dickes großes Weibsbild, das immer in einem dünnen Schlafrock herumlief, durch den man ihre schwarzen Brustwarzen sah. Einmal bemerkte ich, wie ihr aus dem Jakkenstoff ein paar schwarze Haare herausstanden, und seither mußte ich jedesmal an sie denken, wenn ich die Borsten an einer Speckschwarte sah. Es machte mir freilich nichts, denn ich mochte Speck ohnedies nicht. Sie schrie und kreischte die ganze Zeit, und einmal sagte ihr die Señora Pascuala, die auch kein schlechtes Mundwerk hatte, man würde sie noch auf die Straße setzen. Auch die Señora Paca war Wäscherin, aber sie wusch nicht auf dem Waschplatz des Onkels Granizo, sondern in einer Wäscherei auf der Ronda de Atocha. Dort gab es keinen Fluß, und man wusch in Bütten, die mit Leitungswasser gefüllt wurden. Einmal war ich dort, es gefiel mir nicht. Es war wie in einer Fabrik – eine Reihe Becken voll Lauge, über denen eine Dampfwolke hing, und die Frauen standen dicht aneinandergedrängt und schrien einander an wie verrückt. Es gab weder Sonne noch Gras, und die Wäsche stank. Die Wäscheleinen waren über einen öden Bauplatz gespannt. Vagabunden kletterten da über den Zaun und stahlen Wäsche. Natürlich versuchten sie das manchmal auch am Fluß, aber dort, auf freiem Feld, waren sie nicht so frech, denn die Frauen verfolgten sie mit Steinwürfen und erwischten sie jedesmal. Im Ganzen war es so, daß am Fluß, gegenüber der Casa de Campo, die anständigen Wäscherinnen waren, während es von der Toledobrücke abwärts und in den Wäschereien der Rondas nur fragwürdige Frauenzimmer gab.

Unser Korridor machte eine Biegung, und dann folgte ein gerades Stück von siebenunddreißig Metern Länge. Ich habe es selber Meter für Meter mit dem Meßband meiner Mutter gemessen. In der Ecke des Korridors gab es ein kleines Fenster, in der Mitte der Decke ein großes. Durch das kleine Fenster schien die Sonne herein, durch das große rann, wenn es regnete, Wasser. Der Regen kam auch durch das kleine Fenster, aber nur wenn starker Wind gegen das Haus blies, und dann bildeten sich auf dem Fußboden zwei Wasserlachen. Fehlte auf dem Dach eine Schindel, dann tropfte das Wasser in die Zimmer, und man mußte eine Schüssel unter das Loch stellen, um die Tropfen aufzufangen.

Der Fußboden des Korridors und der Mansarden war mit Ziegelsteinen oder eigentlich mit Fliesen aus gebranntem Ton bedeckt. Im Winter waren sie sehr kalt, aber wir hatten eine mit Stroh unterlegte Matte, so daß man auf dem Fußboden getrost spielen konnte.

An diesem Korridor lag auch unsere Mansarde. Sie hatte die Nummer neun. Daneben lag die Mansarde der Pulvermacherin, einer Frau, die Feuerwerk und Knallerbsen für Kinder anfertigte. Die Nachbarinnen behaupteten, sie könne auch Bomben herstellen und sei eine Anarchistin. Sie besaß eine Menge Bücher und war sehr gutherzig. Eines nachts kam die Polizei zu ihr, ging aber wieder weg, ohne sie zu verhaften. Doch wurden wir alle davon aufgeweckt, daß sie der Pulvermacherin die ganze Wohnung auf den Kopf stellten und alle Sachen mit großem Krach auf den Boden warfen.

In der nächsten Mansarde lebten die Señora Rosa und ihr Mann. Er war Sattler; sie war so kurzsichtig, daß sie die Hand vor den Augen nicht sehen konnte. Sie waren beide klein und sehr zart und liebten einander sehr. Sie sprachen immer mit leiser, sanfter Stimme, und man hörte sie kaum. Sie hätten gern ein Kind gehabt, und wenn Prügel drohten, dann war ihr Zimmer unsere Zufluchtsstätte. Dann stellte sich die Señora Rosa vor die Tür und ließ weder jemand herein noch hinaus, bis man ihr versprochen hatte, uns nichts zu tun. Sie hatte ein winziges, sehr weißes Gesicht und ganz helle blaue Augen mit so blonden Wimpern, daß man sie fast nicht bemerkte. Sie trug Brillen mit dicken Gläsern, und meine Mutter sagte, sie sehe im Dunkeln ausgezeichnet. Wenn sie einen anblickte, sahen ihre Augen wie die eines Vogels aus.

Schließlich gab es noch eine Mansarde, das war die kleinste von allen. Darin wohnte eine alte Frau namens Antonia, und niemand wußte etwas über sie, denn niemand wollte mit ihr zu tun haben. Sie bettelte in den Straßen und kam um elf Uhr nachts zurück, kurz bevor das Haustor geschlossen wurde. Sie murmelte ständig vor sich hin und roch nach Branntwein. Oben schob sie den Riegel vor die Tür und fing an, mit ihrer Katze zu reden. Einmal erbrach sie sich auf der Treppe, und Señora Pascuala zwang sie dazu, das ganze Treppenhaus von oben bis unten zu scheuern.

Am Ende des Korridors wohnte die Zigarettenmacherin. Sie und ihre Tochter arbeiteten zusammen; sie drehten Zigaretten für die Königin. Es waren sehr lange Zigaretten, an die ein Pappmundstück geklebt wurde. Dazu tauchten sie einen kleinen Pinsel in den Klebstoff, den sie in einem schmutziggrünen, verstaubten Glastopf aufbewahrten. Und so etwas steckte die Königin nachher in den Mund! Wenn sie den Pinsel außen am Topfrand abstreiften, rannen Gummitropfen hinunter und wurden hart wie die Wachstropfen an den Kirchenkerzen. Wenn der Klebstoff zu Ende ging, schabte die Señora Maria diese Gummiklümpchen ab, legte sie in den Topf und goß etwas heißes Wasser darauf. Sobald sie weich wurden, fischte sie die Fliegen heraus, die daran kleben geblieben waren. Eines Tages, als sie kein heißes Wasser zur Hand hatte, nahm sie die Brühe aus dem Kochtopf, und die Zigaretten bekamen Fettflecke.

In einem Winkel des Korridors befand sich das Klosett. Nachts traute ich mich da nicht hin, weil es dort viele fette Kakerlaken gab, die herauskrochen und über den Korridor liefen, um die Abfälle in den Kübeln zu fressen, die die Mieter nachts vor die Türe stellten. Im Sommer, wenn die Türen offen gelassen werden mußten, hörte man sie im Korridor laufen; sie machten ein Geräusch, wie wenn Papier zerknittert. Zu uns krochen sie nicht herein, weil Mutter unten an die Tür einen Linoleumstreifen genagelt hatte, jene Art Linoleum, wie es reiche Leute in ihren Häusern haben. Aber in der Mansarde der betrunkenen Señora Antonia gab es sehr viele, denn ihre Türe war gleich neben dem Klosett und hatte kein Linoleum. Ihre Katze fraß Kakerlaken. Wenn sie sie zerbiß, hörte sich das an, wie wenn man Erdnüsse knackte.

Aus den Stallungen kamen dicke, große Ratten und liefen manchmal die Treppe hinauf bis zu den Mansarden. In den Ställen gab es viele Rattenfallen und Hunde von der Rasse, die man Rattler nennt. Jeden Morgen wurden die Ställe ausgeräumt und die Rattenfallen auf die Straße gestellt. In jeder Falle steckten vier bis fünf Ratten. Zuweilen wurden die Fallen geöffnet und die Hunde losgelassen, damit sie die Ratten jagten und töteten. Dann standen die Nachbarn und alle Kinder unserer Straße im Kreise herum und sahen zu. An anderen Tagen wurden die Fallen mit Petroleum übergossen und angezündet, doch geschah das immer seltener, weil dann die ganze Gasse nach versengtem Haar und geröstetem Fleisch stank. Einmal hat eine Ratte den Hund, der sie gefangen hatte, in die Schnauze gebissen und ist entwischt. Seitdem fehlte dem Hund ein Stück Nase. Er gehörte dem Señor Paco, demselben, der seinen Hintern an die Nase genäht hatte. Nun sahen die beiden einander überraschend ähnlich, und die Arbeiter in der Druckerei nannten sie die zwei »Mopsnasen«.

Wenn wir nach Hause kamen, war Mutter zumeist sehr müde. In der Molkerei unten lieh sie sich eine Kanne für die Milch, damit sie nicht nochmals die Treppen steigen müsse, und sie begann gleich unser Abendessen zu kochen. Es gab Bratkartoffeln mit frischen Sardinen und einem Ei, nachher Kaffee, für mich mit Milch, für Mutter schwarz und siedend heiß. Ich habe niemals verstehen können, wie sie etwas so Heißes trinken konnte. Während sie kochte, las ich »Die Kinder des Kapitäns Grant« von Jules Verne. Von Zeit zu Zeit griff ich mir eine der Kartoffelscheiben direkt aus der Pfanne. Danach briet Mutter die Sardinen. Sie rochen sehr verlockend, aber Mutter erlaubte nie, daß ich eine aus der Pfanne stahl, denn es waren immer nur wenige.

2.
CAFÉ ESPAÑOL

Bis Onkel und Tante vom dritten Stock zum Haustor heruntergekommen waren, war ich schon längst die Treppen her-
abgesaust, hatte die Glastüre zugeschlagen und den Portier
hinter mir her fluchen lassen, war den ganzen Weg bis zum
Eingang des Café Español gelaufen, hatte dort Angel zugeru-
fen, daß ich in wenigen Minuten bei ihm sein würde, und war
rechtzeitig wieder am Tor unseres Hauses, so daß die Tante
mich bei der Hand nehmen und ich mit ihnen, nun aber sehr
brav und wohlerzogen, den gleichen Weg zum zweiten Mal
gehen konnte.

Das Gaslicht über dem Haustor brannte mit einer offenen
Flamme, die wie eine kleine Melonenschnitte aussah. Einige
Schritte davon entfernt floß Wasser aus einem Rohr, das nicht
zugeschraubt worden war, auf den Gehsteig über. Ich trat darauf und stopfte ihm den runden Mund mit der Schuhsohle,
um dann das gestaute Wasser kräftig aufspritzen zu lassen und
die Strümpfe der Tante ordentlich einzuweichen. Natürlich
wurde sie wütend.

Es war eine helle Nacht. Der Mond glich einer blankge-
putzten Blechscheibe, und die Straßen waren in schwarze und
weiße Bänder geteilt. In der Calle del Arenal wetteiferten die
neuen Straßenlaternen mit ihren Gasglühstrümpfen mit dem
Mondschein. Dagegen glichen die alten Windlichter in unserer Straße auf der mondhellen Seite blaßgelben Zündholz-
flämmchen, während sie auf der schwarzen, mondlosen Seite
wie Klumpen zitternden Lichtes erschienen.

Als wir die Ecke erreichten, hörte Angel auf, die Abend-
zeitungen auszurufen, und lief herbei, um Onkel und Tante
einen guten Abend zu wünschen. Die Mütze hielt er dabei in

der Hand, und sein langes strähniges Haar fiel rund um seinen kürbisförmigen Schädel; er hatte die Bewegungen eines kleinen alten Mannes. Er reichte dem Onkel eine Zeitung, und dieser sagte wie gewöhnlich, er solle das Wechselgeld behalten. Wir beiden Jungen zwinkerten einander zu, weil wir genau wußten, wie und wo wir uns treffen und miteinander spielen würden.

Die Tante verdroß es, daß ich mit Angel spielte, und während der Verkaufsstunden war das auch seiner Mutter nicht recht, weil er dann aufhörte, seine Zeitungen auszurufen. Am besten ging es, wenn ich ins Kaffeehaus kam, ehe der »Heraldo« heraus war. Wenn die Zeitung schließlich ankam, ganz feucht noch und nach Druckerschwärze riechend, hatte ich inzwischen meiner Tante mit Hilfe von allerlei Schabernack die Erlaubnis abgerungen, Angel begleiten zu dürfen. Der Onkel beendete diese Auseinandersetzungen stets mit den Worten: »Nun, laß doch den Jungen schon laufen!«

Rasch machte ich mich aus dem Staube, während sie dem Onkel noch vorjammerte, sie habe Angst, ich könne überfahren werden, und es kränke sie immer von neuem, daß alle Leute mich mit einem Zeitungsverkäufer herumlaufen sähen, der doch nichts anderes sei als ein Straßenjunge, ein zerlumpter Kerl, von dem ich gewiß nichts Gutes lernen würde.

Angel nahm seinen Stoß Zeitungen, und während seine Mutter am Eingang zum Kaffeehaus stehenblieb und immerzu »Heraldo!« rief, begannen wir unsere Expedition durch die fast leeren Straßen des Viertels. Wir liefen, denn wenn man seine Zeitung absetzten wollte, mußte man vor den Konkurrenten an Ort und Stelle sein. Da und dort öffnete dann ein Dienstmädchen ein Haustor und rief durch die Dunkelheit: »Hallo, einen Heraldo!« Und Angel und ich liefen die Straßen entlang, auf und ab, von Tor zu Tor, wohl zwanzigmal hinüber und herüber. Zeitungen für die festen Abnehmer mußten ins Haus zugestellt werden. Angel ging durch das Haustor und lief die Treppen hinauf, während ich draußen auf ihn wartete. Immer noch kamen Dienstmädchen aus den Türen und riefen nach dem »Heraldo«, und nun mußte ich gehen, denn ich hielt ja den Zeitungsstoß. Wenn ich Zeitungen hätte verkaufen müssen, würde ich mich sicher geschämt haben, aber da ich es nicht selbst tat, sondern bloß mithalf, hatte ich Spaß daran. Fast alle Dienstmädchen wußten, daß ich Angels Freund war, nur die neuen Mädchen waren zuerst immer sprachlos, wenn sie einen Zeitungsjungen in gestärktem weißem Kragen mit Seidenschlips, in einer Matrosenbluse mit Goldlitzen und mit glänzenden Lackschuhen erblickten. So nämlich mußte ich mich anziehen, wenn wir mit der Tante ins Café gingen, denn alle Bekannten dort waren bessere Leute. Das war auch einer der vielen Gründe, weshalb ich Angel nicht begleiten sollte. Tagsüber, wenn ich in Drillichbluse und Bastschuhen auf der Straße spielte, hatte die Tante gar nichts gegen Angel, der eine Jacke trug, die ihm einer seiner Kunden geschenkt hatte. Sie war für ihn enger gemacht worden, aber immer noch viel zu groß, und das Gewicht der vielen Kupfermünzen hatte die Taschen so völlig aus der Form gebracht, daß sie fast am Boden schleiften, wenn er sich bückte.

Unsere nächtlichen Runden durch das Viertel waren ein regelrechtes Abenteuer, ganz wie die Abenteuer in Büchern. Während wir hin und her liefen, sprangen Katzen auf und schossen über die Straße wie Gewehrkugeln, denn sie erschraken vor unseren hallenden Schritten; wir klatschten in die Hände, damit sie noch schneller liefen. Sie retteten sich schließlich auf eine Mauer oder sausten in ein Fenster hinein. An den Straßenecken gab es Abfallhaufen; die mageren Hunde, die darin wühlten, starrten uns an und knurrten. Ihnen gingen wir lieber aus dem Wege. Manchmal freilich liefen sie hinter uns her, wir mußten stehenbleiben und sie mit Steinen verscheuchen. Auf den Stufen zur Santiago-Kirche bereiteten die Landstreicher ihr Nachtlager vor; Kinder brachten ihnen große Theaterzettel, die sie von Plakatwänden abgerissen hatten; sie benützten sie als Matratzen. Die Männer saßen auf den Kirchenstufen, während die Jungen die Betten machten. Manchmal steckten sie auch die Köpfe zusammen und schickten die Jungen aus, an allen Straßenecken Wache zu halten. Dann spielten sie Karten, und die Jungen mußten Warnzeichen geben, wenn die Polizei oder der Nachtwächter kam. Zuweilen breiteten sie auf den Steinen eine Zeitung aus, stellten das Essen darauf, das sie bei Tage erbettelt hatten, und jeder aß davon. Sie aßen mit den Fingern oder benützten Holzlöffel mit kurzem Stil, wie man sie im Gefängnis oder in der Kaserne hat. Im Winter steckten sie gewöhnlich ein offenes Strohfeuer an und legten Bretter nach, die sie von Plakatwänden abgerissen hatten. Sie hockten ums Feuer, und oft leistete ihnen der Nachtwächter oder die Polizeistreife für eine Weile Gesellschaft, um sich aufzuwärmen. Wenn es sehr stark regnete, wurden die schmiedeeisernen Gittertore der Kirche geöffnet, und sie schliefen unter dem Portal.

Wir gingen niemals nah an sie heran, denn es hieß, daß sie Kinder raubten und verschleppten.

Milchmänner kamen an uns vorbei, mit galoppierenden Pferden und klappernden Milchkannen; sie kamen uns vor wie die Cowboys aus amerikanischen Geschichten. Manchmal begegneten wir auch dem Viaticum. Voran ging der Priester in seinem gestickten Chorrock; der Mesner neben ihm trug eine große viereckige Laterne. Hinter ihnen gingen in Zweierreihen die Nachbarn mit brennenden Kerzen in der Hand. Es waren immer viele alte Weiber unter ihnen, und auch sämtliche Landstreicher, die an der Kirchentür geschlafen hatten, gingen mit. Sie behielten die Stümpfe der Kerzen, die man ihnen gegeben hatte, und verkauften sie später dem Wachszieher gegenüber der Kirche; für den Erlös kauften sie Wein. So war es für die Landstreicher immer ein Anlaß zur Freude, wenn jemand aus der Nachbarschaft ans Sterben kam.

Und ähnlich hielten sie es mit dem Holz von den Plakatwänden. Sie rissen die Bretter los und schleppten sie zum Zuckerbäcker in der Calle del Espejo. Der Meister heizte seinen Ofen damit an und bezahlte sie mit großen Haufen »Knusperwerk«, altbackenen Kuchen und zerbrochenem Keks. Da jeder wußte, daß es die Landstreicher waren, die die Planken von den Bretterwänden stahlen, rissen auch wir Jungen aus der Nachbarschaft Bretter los und brachten sie in dieselbe Bäckerei. Schuld daran waren immer die Landstreicher.

An diesem Abend war der »Heraldo« schon heraus, und es gab keine Abenteuer. Das war schade, denn es war eine sehr schöne Nacht.

Im Eingang zum Kaffeehaus, zwischen der äußeren und der inneren Tür, gab es einen engen Raum, etwa zwei Meter im Quadrat. Darin stand an der einen Wand ein rot angestrichener Glasschrank, vollgestopft mit Zündholzschachteln, Zigarettenschachteln und Bündeln von Zahnstochern. In den zwei Fächern der unteren Hälfte lagen Stöße von Zeitungen. Die Glasscheiben der Eingangstür selbst waren mit illustrierten Blättern und billigen Romanheften tapeziert. Señora Isabel, Angels Mutter, saß dort, eingepfercht zwischen dem Wandschrank und der Außentür, auf einem niedrigen Schemel. In diesem Winkel kochte sie auf einem Spiritusbrenner das Essen, flickte Angels Hosen und ihre eigenen Sachen, zählte Zeitungen und schnitzte auch Zahnstocher aus kleinen Holzstäbchen, die sie mit einem sehr scharfen Messer zurechtschabte. Die abfallenden kleinen Späne glichen geriebenem Käse. Es war kaum Platz genug für die Frau in der schmalen Ecke. Wenn aber ihre älteste Tochter und ihr Schwiegersohn sie besuchen kamen, mit einem Wickelkind und zwei kleinen Knirpsen, dann drängten sie sich alle dort zusammen, um den Eingang nicht zu versperren, und erstaunlicherweise hatten sie wirklich alle Platz darin.

Als wir an Angels Mutter vorüberkamen, winkte sie uns und gab mir einen ganzen Haufen leere Zündholzschachteln mit bunten Bildern für meine Sammlung.

Der größere Teil unserer Gesellschaft war bereits am Stammtisch versammelt, einem Tisch mit runder weißer Marmorplatte, an dem zwölf Personen Platz hatten. Da saß Don Rafael, der Architekt, der fortwährend sein Taschentuch aus der Brusttasche zog und seine Brille putzte. Geriet er in eine Debatte, dann flogen sein Taschentuch und seine Brille unausgesetzt zwischen der Brusttasche, der Nase und den Händen hin und her. Don Ricardo Villa, der Dirigent des Madrider Stadtorchesters, klein, spitzbäuchig und immer lustig, war der einzige, der Bier trank; die anderen nahmen Milchkaffee. Dann saßen da Don Sebastian, der Vater Esperancitas, eines kleinen Mädchens, das gerne mit Angel und mir spielte, und Don Emilio, der Pfarrherr von Santiago, ein dicker, dichtbehaarter Mann. Die Haare an seinen Fingergelenken ringelten sich zu kleinen Locken, die wie Tintenflecke aussahen, und seine Bartstoppeln zerstachen mir das Gesicht, wenn er mich küßte.

Und auch Doña Isabel war da und ihre Schwester, Doña Gertrudis. Doña Isabel war die Herrin, Doña Gertrudis ihre Dienerin, denn seit sie Witwe war, wohnte sie im Hause ihrer Schwester und wurde von ihr erhalten. Doña Isabel trug helle Seidenkleider und immer einen Pelz oder eine Federboa um die Schultern. Die andere trug Trauer. Doña Gertrudis hatte einen schwarzen Schal um den Kopf, Doña Isabel einen riesigen Hut mit farbigen Pleureusen, die wie ein Federwisch tanzten, wenn sie sprach oder den Kopf bewegte. Doña Isabel hatte ein rundes Gesicht, und ihre Haut war welk und durchsetzt mit Knötchen. Sie benützte eine Menge Reispuder und Rouge und bemalte sich Lippen und Augenränder. Ihre Kleider waren so tief ausgeschnitten, daß sie den ganzen Hals freiließen, und ihre Kehle sah aus wie ein Taubenkropf. Das Gesicht der Doña Gertrudis ähnelte einer Wachskerze, so lang und gelb war es. Die Wohnung der beiden Schwestern befand sich auf dem gleichen Stockwerk wie die des Onkels. Und schließlich waren da noch Modesto und Ramiro, der Klavierspieler und der Geiger des Kaffeehauses; sie waren beide blind, spielten sehr schön und hatten sogar Preise der Musikakademie bekommen. Im Kaffeehaus verdienten sie fünf Pesetas pro Tag, das Abendessen und eine Portion Milchkaffee.

Der geschicktere von den beiden war Ramiro, der Geiger. Er konnte zwischen den Tischen durchgehen, ohne seinen Stock zu gebrauchen, und wenn er ans Klavier trat, hätte niemand sagen können, daß er blind war. Er erkannte jeden an Stimme und Schritt, und falsches Geld fand er mit den Fingern heraus. Ich hatte ihn sehr gerne, aber wenn er seine dunklen Gläser abnahm, jagte er mir Angst ein, denn seine Augen waren wie das Weiße eines Eis. Die Brille trug er hauptsächlich, um die Leute nicht zu erschrecken. Seine Hände waren klein und rundlich und schienen ständig nach etwas zu suchen. Manchmal rief er mich zu sich heran und ließ seine Hände über meinen Kopf, mein Gesicht und meinen Anzug gleiten. Wenn seine Finger meine Augenwimpern berührten oder über Nase, Lippen, Ohren, Hals und Haar glitten, dann war es, als hätten seine Fingerspitzen winzige Augen, die mir bis unter die Haut schauten. Nach dieser Prozedur sagte er mir gewöhnlich mit tiefer Überzeugung, daß ich ein hübscher Junge sei, und ich hatte keinen Grund, ihm nicht zu glauben. Ich besaß zwei Seidenschlipse, die einander ganz ähnlich waren, beide mit kleinen weißen Tupfen; der eine war blau, der andere rot: Aber Ramiro konnte mit seinen Fingern herausfinden, welchen von beiden ich gerade trug.

Modesto hatte leere Augenhöhlen mit Glasaugen darin; es wurde mir unheimlich, wenn sie mich ansahen, denn sie bewegten sich nicht. Er war immer sehr ernst, Ramiro meist sehr vergnügt. Modesto war lang und mager, Ramiro klein und dick, so daß die beiden aussahen wie ein blinder Don Quijote mit einem blinden Sancho Pansa. Modesto streichelte mich öfters – aber mich mit den Händen anschauen, das tat nur Ramiro. Die Tante setzte sich zu Don Emilio, dem Pfarrer, und begann sich mit ihm über die Kirche zu unterhalten. Die Männer politisierten eifrig, und die Tante wollte nicht, daß Don Emilio mit ihnen rede. Auf alles, was sie sagte, antwortete er immer nur mit: »Ja, Doña Baldomera ... Nein, Doña Baldomera ...«, bis sie ihn schließlich in Ruhe ließ und anfing, mit Doña Isabel über die Nachbarn in unserem Haus zu reden. Mittlerweile bereitete sie mir meine besondere Tasse Kaffee.

Kaum war das Mischen vorüber, stürzte ich meinen Kaffee hinunter und machte mich mit Esperancita davon, die hinter meinem Stuhl gewartet und mich schon des öfteren gezwickt hatte, weil sie spielen wollte. Wir stürzten uns in den Wirrwarr von Marmortischen, Stühlen und Sofas. Wir krochen besonders gern auf allen Vieren durch den Hohlweg zwischen Sofalehnen und Tischen. Wenn wir dabei einmal mit den Köpfen an einen Tisch stießen und uns eine Beule schlugen, kletterten wir rasch auf eines der Sofas, um in den großen Spiegel zu schauen. Natürlich ließen unsere Schuhsohlen auf dem Polstersitz Spuren zurück, und Señor Pepe, der Oberkellner, kam herbei und schalt uns aus. Wir versuchten, die Spuren zu verwischen, indem wir mit den Fäusten auf das Sofa klopften, aber da stiegen Staubwolken auf, und unsere Hände hinterließen rote Flecken mit staubweißen Rändern. Señor Pepe wurde zornig und wischte den Staub vorsichtig mit seiner Serviette weg, ohne dabei auf das Sofa zu schlagen.

Manchmal wieder kratzten wir den roten Samt gegen den Strich und zeichneten Buchstaben und Gesichter, die wir wieder ausradierten, indem wir alles mit den Handflächen wieder glattstrichen. Während wir unsere Zeichnungen machten, kitzelten die kleinen Samthaare unsere Fingerspitzen, als ob eine Katze uns leckte, und wenn wir sie wieder glattstrichen, verwandelten sie sich in den Rücken einer Katze.

Als wir merkten, daß der Geschäftsführer uns von seinem Platz aus beobachtete, schlüpften wir rasch aus dem Saal, über die kleine Treppe hinauf zum Billardzimmer, öffneten die grün gepolsterte Tür und huschten hinein.

Heute sehe ich das mit Augen, die ich damals nicht besaß. Ein riesiger Raum mit vielen Fenstern an drei Wänden; kein Licht brannte. Und doch, durch die Fenster der einen Seite fiel der weiße Schein aus den Kugeln der Bogenlampen, die mit dem Sprühen der Funken ihrer Kohlenstifte und dem jähen Knattern ihres Mechanismus die Nachtalter erschreckten, während auf der anderen Seite die alten Gaswindlichter der

Calle de Vergara mit ihren zischenden Melonenschnittenflammen grünlich flackerten. Inmitten des Zimmers standen acht massive Tische; ihre viereckigen Schatten schwankten mit den Schwingungen der Lampenlichter draußen hin und her, ihr Firnis sprühte Funken und das Löschpapier des grünen Tuchbezuges sog die Lichtstrahlen ein. Die Fensterrahmen warfen lange Schatten, die auf Fußboden, Tische und Wände schwarze Kreuze in vielfach gebrochenen Winkeln zeichneten. Alles schlief, alles schwieg, und es hallte so sehr, daß ein einziges leises Wort in allen Winkeln Gemurmel erweckte, und uns Kinder, die wir ängstlich auf der Schwelle standen, das zarte Getrippel einer flüchtenden Maus zusammenfahren ließ.

Der Anblick der Bälle, die durch das Netzwerk ihrer kleinen Säcke schimmerten, ermutigte uns, das Abenteuer fortzusetzen. Das Geräusch des Aneinanderstoßens der ersten Bälle brach das bedrückende Schweigen, und wir tanzten um sämtliche Tische, holten alle Bälle aus ihren Säcken und häuften unsere Beute auf den Mitteltisch, der uns der würdigste schien, die Mutter aller Tische. Rund um seine sechs Elefantenfüße sprangen wir durch das Weben der schwankenden Lichter und tauchten unsere Hände in das lebendige Meer von Bällen, die über das grüne Tuch rollten, es mit weißen und roten Funken erhellten und mit dem trockenen Schlag von Knochen aneinanderstießen.

Die plötzliche Lichtflut im Billardzimmer, da alle Lampen zugleich angeknipst wurden, und der schwarze Schwung des wütenden Cafetierschnurrbarts ereilte uns, als wir oben auf dem grünen Tuchrasen hockten, und ließ uns zu Stein erstarren, während die letzten Bälle ruhig ihren Lauf vollendeten und gerade in diesem Augenblick gegen ihre Nachbarn stießen. Wir sprangen hastig vom Tisch herab und rasten wie fliehende Äffchen die enge Treppe hinunter, die wir auf Zehenspitzen hinaufgeschlichen waren, nahmen immer drei Stufen zugleich und vernahmen hinter uns die Drohungen des Menschenfressers. Mit vor Aufregung und Angst heißroten Gesichtern stürzten wir ins Kaffeehaus.

DIE REBELLENSCHMIEDE

Meine Mutter war gekommen. In der Nähe unseres Tisches begann Esperancita zu laufen und versteckte sich hinter dem roten Vorhang über der Eingangstür. Ich lief ihr nach und sah durch die Glasscheiben meine Mutter im Gespräch mit Angels Mutter und Señor Pepe, dem Kellner. Esperancita war eingeweiht; wir kamen schnell überein, was wir tun wollten. Sie lief hinter ihrem Vorhang hervor zur anderen Tür des Cafés, die weiter unten lag, und ich folgte ihr. Esperancita verschwand hinter dem Vorhang dieser Tür, ich gleichfalls, aber statt uns dort zu verstecken, liefen wir auf die Straße und draußen zum Haupteingang, wo die Zeitungen waren. Meine Mutter war immer noch dort in dem kleinen Vorraum. Wir küßten und umarmten einander, und ich erzählte ihr in einem Atem, was für einen Kniff wir erfunden hatten, damit ich kommen und sie küssen konnte, ohne daß die Tante es bemerkte.

Wir liefen auf dem gleichen Umweg zurück, wie wir gekommen waren, und streunten im ganzen Café umher, als ob nichts geschehen wäre.

Mittlerweile war meine Mutter hereingekommen und hatte sich neben meine Tante gesetzt. Pepe hatte ihr eine kleine Tasse und eine kleine Schale mit Zucker gebracht; ich ging an den Tisch, klopfte ihr nur leichthin auf die Schulter, sagte »Hallo!« und nahm eines von ihren Zuckerstücken. Dann lief ich weg, um weiterzuspielen. Die Tante freute sich.

Meine Mutter war eine sehr kleine Frau, ziemlich rundlich und mit schnellen Bewegungen. Ihre Haut war sehr hell, ihre Augen grau wie die einer Katze, und ihr braunes Haar zeigte nur an den Schläfen ein paar weiße Strähnen. Man sah ihr nicht an, daß sie schon über fünfzig Jahre alt war. Sie trug einen schwarzen Rock, eine graue Kattunbluse, ein gestreiftes Kopftuch und eine gestreifte Schürze.

Die Tante war sechzig Jahre alt. Sie trug ein schwarzes Kleid mit eingestickten Blumen und einen schwarzen Schleier über ihrem weißen Haar. Ihr Gesicht war alt, sah aber aus wie feines Porzellan, und sie war stolz auf das natürliche Rot ihrer

Wangen und die Seidenglätte ihrer Hände. Aber die Hände meiner Mutter waren ebenso weich wie die der Tante und sogar noch kleiner. Manchmal ärgerte das die Tante, die ständig Crème auf ihre Hände tat und sie täglich mit Zitrone und Glyzerin einrieb. Dann sagte sie zu meiner Mutter, es sei ihr unbegreiflich, wie man seine Hände so erhalten könne, wenn man doch so schwer arbeitete, wie meine Mutter das tat.

Die Tante war die Herrin, meine Mutter die Dienerin. Es war ganz ähnlich wie bei Doña Isabel und Doña Gertrudis. Sie kam ins Café und setzte sich zu den anderen hin, um ihren Kaffee zu trinken, wenn sie den Abendtisch abgeräumt, die Töpfe und Pfannen gescheuert und das Speisezimmer und die Küche gefegt hatte. Manchmal beteiligte sie sich am allgemeinen Gespräch, weil die anderen sie sehr gern hatten und sie immer nach allem möglichen fragten. Aber meistens schwieg sie und wartete auf eine Gelegenheit, hinauszuschlüpfen und sich mit Angels Mutter oder Señor Pepe zu unterhalten.

Um elf Uhr erhob sich die Kaffeegesellschaft, und wir gingen heim, Tante und ich voran, Onkel und Mutter hinterdrein. Es war früher als sonst, und Angel und ich kamen um unser Spiel. Er war gerade mit dem Verkaufen seiner Zeitungen fertig und blickte uns traurig nach, denn unser Weggang bedeutete, daß er nun bis zur Sperrstunde des Cafés allein sein würde. Am nächsten Morgen mußten wir sehr zeitig aufstehen, denn am Nachmittag fuhren Onkel, Tante und ich in die Sommerferien aufs Land nach Brunete. Meine Mutter sollte heute nacht mit in der Wohnung schlafen. Obwohl die Postkutsche erst am Nachmittag fuhr, mußte Tante schon am frühen Morgen anfangen zu packen und das Essen vorzubereiten.

Als wir heimkamen, tranken mein Kater und ich gemeinsam am Speisezimmertisch unsere Milch, wie wir das jeden Abend zu tun pflegten. Der Onkel setzte sich uns gegenüber, während die Tante nebenan im Schlafzimmer rumorte und das Nachtlicht vorbereitete, das zugleich ihrer Madonna als Ewiges Licht zu dienen hatte. Plötzlich fiel es mir ein, zum

Onkel zu sagen: »Ich möchte heute nacht bei Mutter schlafen, weil wir doch morgen fortfahren.«

»Gut, geh zu ihr ins Bett!«

Die Tante erschien in der Schlafzimmertür und platzte heraus: »Das Kind wird in seinem eigenen Bett schlafen, wie jede andere Nacht auch.«

»Aber, meine Liebe ...«, sagte der Onkel.

»Kein ‚Meine Liebe‘ und kein ‚Aber‘. Es ist besser für das Kind, wenn es allein schläft.«

»Aber wenn der Junge doch morgen wegfährt und das eine Mal bei seiner Mutter schlafen will, warum willst du ihm das nicht erlauben? Er schläft ja manchmal auch bei uns im Bett, wenn es dir so in den Sinn kommt, und sicher wird er wohl in einem Bett mit uns zwei Personen schlechter schlafen als nur mit einer.«

Die Tante warf den Kopf hoch und begann zu schimpfen: »Ich habe ‚nein‘ gesagt, und dabei bleibt es. Der Junge würde nicht im Traume darauf verfallen, bei seiner Mutter schlafen zu wollen, wenn sie ihm nicht die Idee in den Kopf gesetzt hätte.« Und sie rief mit schriller Stimme zu meiner Mutter hinüber: »Leonor, Leonor, das Kind wird in seinem eigenen Bett schlafen, weil ich es so will! Es wird sowieso schon viel zuviel verwöhnt und setzt viel zuoft seinen Willen durch.«

Meine Mutter, die den Anlaß dieses ganzen Getues nicht verstand, kam verblüfft herein und sagte: »Ja, ja. Sein Bett ist schon gemacht.«

Auf die ruhige Stimme meiner Mutter hin sank die Tante in einen Sessel und weinte, daß die Tränen auf den Tisch fielen.

»Ihr wollt mich alle umbringen, ihr brecht mir das Herz! Ihr habt euch alle miteinander verschworen, mir Schmerzen zu bereiten! Sogar du« – sie wandte sich gegen den Onkel –, »sogar du bist mit ihnen im Bund! Natürlich, du sagst einfach ‚Ja‘, und dann ist nichts mehr zu machen. Ich aber weiß, wie das zusammenhängt. Ihr habt das untereinander abgemacht, und ich Arme muß es schlucken und soll auch noch schweigen.«

Meine Mutter verbiß ihren Zorn, nahm mich beim Arm und sagte: »Komm nun, sag Onkel und Tante gute Nacht und geh zu Bett!«

Worauf die Tante wieder explodierte: »So also steht es! Alles erledigt! Nein, das Kind wird heute nicht in seinem Bett schlafen, sondern mit mir, in meinem Bett.«

Der Onkel schlug mit der Faust auf den Tisch und sprang wütend auf: »Die Frau ist verrückt, und sie wird uns alle auch noch verrückt machen!«

Ich packte meine Mutter an den Rockschößen und brüllte: »Ich will heute nacht bei meiner Mutter schlafen!«

Die Tränen und Schreie meiner Tante verdoppelten sich, und schließlich setzte sie ihren Willen durch, mit Hilfe meiner Mutter, die ihren eigenen Gefühlen Gewalt antat und mich zur Tante hinschob.

Im Schlafzimmer weinte ich. Ich fühlte mich von meiner Mutter verlassen, und ich haßte die Tante, die darauf bestand, mich zwischen Schluchzern und Rippenstößen auszuziehen. Schließlich riß dem Onkel die Geduld, und er befahl ihr barsch, endlich den Mund zu halten. Wir gingen zu Bett, und ich lag zwischen den beiden. Die Tante begann ihren Rosenkranz zu beten, und ich mußte mitbeten, während der Onkel beim Schein der Kerze auf seinem Nachttisch den Heraldo las. Wie gewöhnlich schlief die Tante ein, bevor sie noch zu den zweiten zehn Perlen des Rosenkranzes gekommen war; ihr Mund stand halb offen und zeigte ihre Zahnlücke. Die zwei Vorderzähne schwammen in einem Glas, das auf dem Nachttisch stand. Nach einiger Zeit drehte ich mich sehr vorsichtig zum Onkel hin und flüsterte: »Sie schläft jetzt, und ich möchte zu Mutter gehen.«

Onkel legte einen Finger auf die Lippen und sagte sehr leise, ich solle noch warten. Er blies die Kerze aus, und wir lagen im Dunkel des Nachtlichtes, das unheimliche Schatten auf die Decke warf. Nach langer Zeit hob mich der Onkel vorsichtig aus dem Bett, gab mir einen Kuß und sagte mir, ich solle gehen, aber ja kein Geräusch machen.

Ich schlich mich den Gang entlang ins Zimmer meiner Mutter, neben der Küche, berührte im Finstern ihre Decken und sagte, ich sei es, damit sie nicht erschrecke. Ängstlich bat sie mich, zurückzugehen; als ich ihr aber erklärte, daß der Onkel mir aus dem Bett geholfen hatte, machte sie mir Platz. Und da lag ich nun, mit dem Rücken zu ihr, zu einem Ball zusammengerollt, in ihren Arm geschmiegt. Die Katze sprang aufs Bett und bahnte sich wie immer einen Weg unter die oberste Decke. Und wir alle drei waren ganz still und ruhig.

Ein Tropfen fiel auf meinen Hals, und die Katze leckte mir das Gesicht.

3.
DIE STRASSEN KASTILIENS

Bereits eine volle Stunde vor der Abfahrt der Kutsche saßen der Onkel, die Tante und ich in einem Winkel der Schankstube in der Cava Baja; neben uns standen zwei Koffer und ein Korb mit Proviant und Wasserflaschen, denn wenn man einmal unterwegs war, konnte man nichts bekommen als Brunnenwasser. Der Onkel nahm seine dicke Silberuhr mit dem winzig kleinen Schlüssel aus der Tasche, öffnete das Gehäuse und zeigte der Tante das Zifferblatt: »Siehst du jetzt, wie unvernünftig du bist! Wir sind eine ganze Stunde zu früh da.«

»Mag sein, aber jedenfalls brauche ich mich nun nicht zu ängstigen.«

Ich lief zu der Toreinfahrt der Herberge zum heiligen Andreas, wo die Postkutsche stand, noch ohne Maultiere. Ihre Räder waren mit Klumpen von Straßendreck bedeckt. Viele Fahrgäste warteten hier. Sie hatten sich an die Mauer gelehnt, und zu ihren Füßen lagen Körbe und vollgepfropfte Satteltaschen. Alle waren Leute vom Land. Die Stallknechte führten die Maultiere paarweise aus der Toreinfahrt heraus und spannten sie ein. Das hintere Paar mußte rücklings auf seinen Platz geführt werden und wurde mit einer Menge von Riemenzeug an die Deichsel gebunden. Ich beobachtete überrascht, wie schwer es für Tiere ist, rückwärts zu gehen.

Als die Maultiere endlich angeschirrt waren, wurden alle Koffer und Pakete oben auf der Kutsche verstaut, und die Leute setzten sich auf ihre Plätze. Natürlich mußte die Tante unter den Ersten in der Kutsche sein und wollte, daß auch Onkel und ich einstiegen. Der Onkel aber ließ sie ruhig nörgeln und ging mit mir zum nächsten Zuckerbäcker, um für meine Vettern auf dem Dorfe Süßigkeiten zu kaufen. Wir erwarben eine Menge Pfefferminzbonbons, von denen man grüne Flecken auf den Fingern bekam wie von nasser Farbe und die einem die Zunge verbrannten – so scharf waren sie. Aber gerade diese Sorte haben die Leute auf dem Lande am liebsten. Wir kauften auch zwei Pfund Paciencias, kleine runde Kekse von der Größe einer Kupfermünze; wir bekamen davon eine große Tüte voll. All diese Einkäufe brachten wir zur Tante, die sogleich zu schimpfen begann, weil wir nicht einsteigen wollten: Sie hatte Angst, die Kutsche würde ohne uns abfahren. Der Onkel schenkte ihr keine Beachtung und ging mit mir ins Wirtshaus auf ein Bier und Brauselimonade.

Unter all den Leuten im Wirtshaus war der Onkel der einzige Herr aus Madrid. Die anderen waren alle ländlich gekleidet. Der Onkel trug seinen schwarzen Lüsteranzug, ein gestärktes Hemd und einen steifen Hut, die Tante ihr gesticktes schwarzes Kleid mit schwarzer Mantille und ich meinen weißen Matrosenanzug. Am Vormittag hatte der Onkel mit der Tante wegen unserer Kleidung noch Streit gehabt. Er wollte eine alte Jacke anziehen und ein altes Paar Hosen und mit einer Mütze und in Hausschuhen fahren. Und ich wollte meine Bluse tragen und Sandalen mit Hanfsohlen. Aber sie erhob Einspruch und sagte, wir seien ja schließlich keine Bettler. Und wie üblich setzte sie ihren Willen durch. Der Onkel, beleibt, wie er war, mußte schon jetzt ein seidenes Taschentuch hinter seinen steifen Kragen schieben, um nicht gar so arg zu schwitzen, und von Zeit zu Zeit nahm er den Hut ab und wischte sich den Schweiß von der Glatze. Mit seiner gestärkten Hemdbrust, Kragen und Manschetten fluchte er über die »albernen Ideen« der Tante, wie er das nannte. Ich dachte mir, daß ich an seiner Stelle mich so angezogen hätte, wie es mir beliebte.

Als wir schließlich in die Kutsche stiegen, war es nicht gar so leicht, uns durchzudrängen. Alle Sitze außer dem des Onkels waren schon besetzt, und ich mußte zwischen seinen Knien stehen; so warteten wir auf die Abfahrt der Kutsche. Die Hitze war unerträglich. Die Leute waren dicht aneinandergepreßt, und ihre Köpfe stießen fast an das niedere Wagendach.

Oben auf dem Verdeck band der Gehilfe die Bündel fest und lud die letzten Gepäckstücke auf. Jeder seiner Schritte schüttelte Staub auf unsere Köpfe herunter und klang, als würden die Bretter einbrechen. Die Kutsche war zum Bersten voll, und der Stallknecht für die Maultiere mußte sich auf das linke Maultier im ersten Gespann setzen, weil auf dem Kutschbock neben dem Kutscher drei Frauen saßen wie die Sardinen in der Dose. Zwei Männer, die nur bis Campamento fahren wollten, standen auf dem Trittbrett.

Die Kutsche kreischte, als wir die steil abfallende Calle de Segovia hinabrollten. Die Bremsen wurden so fest angezogen, daß sich die Räder kaum drehen konnten, und dennoch lief die Kutsche beinahe in die Maultiere hinein. Gelegentlich war es vorgekommen, daß die Kutsche sich auf halber Höhe des Hügels überschlug.

Nach Überquerung der Segoviabrücke fuhren wir wieder bergauf. Dort hörte Madrid auf, und das flache Land begann. Eigentlich war es nur eine Redensart, es Land zu nennen, denn längs der Straße gab es weithin nichts außer ein paar verkümmerten kleinen Bäumen, ohne Laub und voll Staub – Felder mit gelbem Gras und schwarzen Feuerstellen und eine Anzahl elender Hütten, die die Lumpensammler aus alten Kanistern gebaut hatten, mit großen Unrathaufen vor der Tür, die bis auf die Straße hinaus stanken.

Die Tante tat, was sie auf einer Reise immer zu tun pflegte. Kaum hatte sich die Kutsche in Bewegung gesetzt, so bekreuzigte sie sich und begann den Rosenkranz zu beten. Seine Perlen waren aus Olivenholz, das aus Palästina vom Ölberg gebracht und vom Papst gesegnet worden war. Daheim hatte sie noch einen zweiten Rosenkranz aus Silberperlen und einen dritten aus Achaten, den sie aus Frankreich mitgebracht hatte, aus Lourdes; in der Mitte seines Kreuzes war ein kleiner Kristall eingesetzt, und wenn man es gegen das Licht hielt, konnte man die Heilige Jungfrau in der Grotte erkennen.

Die Kutsche holperte dahin, und der Staub quoll durch die offenen Fenster herein, so daß wir wie in eine Wolke gehüllt waren. Wenn man nur die Kiefer bewegte, spürte man schon den Sand zwischen den Zähnen. Aber die Sonne brannte so heiß, daß wir die Fenster nicht hätten schließen können, ohne zu ersticken.

Ich bekam Hunger. Bei dem Getue und der Eile, nur ja nicht zu spät zu kommen, um noch einen Sitzplatz in der Kutsche zu erhalten, hatte ich seit Mittag keinen Bissen zu essen bekommen. Ich sagte das der Tante, und sie wurde böse. Sie hieß mich warten, bis sie ihren Rosenkranz zu Ende gebetet haben würde, aber sie war erst halb fertig damit.

Uns gegenüber saß ein dicker Mann. Er hatte einen Laib Brot hervorgeholt, in den, wie in einem Sandwich, eine Tortilla, eine Kartoffelomelette, eingelegt war. Sie roch sehr gut. Immer wieder schnitt er sich mit seinem Taschenmesser ein Stück ab und aß es, und ich wurde vom Zuschauen rasend hungrig. Ich hätte ihn gern gebeten, mir einen Bissen zu geben. Wieder bat ich meine Tante um etwas zu essen, diesmal mit lauter Stimme, denn – so meinte ich – wenn sie mir nichts gab, würde der dicke Mann mir sicherlich ein Stück von seiner Tortilla anbieten. Und ich wollte sie so wütend machen, daß sie mir jedes Essen verweigern würde, denn sie hatte sowieso nichts weiter als Brot und Schokolade mitgenommen, und was ich wollte, war die Omelette. Sie wurde wirklich zornig. Sie kniff mich in den Schenkel, gab mir aber nichts. Der dicke Mann schnitt ein großes Stück Brot ab und eine mächtige Scheibe Tortilla und bot sie mir an. Der Onkel erlaubte mir sie anzunehmen und schalt die Tante: »Mußt du dich immer nur lächerlich machen?« Jetzt holte sie Brot und Schokolade hervor, aber nun wollte ich nicht mehr. Die Tortilla war großartig, und der Mann gab mir noch ein paar Scheiben Dörrwurst dazu. Es schmeckte mir noch weit besser, weil ich meinen Willen durchgesetzt und auch der Onkel meine Partei ergriffen hatte. Er zog die Lederflasche mit dem Wein für unser Nachtmahl hervor, nahm selbst ein Stück Tortilla an, und dann aßen und tranken wir alle drei, sehr zum Mißvergnügen der Tante.

Nach dem Streit wegen des Essens hatte die Tante begonnen, der Frau mit dem kleinen Mädchen, die ihr gegenüber saß, des langen und breiten von der Sorge und dem Ärger zu erzählen, die ich ihr verursachte. Ich achtete nicht auf das, was sie sagte, sonst hätte ich widersprechen und erzählen müssen, wie sie dauernd an mir herumnörgelte.

Die Kutsche fuhr hinab ins Tal des Guadarrama, eines Flusses, der, ganz ähnlich wie der Manzanares, kaum Wasser führte, sondern nur ein breites Bett voller Sand war, mit einem schmalen Bach in der Mitte, der durch die Binsen floß. Wir überquerten den Fluß auf einer Holzbrücke, die so alt war, daß die Fahrgäste aussteigen mußten, um das Gewicht zu verringern. Aber bevor wir den Fluß erreichten, kamen wir durch Móstoles. Dort stand auf dem Marktplatz, versteckt unter Gerüsten und weißen Tüchern, ein halbfertiges Denkmal. Es war ein Denkmal des Bürgermeisters von Móstoles und sollte im nächsten Jahr, dem Jahre 1908, zur Jahrhundertfeier des Unabhängigkeitskrieges enthüllt werden. Dieser Bürgermeister von Móstoles war Bürgermeister, als Napoleon Spanien zu erobern versuchte. Er war ein alter Bursche in einem kaffeebraunen Mantel mit mehreren Schulterkragen, einem großen, breitkrempigen Hut und einem langen Stab. Als er hörte, die Franzosen seien in Madrid eingedrungen, ließ er sich den Ausrufer kommen und übergab ihm eine Proklamation zur öffentlichen Verlesung. Und darin erklärte er, der Bürgermeister von Móstoles, dem Kaiser Napoleon den Krieg. Natürlich war es dumm gewesen zu glauben, ein kleiner Ort wie Móstoles könne gegen die Armeen Napoleons Krieg führen. Aber wäre Napoleon nach Móstoles gekommen und hätte ihn der Bürgermeister allein zu fassen gekriegt, dann hätte er ihn sicherlich mit seinem Bürgermeisterstab ganz einfach totgeschlagen. In meiner Geschichte Spaniens war ein Bild des Bürgermeisters von Móstoles, wie er seine Proklamation verliest, und ein Porträt Napoleons in seinem Soldatenmantel, mit weißen Kragenaufschlägen, weißen Hosen und der einen Hand zwischen den Knöpfen seines Uniformrockes.

Meine Großmutter, die Mutter meiner Mutter, war ein ganz kleines Mädchen, als die Soldaten Napoleons in diese Dörfer kamen. Die Franzosen stießen ihre Bajonette den Kindern in den Hintern und töteten sie auf diese grausame Art. Und die Eltern meiner Großmutter hatten ihr Kind in einen Korb gesteckt, in den Hausbrunnen hinabgelassen, der einen Seitenschacht mit einer Wölbung hatte, und dort verborgen gehalten. Wann immer die Soldaten nicht achtgaben, stieg die Mutter hinunter, um dem Kind die Brust zu geben. Meine Großmutter war jetzt neunundneunzig Jahre alt. Mein Bruder, meine Schwester und ich nannten sie die »kleine Großmutter«, denn sie war ein kleines verhutzeltes altes Weiblein, und ihre Hände und ihr Gesicht waren voll kaffeebrauner Flecken. Unsere andere Großmutter nannten wir die »große Großmutter«, denn sie war viel größer als ein Mann und sehr dick.

Als wir in Navalcarnero ankamen, wartete dort die »große Großmutter« auf uns.

Die Maultiere wurden im Gasthof gewechselt. Mittlerweile aßen die Passagiere ihr Abendbrot, entweder aus ihrem eigenen Vorrat oder ein Mahl aus der Küche der Herberge. Für uns gab es in Teig gebackenen Schellfisch und panierte Schweinskoteletten mit gebratenen Paprikaschoten. Der Onkel lud den dicken Mann ein, mit uns zu essen, weil wir ihm doch seine Tortilla aufgegessen hatten. Wir tranken auch schwarzen Kaffee, den die Tante bei sich trug, in einer Flasche, die sie mit einer dicken Lage Zeitungen umwickelt hatte, so daß er noch immer heiß war.

Die »große Großmutter« setzte sich mit uns zum Essen und hob mich auf ihren Schoß. Es war, als säße man in einem Polstersessel. Sie und die Tante begannen zu plaudern, und wie gewöhnlich fingen sie bald zu streiten an. Als sie beide kleine Mädchen waren, hatten sie in ihrem Dorf miteinander gespielt, und sie warfen sich noch immer jedes Schimpfwort an den Kopf, das ihnen gerade einfiel. Die Tante war eine Betschwester, die Großmutter eine Ungläubige. Als beide ungefähr zwölf Jahre alt waren, hatten ihre Eltern sie nach Madrid in Dienst geschickt. Die Großmutter war in vielen Häusern im Dienst gewesen, bevor sie heiratete. Die Tante fing als Zofe bei einer sehr alten und sehr frommen Dame an und blieb bei ihr, bis sie den Onkel heiratete.

Die beiden unterschieden sich sogar darin voneinander, wie sie ihr Essen zu sich nahmen. Die Tante aß ganz winzige Bissen, meine Großmutter schob jedesmal gleich so viel in sich hinein wie der dicke Mann, der mächtige Portionen verschlang, als hätte er nicht zuvor eine Tortilla und ein großes Stück Brot verzehrt. Und während des Essens unterhielten sie sich wieder über mich.

»Höchste Zeit, daß der Junge ein wenig frische Luft schnappt und aufhört, an deinen Schürzenbändern zu hängen«, sagte die Großmutter. »Ihr macht ihn ganz blöd mit euren Pfaffen und dem ewigen Beten. Sieh nur, wie einfältig er dreinschaut! Nur gut, daß er ein paar Tage bei mir bleiben wird! Ich werde ihn schon wachrütteln!«

»Also, höre, du, das Kind ist ganz in Ordnung«, fuhr die Tante auf. »Nur sehr unartig ist er, und deshalb nimmt er auch nicht zu. Was du gegen seine Erziehung hast, kann ich mir nicht vorstellen. Freilich, du möchtest gern, daß der Junge ungläubig wird wie du. Du tätest besser, daran zu denken, wie alt du bist und daß du eines Tages schnurstracks zur Hölle fahren wirst, wenn du so weitermachst.«

»Um so besser! Dort ist es schön warm. Und überhaupt, alle vergnügten Leute kommen in die Hölle, und alle langweiligen Betschwestern wie du kommen in den Himmel. Und ich kann dir ehrlich sagen, daß ich lieber in lustiger Gesellschaft bin. Du aber, du riechst ja wie lauter Wachs und Weihrauch!«

»Jesus Christus, du sagst immer gotteslästerliche Sachen. Du wirst ein böses Ende nehmen.«

»Gott verdamm mich! Ich sag' was Lästerliches nur, wenn mir jemand auf die Hühneraugen tritt, oder wenn ich mir den Finger in der Tür einzwick'. Schließlich ist man doch eine Frau und kein Fuhrmann! Was ich aber nicht hab und auch nicht will, daß der Bub kriegt, ist ein Kopf voller Flausen wie du; du kommst von den Rockschößen der Pfaffen nicht los!«

Die Tante begann zu schluchzen, und daraufhin fühlte sich auch die Großmutter ganz erbärmlich. Schließlich versöhnten sie sich, und die Großmutter sagte: »Nun hör zu, Baldomera! Natürlich weiß ich, daß du sehr gut bist und daß der Junge bei dir ein sehr gutes Heim hat, aber bei alledem machst du schließlich einen Einfaltspinsel aus ihm. Bete du weiter, soviel du willst, aber laß den Jungen spielen! – Denn das willst du doch?« fragte sie mich. »Spielen?«

Ich wollte die Tante nicht noch mehr gegen mich aufbringen, also sagte ich, daß ich sehr gerne in die Kirche ginge. Und daraufhin explodierte meine Großmutter.

»Du bist ein Schlappschwanz, jawohl, das bist du!« Und sie preßte mich in ihren dicken Armen und drückte mich an ihre Brüste, daß ich in einem Federbett zu ersticken glaubte. Ich fühlte mich gekränkt und sagte weiter nichts, aber zwei große Tränen liefen mir übers Gesicht. Und nun verlor Großmutter den Kopf. Sie nahm mich in ihre Arme, küßte mich, herzte mich, schüttelte mich wie eine Puppe und redete auf mich ein, ich solle ihr versprechen, im September zu ihr zu kommen und bei ihr zu wohnen. Und ich mußte ihr mein Wort geben, daß ich ihr nicht böse sei. Sie nahm mich zum Schanktisch des Wirtshauses und füllte mir die Taschen mit gerösteten Erdnüssen und Kichererbsen, überschwemmte mich mit einer Flut von Fragen und beruhigte sich erst, als ich ihr ein über das andere Mal versichert hatte, daß ich nicht böse sei, aber daß ich auch kein Schlappschwanz sei und daß ich sie bestimmt nicht in Navalcarnero besuchen würde, wenn sie mich noch einmal Schlappschwanz nannte.

Wir kamen am Abend gegen zehn Uhr in Brunete an. Ich war ganz erschöpft und wollte nichts weiter, als rasch zu Bett gehen.

Das Dorf bestand aus einem Haufen Häuser mit tief-schwarzen Schatten oder sehr weißen Mauern, die leuchteten wie der Mond selbst. Die Leute saßen oder lagen vor den Hoftoren, um einen Atemzug frische Luft zu schöpfen. Ein paar plauderten, aber die meisten schliefen schon. Als wir durchs Dorf zum Hause Onkel Hilarios gingen, des Bruders meines Onkels José, standen die Leute auf, um uns willkommen zu heißen, und einige boten uns Krapfen und Branntwein an. Mich konnte nichts daran locken. Mein einziger Wunsch war: schlafen. Der Nachtwächter des Dorfes trat auf uns zu, schlug meinem Onkel auf die Schulter, tätschelte mich und sage: »Schau, du bist ja schon ein ganzer Mann!«

Dann stellte er sich auf die Zehenspitzen, reckte den Hals wie ein Hahn, bevor er zu krähen beginnt, legte eine Hand an den Mund und rief dröhnend: »Elf Uhr, und der Himmel klar!«

WEIZENLAND

Helles Sonnenlicht, in dem unzählige Fliegen schwirrten, strömte durch das kleine viereckige Fester über dem Kopfende meines Bettes herein. Das Zimmer roch nach Dorf, nach an der Sonne getrocknetem Korn vom Getreidespeicher gegenüber, nach verdorrtem Ginster, der in der Küche brannte, nach dem zähen Gestank des Hühnerhauses, nach Stalldünger und den sonnengebackenen, weißgekalkten Lehmmauern des Hauses.

Ich zog mich an und ging die Treppe hinunter. Die Stufen waren massige, mit dem Breitbeil zugehauene Holzklötze.

Das Erdgeschoß war ein riesiger Raum mit einem Boden aus feinem Flußkies. Neben dem Eingang trug ein Wassergestell acht dickbäuchige Krüge aus weißem Ton, auf denen feuchte Perlen glitzerten. Der Leinenvorhang hatte in der Mitte ein spannenlanges, aus roter Wolle gesticktes Monogramm. Mitten in der großen Stube stand ein Tisch aus festen Kiefernplanken. Er war schlohweiß vom vielen Scheuern mit Sand und so groß, daß die ganze Familie und das Gesinde, alles in allem etwa zwanzig Leute, um ihn herumsitzen konnten. Samenkörner, die sortiert werden sollten, wurden auf dem Tisch ausgebreitet, und wenn Tante Braulia die Hauswäsche plättete, dann bedeckte ihr Bügeltuch nicht viel mehr als eine Tischecke. An den Wänden standen viele strohgeflochtene Stühle, eine schwere Mahagonikommode und eine Truhe mit gewölbtem Deckel, die mit einem lohfarbenen Fell bezogen und mit Messingnägeln beschlagen war. Ihr Schloß sah aus wie ein alter Türklopfer. Über der Truhe hing die Kukkucksuhr mit ihren Messinggewichten an vergoldeten Ketten, ihrem Pendel, das von einer Seite zur anderen schwang, ohne je an die Wand zu stoßen, einem kleinen gemalten Blumenstrauß in jeder Ecke des viereckigen Zifferblatts aus Holz und dem kleinen Fenster des hölzernen Kuckucks darüber, der die Stunden und halben Stunden ausrief. Wenn der Zeiger im Begriff stand, die volle Stunde zu erreichen, blieb er stehen, als wäre er auf seinem Weg über einen Kiesel gestolpert, und machte dann einen plötzlichen Sprung, wodurch eines der Gewichte rasch hinunterfiel und das ganze Getriebe in heftige Bewegung setzte, so daß es rasselte wie eine Schachtel voller Nägel. Dieses Geräusch erschreckte den Kuckuck; er öffnete die Tür seines Häuschens und begann zu rufen, wobei er sich verbeugte und den Hals reckte, um nachzuschauen, ob das Gewicht wohl diesmal am Fußboden zerbrochen wäre. Nach dem Ausrufen der Stunde ging er wieder zurück, und hinter ihm schloß sich die Türe, bis die nächste halbe Stunde vorüber war. Dann kam er wieder heraus, ließ aber nur einen einzigen Ruf hören, sauertöpfisch, als wäre er einer dummen Sache wegen gestört worden, die nicht die Mühe lohnte.

Die Kuckucksuhr erinnerte mich immer an den Dorfnachtwächter, und der Dorfnachtwächter erinnerte mich an die Kuckucksuhr. Der Mann ging die ganze Nacht lang auf der Dorfstraße auf und ab und ließ die Kirchturmsuhr und den Himmel nicht aus dem Auge. Jedesmal, wenn die Uhr die Stunde schlug, mußte er sie ausrufen und das Wetter verkünden: »Zwei Uhr, und der Himmel klar ... Drei Uhr, und Wolken ... Vier Uhr, und es regnet!« Zu Zeiten der Dürre, wenn die Leute fürchteten, um ihre Ernte zu kommen, weckten die Nachbarn einander auf, wenn der Nachtwächter die Stunde angab und »es regnet« sang. Sie stellten sich dann ins Haustor, um selber schön naß zu werden, und manche gingen sogar auf ihre Felder hinaus, um sicher zu sein, daß der Regen auch richtig auf ihren Grund und Boden fiel.

Am anderen Ende der großen Stube stand der Herd, mit der Speisekammer auf der einen Seite und der Tür zu den Ställen auf der anderen. Der Herd war ein Kreis von Fliesen, flankiert von zwei Steinbänken. Über ihm tat sich ein glockenförmiger Rauchabzug auf, der voller Ruß war. Durch das Loch in der Decke konnte man den Himmel sehen. An der Wand hingen die Töpfe und Pfannen, alte Kupfer- und Eisentöpfe, blau-weiße Talaverakrüge und Küchengeräte, Bratspieße, Roste und ähnliches mehr. Der breite Kaminsims war hochbeladen mit Näpfen, Schüsseln und Krügen, in der Mitte stand, wie eine Sonnenscheibe, eine große runde Anrichtschüssel. Die Schüssel war aus Steingut, einen guten Zentimeter dick, mit schmutzigblauen Blumen auf gelbgrünem Hintergrund und einem stahlblauen Rand. Sie war das älteste Stück in der ganzen Küche. Auf der Unterseite trug sie ein sonderbares Zeichen, gleich einer Tätowierung, und eine Inschrift in altmodischen blauen Buchstaben, die lautete: »Talavera 1742«.

Tante Braulia scheuerte ihr Metallgeschirr mit Lauge aus Asche. Ihr Eisengeschirr blinkte wie Silber, ihr Kupfergeschirr wie Gold. Die Asche kam vom Herd, das Feuer war ein großer Haufen von getrocknetem Dung mit einem Glutkern, und es glomm Tag und Nacht. Wenn man die Schaufel durch die Kruste stieß, sah man einen Feuerball, glühend rot wie ein Granatapfel. Man steckte die eiserne Spitze eines riesigen Blasebalgs hinein, blies an, und gleich sprang die Flamme hoch. Dann warf man Ginsterruten in die Flamme, um sie zu speisen, und stellte die dreibeinige Bratpfanne drauf. War der Inhalt der Pfanne aufgekocht, so verschloß man das Feuerloch wieder mit der Schaufel, und es blieb nichts als der gelbe rauchende Haufen von trockenem Dung und der Ring von Töpfen rund um ihn, in denen nun die Olla langsam kochte. Dürr- und Blutwürste hingen im Innern der Kaminglocke, um gedörrt und geräuchert zu werden.

Als ich hinunterkam, traf ich in der Stube nur Tante Braulia an, die auf einem niedrigen Schemel neben dem Herde saß. Das erste, was sie sagte, war, ich müsse doch Hunger haben und sie wolle mir gleich das Frühstück machen. Immer, wenn ich im Dorf war, stellten sich alle ganz verrückt an, sobald es um mein Essen ging. Sie hatten es sich in den Kopf gesetzt, mich vollzustopfen und aufzupäppeln. Wenn man aber genau hinschaute, gab es in Brunete viel weniger zu essen als in Madrid. Das einzige Obst in Brunete waren die Spalierweintrauben an den Mauern des Hauses, und die waren noch nicht reif. Das einzige Fleisch, das man je zu sehen bekam, war Lamm- und Schweinefleisch vom letzten Schlachten, eingepökelt oder geräuchert. Ich wußte jeden Tag schon im voraus, was ich zu essen bekommen würde: Brateier zum Frühstück, eine Olla von Kichererbsen mit kleinen Stücken Dörrwurst, Speck und Hammelfleisch zu Mittag und Kartoffeln mit einem Stück Fleisch oder Stockfisch am Abend. Ab und zu brachte ein Eseltreiber ein paar Kisten Sardinen oder Stockfisch aus Madrid, aber nur im Winter, denn während der warmen Jahreszeit wäre der Fisch unterwegs verdorben. So hatten sie im Dorfe keinen Fisch außer den vertrockneten Sardinen aus dem Faß des Kolonialwarenhändlers, deren Bäuche und Augen gelb vom Öl waren, oder eingesalzenen Stockfisch. Frisches Gemüse gab es auch nicht. Brunete liegt in einer trockenen, wasser- und baumlosen Ebene, wo nichts wächst als Weizen, Gerste, Kichererbsen und Futterwicken. Das Wasser mußten sie mit Eseln zwei Meilen weit von einer kleinen Schlucht holen, einer Art Riß im Boden, der sich gegen die Sierra zu verlor.

Was das Essen betraf, so waren mir Méntrida und Navalcarnero lieber als Brunete, vor allem Méntrida, wo die Familie meiner Mutter wohnte und wo ich von Brunete aus hinfahren sollte. In Méntrida gab es Obstbäume und Gärten, Wild, Rebhühner und Kaninchen, und im nahem Fluß Alberche konnte man prächtige Aale und andere Fische fangen. Mit der Bahn kamen auch Fische aus Madrid, und das Dorf war immer mit schönen Trauben, Tomaten, Gurken und Salat versorgt. In einem Nachbarort namens Valdehiguera wuchsen Hunderte uralte Feigenbäume, die runde dicke Feigen mit hellrotem Fleisch trugen; sie schmeckten nach Honig, darum nannten die Leute sie melares, »Honigfeigen«. Jeder Familie gehörten zwei oder drei von diesen Feigenbäumen, und wenn ich zu Besuch kam, luden mich alle ein, mir zeitig am Morgen einige davon zu pflücken, wenn sie noch frisch und nachtkühl waren. Méntrida verfügt über alle diese Dinge, weil es im Tal eines kleinen Flüßchens liegt, das in den Alberche mündet. Das Tal hat einen Streifen Weideland mit Pappeln und viele Gärten.

Brunete besaß zwar ein paar Brunnen, aber sie waren sehr tief und das Wasser war brackig. In Méntrida hatte jedes Haus seinen eigenen Brunnen, und viele mußten vom Brunnen zur Straße einen Abzug graben, weil das Wasser im Winter übergelaufen wäre. Es war ein sehr kaltes süßes Wasser.

Trotz alledem war es Tante Braulia, die auf ihre Kocherei am stolzesten war. Die meisten Leute in Brunete mußten sich mit einer Zwiebel und Brot am Morgen begnügen, ehe sie zur Arbeit aufs Feld gingen; mittags gab es einen Gazpacho – Brot, Zwiebel und Gurke in Essig und Wasser mit einem Tropfen Öl – und am Abend eine Olla, die bloß aus Kichererbsen und einer Schnitte Speck bestand. Frisches Fleisch bekamen sie nur zwei- oder dreimal im Jahr zu kosten. Aber Onkel Hilario, der Mann Tante Braulias und der älteste Bruder meines Onkels José, war einer der reichsten Männer im Dorf geworden.

Es waren ihrer sechs Brüder gewesen, und als Lose zum Militärdienst gezogen wurden, waren sie alle, außer Onkel José, freigekommen. Die wehrpflichtigen Soldaten mußten damals acht Jahre in der Kaserne bleiben. Als Onkel José einrückte, war er einfach ein Bauerntölpel wie alle anderen und konnte weder lesen noch schreiben. Sie waren eine sehr arme Familie gewesen, weil es so viele Kinder gab; sie hatten nur Kichererbsen und Speckschwarten zu essen gehabt, und noch dazu die schlechtesten Kichererbsen, die sie als Saatgut zurückbehielten. Die ausgelesenen brachten nämlich mehr Geld ein und wurden verkauft. In der Kaserne lernte Onkel José lesen und schreiben. Mittlerweile starben seine Eltern, und seine Brüder bearbeiteten gemeinsam ihr Land und heirateten einer nach dem anderen. Obwohl Onkel José ihnen seinen Landanteil überlassen hatte, hungerten sie, denn da waren nun auch alle ihre Frauen und bald auch ein Haufen Kinder zu ernähren. In diesen Jahren geschah es manchmal, daß sie kein Geld hatten, Maultiere oder Esel zum Pflügen zu mieten, und dann zogen die Männer und Frauen selbst den Pflug. Tante Braulia hatte ihn oft und oft gezogen. Inzwischen war Onkel José, der kein Absicht hatte, zum Pflug zurückzukehren, Sergeant geworden und bekam nach seiner Entlassung einen Posten im Kriegsministerium, weil er eine schöne Handschrift hatte und gut rechnen konnte. Er begann zu sparen und das Geld seinen Brüdern zu leihen, so daß sie nicht mehr den Wucherer des Dorfes um Geld bitten mußten, dem sie für je fünf Pesetas, die er ihnen lieh, eine darüber zurückzahlen mußten. Und nach der Weizenernte verkauften sie ihr Getreide auch nicht mehr an den Wucherer, denn mein Onkel verkaufte es in Madrid für sie alle, und sie teilten sich in den Gewinn. Dann kam der Krieg in Kuba. Mein Onkel hatte auch anderen Leuten im Dorf Geld geliehen. Eines Tates fuhr er hin, rief alle seine Verwandten und alle älteren Männer des Dorfes zusammen und sagte ihnen, wenn sie ihren Weizen ihm gäben, dann würde er ihn für sie in Madrid an die Einkäufer der Armee verkaufen, um einen viel höheren Preis, als sie von ihrem Wucherer bekamen. So wurden sie reich, und der Onkel gab ihnen genug Geld, um mehr Land und Maultiere zu kaufen. Sie arbeiteten alle zusammen unter der Führung von Onkel Hilario, aber eigentlich führte Onkel José das Kommando. Die andere Hälfte der Felder des Dorfes gehörte den Leuten, die dem Wucherer verschuldet waren.

Der Wucherer war ein entfernter Verwandter von uns, Don Luis Bahía. Er hatte das Dorf als kleiner Junge verlassen und war später mit Hilfe der Jesuiten Millionär geworden. Er war einer ihrer Agenten; Onkel José sagte, er selbst hätte eigentlich gar kein Geld, und das Geld, das er den Leuten lieh, gehörte den Jesuiten, die auf diese Weise alles in die Hand bekamen.[*] Ich kannte ihn von Madrid her, denn er hatte manchmal mit meinem Onkel zu tun, und ich ging einige Male mit in sein Büro. Aber ich hatte Angst vor ihm. Er war alt, kahl, mit einem großen Kopf und einer sehr fleischigen Nase, die wie ein Papageienschnabel gekrümmt war, und er beobachtete einen scharf mit seinen eiskalten Augen. Seine Haut war wie gelbes Wachs. Er trug immer einen schwarzen Anzug, mit schwarzen Bürostulpen bis zu den Ellenbogen, dazu eine runde Seidenmütze mit einer Troddel. Sein Büro hatte dunkelgrüne Tapeten, und auch die gehäkelten Netzvorhänge vor seinen Balkonfenstern waren grün, so daß das ganze Zimmer dunkel war und sein Gesicht aussah wie der Kopf eines schleimigen Untiers in seiner Höhle. In Méntrida sah ich einmal eine große Kröte inmitten der Wasserpflanzen sitzen, und da mußte ich sofort an ihn denken.

Ich aß die Brateier und die Dörrwurst, die Tante Braulia mir vorsetzte, und ging dann auf die Dreschtennen hinaus.

Das ganze Dorf bestand aus den zwei Häuserreihen an der Hauptstraße. Die Felder waren schon gemäht und gelb von Stoppeln. An einer Stelle, wo der Boden anstieg, lagen die Dreschtennen. Es waren ebene, kreisrunde, mit Kieseln gepflasterte Plätze, man mußte sie ganz rein fegen, bevor die Garben ausgebreitet wurden. Dann zog ein Maultier eine dikke, mit spitzen Feuersteinen gespickte Planke, eine Art Egge, immer rundum über den Teppich aus Weizenähren und trennte so das Korn vom Stroh. Die Jungen standen auf der Planke, einer, um das Maultier zu lenken, und alle übrigen, um sich zu vergnügen. Wir stießen und drängten einander von der schwankenden Planke und kollerten auf die Strohdecke. Gefährlich war es nur, wenn man vor die Planke fiel und die Egge über einen hinweggehen konnte. Das war einem meiner kleinen Vettern passiert, und die Egge hatte auf seinem Rücken Narbenlinien hinterlassen, als wäre er von Indianern tätowiert worden.

---

* Nach dem Tode des Don Luis Bahía kam es zu einem in ganz Spanien viel diskutierten Prozeß über sein Testament, in dem er der Gesellschaft Jesu über dreißig Millionen Pesetas vermacht hatte. Anm. d. Autors.

Auf anderen Dreschböden worfelten Männer das zerfetzte Stroh, indem sie es auf ihren Gabeln gegen den Wind in die Luft warfen, so daß die Spreu weggeblasen wurde und die schweren Körner zurückblieben. Wir Jungen liefen in die Spreuwolke hinein, schwangen die Arme und schlossen die Augen ganz fest, und unsere Haut wurde mit winzigen Nadeln gespickt, die feststaken und uns nachts nicht schlafen ließen. Dann rollten wir uns zwischen den Hügeln von reinem Weizen, bis die harten Körner uns Ohren, Mund und Nase füllten und uns in Socken und Taschen schlüpften. Wenigstens mir erging es so. Die Haut meiner Vettern jedoch war von Sonne und Staub so gegerbt, daß die Strohnadeln sie nicht stachen, und sie hatten weder Socken noch Sandalen, denn sie gingen alle barfuß, und auch keine Taschen, wie ich sie in meiner Bluse hatte. Sie trugen nichts als ein Hemd und kurze Hosen, die mit einem Strick um den Leib gebunden waren. Was mich am meisten störte, war die Sonne. In den ersten Tagen auf dem Lande wurde meine Haut immer rot, meine Nase und meine Wangen schälten sich, und ich häutete mich ein ums andere Mal wie eine Eidechse, bis ich zur Zeit der Rückkehr nach Madrid fast so braun war wie meine Vettern. Aber so braun wie Onkel Hilario wurde ich nie.

Onkel Hilario war ein hochgewachsener alter Mann, mit mächtigen Knochen und völlig ausgedörrt. Er hatte einen ganz kahlen Kopf voller Buckel, mit einer Talggeschwulst oben, die wie eine Pflaume aussah, aber die Haut auf seinem Schädel war sehr dunkel, und man merkte kaum, daß er gar kein Haar hatte. Seine Nackenhaut war grob und trocken und von tiefen Falten durchzogen, wie mit einem Messer eingekerbt. Er rasierte sich gewöhnlich am Donnerstag und am Sonntag, wie es die Pfaffen tun, und dann sah der rasierte Teil seines Gesichtes so viel weißer aus als sein übriger Kopf, daß er wie mit Sandpapier abgerieben schien. Manchmal nahm er eine von meinen Händen, die recht weich und dünn waren, legte sie auf eine seiner eigenen breiten Pratzen mit den gebrochenen Fingernägeln und machte ein verdutztes Gesicht. Dann drückte er meine Hand zwischen den seinen, und ich stellte mir vor, was geschähe, wenn er seine Hände riebe: Er hätte mir mit den harten Schwielen an seinen Handtellern die Haut von der Hand geschunden. Der hölzerne Sterz seines Pfluges glänzte wie unser poliertes Treppengeländer daheim, so oft hatte Onkel Hilario seine harten Handflächen daran gerieben.

Wenn mittags die Kirchenglocke zwölf schlug, gingen wir alle ins Haus zurück, zum Essen. Tante Braulia hatte den Tisch gedeckt und eine tiefe Schüssel in die Mitte gestellt, in die sie aus einem mehr als hundert Jahre alten Eisentopf die Olla schüttete. Der Topf war vom Feuer verbrannt, so daß er wie schwarzer poröser Ton aussah. Auf jeder Seite des Tisches stand eine große Weinflasche mit einem langen Hals. Nur der Onkel, die Tante und ich hatten Gläser; die anderen hielten die Flasche in Armeslänge von sich, neigten sie und ließen sich den Strahl in den Mund laufen. Ebenso war es mit dem Essen. Die sechs Kinder aßen alle aus einem Napf. Die Erwachsenen aßen aus der großen Schüssel. Aber weil wir da waren, hatte man für uns drei Teller auf den Tisch gestellt und auch je einen für Onkel Hilario und Tante Braulia. Die Kinder und die Knechte aßen, was übrig blieb, nachdem wir uns bedient hatten.

Nach dem Essen war es zu heiß, um gleich zur Arbeit zurückzukehren, und alle hielten eine kurze Siesta. Einige legten sich einfach auf die Steine am Hauseingang, wo es sehr kühl war, weil die Eingänge von der Straße und vom Stall mit dicken Vorhängen abgedichtet waren, so daß zwar die Sonne nicht hereinkonnte, wohl aber der Luftzug. Und, so seltsam es ist, die beiden Steinbänke am Herd waren sehr kühl, denn durch den Rauchabzug ging ein starker Luftzug nach oben, und am Herd war es wie unter einem Ventilator.

Um zwei Uhr gingen die Männer auf die Felder zurück, mich ließen sie jedoch zu Hause, denn die Sonne war, solange ich nicht daran gewöhnt war, noch zu stark für mich. Also weckte mich niemand, bis ich um fünf Uhr von selbst erwachte.

Meine beiden Tanten standen mit drei anderen Frauen im Eingang und erzählten einander alles, was seit ihrer Jugendzeit im Dorf vorgefallen war. Ich hätte gerne gespielt, aber meine Vettern waren bei der Arbeit, und ich fürchtete mich, allein auf die Straße hinauszugehen. Weil es weitum im ganzen Dorf keinen Baum gab und die Häuser alle weiß waren, glich die Straße einem Backofen, und selbst die Steine waren so heiß, daß man sie nicht anrühren konnte. Also unternahm ich lieber eine Entdeckungsreise durchs ganze Haus.

Auf dem Kornboden fand ich drei große Haufen: Weizen, Gerste und Wicken, die bis zu den Balken aufgehäuft waren. Da gab es riesige dicke Spinnennetze.

Eine Fliege verfing sich im Netz, und die Spinne steckte den Kopf aus ihrem Lauerloch hervor. Nach kurzer Zeit kam sie herausgelaufen, und ihr Körper sah aus wie eine schwarze Kichererbse auf hohen Beinen aus gebogenem Draht. Sie schlang alle ihre Beine um die Fliege und trug sie fort. Als sie über ihr Netz lief, dachte ich, sie würde mich anspringen und beißen. Mir wurde übel und ich bekam Angst, also nahm ich einen Besen und begann alle Spinnennetze zu zerstören. Aus einem fiel eine dicke gelbe Spinne auf den Boden, lief über die Bretter und kam ganz in meine Nähe. Ich zertrat sie und lief die Bodenleiter hinunter. Unten streifte ich meine Schuhsohle an den Herdsteinen ab; Stücke von haarigen Bienen fielen ab, die immer noch zuckten.

Auf dem Balken neben dem Eingang hingen Schwalbennester. Ich stellte einen Stuhl auf die Kommode und kletterte hinauf, um eines aus der Nähe zu betrachten. Ich verstand nicht, wie die Chinesen Schwalbennester essen konnten: Sie waren nichts als kleine Näpfe aus hartem Lehm. Innen waren sie mit Weizenstroh ausgelegt. Niemand hätte einer Schwalbe etwas zuleide getan, denn die Schwalben fressen Ungeziefer auf den Feldern, und als Christus gekreuzigt wurde, zogen die Schwalben die Dornen aus seiner Stirne.

Einmal hatte Onkel José eine Schwalbe gefangen und ihr einen dünnen Silberdraht um den einen Fuß gewunden, und sie kam im nächsten Jahr zurück. Aber später ist sie nie mehr wiedergekommen. Wahrscheinlich war sie inzwischen gestorben, denn Schwalben leben nur kurz. Es war die Geschichte mit dem Dorfstorch, die Onkel José auf die Idee gebracht hatte, es mit der Schwalbe zu versuchen.

Auf dem Kirchendach war ein Storchennest, das wie ein Haufen Brennholz aussah. Einmal hatte der damalige Ortspfarrer, ein sehr alter Mann, der Insekten sammelte, einen Storch gefangen und ihm einen großen Kupferring mit der Aufschrift »Spanien« um das eine Bein gelegt. Als der Storch im nächsten Jahr zurückkam, hatte er um das andere Bein einen Silberring mit Buchstaben, die niemand lesen konnte; aber ein Professor, der eigens aus Madrid kam, um sie zu sehen, sagte, es sei arabische Schrift und heiße »Stambul«, was eine Provinz in der Türkei bedeutete. Dann band der Pfarrer ein Bändchen in den Landesfarben an den Ring, und der Storch kam statt dessen mit einem roten Band zurück. Dieser Storch starb in Brunete, und der Pfarrer hob die zwei Ringe und sieben rote Bänder in der Sakristei seiner Kirche auf.

Es gab auch noch andere Vögel in Brunete, aber keinen von ihnen konnte man essen. Da gab es die schwarzweißen Elstern, die gerne auf der Straße trippelten, mit kurzen Schritten, wie kleine Frauen. Dann waren die Aaskrähen da, eine Art kleinerer Raben, die in Scharen kamen und »ka-ka-ka« riefen. Sie tauchten auf, wenn ein totes Maultier in die Schlucht geworfen wurde, und fraßen es. Denn wann immer im Dorf ein Maulesel verreckte, brachte man ihn in die Schlucht hinaus, wo sich die Quelle befand, und warf ihn dort in eine tiefe Grube. Diese Grube war von der Quelle und vom Dorf weit entfernt, aber ich ging einmal hin und fand sie angefüllt mit weißen Skeletten von Maultieren und Eseln. Die Krähen saßen rund um die Schlucht und krächzten. Sie waren wie bösartig keifende alte Frauen. Wenn man in die Nähe kam, so erhoben sie sich in die Luft und kreisten einem über dem Kopf, kreischend und schreiend, bis man wieder weglief.

Es gab noch andere Vögel, die Fledermäuse. Sie kamen in der Dämmerung hervor und begannen durch die Dorfstraßen zu flattern und klatschend an die weißen Häuserwände zu prallen. Wir Jungen machten Jagd auf sie mit einem Tischtuch oder einem anderen weißen Tuch, das wir an zwei Stangen festbanden und über unseren Köpfen trugen. Wenn die Fledermaus an das weiße Tuch prallte, klappten wir die Stange zusammen, und sie war in den Falten gefangen. Dann wurden die Fledermäuse mit den Flügeln an die Wand genagelt. Ihre Flügel waren wie der dünne Stoff eines Regenschirmes, aber haarig, und sie zerrissen leicht wie alte Lumpen, ohne zu bluten. Ihr Körper ähnelte dem einer Maus, aber er hatte einen Schweinsrüssel und spitze Ohren, wie der Teufel sie hat. Wenn sie in ihre Flügel eingehüllt waren, sahen sie aus wie alte Weiber in großen Schultertüchern, und wenn sie schlafend an den Balken hingen, glichen sie Wickelkindern, wie die Störche in den Märchenbüchern sie im Schnabel tragen.

Wenn die Fledermäuse an eine Wand genagelt waren, dann zündeten die Männer gewöhnlich eine Zigarette an, steckten sie ihnen ins Maul und zwangen sie zu rauchen. Die Fledermäuse wurden von dem Rauch betrunken und machten mit Nase und Bauch und Augen, die sich mit Wasser füllten, komische zuckende Bewegungen. Wir lachten darüber. Aber wenn ich sie so an die Wand genagelt sah, betrunken vom Rauch, dann taten sie mir leid, und ich dachte, sie seien beinahe menschlich, wie Wickelkinder, die aus ihren Windeln geschlüpft waren, so daß die kleinen Bäuche nackt blieben. Und einmal versuchte ich den Leuten zu erklären, was ich in der Schule gelernt hatte, daß nämlich die Fledermäuse Ungeziefer fressen. Aber sie lachten mich aus und sagen, es seien scheußliche Tiere, die schlafende Menschen hinter den Ohren beißen und ihnen das Blut aussaugen. Und sie sagten, ein Mädchen sei auf diese Weise gestorben; oder vielmehr nicht ganz gestorben – aber sie sei immer bleicher geworden, und niemand wußte, was mit ihr los war, bis man einen kleinen Blutstropfen hinter ihrem Ohr entdeckte und im Bett eine

Fledermaus fand. Man verbrannte die Fledermaus und gab
dem Mädchen ihre Asche, mit Wein vermischt, auf nüchter-
nen Magen zu essen. Davon wurde sie gesund. Und deswe-
gen also brachten sie alle Fledermäuse um, die sie erwischen
konnten. So sagten sie.

Wenn sie es satt hatten, eine Fledermaus zu martern, dann
riß einer der Buschen sie von der Wand, und das arme Tier lag
im Rinnstein, bewegte die Fetzen seiner dünnen Flügel und
zuckte mit der kleinen Nase, und ich konnte nicht glauben,
daß es jemals imstande gewesen sein sollte, einen Menschen
umzubringen.

Brunete war ein langweiliges Dorf. Auf seinen Feldern gab
es keine Bäume, kein Obst, keine Blumen und keine Vögel,
und die Männer und Kinder waren roh und wortkarg. Jetzt
hatten sie den Weizen geerntet und etwas Geld verdient, und
das war die einzige Zeit, in der es etwas Spaß gab, nämlich
auf den Jahrmärkten. Es waren die armseligsten Jahrmärkte,
die ich je gesehen habe. Ein paar Krämer kamen, schlugen auf
dem Marktplatz ihre Buden auf, die sie mit kleinen Öllampen
oder Kerzen beleuchteten, und verkauften für zwei Groschen
allerlei Kram und Schund. Aber niemand kaufte etwas, und
so verlosten sie es für einen Groschen, denn das war der einzige Weg, das Zeug loszuwerden. Ein Feuerwerker kam auf
den Jahrmarkt und ließ jede Nacht zwischen zehn und zwölf
vor der Kirche ein paar Raketen steigen; das war alles. Nur am
allerletzten Tag brannte er fünf oder sechs Feuerräder ab.

Das einzige, was den Leuten hier Spaß machte, waren
Stierkämpfe, und auch da zeigten sie, was für Rohlinge sie
waren.

Der Dorfplatz war ungepflastert, voller Löcher, mit einem
eisernen Laternenpfahl auf einer steinernen Fußplatte in der
Mitte. Um diese Plaza fuhren die Leute am Vorabend eines
Stierkampfes ihre Karren auf. Die Deichsel eines Karrens ruhte auf dem Bretterboden des nächsten, und alle wurden mit
Sticken aneinandergebunden, so daß sie nicht auseinander-
gleiten konnten. So bildeten sie eine Art Barriere und einen

Durchgang mit ungleichmäßigem Bretterboden, wo die Leute stehen konnten. Die Dorfburschen und Kinder kauerten zwischen den Rädern, und von dort beobachteten sie den Kampf oder sprangen vor, um daran teilzunehmen. Die Stiere wurden in einer Sackgasse eingesperrt gehalten, die auf den Platz mündete, genau dort, wo der Metzger seinen Pferch hatte. Sie hieß die Christusgasse.

Die Fiesta begann am ersten Tage des Jahrmarkts mit einem Stier, den man »Stier des ersten Tropfens« nannte, weil man ihn fast bei Morgengrauen losließ, zur Zeit, als die Männer ihren ersten Morgenschnaps tranken. Die Karren füllten sich mit Frauen, alten Männern und Kindern, die schrien, als der Stier auf den Platz kam – es war ein Stierkalb, gerade gut genug, um von den jungen Dorfburschen bekämpft zu werden.

Zuerst griff der kleine Stier an und warf die Burschen hin. Aber er war so klein und jung, daß sie ihn an den Hörnern halten, zu Boden zerren, mit ihren schweren Stiefeln treten und mit ihren Stöcken schlagen konnten. Um elf Uhr vormittags wankten ihm die Beine, und er wehrte sich nicht mehr, sondern floh vor der Bande von Burschen, die sich nun alle auf den Platz hinaustrauten. Er wich gegen die Karrenräder zurück, aber dort stach man ihn mit Messern in die Flanken, um das Tier wieder zu blindwütigem Angriff zu reizen. Und so ging es weiter, bis zum Mittag.

Wir sahen vom Rathausbalkon aus zu, wo wir mit dem Bürgermeister, dem Doktor, dem Apotheker und dem Pfarrer standen. Der Bürgermeister und der Pfarrer waren beide dikke Männer, und sie brüllten vor Lachen, schlugen einander auf den Rücken und machten einander auf jede Einzelheit aufmerksam.

Um vier Uhr nachmittags kamen die wirklichen Stiere. Erst kämpften die Dorfburschen gegen zwei junge Stiere, die aber in anderen Dorfstierkämpfen Erfahrung gesammelt hatten und die Burschen gegen die Karren warfen, als wollten sie das Stierkalb vom Vormittag rächen. Sie blieben lange in der

Arena, bis niemand mehr übrigblieb, der Lust hatte, es mit ihnen aufzunehmen. Dann wurden sie in den Pferch zurückgetrieben, und der »Todesstier« wurde losgelassen.

Seine Tötung war die Aufgabe einer Mannschaft von vier Muletillas, angehenden Toreros, die zu Stierkämpfen von Dorf zu Dorf zogen und nie genug zu essen bekamen. Da sie nicht Ortsansässige waren, hatte der Bürgermeister einen massigen alten Stier mit gewaltigen Hörnern gekauft. Die armen Jungen erschraken, als sie seine Größe sahen, aber die Dörfler begannen zu schreien, und einige von den jungen Männern sprangen in die Arena und fuchtelten mit ihren Stöcken herum.

Es war ein jämmerlicher Anblick, wie diese jungen Burschen in den schäbigen, geflickten Stierkämpferkostümen mit glanzlosem Goldflitter an den Kopf des Stieres heransprangen und ihm ihr rotes Tuch unter die Nase hielten, nur um zu fliehen und dann, als sie mit Stöcken von der Wagenburg weggetrieben wurden, auf den Laternenpfahl zu klettern. Aber das war noch gar nichts.

Die Trompete der Musikkapelle ließ die Banderillaweise erschallen, und die Zuschauer gröhlten vor Vergnügen. Denn nun war es nicht genug, dem Stier ein wenig in den Weg zu laufen. Nun mußten ihm die Banderillas ins Fleisch gestoßen werden, und das hieß, sich dicht vor die Hörner des Stieres stellen. Und die kleinen Toreros wußten nur allzu gut, daß ihre einzige Hoffnung auf Verdienst im Vollbringen dieser Tat lag, darin und im Töten des Stieres.

Es war Sitte, jedes Paar Banderillas einem der reichen Männer des Ortes zu widmen. Waren sie dann gut eingestochen worden, das heißt, in den Ansatz des dicken Stiernackens, dann rückte der reiche Herr mit zwei Duros heraus – zehn Pesetas – oder vielleicht sogar fünf Duros, und wenn die Mannschaft die Runde machte, um bei den Karren einzusammeln, dann füllten die Leute den Radmantel mit großen Kupfermünzen, und dazwischen fiel auch das ein oder andere Silberstück. Wenn aber die Banderillas nicht saßen, dann gab es kein Geld, und wenn alle Banderillas versagten, dann regnete es gewöhnlich Steine statt Geld.

Der magere, hungrige kleine Torero bezieht seinen Standplatz am anderen Ende der Plaza. Er wendet sein bleiches Gesicht und blickt mißtrauisch auf die Stöcke der Dorfburschen, die seinen Rücken bedrohen, einige mit einem Stachel am Ende, andere gar mit einem angebundenen Messer; und er wendet sich entsetzt wieder dem wilden Biest vor ihm zu, an dessen Hörner er herankommen muß, um seine Arme zu heben, Bauch und Brust in einer einzigen Bewegung zu strekken und die bebänderten Stöcke in den Stier hineinzustoßen, ehe die Hörner ihm selbst in den Leib gestoßen werden.

Und dann kommt der »Todesschritt«. Der Matador ist in der Regel ein junger Bursche von siebzehn oder achtzehn Jahren, noch selbstmörderischer veranlagt als seine Kameraden, mit dem Gesicht eines Mystikers. Es gehört begnadete Kunstfertigkeit dazu, in diesen Dörfern mit Stieren zu kämpfen. Wenn er den Stier durch einen einzigen Degenstoß tötete, so daß er fiele, ohne daß man ihm nachher den Rest geben müßte, dann würden sich die Leute betrogen fühlen. Nein, er muß lange Zeit mit dem Stier manövrieren, er muß nicht ein Mal, sondern viele Male zum Todesstoß ausholen, mit Kunst und Mut. Er darf nicht von der Seite her in die Rippen oder ins Blatt stechen, sondern muß dem Stier vor die Hörner springen. Und erst dann, wenn er seine Tüchtigkeit gezeigt und die Frauen zehnmal vor Furcht hat aufkreischen lassen, darf er seinen Ausfall machen und seinen Degen dem Stier in den Leib stoßen, wenn es ihm gelingt, bis ans Heft, so daß er ihm die Lunge durchbohrt und der Stier mit gespreizten Beinen stehen bleibt und in dunklen Strömen Blut erbricht, bis er plötzlich umfällt und sich auf dem Rücken wälzt.

Dann wird das Publikum vor Begeisterung verrückt. Silbermünzen, Zigarren und Wurstenden regnet es in die Arena, und entkorkte Weinflaschen vergießen in Strömen Wein auf die Menschen, so wie zuvor der Stier sein Blut erbrochen hat, und der kleine Torero muß aus diesen Flaschen trinken, um seinen Durst zu stillen und wieder etwas Farbe in seine Wangen zurückzubringen.

Für den Fall, daß der Stier junges Fleisch aufschlitzt, gibt es eine kleine Tür im Rathaus mit der Aufschrift »Erste Hilfe«. Drinnen steht ein großer Tisch aus Föhrenholz, mit Sand und Lauge gescheuert, und daneben ein paar Krüge heißen Wassers. Auf einem strohgeflochtenen Stuhl in der Ecke liegen das Köfferchen des Doktors mit einigen alten Instrumenten und, sicherheitshalber, Messer und Fleischsäge des Metzgers. Der verwundete Bursche wird nackt auf den Tisch gelegt und ohne viel Federlesens behandelt. Das Blut wird mit jodgetränkten Wattebauschen gestillt, die wie in Wein getauchte Schwämme aussehen, und die Watte wird mit den bloßen Fingern angepreßt. Die Wunde wird mit dicken Nadeln und grob gedrehtem Seidengarn vernäht, die alten Frauen im Dorf verfertigen selbst den Knäuel, genauso wie sie den Faden zum Abbinden der Nabelschnur eines Neugeborenen vorbereiten. Dann wird der Junge auf eine Matratze gelegt und in einem Karren nach Madrid gefahren, auf einer Straße voll Sonne und Staub.

Als kleiner Junge kauerte ich einmal auf dem Stuhl mit der Tasche des Doktors und sah eine dieser Metzgerkuren mit an. Sie wurde an einem Burschen durchgeführt, dessen Kopf vom Tisch herabbaumelte, mit glasigen Augen und schweißtriefendem Haar. Sein Torerokostüm war mit einem Messer aufgeschlitzt worden, um den Riß in seinem Schenkel freizulegen, der so weit klaffte, daß die Hand des Doktors darin Platz fand.

Wenn die Stierkämpfe vorüber sind, dann tanzen die Leute und trinken.

5.
WEINLAND

Die vierkantige Eisenstange der Achse ging mitten durch den Karren hindurch. Er war ungefedert und machte jedesmal, wenn die Räder über ein Loch oder einen Stein auf der Straße holperten, einen so heftigen Sprung, daß man achtgeben mußte, wollte man sich nicht einen blauen Fleck holen. Onkel José und Onkel Hilario saßen auf den Vordersitzen, und von Zeit zu Zeit reichte der eine dem anderen die Zügel der Maultiere. Die Tante und ich saßen hinten, einander gegenüber. Der kleine, zweirädrige Karren hatte zwei Holzsitze an den Seiten, die mit Binsenmatten bedeckt waren, und ein Dach aus gebogenem Rohr mit einer weißen Segeltuchplane und je einem Paar Segeltuchvorhängen vorne und hinten. Wir fuhren nach Méntrida, doch wollte Onkel Hilario noch am gleichen Abend seinen Karren nach Brunete zurückfahren, um daheim zu schlafen.

Oben auf dem Kamm des Hügels stehen die Hütte des Straßenaufsehers und ein weißgetünchter Brunnen mit kegelförmigem Dach. Dieser hat ein Fenster mit einem Eisengitter, das zugesperrt werden kann, und drinnen einen Eimer mit einer Kette, so daß alle, die des Weges kommen, trinken können. Von dort an geht es hügelab, und man kann Méntrida sehen.

Die gelbbraunen Felder der baum- und wasserlosen trockenen Erde bleiben zurück, und das grüne Land beginnt. Von den fernen violetten Bergen des Escorial bis zu den Hügeln von Toledo am Ende eines weiten Halbkreises langgestreckter Kuppen ist das Land völlig grün, grün von Bäumen und grün von Gärten. Die Getreidefelder dazwischen sind gelbe Flecken, die Weinberge weiße, grüngesprenkelte Flecken, denn der Boden der Weinberge ist weißer und sandiger als der der Weizenfelder. Zwischen den Reben stehen in vielen Weingärten Olivenbäume, große Sträuße von silbrigem Grün zwischen dem helleren Grün der Weinstöcke.

Méntrida ist von Hügeln umkränzt, in deren jeden tiefe Löcher gebohrt sind; das sind die Weinkeller von Méntrida. Denn wenn Brunete das Brotland ist, so ist Méntrida das Weinland. Betrachtet man die Hügel aus der Ferne, dann scheinen sie besät mit schwarzen Löchern. Jedes dieser Löcher hat eine niedere Tür aus Eichenholz, mit einem Schloß, und darüber ein kleines quadratisches Gitterfenster, durch das der Wein seinen Atem holt, der Wein in den bauchigen irdenen Kruken, die in den Nischen der Höhlen stehen. Drückt man sein Gesicht eng an eines dieser kleinen Fenster, dann riecht der Hügel, als wenn er betrunken wäre.

Die Straßen von Méntrida klettern an den Hängen der Hügel hinauf, rund um die Senke, die mitten durch das Dorf zieht und zugleich sein Kanal ist. Auf dem höchsten Hügel, am Ende einer Straße, die für Karren zu steil ist, steht die Kirche. Das Haus der Großmutter, der Mutter meiner Mutter, stand auf dem kleinen Platz vor dem Portal, und unser Karren mußte, um hinzukommen, eine lange Schleife um das Dorf ziehen.

Es war ein kleines Haus. Wenn man es von der Kirchenterrasse aus betrachtete, dann hatte es nur ein Stockwerk; betrachtete man es von der Straße am Hang des Hügels aus, dann hatte es zwei Stockwerke. Kam man zur Vordertür hinein, dann hatte man ein Kellergeschoß unter den Füßen; trat man durch die Seitentüre ein, dann hatte man ein Stockwerk über dem Kopf, so daß niemand je genau wußte, in welchem Stockwerk er eigentlich war. Die Tür am Hügelhang war immer zugesperrt, und die Tür auf die Kirchenterrasse war eine Schwingtür mit einem Schild darüber, das einen hohen Damenstiefel mit unzähligen Knöpfen zeigte und das Wort »Schuhmacher«.

Der Schuhmacher war mein Onkel Sebastian, ein winziger alter Mann mit vielen Runzeln – aber nicht so vielen wie meine Großmutter –, der mit der Schwester meiner Mutter, Tante Aquilina, verheiratet war. Onkel Sebastian machte und flickte Schuhe und Stiefel, aber er nahm nur sehr wenig Arbeit an, weil er an Asthma litt. Außer Großmutter wohnten in dem Haus auch seine Tochter Elvira mit ihrem Mann Andrés und ihren zwei Kindern, die viel jünger waren als ich. Mein Bruder Rafael und meine Schwester Concha wohnten auch eine Zeit lang dort.

Als unser Karren auf dem kleinen Kirchenplatz anhielt, kamen sie alle zur Tür heraus, einer nach dem anderen. Rafael und Concha waren die ersten. Sie kamen herausgelaufen, um den Onkel und die Tante zu begrüßen und sie zu fragen, ob sie ihnen etwas aus Madrid mitgebracht hätten. Dann schlurften meine beiden jüngsten Verwandten heraus, wie zwei komische kleine Tiere. Der Junge war sehr mager, mit großem Bauch und großem Kopf; er hieß Fidel und hatte ein gelbes Gesicht, mit Ohren, die wächsern und blutleer aussahen. Das Mädchen hieß Angelica, und wenn sie sich bewegte, knarrten ihr Stahlkorsett und die Stahlgelenke der orthopädischen Stiefel, die sie tragen mußte. Hinter ihnen kamen ihre Eltern, er ein großer starker Mann und sie eine Frau, die immerfort kränkelte – und humpelte, weil sie ein Geschwür am Bein hatte. Dann kamen Arm in Arm Tante Aquilina und Onkel Sebastian heraus, ein lustiges altes Paar, das immer guter Dinge war. Und zuletzt kam an ihrem Knotenstock Großmutter Eustaquia in ihrem schwarzen Kleid, mit kleinen grauen Augen, einem Kinn und einer Nase, die einander fast berührten, und einer Haut wie braunes Pergament, runzlig wie eine gedörrte Feige. Nächstes Jahr würde sie ihren hundertsten Geburtstag feiern, wenn sie nicht vorher starb. Aber es schien wahrscheinlicher, daß sie alle anderen begraben würde. Jeden Morgen um fünf Uhr war sie auf den Beinen, fegte das Haus, zündete das Feuer an und bereitete das Frühstück. Sie konnte keine Sekunde stillsitzen und lief unaufhörlich von einem Stockwerk ins andere, wobei sie ständig mit ihrem Stock aufschlug, so daß niemand mehr schlafen konnte. Kaum sah sie, daß wir die Augen offen hatten, so jagte sie uns aus dem Bett, nannte uns Faulpelze und sage, Betten seien zum Schlafen gemacht und nicht zum Faulenzen. Und man mußte rasch aus dem Bett springen, wenn man nicht einen Stockhieb riskieren wollte.

Onkel José und Tante Baldomera wollten die Nacht hier verbringen, mußten aber um sechs Uhr früh den Zug nach Madrid erreichen. Es war ein schrecklich langweiliger Tag, denn man behandelte sie als feine Leute aus Madrid. Wir blieben die ganze Zeit über im Haus; mein Bruder und meine Schwester trugen ihre besten Kleider, und die Erwachsenen verbrachten den ganzen Nachmittag damit, uns der Reihe nach zu ermahnen, ruhig zu sein und nicht zu streiten. Wir wären gern hinausgegangen und herumgelaufen, aber da wir das nicht durften, zankten wir uns immer wieder, was damit endete, daß mein Bruder und meine Schwester geohrfeigt wurden, denn natürlich mußten sie schuld sein. Niemand hätte gewagt, mich vor meiner Tante zu schlagen. Aber meine Schwester kniff mich und flüsterte: »Du warte nur bis morgen! Ich werd dir schon noch die Nase in den Dreck reiben. Einmal muß die schöne Zeit, da dich die teure Tante schützt, ihr Ende haben!«

Ich nahm freilich die schöne Zeit wahr, indem ich ihre Drohungen laut wiederholte, was ihr einige weitere Püffe eintrug. Schließlich wurden sie alle beide auf die Straße hinausgejagt, damit Ruhe eintrete. Ich blieb drinnen, sehr ungehalten, weil ich nicht mit ihnen hinausgehen durfte, und zugleich sehr zufrieden, weil alle meine Partei genommen hatten.

Andrés war ein Steinmetzmeister, und er erzählte meinem Onkel, wie es in seinem Gewerbe zuging. Onkel Sebastian saß auf seinem Schusterschemel und beschäftigte sich lediglich mit Husten und Grunzen. Da er mich sehr gern hatte und ich ihn auch, ging ich zu ihm und fragte ihn, was denn los wäre.

»Dieser verdammte Husten erstickt mich, mein Junge!« sagte er zwischen zwei Schnaufern. »Und deine Tante will mich nicht rauchen lassen, wo das doch das einzige ist, was für meinen Husten gut ist. Als ob es in meinem Alter überhaupt noch darauf ankäme!«

Ich ging zu Onkel José und bat ihn: »Bitte, gib mir eine Zigarette für Onkel Sebastian!«

Sie schrien alle auf, aber ich erklärte, Onkels kubanische Zigaretten seien so milde, daß sie unmöglich schaden könnten. Also ließen sie ihn rauchen. Er hörte zu husten auf, und sie mußten zugeben, daß ich recht hatte. Onkel José gab ihm ein ganzes Päckchen Zigaretten. Onkel Sebastian rauchte sie gierig, eine nach der anderen, und als es Nacht wurde, hatte er einen ganz argen Hustenanfall. Ich weiß nicht, ob es darauf zurückzuführen war, daß er die Zigaretten ausgeraucht hatte und noch mehr wollte, oder ob er zu viele geraucht hatte.

Am nächsten Morgen begleiteten wir alle den Onkel und die Tante zum Bahnhof hinunter. Er war vom Dorf mehr als drei Meilen entfernt, und wir mußten im Karren des Onkel Neira fahren, des Fuhrwerkers, der auch Fahrgäste vom und zum Bahnhof beförderte. Er besaß überdies ein Gasthaus und schwere Wagen, die Wein nach Madrid brachten. Es war noch Nacht, als wir aufstanden, denn der Zug kam um halb sieben Uhr durch, und wir mußten unsere Fahrt zur Station im Morgengrauen machen.

Im allerletzten Augenblick begann Tante Baldomera noch Tante Aquilina und mir gute Ratschläge zu geben: was die richtige Ernährung für »das Kind« sei, was »das Kind« am liebsten aß und was es nicht vertrug; was ich anziehen solle; daß ich am Sonntag in die Messe gehen und immer mein Morgen- und Abendgebet sagen solle; und daß sie sehr auf mich aufpassen müßten, damit ich nicht überfahren oder von einem Hund gebissen werde. Als der Zug sich in Bewegung setzte, dachte ich, alle würden froh sein, sie loszuwerden, aber sie beugte sich noch zum Fenster heraus und gab noch mehr Anweisungen.

Auf der Rückfahrt ins Dorf machte Onkel Neira bei seinem Gemüsegarten am Straßenrand halt und brachte uns einen Haufen Gurken, Tomaten und milde Zwiebeln mit violetter Schale. Er holte Brot, Dörrwurst und eine Lederflasche mit Wein aus seinen Satteltaschen, und wir frühstückten in seinem Garten. Die Gurken und Tomaten waren noch vom Nachttau benetzt und schmeckten, mit Salz bestreut, sehr gut. Hätte die Tante mich sehen können, sie hätte zum Himmel aufgeschrien, denn ich aß fünf oder sechs Gurken, und sie hätte sicher geglaubt, ich würde auf der Stelle sterben.

Wir waren gerade heimgekommen, als Tante Rogelia, eine andere von Mutters Schwestern, in großer Aufregung hereinplatzte: »Es ist wirklich unglaublich, daß du uns noch gar nicht besucht hast! Daß du meinen Luis nicht leiden kannst« – sie sprach zu meiner Großmutter – »na schön und gut! Aber daß man dem Jungen nicht einmal erlaubt, seine eigene Tante zu besuchen, das geht doch auf keine Kuhhaut!«

Sie erklärten ihr, daß es nicht ihre Schuld gewesen sei, daß Onkel und Tante den ganzen Nachmittag lang nicht aus dem Haus gegangen seien, daß wir sie eben erst zur Abfahrt nach Madrid begleitet hatten; und daß ich auf jeden Fall alle meine Verwandten noch heute besuchen würde.

Tante Rogelia, eine rundliche kleine Frau, die sehr stark und energisch war, nahm mich an der Hand und meinte entschieden: »Also schön, dann kommt er jetzt mit mir zum Essen!«

Tante Aquilina protestierte; sie sagte, sie habe das Essen für mich schon vorbereitet, aber alle ihre Einwände waren umsonst. Ich freute mich, denn bei Onkel Luis ging es immer großartig zu. Also zogen wir durchs Dorf und machten bei jedem Haus halt, denn Tante Rogelia mußte vor ich weiß nicht wie vielen Verwandten und Nachbarn mit mir Staat machen.

Als wir zu ihrem Haus kamen, trafen wir Onkel Luis, umgeben von etlichen Dorfburschen, die Pflugscharen schärften. Er unterbrach seine Arbeit nicht. Wir mußten behutsam um die Jungen herumgehen, sonst hätte uns leicht einer mit einem der Hämmer, die sie alle schwangen, auf den Kopf treffen können. Im kleinen Haus dahinter räumten meine beiden Kusinen gerade auf, und sie umarmten und küßten mich. Tante Rogelia brachte etliche Zuckerkrapfen herbei, und ich aß ein paar davon, aber dann schlüpfte ich rasch fort zur Schmiede.

Onkel Luis war der Schmied des Dorfes, und seine beiden Söhne, der neunzehnjährige Aquilino und der sechzehnjährige Feliciano, waren seine Gehilfen. Er war ein mächtig großer, dicker Mann in einer Lederschürze und mit aufgerollten Ärmeln. Die Haut seiner Arme war sehr weiß, aber immer schwarz gebeizt. In der einen Hand hatte er eine große Zange, die das Ende eines rotglühenden Hufeisens festhielt, in der anderen einen kleinen Hammer, mit dem er den Takt für die Schmiedehämmer schlug, die Aquilino und die anderen Burschen schwangen, und mit dem er im richtigen Augenblick selbst auf das heiße Eisen loshämmerte. Das war für mich jedesmal ein wunderbarer Anblick.

Er schob ein Stück Eisen in die Esse, und Feliciano und ich zogen dann an der Kette des Blasebalgs – eines Blasebalgs, der groß genug war, daß wir beide darin Platz gehabt hätten – in regelmäßigem Takt, bis das Eisen weiß glühte und Funken sprühte. Dann legte er das Eisen auf den Amboß, und die Burschen droschen einer nach dem andern mit den schweren Schmiedehämmern drauf und schlugen das Eisen flach und lang. Es spie glühende Stücke aus und wurde erst rot und dann violett. Onkel Luis schob es mit seiner Zange hin und her, so daß jeder Schlag die richtige Stelle traf. Plötzlich ließ er einige leichte Hammerschläge auf die Nase des Ambosses fallen, der wie eine Glocke läutete, und hämmerte ganz allein auf das Eisen los, bis es seine Form veränderte, sich bog, an den Enden zuspitzte und sich in ein Hufeisen verwandelte. Zuletzt schlug er aus der Biegung selbst ein kleines Stück flach aus, das dann der Halt für den Vorderrand des Hufes wurde. Rasch faßte er mit einer anderen Zange den Locher, und Aquilino schlug mit seinem Schmiedehammer darauf, einen Schlag für jedes Nagelloch. Onkel Luis ließ ihn immer sieben Löcher machen, denn er sagte, daß es Glück bringe, ein Hufeisen mit sieben Löchern zu finden, und er wollte gern der ganzen Welt Glück bringen.

Onkel Luis gehörte zu einem Menschenschlag, der fast ausgestorben ist; er war ein Handwerker und zugleich ein Herr. Sein Handwerk liebte er so sehr, daß für ihn das Eisen etwas Lebendiges und Menschliches war. Manchmal sprach er zu ihm. Einmal erhielt er den Auftrag, die schmiedeeisernen Geländer und Fenstergitter für das Schloß anzufertigen, denn so nannten die Leute das Haus des reichsten Grundbesitzers im Ort. Das Meisterstück, ein Gitter für ein hohes Fenster, das so groß war wie ein ganzer Balkon, sollte mitten an der Hausfront über dem Hauptor angebracht werden. Dafür nahm er kein Geld, um das Recht zu haben, seinem Hammer freies Spiel zu lassen und das Eisen nach seinem Geschmack zu formen. In dieses Fenstergitter schmiedete er seine Märchenwelt von Blättern und Ranken ein, die sich um starke Eisenstangen schlangen. Vielleicht beeinflußte ihn dabei die Erinnerung an seine Besuche der Kathedrale von Toledo, deren mächtiges Chorgitter er Zug um Zug auswendig kannte.

Was das Leibliche betraf, so war er ein Kastilianer vom alten Schlag, ein Mann mit einem Magen aus Gußeisen. Er stand bei Morgengrauen auf und trank zunächst, »um den Wurm zu töten«, wie er es nannte, ein Glas Branntwein, den er selbst in einer geflickten alten Kupferschlange aus den Traubenresten destillierte, aus denen er den Saft für seinen Wein gekeltert hatte. Dann ging er in die Schmiede und begann zu arbeiten. Um sieben Uhr aß er sein Frühstück: ein gebratenes Kaninchen oder zwei Tauben oder etwas dergleichen, dazu eine große Schüssel Salat. Danach schmiedete er sein Eisen bis zum Mittag, hörte mit dem Glockenschlag auf und ging essen, selbst wenn das Eisen eben erst die Esse verlassen hatte.

Sein Mittagessen war entweder das echte kastilische Cocido, Kichererbsen, eingekocht mit Speck, Dörrwurst und Schinken, Hühnerfleisch und großen, fettigen Markknochen, oder aber ein Brei von in Fett geschmorten Kartoffeln mit mehr Fleisch als Kartoffeln drin. Zum Nachtisch aß er eine halbe Melone – und die durchschnittliche Melone in Méntrida wog vier Pfund – oder zwei Pfund Trauben oder auch eine große Platte Tomatenscheiben. Um fünf Uhr nahm er einen Nachmittagsimbiß, der nicht weniger reichlich war als sein Frühstück und nur dazu diente, ihm Appetit auf sein Abendbrot zu machen, das dem Mittagessen in nichts nachstand. Den ganzen Tag lang stand ein Vierliterkrug mit rotem schäumendem Wein bei seinem Amboß, um dem Herrn und Meister den Geschmack von Wasser zu ersparen, das, wie er sagte, »nur Frösche ausbrütet«.

Er besaß ein Weizenfeld, einen Streifen Gartenland, einen Weinberg und sechs Feigenbäume. Im Laufe des Jahres fand er Zeit und Möglichkeit, sein Land zu pflügen, seinen Weizen zu mahlen, seinen Wein zu keltern und seine Feigen für den kommenden Winter an der Sonne zu dörren. Sein Haus glich einer stets gefüllten Speisekammer. Um ihre Reichtümer noch zu vermehren und seinen Gaumen zu ergötzen, ging er wohl auch in dunkler Nacht aus und kam in den ersten Morgenstunden zurück – mit zwei oder drei Kaninchen in der Jagdtasche oder mit einem Strohkorb voll noch lebender Fische aus dem Alberche.

Als er Tante Rogelia heiratete, geschah es gegen den Willen und Ratschluß beider Familien, denn damals war er ein halbverhungerter Habenichts. Dann machten sich die beiden an die Arbeit, schufteten wie Maulesel und wurden mit der Zeit wohlhabender als alle ihre Verwandten. Die Frau war zwar klein, aber kräftig, und bewältigte die Arbeit, die ihr zugefallen war, mit unerschöpflicher Energie und guter Laune. Schon mit seinen Mahlzeiten zu Rande zu kommen, schien ein Wunder, aber sie kümmerte sich auch um Feld und Haus, um die Hühner und um die Schweine, sie buk das Brot und sie zog ihre vier Kinder auf, die eines nach dem andern gekommen waren, als wollte sie auch mit dem Kinderkriegen keine Zeit verlieren. Tante Rogelia legte sich nie ins Bett, um ein Kind zur Welt zu bringen. Auch hochschwanger, wusch sie die Wäsche, scheuerte und kochte, unermüdlich wie immer.

Plötzlich sagte sie dann zu ihrem Mann: »Luis, es kommt.« Dann legte sie sich hin, und er ging eine Nachbarin holen, die sich auf derlei Sachen verstand. Am nächsten Tag brachten eine Tasse Schokolade und eine gute Hühnersuppe, die so dick war, als wäre sie mit Mehl angerührt, sie wieder auf die Beine, und sie kochte und scheuerte weiter, als ob nichts geschehen wäre.

Sie waren ein glückliches Paar und kannten keine Probleme. Sie war Weib genug für alle Bedürfnisse ihres kräftigen Mannes, und in ihrer Jugend, als die beiden in gemeinsamer Arbeit die Schmiede aufbauten, geschah es nicht selten, daß die Tür versperrt war und die zwei für das Pochen einer Kundschaft taube Ohren hatten. Wenn sie die Tür wieder öffneten, dann stand er da, füllte mit seinem gewaltigen Körper den Eingang und lächelte listig über alle Neckereien seiner Nachbarn. Er schlug ihr dann wohl mit seiner riesigen Hand auf die rundliche Schulter, daß es klatschte, zwinkerte dem Spaßvogel zu und sagte: »Schau sie dir nur an – klein und rund, aber scharf wie Paprika!«

Die Männer hämmerten auf die breite Schneide der Pflugschar los, und Feliciano zog ununterbrochen an der Kette des Blasebalgs, damit die zweite Pflugschar bereit sei, wenn sie mit der ersten fertig waren. Da ich wußte, daß sich im Augenblick niemand um mich kümmern würde, packte ich die Kette und zog im Takt mit Feliciano an, der mir mit seiner freien Hand auf die Schulter schlug und »Hallo, Madrileño!« sagte. Das war alles. Sein Hirn hatte nie mehr Raum als für drei Worte auf einmal. Er war der Dümmste der ganzen Familie.

Als die Pflugschar, die wir mit dem Blasebalg heißgemacht hatten, fertiggeschmiedet war, hob Onkel Luis mit der einen Hand den Vierliterkrug hoch und füllte ein großes, dickes Glas mit Wein. Es machte unter den Burschen die Runde, und jeder wischte sich mit seinem schmutzigen Handrücken die Lippen. Mein Onkel trank als letzter, füllte das Glas von neuem und reichte es mir. »Komm her, Spatz!«

Das war sein erstes Grußwort. Er hob mich mit einer Hand auf den Amboß,

»Da, trink aus, du brauchst Blut in den Adern!« Er wandte sich zu den Burschen und sagte: »Ich weiß nicht, was zum Teufel sie den Kindern in Madrid geben, daß sie so dünn bleiben wie Gespenster. Schaut euch nur seine Waden an!« Er drückte mein Bein zwischen Daumen und Zeigefinger zusammen, bis ich glaubte, das Fleisch würde platzen. »Du solltest in deinen Ferien hier als mein Gehilfe in der Schmiede bleiben. Und keine Weiberröcke mehr! Die alten Weiber und die Pfaffen werden noch einen greinenden Schlappschwanz aus dir machen.«

Ich stürzte das ganze Glas Wein hinunter wie ein Mann. Es war herber, starker Wein, von dem einem heiß wurde. Aquilino hob mich in einem Anfall von Zuneigung vom Amboß und wirbelte mich in der Luft herum, rundum, wie eine Stoffpuppe.

»Am Nachmittag«, sagte er, »kauf ich dir einen Kreisel und mach dir auf der Drehbank eine Spitze dazu.«

Spitzen für Kreisel machen, das war etwas, worauf Aquilino sehr stolz war, und sämtliche Dorfkinder liefen ihm immerfort nach und bettelten darum.

Die Spitzen, die er machte, hatten an dem einen Ende einen viereckigen Dorn, den er rotglühend ins Holz des Kreisels steckte. Das andere Ende drehte er entweder in der Werkbank, bis es die Form einer Eichel hatte, oder aber er feilte es zu einer feinen Spitze ab, an der sich eine Furche in Spiralen hinabwand. Es war nicht leicht, eine solche Spitze einzusetzen. Man mußte sie wirklich mitten in den Kreisel hineintreiben, denn nur dann summte er und »ging schlafen«, wie wir es nannten. Sonst wackelte er hin und her und kratzte einen, wenn man ihn auf der flachen Hand drehte.

Bei Onkel Luis langweilte ich mich niemals. Neben der Tür der Schmiede stand eine Werkbank mit einem Schraubstock; an der Wand hingen Reihen von Werkzeugen, und die verschiedensten Abfälle und Eisenstücke lagen überall auf dem Boden verstreut. Man mußte nur eines aufheben, in den Schraubstock klemmen und konnte zu feilen beginnen. Ich hatte Werkzeug gern. Wenn ich groß war, würde ich Ingenieur werden. Diesmal wollte ich ein Rad machen. Ich zog mit dem großen Meßzirkel einen Kreis auf ein Stück Eisenblech und begann es dann abzufeilen. Aber mein Bruder und meine Schwester tauchten auf. Erst gingen sie ins Haus, um die Tante zu begrüßen und ihre Zuckerkrapfen in Empfang zu nehmen, dann kamen sie zurück, um mich zu holen. Concha nahm mich am Arm und sagte: »Komm, wir wollen spielen. Ich hab es der Tante schon gesagt.«

Die Schmiede lag am Ende des Dorfes. Wir mußten bloß den Hang einer kleinen Schlucht hinaufklettern und waren in freiem Gelände. Concha ging voran, ich folgte. Sie war sehr mager und hatte ihr Haar hinten im Nacken zu einem ganz kleinen Knoten gedreht. Unter ihrem Rücken sah man ihre Beine; sie waren sonnverbrannt, und ihre Muskeln bewegten sich beim Hinaufklettern wie Schnüre. Rafael trottete schweigend und verdrossen hinter mir her. Oben angekommen, folgten wir dem Rand eines gemähten Feldes längs des Brombeerdickichts, das es gegen die Schlucht abgrenzte.

Als wir zur Wiese kamen, wo alte Bäume um die Quelle des Baches standen, der das Dorf durchfloß, drehte sich Concha um und packte meinen Arm: »So, jetzt haben wir ihn, das verwöhnte kleine Kind! Aber hier gibt's keine Tanten und Neffen und keine Weiberröcke, hinter die man sich verkriechen kann. Du glaubst, weil wir in der Dachkammer wohnen und du in der noblen Wohnung, und weil du herausgeputzt bist wie ein kleiner Herr, daß wir weniger gut sind als du? Merk dir, mein Lieber, daß du um nichts besser bist als wir! Du bist der Sohn der Señora Leonor, der Wäscherin, und damit du das nicht vergißt, hau ich dir jetzt die Fresse ein.«

Sie schüttelte mich wie einen alten Lappen und kniff mich in den Arm, bis es brannte. Ich sagte nichts und ließ den Kopf hängen. Rafael stand da, die Hände in den Taschen, und schaute zu. Concha wurde immer aufgeregter: »Was, jetzt gackerst du nicht mehr?! Wie eine tote Fliege bist zu jetzt! Großmutter Inés hat ganz reicht, wenn sie sagt, du bist ein verlogener Jesuit. Trau dich nur, mich zu schlagen! Ich bin ein Mädchen. Untersteh dich nur!«

»Soll ich ihn schütteln?« fragte Rafael.

Concha sah mich verächtlich von oben bis unten an: »Wozu denn? Du siehst doch, daß er ein Schlappschwanz ist.«

Diese Beleidigung saß, denn ich hatte noch nicht vergessen, was meine Großmutter gesagt hatte, und mir wurde rot vor den Augen. Wir drei rollten zu Boden und traten, schlugen und bissen uns gegenseitig. Nach einiger Zeit rissen die großen Hände eines Mannes uns auseinander und hielten meine Schwester und mich voneinander getrennt, jedes an einer Seite, während wir noch hinter seinem Rücken einander zu stoßen versuchten. Rafael starrte den Mann wortlos und bösartig an. Concha trat ihm auf den Fuß – er trug nur Leinenschuhe mit Hanfsohlen –, und er fluchte und ohrfeigte sie. Er war nun mein Verbündeter, also trat ich sie gegen die Schienbeine. Wir rissen uns beide los und kriegten einander zu fassen. Ich faßte sie am Haar, sie packte mich am Hals.

Der Mann trug uns schließlich zur Schmiede, unter jedem Arm eines. Rafael ging stumm hinterher. Der Mann zerrte uns hinein und sagte zu meinem Onkel: »Da hast du sie. Sie sind wie ein Paar Wildkatzen.«

Onkel Luis musterte uns ruhig. Unser beider Gesichter und Beine waren mit Kratzern bedeckt, und wir starrten einander aus halb geschlossenen Augen haßerfüllt an.

»Fein schaut ihr aus!« Er wendete sich zu Rafael um und sage: »Und was hast du zu sagen, Leisetreter?«

»Ich? Nichts«

»Ach so. Also ihr beide gegen den Kleinsten, wie? Ihr seid mir zwei rechte Helden!«

»Er ist nichts als eine widerliche dreckige Laus!« kreischte meine Schwester.

»Sie sind eifersüchtig, weil ich bei Onkel José wohne«, brüllte ich.

»Das werde ich gleich in Ordnung bringen«, sagte Onkel Luis. »Ihr macht jetzt Frieden auf der Stelle, verstanden? Ihr habt euch alle aufgeregt, aber jetzt werdet ihr wieder Freunde sein. Und wenn ich euch noch ein einziges Mal bei so etwas erwische, dann verdresch' ich jeden einzelnen von euch so, daß er sich eine Woche lang nicht rühren kann.«

Wir wuschen unsere Gesichter in dem Trog, in dem das Eisen gehärtet wurde. Onkel Luis legte ein dickes Spinnennetz auf eine Schramme an meinem Knie. »So, laß das drauf! Das stillt das Blut und heilt deinen Kratzer.« Und so blieb das Pflaster auf dem Knie, eine Spinnwebe voll Staub und Blut, die hart wurde wie ein Tonscherben.

Wir aßen gebratenes Kaninchen mit einer dunklen scharfen Sauce aus Knoblauch und in Wein gekochten Lorbeerblättern, und die Mahlzeit bedeutete Friedensschluß. Als wir aufbrachen, waren wir drei Freunde, aber Herr und Meister war ich, denn ich hatte einen silbernen Duro in der Tasche, und der Marktplatz und die Straßen rundum waren voll Buden. Ein Duro, das waren fünf Pesetas oder eine ganze Menge großer Kupfermünzen, und die Dinge, die es zu kaufen gab, kosteten nicht mehr als höchstens zehn Centimos. Leute aus dem Dorf, die mich erkannten und wußten, daß ich eben erst aus Madrid gekommen war, riefen mich und kauften mir so viele Erdnüsse, Haselnüsse und geröstete Kichererbsen, daß alle meine Taschen vollgestopft waren. Concha bestand darauf, Brombeeren zu kaufen, und ihr Mund und ihre Finger waren voll violetter Flecken. Dann stand sie wie ein Idiot da, mit klebrigen Händen und steif weggespreizten Fingern, und konnte nicht an ihr Taschentuch herankommen, um sie abzuwischen, weil sie Angst hatte, auf ihr weißes Kleid Flekken zu machen. Schließlich wusch sie sich in einer Pfütze am Rande des Platzes und trocknete die Finger mit dem Taschentuch. Rafael stopfte sich mit frischen Nüssen voll, die in ihren grünen Schalen verkauft wurden, damit sie mehr wogen. Er und ich kamen auf die gleiche Idee, bei deren Durchführung uns Concha im Wege stand: Wir wollten Aniskakaozigaretten rauchen, ganz wie die Männer ihren Tabak rauchten. Hätten wir das Concha gesagt, hätte sie uns bei Tante Aquilina verpfiffen, und die hätte Krach geschlagen. Also versuchten wir uns zuerst etwas auszudenken, um sie loszuwerden, weil sie uns lästig war, und schließlich fand ich eine Lösung.

Man konnte kleine Schwärmer kaufen, fünfzig für zehn Centimos, die mit einem lauten Krach explodierten. Ich schlug vor, hundert zu kaufen, und Concha gefiel der Gedanke. Wir würden sie auf der Straße losgehen lassen und unter die Türen werfen, um die Leute zu erschrecken. Jeder Schwärmer hatte eine Lunte, ein Stück Schnur, das mit Schießpulver getränkt war. Wir hätten sie mit Zündhölzern anzünden können, aber dazu hätten wir mehrere Schachteln kaufen müssen. Ich schlug ganz unschuldig vor, Aniszigaretten zu kaufen, um die Lunten damit anzuzünden. Also kauften wir ein Päckchen mit zehn Zigaretten, und Rafael bat einen jungen Mann um Feuer. Der lachte, als er Rafael Feuer gab. Wir zündeten die unseren an Rafaels brennender Zigarette an, denn auch Concha wollte Schwärmer werfen. Ich mußte eine Zigarette für sie anzünden, und sie trug sie in der hohlen Hand versteckt. Sie machte nur ab und zu einen Zug mit dem Gesicht zu der Wand, damit die Leute sie nicht sähen. Der Anisrauch kitzelte in der Kehle und in den Augen, und man mußte davon husten, aber wir rauchten wie Männer. Dann begannen wir damit, die Schwärmer unter die Haustore zu werfen. Bei Häusern, wo Rafael und Concha die Leute kannten und sagten, daß irgendeine alte ekelhafte Hexe dort wohne, zündeten wir alle drei Schwärmer an und warfen sie zugleich hinein. Wenn der erste explodierte, kamen alle Frauen herausgelaufen, um zu schauen, was los war, und dann gingen die beiden anderen los und erschreckten sie noch mehr. Wir versteckten uns hinter der nächsten Ecke, bereit davonzurennen, wenn sie uns nachliefen, und lachten.

Aber alle Mädels sind dumm. Als wir durch eine menschenleere Straße kamen, mußte Concha unbedingt ihre Zigarette in den Mund stecken und Rauch paffen, und natürlich kam ein wichtigtuendes altes Weib aus einem Haus heraus und sah uns. Sie gab Concha eine Ohrfeige, daß ihr die Zigarette aus dem Mund fiel, und erhob ein Höllengezeter; sie nannte Concha alles mögliche – Schwein, Schlampe, Hure und weiß Gott was sonst. Dann wollte sie sie am Arm nach Hause zerren und es Tante Aquilina erzählen. Concha weinte, versuchte sich loszumachen und rief uns zu, doch mitzukommen. Die Alte schrie, wir seien schamlose Tunichtgute. Vor jedem Haus, an dem sie vorbeikam, erzählte sie die Geschichte allen Frauen, die sie traf, und alle kreischten, schlugen Concha ins Gesicht und schimpften uns aus. Rafael überlegte, ob er der alten Hexe nicht mit einem Stein den Schädel einschlagen sollte. Als wir zu unserem Haus kamen, gingen die zwei hinein, und wir konnten Concha schreien hören. Wir aber blieben draußen. Dann kam Tante Aquilina heraus und holte uns. Wir wollten nicht, aber wir mußten mit hinein, und dann kriegten wir es. Tante Aquilina begann Püffe auszuteilen, hauptsächlich an Rafael und Concha, denn deren Schuld sei es, sagte sie. Auf einmal bemerkte sie, daß Rafael vollgestopfte Taschen hatte.

»Wo sind die Zigaretten? Leer deine Taschen aus, augenblicklich, daß ich sehen kann, was du drin hast!«

Rafael steckte seine Hände in die Taschen und holte Haselnüsse heraus, Walnüsse und geröstete Kichererbsen. Erst als die Tante kreischte: »Die Zigaretten, wo sind die Zigaretten?« holte er eine Handvoll Zigaretten vermischt mit einer Menge Schwärmern hervor und warf sie ins Küchenfeuer. Die Tante, die nicht bemerkte, was es war, schrie weiter: »Wirf sie alle hinein, alle, sag ich!« Also warf Rafael alle seine Schwärmer ins Feuer und ich auch.

»Zur Strafe werdet ihr heute abend zum Feuerwerk nicht mitgenommen!« schrie die Tante.

Inzwischen hatten die Lunten der Schwärmer Feuer gefangen, und nun ging's los.

Es krachte nur so, und Asche und brennendes Stroh flog in der ganzen Stube herum. Großmutter sprang von ihrem

Schemel auf und zog den Wollknäuel hinter sich her, aus dem sie Socken strickte. Eine Bratpfanne auf dem Herd war plötzlich voll glimmender Kohle. Funken fielen auf die Stühle und die Vorhänge der Küchenregale, und die Tante begriff einfach nicht, was los war. Die beiden Frauen kreischten, und Onkel Sebastian, der herbeigestürzt war, stand hinter seiner Schusterbank und lachte. Wir liefen auf die Straße hinaus und kehrten erst spät am Abend zurück.

Der Tisch war gedeckt, und alle blickten sehr ernst. Niemand sagte ein Wort, nur die »kleine Großmutter« murmelte vor sich hin. Wir beobachteten sie aus den Augenwinkeln, ob sie nicht versuchen würde, uns mit dem Stock zu schlagen. Wir setzten uns zu Tische, und Tante Aquilina trug das Essen auf.

»Heute abend gibt's kein Nachtmahl für die schlimmen Kinder«, sagte sie streng und gab jedem von uns ein Stück Brot. »Das ist alles, was ihr kriegt.«

Wir sagten kein Wort. Ich war vor Zorn außer mir. Ohne Essen hatte man mich nie gelassen, und Tränen der Wut stiegen in meine Augen. Obwohl ich nicht weinen wollte, liefen mir die Tränen übers Gesicht, und als Tante Aquilina sie bemerkte, begann sie Fleischklöße auf meinen Teller zu häufen.

»Na schön, dieses eine Mal laß ich es euch noch durchgehen ... Heute nacht ist die Kirchtagsfeier, und da will ich nicht böse werden, aber ...«, und sie hielt uns eine Predigt, während sie unsere Teller füllte. Onkel Sebastian kicherte bloß und sagte: »Schließlich und endlich war's ein ganz lustiger Streich, den uns die Kinder da spielten!«

Tante und Großmutter stürzten sich auf ihn wie zwei Wespen: »Natürlich, das sieht dir ähnlich, auch noch ihre Partei zu nehmen!«

Und ein heftiger Streit begann, so daß der arme Onkel am Ende nicht wußte, wo er sich vor dem Ansturm verstecken sollte. Mittlerweile aßen wir zu Ende und machten uns aus dem Staube. Wir beschlossen, Onkel Sebastian ein Päckchen Zigaretten und eine Rolle Zigarettenpapier zu kaufen. Als das Feuerwerk anfing und alle zum steinernen Geländer gegangen waren, von dem aus man den Marktplatz überblickte, steckten wir sie ihm zu. Er ließ mich auf seinen Knien sitzen und gab mir einen Kuß, und wir schauten zu, wie die Raketen im Himmel barsten. Plötzlich sagte er zur Tante: »Nimm das Kind! Ich muß mich erleichtern!«

Als er zurückkam, hatte er die Zigarette im Mund und sagte, ein Freund habe sie ihm gegeben, und schließlich und endlich mochte jeder wenigstens einen Tag im Jahr feiern. Die Tante brummte, ließ ihn aber in Frieden. Seine Augen funkelten fröhlich, er zwinkerte uns zu und lachte hinter ihrem Rücken.

Der Platz war voll von tanzenden Paaren. Auf der Terrasse vor der Kirche, wo wir saßen, stand auch ein Feuerwerker, ein dicker Mann aus Valencia, mit schwarzer Bluse und rundem Hut. In der linken Hand hielt er eine Rakete, die wie eine dicke Kerze aussah, mit der rechten Hand hielt er seine brennende Zigarre daran. Als die Rakete rauchte und spuckte, öffnete er schnell die Finger, und die Rakete fuhr zischend in die Höhe. Wir Kinder standen um ihn herum und starrten zum Himmel hinauf, bis wir sie zu vielfarbigen Sternen bersten sahen. Die leere Hülse mit den letzten zischenden Funken fiel nieder und prallte von einem Dach ab. Einmal war ein Haus von einer Rakete in Brand gesteckt worden.

Es war Marientag, und schon am frühen Morgen steckte uns die Tante in unsere besten Kleider. Meine waren natürlich die schönsten im Dorf, denn die anderen trugen Sachen vom Land. Rafael trug zwar einen Anzug aus Madrid wie ich, aber seiner war billig, von der Stange, und saß ihm schlecht. Außerdem war der Stoff so steif, daß er sich kaum bewegen konnte. Auch Concha hatte ein billiges Kleid aus Madrid, es war brettsteif gestärkt, und mit dem breiten blauen Band im Zopf sah sie nur komisch aus. Beide trugen schwere Schuhe; die Rafaels hatten Messingkappen, und das Gehen fiel beiden schwer. Neidisch betrachteten sie meine Lackschuhe. Concha nannte mich Señorito, weil ich, wie sie sagte, wieder den jun-

gen Herrn spielte, und sie gab mir einen Tritt, daß der Lack
an einem meiner Schuhe ganz zerkratzt wurde. Ich zog sie am
Zopf, band ihre Schleife auf – und wir rauften. Später aber
gingen wir alle mit Onkel Sebastian aus.

In einen gestickten Samtmantel gehüllt und von brennenden Kerzen umgeben, wurde die Heilige Jungfrau aus der Kirche getragen, auf einem Gestell, das mit kleinen Engelsköpfen
in natürlichen Farben geschmückt war. Im Portal wurde halt-
gemacht, und der Bürgermeister, in seinem Radmantel, den
Amtsstab mit dem Goldknauf in der Hand, rief mit lauter
Stimme: »Wie alle Jahre halten wir auch dieses Jahr eine Versteigerung der Plätze zum Tragen der Heiligen Jungfrau ab.«

Die Meistbietenden würden die sechs Plätze an den Trag-
stangen erhalten und dazu das Recht, die Heilige Jungfrau
auf ihren Schultern zur Kapelle von Berciana zu tragen, drei
Meilen vom Dorf entfernt. Die zwei Plätze vorne waren die
besten. Einer rief:

»Vierzig Reales!«*

»Fünfzig!«

Nun kamen sie in Schwung. Als nur noch vier beim Versteigern der rechten vorderen Stange mithielten, rief der Bürgermeister:

»Hundertundfünfzig Reales wurden geboten. Bietet niemand mehr?«

Als er die Frage mehrmals wiederholt hatte, bot jemand
hundertfünfundsiebzig, und die Angebote stiegen langsam,
bis nur noch zwei übrig waren, die darauf bestanden, die
Jungfrau zu tragen. Nun war jeder neugierig, wer von den
zweien sich für den wichtigsten Mann im Ort hielt.

»Zweihundertfünfzig Reales«, sagte der eine prahlerisch.

»Dreihundert«, schnappte der andere.

»Gott verdamm mich, dreihundertundfünfzig! Glaub nur
ja nicht, daß du sie kriegst!« rief der erste zurück.

---

* Zur Zeit der Handlung wurden kleinere Geldsummen oft in der alten
Münzeinheit des Real = 25 Centimos ausgedrückt.

Zuletzt zankten sie sich, wer von ihnen die Heilige Jungfrau tragen sollte, fluchten und schimpften und hießen einander Hahnrei. Der Priester nahm das Versteigerungsgeld. Nach der Versteigerung begann die Prozession nach Berciana. Voran die Heilige Jungfrau, hinter ihr, in einem goldenen Chorgewand, der Pfarrer. Er sagte lateinische Gebete her. Hinter ihm gingen der Bürgermeister, der Richter, der Doktor, der Schulmeister und, in Doppelreihen, alle Einwohner des Ortes, die eine brennende Kerze tragen wollten. Dann folgte der Rest des Dorfes in einem bunten Haufen, die Männer mit dem Hut in der Hand, die Frauen mit einem Seidentuch auf dem Kopf. Alle trugen ihre besten Kleider, die meisten ihr Hochzeitskleid, das einigen zu eng war, anderen wieder zu weit.

Die Jungen waren wie Männer angezogen, sie trugen Kordanzüge, ein Hemd mit Kragen und seidenem Schlips, einen Strohhut und schwere Stiefel. Die Mädchen trugen steif gestärkte Kleider in schreienden Farben, unter denen man ihre weißen gestärkten Unterröcke und den Saum der Höschen sah. Sie trugen bunte Seidenschleifen im Haar, dicke wollene Strickstrümpfe und Schuhe mit Metallbeschlag. Sie alle bewegten sich ungeschickt, denn sie waren gewohnt, einen Kittel oder kurze Hosen zu tragen und barfuß oder in Schuhen mit Hanfsohlen zu gehen. Noch bevor wir die Hälfte des Weges zurückgelegt hatten, mußten die meisten Kinder von ihren Eltern nachgezerrt werden und stolperten über jeden Stein auf der Straße. Als wir den kleinen Bercianafluß erreichten, watete die Prozession durch das Wasser, statt über die Holzbrücke zu gehen. Ich zerbrach mir den Kopf, ob sie das taten, weil sie Angst hatten, die Brücke würde einstürzen, oder weil sie der Jungfrau Maria ein Opfer bringen wollten. Alle zogen die Schuhe aus und krempelten Hosen und Röcke hoch. Die meisten Kinder und viele Erwachsene zogen nachher ihre Schuhe nicht wieder an. Einige sagten, sie hätten der Heiligen Jungfrau ein Gelübde abgelegt, barfuß zur Kapelle zu pilgern, aber in Wirklichkeit geschah es, weil die Stiefel ihnen wehtaten.

Die Kapelle stand auf der Kuppe eines Hügels, der vom Fluß aus anstieg und an dessen Fuß sich eine große Wiese mit kurzem Gras dehnte, auf der Eichen wuchsen. Die Messe wurde in der Kapelle gelesen, aber die meisten Leute blieben draußen stehen, weil es drinnen nicht genug Platz gab. Mittlerweile waren schwerbeladene Karren, Maultiere und Ochsen aus dem Dorf gekommen, die auf der Wiese aufgestellt wurden. Die Leute packten aus, und aus den Karren und Körben kamen Bratpfannen, Kasserollen, Kaninchen, Hühner, Lämmer und Tauben. Einer hatte ein lebendiges Kalb mitgebracht, zimtbraun mit weißem Maul, das hinten an den Karren gebunden war und an dem Strick zerrte, der sich um seine kurzen Hörner wand. Manche hatten Stühle mitgebracht und stellten sie im Kreise ins Gras. Die besten Plätze waren im Schatten der Eichen, und die Leute spannten Seile zwischen den Bäumen und hingen Decken darüber, um mehr Schatten zu haben. Abseits wurden die Küchen eingerichtet, mit irdenem Kochgeschirr, mit Tellern, Gläsern und Bratpfannen. Die großen Weinschläuche und die Lederflaschen ließ man im Schatten der Stämme zurück; manche hoben am Bach Löcher aus und gruben ihre Flaschen ein, um sie kühl zu halten.

Nach der Messe kamen die Leute auf die Wiese herunter. Zuerst mußte jeder den Wein kosten und einen Schluck aus einer Lederflasche tun, deren Strahl er sich in den Mund fließen ließ, oder aus einem Gefäß, das aus einem Weinschlauch gefüllt wurde. Dann gingen alle, Kinder und Erwachsene, in den Eichenhain, Brennholz sammeln. Die Männer und Frauen hieben mit kleinen Äxten Zweige ab, und die Kinder trugen Arme voll trockener Äste zu ihren Lagerfeuern. Bald brannten hundert offene Feuer, und die Luft war voll von herumfliegenden Hühner- und Taubenfedern. Schafe und Kaninchen wurden an Zweige gehängt und von Männern in Hemdärmeln abgehäutet. Tischtücher wurden auf den Boden gebreitet und mit Tellern voller Wurstscheiben, Oliven, Einlegegurken und mit in die Hälfte geschnittenen, mit Salz und Öl angemachten Tomaten belegt. Und jedermann bekam etwas zum Essen und einen Schluck Wein. Wir Kinder gingen von einem Gedeck zum anderen, nahmen uns, was wir am liebsten mochten, und tranken heimlich aus den Weinkrügen. Bald roch das ganze Tal nach gebratenem Fleisch und dem Rauch von brennendem Thymian und Ginster. Die Leute bekamen Hunger und trieben die Köchinnen zur Eile an.

Die Beschreibung der Hochzeitsfeier des reichen Camacho im Don Quijote de la Mancha fiel mir ein, und mir war, als könnte Don Quijote selbst plötzlich mit seiner Rosinante auf dem Kamm einer der Hügel auftauchen, gefolgt von Sancho Pansa, der bei all den guten Gerüchen laut schmatzen würde.

Die Kinder des Feuerwerkers gingen herum und verkauften Raketen, die hoch in der Luft wie Gewehrschüsse knallten. Waffelverkäufer aus Madrid waren zur Fiesta gekommen, junge Burschen aus Galicien, die die Reise zu Fuß gemacht hatten, mit einer Blechschachtel voll dünner gerollter Waffeln an einem Schulterriemen, und die Leute umschwärmten sie oder riskierten etwas beim Glücksrad und ohrfeigten die Kinder, die auch das Rad drehen wollten.

Selbst die Hunde schienen von der Fiesta Wind bekommen zu haben, denn überall sah man Köter, die um die Feuer schlichen, mit hängenden Köpfen und eingezogenem Schweif. Einige Leute warfen ihnen Knochen hin, andere warfen einen Stein oder Holzscheite nach ihnen, worauf sie davonliefen und sich einer anderen Gruppe näherten. Manchmal wählten einige Hunde das gleiche Feuer und setzten sich auf ihre Hinterbeine, hoben die Schnauzen gespannt in die Luft und hielten den Blick fest auf die Hände der kochenden Frau geheftet. Wenn ihnen dann jemand einen Bissen zuwarf, schnappte ihn der geschickteste, und die anderen knurrten ihn an.

Die »Kleine Großmutter« war mit Onkel Luis im Karren gekommen und beide Familien setzten sich zu einer Gruppe zusammen. Wir waren alles in allem fünfzehn Personen, und Großmutter begann zu erzählen, wie einmal alle ihre Söhne mit ihren Frauen und Kindern und einige mit ihren Enkelkindern zu einer Fiesta ins Dorf gekommen waren. Damals

waren sie mehr als hundert gewesen. Großmutter hatte achtzehn Kinder gehabt, von denen vierzehn noch lebten. Ihr ältester Sohn hatte zur Zeit der Fiesta schon Urenkel gehabt und
war mit einer Familie von mehr als zwanzig Köpfen aus Cordova gekommen. Großmutter hatte einen Schneider geheiratet, und da sie nicht genug verdienten, um alle ihre Kinder zu
erhalten, hatten sie sie, als sie heranwuchsen, in die Welt hin-
ausgeschickt, die Mädchen in den Dienst nach Madrid, die
Jungen entweder nach Madrid oder nach Andalusien. Einer
von ihnen ging nach Barcelona und einer nach Amerika, aber
keiner von den beiden war je ins Dorf zurückgekommen, und
die Leute kannten sie nur von Photographien. Der in Barcelona war ein Mann mit einem breiten schwarzen Bart und einem steifen Hut. Er sah aus wie ein Geheimagent. Der Ameri-
kaner war ein vertrockneter Mann mit glattrasiertem Gesicht
und sah wie ein Pfarrer aus. Großmutter war nie weiter vom
Dorf weggekommen als bis nach Madrid, und man hatte sie
mit dem Karren hinbringen müssen, denn sie weigerte sich,
mit der Bahn zu fahren. Die Eisenbahn, sagte sie, sei Teufels-
werk. Und sie wollte sterben, ohne je mit der Bahn gefahren
zu sein.

Aquilino hatte zwischen den Bäumen eine Schaukel angebracht, und auch viele andere hatten das getan. Die Mädchen
setzten sich auf die Schaukeln, und die Burschen gaben ihnen einen solchen Schwung, daß sie hoch hinauf in die Luft
flogen, kreischten und ihre Beine zeigten. Die Burschen unterhielten sich damit, sich das anzusehen, stießen einander in
die Rippen, zwinkerten und sagten: »Hast du gesehen? Ein
sauberes Mädel, ha?« Sie lachten viel, und manchmal kniffen
sie die Mädchen in die Schenkel oder in den Hintern. Manche Mädchen lachten und kreischten, andere wurden zornig.
Nach dem Essen, als sie alle satt waren und voll Wein, kniffen
die Burschen heftiger, und die Mädchen kreischten weniger.

Um die Mitte des Nachmittags waren alle ein wenig betrunken. Die älteren Männer streckten sich auf den Boden
hin, um Siesta zu halten, und die jungen Burschen warfen

sich neben den Mädchen, die auf der Wiese saßen, ins Gras, aber nicht etwa zum Schlafen. Die Mädchen spielten mit dem Haar der Buschen, und manchmal bekam einer einen Klaps, wenn er ihr Bein oder ihre Hüfte berührt hatte oder gar ihre Brust. Später, als die Trägheit des Verdauens überwunden war, tanzten sie, und sie tanzten bis in die Nacht hinein. Viele Pärchen machten einen Spaziergang zur anderen Seite der Hügel.

Ein Pärchen brach auf, der Mann hatte den Arm um die Hüfte des Mädchens gelegt, und Andrés rief ihnen gute Ratschläge nach, wie zum Beispiel, daß sie nicht aus dem Bach trinken sollten, weil man davon einen dicken Bauch bekam. Und alle lachten.

Onkel Luis hatte seine Siesta gehabt und war, wie er sagte, mit vertrockneter Kehle aufgewacht. Als kleine Erfrischung verzehrte er eine Schüssel Salat und ein halbes Dutzend schwere, mehlige Ölkrapfen. Dann steckte er mich wie ein Paket unter den Arm und nahm mich auf einen Rundgang mit.

Wir gingen auf die Kuppe des Hügels hinauf. Das Tal mit der Picknickgesellschaft verschwand, und das Land lag einsam da. In weiter Ferne waren die weißen Schneegipfel der Sierra de Guadarrama zu sehen und die Türme des Klosters von El Escorial.

Plötzlich stieß Onkel Luis, der hinter mir ging, einen wilden Schrei aus: »Uh-huh-huuuh!«

Ich drehte mich erschrocken um. Aus einer kleinen Mulde kam ein Pärchen, sie mit aufgeknöpfter Bluse, er mit hängender Jacke. Onkel Luis hielt sich die Seiten vor Lachen. Er lachte so, daß sein Bauch auf und ab wogte. Er hob mich auf die Schultern, lief durch die Gießbachbetten und stimmte ein lautes Freudengeheul an. Pärchen stürzten aus Büschen und Mulden hervor und flohen ins Tal hinab, verfolgt von unserem Schreien und unserem Gelächter.

Als wir zu den anderen zurückkamen, schwang mich mein Onkel Luis von seinen Schultern und hob einen vollen Krug an den Mund, und abermals erscholl sein Gelächter, daß der Wein nur so spritzte. Alle sahen sich nach ihm um. Er nahm die kleine rundliche Gestalt der Tante Rogelia in die Arme und bedeckte ihr Gesicht mit Küssen. Dann hob er sie auf den Händen hoch, wobei er die Arme ausstreckte, als wolle er sie hoch in die Luft werfen.

»Hu-huh-huuuh!« rief er, seine Brust und Schultern erdröhnten.

Bei seinem Ruf verstummte das Tal, und von jenseits der dunkelnden Hügel antwortete das Echo.

6.
VORWERK VON MADRID

Es tut wohl, hier zu sein, mit dem Kopf zwischen den Knien
seiner Mutter, die Weichheit ihrer Schenkel unter der weichen Leinwand ihrer Schürze zu fühlen und in die wirbelnden Flammen zu schauen, die in der Luft hin und her tanzen.
Mutter schält am Küchenherd Kartoffeln und redet mit der
Großmutter. Sie erzählt ihr von ihrem Leben in der Wohnung
meines Onkels, von ihrer Arbeit und ihren Sorgen, und wie
meine Tante meinetwegen auf sie eifersüchtig ist. Und ich be-
obachte von unten her ihr Gesicht, ohne daß sie meinen Blick
sehen kann. Ihr Gesicht im roten Widerschein der Flammen.
Ihr Gesicht, das müde ist von Arbeit und Sorgen. Ich vergrabe
den Kopf in ihre Schürze wie eine Katze. Ich möchte gern eine
Katze sein. Ich würde ihr auf den Schoß springen und mich
dort zusammenrollen. Ich habe sie alle miteinander satt, die
Tante, die Schule, alle die dummen Leute, die glauben, ich
sei nur ein Kind, während ich doch weiß, daß ich mehr bin
als sie, und alles sehe und alles hinunterschlucke und alles für
mich behalte. Auf ihren Schoß springen, mich zusammenrollen, einnicken, die Mutter reden hören, ohne auf ihre Worte
zu horchen, ihre Wärme spüren und die Glut des Feuers und
den Geruch von brennendem Ginster; und so daliegen, still,
ganz still ...

»Was für ein langweiliger Junge! Geh und spiel mit dem
Bruder und der Schwester!«

»Ich mag nicht.«

Ich rolle mich noch fester zusammen, versuche, mich noch
enger an sie zu drücken. Die Mutter streichelt mir den Kopf,
mein zerzaustes Haar, meine widerspenstige Tolle. Ihre Finger streichen müßig über meinen Kopf, aber ich spüre sie in

mir. Wenn ihre Hand stilliegt, dann nehme ich sie und schaue sie an. Ach, wie klein sie ist, wie mager, mitgenommen vom Wasser des Flusses, mit kleinen, spitz zulaufenden Fingern; die Fingerspitzen sind von der Lauge zerfressen, und die sich schlängelnden blauen Adern wirken nervös und erregt. Lebendig sind sie und warmblütig, lebendig in schneller Bewegung, immer bereit zu springen und zu fliegen, kräftig zu scheuern, sacht zu streicheln. Ich liebe es, sie an meine Wangen zu drücken und meine Haut an ihnen zu reiben, ihre Fingerspitzen zu küssen und zu beknabbern, hier, wo ich mich nicht hinter einer Türe verstecken muß, wenn ich meiner Mutter einen Kuß geben will, und wo keine Tante schreit: »Wo bist du, Kind?«

»Hier in der Küche, Tante!«

»Was tust du dort?«

»Ich geh aufs Klosett.«

Und dabei klappert meine Mutter mit dem Geschirr herum, und ich schlage die Klosettür laut zu ...

Welches Recht hat die Tante auf mich? Sie läßt mich in ihrem Haus wohnen, gut, aber dafür ist meine Mutter ja auch ihr Dienstbote. Warum hat sie selbst keine Kinder gehabt? Denn eifersüchtig ist sie vor allem, weil sie kein eigenes Kind hat, und gern würde sie mich meiner Mutter wegnehmen. Da ist der Onkel anders. Der hat mich lieb, aber mich meiner Mutter wegnehmen, das will er bestimmt nicht. Warum kann er nicht mein Vater sein? Die Tante sollte sterben, und dann würde er meine Mutter heiraten, einfach um mein Vater zu sein. Er hat es einmal gesagt, im Spaß, aber ich glaube, es ist wahr. Er hat auch genug von der Tante, von ihrem Beten und von ihren Launen. Einmal war die Tante böse und sagte: »Ach, wäre ich doch nur tot, dann wärt ihr mich los!« – »Großartig«, sagte der Onkel, »wenn du tot bist, dann heirate ich Leonor und werde der Papa des Jungen. Was hältst du davon, Leonor? Nimmst du meine schneeweiße Hand an?« Er lachte, als er meine Mutter fragte, und sie antwortete lächelnd: »Na, laß mich darüber erst eine Weile nachdenken.« Lieber Gott, was für ein Getue! Die Tante schluchzte und weinte und preßte mich an sich, und auch ich weinte. Onkel geriet über die Dummheit der Tante in Wut, die Mutter versuchte, sie zu beruhigen, und schwieg zu all ihren Beleidigungen: »Du undankbare Person, das ist dein Dank für all meine Güte! Das möchtest du – mich im Grab sehen, damit ihr drei tun könnt, was euch paßt!« Und so ging es weiter. Wir bekamen kein Abendbrot und gingen nicht ins Café. Und vor zehn Uhr waren wir schon im Bett.

Hier im Dorf sind wir allein. Manchmal packe ich sie und küsse sie wie wild. »Jetzt ist's genug, du Schmeichelkatze!« sagt sie und schiebt mich weg. Aber ich sehe, daß es sie froh macht und daß sie sich meinetwegen alles von der Tante gefallen läßt, damit ich gut weiterkomme und bald Ingenieur werde, denn der Onkel wird für mein Studium zahlen, und ich will Ingenieur werden. Und nichts ist zu schwer für sie, solange ich sie küsse und liebhabe, und solange sie mich küßt und lieber hat als irgendwen sonst. Wenn ich erwachsen bin, wird sie nicht zum Fluß hinuntergehen müssen, und ich werde reich sein, so daß sie glücklich ist und alles haben kann, was sie will, und sie wird eine Großmutter sein wie unsere »Kleine Großmutter«, eine kleinwinzige Großmama mit einer Menge Runzeln, in einem schwarzen Kleid, dem Kleid einer alten Frau, an das ich meinen Kopf lehnen kann, wenn ich nach der Arbeit müde bin.

Gute Dinge sind nicht von Dauer. Vorgestern ist die Mutter gekommen, und morgen müssen wir beide weggehen, ich nach Navalcarnero und sie nach Madrid, zurück zu ihrer Arbeit.

Großmutter Inés erwartete uns auf dem Bahnhof. Concha war mit der Großmutter und mir mitgekommen, und sie und ich sollten bis Monatsende in Navalcarnero bleiben. Als der Zug mit der Mutter davongefahren war, legte die Großmutter uns ihre Arme auf die Schultern, ihre Hände hingen uns auf die Brust herab, und so ging sie mit uns in die Stadt, als wären wir an sie angeklebt.

Großmutters Hand war so groß wie eine Männerhand, und ihr Arm war von kräftigem Bau. Es war schon richtig, sie die »Große Großmutter« zu nennen. Sie wog über zweihundert Pfund und war größer als die meisten Männer. Sie war mächtig stark und aß und trank wie ein Drescher. Wenn sie nach Madrid kam, lud Tante Baldomera sie jedesmal ein, bei uns zu essen, und die Großmutter sagte immer nein. Sie ging gewöhnlich zu Botín, das ist ein sehr altes Madrider Restaurant, und bestellte sich gebratenes Spanferkel. Wenn keiner von uns mit ihr ging, dann aß sie das Ferkel ganz allein auf, dazu noch eine riesige Schüssel Kopfsalat, und trank einen Liter Wein dazu. Sie hätte gut zu Onkel Luis gepaßt.

Navalcarnero war anders als die Dörfer. Es lag sehr nahe bei Madrid und war die Marktstadt seiner Umgebung. Viele Leute von Stand lebten hier. In Madrid wären sie nicht Leute von Stand genannt worden, aber hier in Navalcarnero waren sie es. Die Stadt bestand aus zweierlei Menschenschlägen, denen, die sich anzogen wie in Madrid, und denen, die Blusen und Kordhosen trugen. Da gab es die Frauen mit Hut oder Mantille und die Frauen in weiten Unterröcken, mit Schürzen und einem Tuch um den Kopf. Es gab ein Armenkasino, ein großes Wirtshaus voll Fliegen, und ein Kasino der Reichen, eine Art Café mit Marmortischen. In der Kirche standen in der Mitte zwei Reihen Bänke und davor Stühle. Die Herren saßen auf den Bänken, ihre Damen auf den Stühlen. Der übrige Raum der Kirche war für die Bauern und die Armen. Bauern, die ausreichend Geld hatten, breiteten eine runde Grasmatte aus und stellten einen strohgeflochtenen Stuhl für die Frau darauf. Die Armen knieten auf den Steinfliesen.

Ich wußte das, denn ich ging manchmal in die Kirche, obgleich mich die Großmutter nie mitnahm. Am Sonntag fragte sie: »Wie ist das, willst du also zur Messe gehen?«

Ich sagte gewöhnlich ja, aus zwei Gründen. Erstens würde es eine Sünde sein, wenn ich nicht ging, und zweitens war es eine eigenartige Erfahrung, allein hinzugehen. Die Messe in Navalcarnero war anders als anderswo. In der Schule gingen alle Jungen gemeinsam zur Messe, und wir füllten die ganze Kirche. Wenn ich mit der Tante zur Messe ging, kam ich von ihr und ihren Leuten nicht los, und sie brachte die ganze Zeit damit zu, mir zu sagen, ich solle ruhig sein, niederknien, aufstehen, nicht husten, nicht niesen, meine Hände still halten und sie nicht in ihrer Andacht stören.

Hier in Navalcarnero war es ganz anders. Ich ging allein, sogar wenn eine von Großmutters Nachbarinnen mich aufgefordert hatte, mit ihr zu gehen, denn ich wußte, wie die alten Weiber waren. Ich blieb im Portal stehen, im kleinen Vorhof hinter dem Eisengitter, und schaute zu, wie die Leute hineingingen. Wenn alle drinnen waren, dann ging auch ich hinein, allein. Sie drängten sich alle um den Hochaltar, und ich trat sehr leise ein und blieb hinten in der Kirche, zwischen den Pfeilern. Ich hatte immer Angst, eine der alten Frauen könnte mich rufen und nötigen, neben ihr niederzuknien.

Der Fußboden, die Pfeiler und der untere Teil der Kirchenmauern waren aus Stein, das übrige weißgetüncht. In der Mitte hing ein Kronleuchter, der die Gestalt einer Birne hatte und mit Glaskristallen bedeckt war, die wie Diamanten funkelten, wenn die Sonne darauffiel. Ich wußte nicht warum, aber dieser Leuchter, der an einem sehr langen Seil von der Mitte der Kuppel herunterhing, schwang fast immer ganz langsam hin und her. Ich schaute gerne zu, wie er sich bewegte und mit bunten Funken füllte, sooft er durch einen Sonnenstrahl schwang.

Am Eingang hing ein Christus am Kreuz, nackt, sehr mager und zitronengelb, beinahe grün. Die Blutflecken waren ganz schwarz, weil er seit vielen Jahren nicht frisch bemalt worden war. Unten war er mit einer kleinen Samtschürze mit goldenen Fransen bedeckt. Ich sah Leute, die die Schürze hochhoben und nachsahen, was darunter war. Von den Zehen war alle Farbe abgeblättert, weil die Frauen sie so oft geküßt hatten, und man sah das nackte Holz. An der großen Zehe des linken Fußes war im Holz ein schwarzer Knoten, wie ein Hühnerauge. Der Kopf hing herab, als wäre das Genick ge-

brochen, und er hatte einen schmutzigen schokoladebraunen
Bart mit Spinnweben zwischen Barthaar und Kehle. Tränen
flossen ihm aus den Augen, sie sahen aus wie hart gewordene
Wachstropfen an einer Kerze. Das einzig Schöne an ihm waren die Augen, blaue Glasaugen, die die abgeblätterten Zehen
anstarrten.

Neben dem Christus war das Weihwasserbecken, mit einer
Pfütze darunter, in die öfters Bauerntölpel mit ihren Bastsoh-
len hineintraten – plaff! Aber die Damen nahmen sich sehr
in acht, um nicht hineinzutreten, und beugten sich auf den
Zehenspitzen vor, wenn sie ihre Finger ins Weihwasser tauchten. Feine Leute benetzten nur ihre Fingerspitzen, Leute vom
Land fuhren mit der ganzen Hand hinein.

Auch eine Heilige Jungfrau aus massivem Silber gab's in
der Kirche. Sie war lebensgroß und stand auf einem Mond,
einer Menge Wolken und vielen Köpfen von kleinen Englein
mit Taubenflügeln. Die Leute sagten, sie wiege eine Tonne.
Eines Tages sah ich zu, wie zwei Weiber die Heilige Jungfrau
ganz und gar mit Sidol beschmierten und sie mit einem alten
Lappen abrieben, bis sie glänzte. Die Wangen und das Kinn
kriegten sie blank wie Glas, aber in den Augen und im Mund
blieb etwas von dem weißen Zeug kleben, und die eine Alte
versuchte eifrig, das wieder wegzuputzen, spuckte auf ihr Taschentuch und rieb die Augen Unserer Lieben Frau, genau
wie es die Mütter machen, wenn die Kinder Sand in die Augen kriegen. Die andere alte Frau rieb so zornig an den Köpfen der Engel herum, als ob sie sie am liebsten übers Knie gelegt hätte. Aber sie hatten gar keine Hintern.

Abgesehen von diesen Dingen war die Kirche nichts weiter als eine kahle Scheune, in der man sich nur im Sommer
behaglich fühlen konnte. Aber sie besaß einige richtige To-
tenschädel. Wenn jemand gestorben war und die Totenmesse
gelesen werden mußte, dann stellten sie mitten in der Kirche
einen Katafalk auf, der von einem schwarzen silberbestickten
Tuch bedeckt und von langen Kerzen umringt war. Auf das
schwarze Tuch legten sie einen Schädel und zwei gekreuzte

Knochen. Der Schädel und die Knochen waren echt. Eine riesige alte Truhe in der Sakristei war ganz voll von Schädeln und Knochen, die fast nichts wogen, weil sie von Würmern ganz ausgehöhlt waren. Sie fühlten sich wie Pappendeckel an. Vor einer Totenmesse nahmen sie einen Schädel und zwei lange Knochen heraus, und der Sakristan schabte die runde Hirnschale rein und rieb sie mit Öl ein, damit sie schimmere. Hatte ein Schädel einen Sprung, dann flickten sie ihn mit einem Tropfen Wachs. Einer der Schädel hatte vier oder fünf Wachszähne im Kiefer. Wenn es keine Totenmesse gab und Pfarrer und Sakristan nicht anwesend waren, trieben wir Jungen, die mit den Ministranten befreundet waren, in dem kleinen Garten hinter der Kirche allerlei tolle Spiele mit den Knochen.

Ich mochte Navalcarnero nicht so gern wie Méntrida. Es liegt hoch auf einem Hügel, an der großen Chaussee von Madrid nach Estremadura. Von der Stadt führte die Straße auf einer Seite hinunter nach Madrid, auf der anderen hinunter nach Valmojado. Kam man auf einer der beiden Seiten zum Fuß des Hügels hinab, dann fand man dort wohl Bäume, aber der ganze Hügel von Navalcarnero selbst hatte, außer den verkrüppelten kleinen Bäumchen der Bahnhofstraße, keinerlei Baumwuchs. Auf den Hängen des Hügels gab es Kornfelder, die jetzt abgemäht und trocken waren, und Weinstöcke, dicht beladen mit schwarzen Trauben. Der Weizen war geerntet, aber die Trauben zum Keltern sammelte man gerade erst ein. Über die Estremadurastraße rollten große, schwere Karren mit mannshohen Körben voll Trauben. Die Trauben am Boden der Körbe wurden zerquetscht, und von den Wagen tropften dicke rote Klümpchen herunter, die sich mit dem Straßenstaub mischten und violettschwarze Kugeln bildeten.

Die Leute bereiteten ihren Wein, indem sie die Trauben in ein großes flaches Becken aus Stein oder Zement schütteten und darin zerstampften. Der Trog hatte ein Loch, durch das der Most in einen riesigen Behälter im Keller hinunterlief. Zwei oder drei Häuser hatten eine Handpresse für ihre Trauben, und ein Haus hatte eine hydraulische Presse. Die ganze Stadt kam, sie zu bestaunen.

Als wir ins Haus der Großmutter kamen, erwartete uns dort ihre Schwester, Tante Anastasia. Sie war so groß wie meine Großmutter, aber viel schwerer; sie war älter, und ihre Beine waren von der Gicht geschwollen. Die beiden Schwestern waren unzertrennlich, konnten jedoch nicht zusammen wohnen, weil sie beide sehr herrschsüchtig waren. Tante Anastasia lebte im ersten Stock, Großmutter im Erdgeschoß. Wenn sie stritten, dann ging Tante Anastasia die Holztreppe hinauf, die unter ihrem Gewicht ächzte, und schlug ihre Türe zu, so daß Stücke vom Verputz von der Decke fielen und das ganze Haus wackelte. Zwei oder drei Tage sprachen sie nicht miteinander. Dann ging entweder die Großmutter hinauf, drosch an die Tür ihrer Schwester und schrie, der Streit sei jetzt vorbei, oder die Schwester kam herunter in die Stube, wo wir saßen, da fragte die Großmutter, ob sie sich nicht schäme, seit drei Tagen nicht bei ihrer leiblichen Schwester oben gewesen zu sein. Sie sagte, sie hätte sterben können, ehe das Gewissen meine Großmutter dazu getrieben hätte, ihrer Schwester ein Glas Wasser zu bringen. Dann mußten sie sich immer noch eine halbe Stunde lang zanken, ehe sie Frieden schlossen.

Außerdem waren da noch die Mündel meiner Großmutter. Als mein Vater gestorben war – als letztes ihrer fünfundzwanzig Kinder – und meine Mutter zu Onkel und Tante gezogen war, da ging die Großmutter als Haushälterin zu Señor Molina, einem wohlhabenden Mann in Navalcarnero, der ein Witwer mit vier Kindern war. Großmutter, die seit vielen Jahren Witwe war, wohnte bei ihm. Und in seinem Testament bestellte er sie als Vormund und Vermögensverwalterin seiner vier Kinder.

Jedes einzelne von ihnen war eine Katastrophe. Der älteste, Fernando, war zwanzig Jahre alt und verbrachte den ganzen Tag im Kasino; er hatte eine Geliebte in der Stadt und etwas auf der Lunge. Der nächste, Rogelio, war fünfzehn und war durch und durch schlecht. Er sprach von nichts als Mäd-

chen und stellte allerhand peinliche Dinge an. Dabei hatte er
es sich in den Kopf gesetzt, Mönch im Kloster von El Escorial zu werden, und verbrachte einen großen Teil des Tages mit
dem Ortspfarrer. Antonio, der jüngste, war rachitisch und sah
mit seinem tief zwischen den Schultern liegenden Kopf wie
ein Buckliger aus. Er hatte kleine Äuglein mit roten Rändern,
die immer mit einer gelben Salbe eingeschmiert waren. Das
Mädchen, Asunción, hatte als Kind die Blattern gehabt, und
ihr Gesicht war mit Narben bedeckt. Die Ränder ihrer Nasenlöcher waren ausgefranst, als ob Vögel sie weggepickt hätten.

Das erste, was die Großmutter tat, war, uns unsere Schlaf-
stellen zu zeigen. Concha mußte ihr Bett mit Asunción teilen,
ich das meine mit Rogelio.

Großmutters Haus war das Haus der großen Betten. In jedem Zimmer stand ein riesiges Eisengestell, auf das zwei oder
drei Matratzen getürmt waren, so daß man auf einen Stuhl
steigen mußte, um hineinzukommen. Wenn die Großmutter
ins Bett wollte, dann schoben Asunción und Concha an ihrem Hintern, um ihr hinaufzuhelfen. Ich mußte lachen, als
ich sie in ihrem weißen Nachtgewand sah: Sie sah selber ganz
wie eine dicke knollige Matzratze aus. Wenn sie sich auf das
Bett fallen ließ, kreischten alle Federn.

Von Großmutters Haus gingen wir zu Señor Molinas Hof,
wo sie Trauben preßten. Ein Kreis von Männern und Frauen,
alle barfuß, gingen rundum im Steintrog und stampften die
Trauben, so daß ihre Beine mit Most bespritzt waren. Wir
taten mit, aber ich sprang bald wieder heraus, weil mich die
Ästchen in die Füße stachen. Die anderen blieben da, und ich
ging mit der Großmutter weiter.

Wir durchquerten die Stadt und kamen auf die Straße
nach Valmojado hinaus. Die Großmutter machte sehr große
Schritte und ging erst langsamer, als wir an den Häusern vorbei waren. Die Straße ging zwischen zwei steilen Böschungen
abwärts. Wir setzten uns auf die Böschung und sahen zu, wie
die Karren mit den Trauben unter uns vorbeifuhren. Dann
begann die Großmutter vor sich hin zu sprechen: »Ich wer-

de alt, und die anderen« – sie meinte Señor Molinas Kinder – »bedeuten mir nichts. Meine Schwester wird vor mir sterben, und dann werdet ihr die einzigen sein, die übrig bleiben. Ihr werdet Hausbesitzer werden. Du weißt, ich habe in dieser Stadt zwei Häuser. Ihr werdet den gleichen Ärger damit haben wie ich jetzt; ihr werdet jedes Jahr neue Dachziegel legen lassen müssen, und ihr werdet nie euren Mietzins kriegen. Und da sagen die Leute, es gebe einen Gott. Einen Dreck gibt's!«

Sie blickte mich an und lachte auf: »Jetzt verderbe ich den kleinen Engel. Wenn deine Tante mich hörte! Aber schau, was immer deine Tante und ihre Pfaffen sagen mögen, es gibt keinen Gott außer in den Sammelbüchsen der Kirche. Du wirst das sowieso selber herausfinden, denn du kannst das Blut in deinen Adern nicht verleugnen. Dein Vater war einer der Sergeanten in der Meuterei des Generals Villacampa, und es ist ein Wunder, daß sie ihn nicht erschossen haben. Und ich habe einmal einen Pfaffen die Treppen hinuntergeworfen, weil er mit seinem frommen Zauber nicht aufhören wollte und mir damit den einzigen von deinen Onkeln umbrachte, den ich noch hatte. Als deine Mutter Witwe wurde, da war alles, was Gott für sie tat, daß er sie allein in einem Hotel sitzen ließ, mit zwei Duros in der Tasche und deinem Vater steif und kalt in seinem Bett. Nachher tat sie Gott leid, das ist wahr, also machte er aus ihr einen Dienstboten und ein Waschweib; er fand ihr eine Dachkammer und ein paar Pfaffen und Nonnen, damit du und deine Geschwister zu einem Löffel Suppe kommen. Und da gibt's immer noch Leute, die Gott für seine Gnade danken!«

Wenn die Großmutter solche Sachen im Ernst sage, dann stimmte mich das sehr traurig. Ich wollte an Gott und die Heilige Jungfrau glauben, aber was sie da sagte, das war wohl wahr. Wenn Gott wirklich allmächtig ist, dann hätte er uns wohl besser behandeln können, denn meine Mutter war sehr brav und anständig. Wirklich, er hätte eigentlich meine Großmutter schlechter behandeln können, denn sie führte immerfort gotteslästerliche Reden, war aber reich und hatte alles, was sie brauchte.

Die Großmutter schwieg eine Weile und wechselte dann das Thema: »Na schön, du bist hergekommen, um es dir gut gehen zu lassen, und nicht, um Predigten zu hören! Aber – vergiß es nicht, die Pfaffen sind alle Halunken!«

Sie nahm mich an der Hand und wir gingen nach der Stadt zurück, sie mit großen Schritten voraus, ich hinterdrein. Als wir auf den Marktplatz kamen, gab sie mir zwei Pesetas und sagte: »So, jetzt lauf, und wenn du es Zwölf schlagen hörst, dann kommst du heim zum Essen!« Und sie ging weiter in der Mitte der Gasse, steif wie ein Grenadier, und murmelte sicherlich noch mehr Gotteslästerungen vor sich hin.

Hier auf dem Marktplatz von Navalcarnero stand ein Haus, das mir gehörte, oder vielmehr, es sollte mir gehören, wenn Großmutter einmal starb. Es hatte drei Stockwerke und eine Arkade mit schweren hölzernen Pfosten, die fettig waren von den Rücken der Männer, die sich daranlehnten. Jeder Pfosten hatte eine viereckige Steingrundplatte, und das Dach der Arkade bestand aus rauchgeschwärzten Balken. Hier hatte der Metzger seinen Laden, mit einer geschlachteten Kuh, halb bedeckt von einem weißen Tuch mit Blutflecken, und mit verschiedenem Fleisch, auch Stücken von Lebern und Lungen, die in weißen Porzellanschalen auf kleinen Marmorplatten zur Schau gestellt waren. In einer anderen Schüssel lag ein Rindsherz. Die Tochter des Metzgers jagte mit einem Wedel aus langen bunten Papierstreifen die Fliegen weg, und hinten im Laden hing ein ganzes Schwein über einen Blechkübel, der an seine Hauer angebunden war, um das Blut aufzufangen, das ihm vom Rüssel tropfte.

Der Metzger rief mir zu: »Hallo, Madrileño, bist du zur Weinlese hergekommen?«

Als ich den Laden betrat, stieß ich an das Schwein, das schwer an seinem Haken baumelte und mich mit seinem fettigen Rücken traf. Ich stieß es mit der Hand weg; sein Speckwanst war widerlich.

»Komm herein, komm herein! Ich geb dir etwas, das deine Großmutter für dich braten kann.«

Er gab mir zwei dicke schwarze Blutwürste, von Fett glänzend. Das Fett machte Flecken in das Zeitungspapier, in das er sie einwickelte, so daß man die Buchstaben von der andren Seite des Blattes lesen konnte. Ich mußte das warme, weiche Papier nehmen, und es war mir ekelhaft, es mit den Fingern anfassen zu müssen. Obendrein mußte ich mir einen Kuß vom Metzger gefallen lassen und noch einen von seiner Frau; sie waren beide so dick und verfettet wie ihr Schwein und ihre Blutwürste. Ihre Tochter stand an der Türe; sie war ein sehr hübsches Mädchen mit zartem Gesicht, und sie streichelte mir das Haar, küßte mich aber nicht. Als ich den Metzgerladen verließ, fühlte ich mich am ganzen Körper fettig.

Die nächste Tür in der Arkade war die der Schenke, wo sie mich einluden, ein paar Süßigkeiten zu nehmen und ein Pfefferminzsoda zu trinken. Das Wirtshaus roch nach Wein, nach dem Pech der Weinschläuche und dem Tabak und dem Schweiß der Männer, die an der mit Blech beschlagenen Theke tranken. Einige, die mich kannten, erklärten den anderen, daß ich der Enkel der »alten Anés« sei. Sie sprachen es nicht Inés aus. Einer der Männer sagte, er kenne sie nicht, und der Wirt rief: »Aber du mußt sie doch kennen, sie ist in ganz Spanien bekannt! Also gib acht, du wirst dich gleich erinnern, wer sie ist, wenn ich dir sage, daß sie die dickste Frau in der Stadt ist, die einzige, die nicht in die Messe geht, und dieses Haus da gehört ihr!«

Dann sagte ein kleiner alter Mann, der an seinem Krügelglas nippte: »Teufel noch einmal, sie war eine schmucke Dirn, als sie zwanzig war! Wir waren alle hinter ihr her, und wir alle bekamen unsere Ohrfeigen weg. Nicht einer von uns hätte von sich sagen können, er hätte sie je in die Schenkel gezwickt. Ehe du die Hand gehoben hattest, hatte sie sich schon umgedreht wie der Blitz und dir eine verabreicht, mitten ins Gesicht, daß du nicht wußtest, wo dir der Kopf stand. Dann heiratete sie den Vicente, ein Stellmacher war er, weiter unten in der Straße. Er war ein guter Kerl – ein kleiner, vierschrötiger Mann –, und es war ihm lieber, einen guten Bissen zu essen, als mit dem Hobel herumzufuhrwerken. Als sie verheiratet waren, setzte sich Anés einfach zu ihm in die Werkstatt, und dann arbeitete Vicente, als stünde er im Stundenlohn. Nicht, daß sie irgend etwas gesagt hätte, sie saß einfach da und nähte, und der alte Vicente blickte von seinen Dübeln nicht mehr auf. Also ging es aufwärts mit der Werkstatt, höher und höher, wie Schaum. Aber Anés hatte jedes Jahr ein Kind oder, besser gesagt, alle zehn Monate, und es war ein Glück, daß sie alle starben, denn sonst hätte sie mit ihnen die ganze Stadt gefüllt. Ein gutes Zuchtkarnickel, jawohl, das war sie! Als sie dann beide älter wurden, da legte sich Vicente eines Tages einfach hin und starb, wie ein kleiner Vogel; ich glaube, weil er mit soviel Frau einfach nicht fertigwerden konnte!«

Die Kirchenglocke schlug Zwölf, und die Männer gingen heim zum Essen. Der kleine Mann sagte, ich solle Großmutter von ihm grüßen, und wiederholte einige Male: »Sie war eine schmucke Dirn, wirklich wahr!«

Nach der Siesta gingen Concha und Asunción ihre Freundinnen besuchen, und ich ging mit Rogelio aus. Wir durchquerten die Stadt und stapften auf den kleinen Fußpfaden am Rande der Stoppelfelder zum Fluß Guadarrama hinunter. Rogelio sagte zu mir: »Du wirst sehen, wie gut wir uns unterhalten werden! Alle Jungen treffen sich hier am Ufer.«

Als wir zum Flusse kamen, dessen Wasser einem nicht einmal bis an die Knöchel ging, rollten sieben oder acht Jungen nackt im Sand herum oder planschten in den Lacken. Sie waren von der Sonne kohlschwarz gebrannt, warfen Sand und spritzten Wasser auf uns. Rogelio und ich zogen die Kleider aus und schlossen uns den Jungen an. Ich mit meiner weißen Haut kam mir unter all diesen Mohrenjungen recht komisch vor. Rogelio war der größte. Unten an seinem Bauch wuchs schon schwarzes Haar. Auch einige von den anderen Jungen hatten dort schon Haar, und sie waren sehr stolz darauf, so behaart zu sein wie die Männer.

Als wir das Spielen und Laufen satt hatten, rief Rogelio uns zusammen und holte die Photographie einer nackten Frau aus seiner Jacke. Er zeigte sie mir als erstem.

»Fernando gab sie mir. Er sagt, sie war sein Mädel, aber ich glaub es nicht. Er ist ein großer Lügner!«

Ich glaubte es ebensowenig, denn es war einfach das Bild einer kaum bekleideten Artistin, wie man sie in Madrid oft zu sehen bekommt, einer Frau mit einem Fuß auf dem Schemel, so daß man ihre Hüften sehen konnte, und mit nichts an außer einem gestickten Hemdchen, schwarzen Strümpfen und einem mächtigen Haarknoten auf dem Kopf. Das Bild ging unter den Jungen von Hand zu Hand, aber wir sahen alle Rogelio an, der mit einer Hand sein Glied streichelte. Die größeren Jungen waren in der gleichen Verfassung. Auf mich und die kleineren Jungen machte die Photographie gar keinen Eindruck, aber wir schämten uns, nicht so zu sein wie die größeren Jungen. Also begannen auch wir zu spielen. Wir lachten, aber wir waren nervös und beobachteten einander, um zu sehen, was geschah. Als die großen Jungen zu Ende kamen, verspotteten sie uns, weil wir nicht fertigbrachten, was Männer taten. Als wir uns anzogen, waren wir alle sehr müde und traurig.

Auf dem Rückweg in die Stadt schworen wir alle einen Eid, niemand etwas zu erzählen, und Rogelio schwor, er würde dem ersten Jungen, der etwas sagte, den Schädel einschlagen. Dann erklärte er uns, wie das mit Frauen ist, und mir stieg vor Scham, und weil ich keinen Atem bekam, das Blut zu Kopfe. Als die anderen Jungen unserer Straße in ihre Häuser gingen, sagte Rogelio leise zu mir: »Heute nacht werden wir uns zusammen unterhalten, du und ich allein! Hörst du!«

Ich empfand eine Mischung von Scham über das, was am Nachmittag geschehen war, und von Neugier, was Rogelio in der Nacht tun wollte. Ich war geistesabwesend und sah niemand ins Gesicht, am wenigsten der Großmutter. Beim Abendessen bemerkte sie es und fragte mich, ob ich krank sei. Ich sagte nein, aber ich spürte, daß ich feuerrot wurde und daß meine Wangen brannten. Sie stand auf, legte ihre Hand auf meine Stirne und sagte: »Du fühlst dich sehr heiß an. Du wirst bald zu Bett gehen, denn du mußt von der Reise müde sein.«

Nach dem Nachtmahl sagte Fernando, der älteste, er wolle ins Kasino gehen, und Großmutter schlug Krach. Um sie zu beruhigen, lud er Rogelio und mich ein und sagte, er wolle nur einen Kaffee trinken und gleich mit uns zurückkommen. Es war noch sehr zeitig, also ließ uns die Großmutter gehen. Unterwegs erklärte uns Fernando, was er im Sinn hatte: »Ihr kommt mit und trinkt etwas, Kaffee oder was ihr wollt. Nachher gehe ich zu meinem Mädel, und ihr geht heim und erzählt der Anés, daß der alte Paco zu mir kam und daß ich zurückgeblieben bin, um mit ihm das mit den Trauben abzumachen.«

Ich dachte, wir würden im Gesellschaftsraum mit den Marmortischen Kaffee trinken, aber Fernando führte uns eine steile kleine Holztreppe hinten am Haus hinauf. Noch ehe ich fragen konnte, erklärte er mir: »Der Gesellschaftsraum ist für alle da. Für uns Mitglieder gibt's oben noch ein anderes Zimmer.«

Das Zimmer oben war ebenso groß wie der Gesellschaftsraum. Da standen zwei Billardtische mit geflicktem Tuchbelag, ein paar runde Marmortische und mehrere viereckige Tische mit grünem Tuch, an denen Männer Karten spielten. Hinten hockten viele Leute um einen anderen Tisch, den zwei Lampen mit grünen Schirmen beschienen. Fernando ging schnurstracks dorthin.

Der Tisch war mit dem gleichen grünen Tuch überzogen wie die anderen, zwei Männer saßen dort auf hohen Hockern, auf jeder Seite einer. Einer hielt ein Spiel Karten, der andere hatte große Haufen von Münzen und Banknoten vor sich. Rogelio sagte:

»Sie spielen ‚Monte'. Der Mann mit den Karten ist der Bankier, und der andere mit dem ganzen Draht ist der Kassier. Siehst du, der Bankier legt vier Karten auf den Tisch, und jeder setzt auf die, welche er will. Die Karte, die dann, wenn das Spiel aufgelegt wird, als erste herauskommt, gewinnt, und alle anderen verlieren.«

Der Bankier legte vier Karten auf und sagte: »Die Einsätze, bitte!«

Alle beeilten sich, ihre Pesetas und Duros neben die Karten zu legen, auf die sie setzen wollten, worauf der Bankier sagte: »Kein Einsatz mehr.«

Er begann, die Karten aus dem Spiel, das er mit den Figuren nach oben aufgelegt hatte, auszuteilen, bis eine der vier Karten auf dem Tisch herauskam. Dann strich der andere Mann, der Kassier, den größten Teil des Geldes ein und gab den Leuten, die auf die gewinnende Karte gesetzt hatten, noch einmal soviel, als ihr Einsatz war. Fernando verlor zwei Duros. Als der Bankier wieder zwei Karten auf den Tisch legte, setzte Fernando von neuem zwei Duros. Und so verlor er immer mehr Duros. Auf einmal drehte er sich um und sagte, wir sollten Kaffee trinken. Rogelio rief den Kellner, der uns zwei Gläser sehr schlechten Kaffee brachte. Fernando verlor weiter, und Rogelio bat ihn, doch auch ihn einmal spielen zu lassen. Aber Fernando hörte nicht auf ihn. Er rief mich: »Komm du her, Madrileño!«

Er legte einen Haufen Geld vor mich hin, setzte mich auf seine Knie und sagte zu mir, während der Bankier wieder vier Karten auflegte: »Nimm von diesem Geld, soviel du willst, und lege es neben die Karte, die du am liebsten magst.«

Da lag ein Pikbube. Ich nahm eine Pesete und legte sie auf eine Ecke. Fernando sagte: »Hab keine Angst, setz Duros, setz, soviel du willst!«

Also nahm ich einen Haufen Duros, vier oder fünf, und legte sie neben den Buben. Alle Männer am Tisch beobachteten mich, aber ich war sicher, daß der Bube als erster herauskommen würde. Viele, die schon gesetzt hatten, nahmen ihr Geld von ihren eigenen Karten wieder weg und setzten auf die meine. Der Bankier sagte mürrisch: »Also, sind wir alle fertig? Kein Einsatz mehr!« Er drehte das Kartenspiel um, und obenauf lag der Bube. Fernando bekam das Dreifache von dem, was ich gesetzt hatte, und der Bankier, der sehr schlechter Laune war, mußte alle anderen auszahlen. Er wandte sich zu Fernando und sagte: »Hör mal, Kinder dürfen nicht spielen!«

Alles protestierte, aber der Bankier bestand darauf, daß ich nicht spielen dürfe, oder er würde seine Karten wegnehmen, und dann könnten die anderen alleine weitermachen. Rogelio und ich mußten uns an einen kleinen Tisch in der Ecke setzen.

Nach langer Zeit kamen Fernando und ein dicker Mann, den ich nicht kannte, zu uns an den Tisch. Sie begannen von Grund und Boden, Weinbergen und Schuldscheinen zu reden. Der dicke Mann sagte zu Fernando, daß er ihm schon eine Menge Geld gegeben habe, obgleich er noch minderjährig sei. Fernando antwortete: »Was liegt Ihnen dran? Ich gebe Ihnen einen Schein, vordatiert auf den Tag meiner Volljährigkeit. Geht doch ganz glatt.«

Der dicke Mann sagte: »Aber angenommen, Sie sterben vorher? Denn, wissen Sie, Sie schauen aus, als ob Sie's auf der Lunge hätten, und da kann man sich auf Sie nicht verlassen.«

»Sie brauchen keine Angst zu haben, daß ich sterbe. Unkraut verdirbt nicht!« antwortete Fernando und lachte.

Der dicke Mann holte eine Banknote und ein Formular mit einer Stempelmarke aus der Tasche. Fernando unterschrieb, und der Mann gab ihm das Geld. Es wunderte mich, daß auf dem Papier nichts geschrieben stand. Fernando sagte zu dem dicken Mann: »Sie sehen, wie ich mich auf Ihr Wort verlasse!«

»Klar, hab ich Sie je reingelegt?«

Fernando ging an den Spieltisch zurück, und der Mann begann auf uns einzureden und zu erklären: »Du bist der Enkel von der Inés, nicht wahr? Bist jetzt schon ein richtiger Mann. Da, kauf dir was!« Er gab mir einen Duro. »Bist du neidisch?« fragte er Rogelio. »Da hast du auch einen! Fernando ist ein guter Junge. Wir mußten diese Sache mit den Trauben abmachen, und das ist jetzt alles in Ordnung. Dein Vater war ein prächtiger Mensch.« Er legte seine Hand Rogelio auf die Schulter: »Eine hübsche Menge Duros haben wir mitsammen verdient, dein Vater und ich, mein Junge! Aber als er diese Inés in sein Haus nahm, da war alles vorbei. Sie hat was gegen mich, weil sie ... weil deine Großmutter« – er nickte wieder mir zu – »mich nie leiden mochte. Und so verzankten wir uns zuletzt, dein Vater und ich. Sie wußten haargenau, auf welcher Seite ihr Brot mit Butter gestrichen war.«

Rogelio starrte dem Mann ins Gesicht: »Geben sie mir fünf Duros«, sagte er plötzlich.

»Wofür willst du denn fünf Duros, du Gelbschnabel?«

»Entweder Sie geben mir die fünf Duros, oder ich sage es Inés, daß Sie Fernando Geld geben. Ich bin kein Kind wie er« – er meinte mich – »und entweder ich krieg das Geld von Ihnen, oder ich sag es Inés! Jeder weiß, daß Sie Geld verleihen und dann den Leuten das Land wegnehmen.«

»Junge, Junge, so was sagt man nicht laut! Du mußt vor älteren Leuten, die was vorstellen, Respekt haben. Da hast du noch einen Duro und nun halte den Mund! Und du auch«, sagte er zu mir. »Da hast du auch noch einen Duro – und sag deiner Großmutter nichts davon!«

Er stand zornig auf und zog Fernando vom Spieltisch weg.

»Leg dich mit Kindern ins Bett, und du wachst angepißt auf«, sagte der Mann. »Wenn Sie nur diese zwei Wickelkinder nicht mitgebracht hätten! Besonders den da, ihren Enkel! Mit Ihrem Bruder ist es schließlich nicht so arg; man gibt ihm einen Duro und er hält das Maul. Aber diesem kleinen Blutegel da trau ich nicht. Kaum kommt er heim, wird er alles seiner Großmutter erzählen, und schon ist der Krach fertig.«

Fernando erwiderte: »Ach, machen Sie sich bloß keine Sorgen ... Was weiß er denn schon?«

Er drehte sich zu uns um und schickte uns heim.

»Und vergeßt nicht, ich bleibe hier, weil ich Trauben kaufen muß!«

Draußen auf der Straße sagte Rogelio: »Ich krieg jedesmal einen Duro aus diesem Kerl heraus, ein guter Kniff, was? Aber sag ja kein Wort zu Anés, sonst nimmt sie uns das ganze Geld weg.«

Ich versprach zu schweigen, und wir banden unsere Duros in unsere Taschentücher, damit sie nicht klimperten. Als wir heimkamen, murrte und brummte die Großmutter, weil Fernando nicht zurückgekommen war, und dann gingen wir zu Bett.

Wir schliefen in einer weißgetünchten Stube mit Querbalken, in einem riesigen Bett mit einem Nachttopf darunter, der fast so groß war wie das Bett selbst; außerdem standen da noch zwei Stühle und eine Truhe mit gewölbtem Deckel. Das riesige Straßenfenster hatte ein Eisengitter mit einem engen Blattwerkmuster. Die Stube war kalt, die Laken feucht, die Steinfliesen des Bodens waren eisig und schwitzten Feuchtigkeit. Wir zogen uns schnell aus und kletterten ins Bett, das so hoch war wie wir. Drinnen wurde uns langsam warm, aber dann wurde es unter der Decke bald unerträglich heiß. Rogelio fragte mich:»Ist dir heiß?«

»Ja, ich schwitze schon beinahe.«

»Wir müssen uns ganz ausziehen.« Er zog seine Unterhosen und sein Unterhemd aus und war völlig nackt.

Ich schämte mich. Aber wenn wir nackt gebadet hatten, weshalb sollten wir nicht jetzt ohne Wäsche im Bett liegen? Also lagen wir beide nackt im Bett. Rogelio drückte sich an mich. Seine Haut brannte. Er ließ seine Hand über mich gleiten und begann meine Schamteile zu streicheln. Ich stieß seine Hand weg, aber er ließ nicht locker:»Laß mich doch! Sei nicht blöd, du wirst sehen, daß es dir gefallen wird.«

Ich ließ ihn gewähren, betäubt von Scham und brennend heiß. Plötzlich geschah irgend etwas in mir, ich wußte nicht was. Aber ich wurde toll vor Wut und stieß ihn wütend in die Rippen, während er in höchster Aufregung mein Glied umklammert hielt und daran zog, ohne loszulassen. Ich sprang aus dem Bett. Ich hatte meinen Gürtel über das eiserne Bettgestell gehängt. Nun packte ich ihn und begann loszuschlagen, auf seinen Kopf, die Seiten, den Hintern und den Bauch. Er brüllte und wälzte sich im Bett. Ein dünnes Blutbächlein lief ihm oberhalb eines Auges über die Stirne. Die Großmutter kam ins Zimmer, im Nachtgewand. Sie hielt einen Leuchter in der Hand und hatte große Hausschuhe an den Füßen. Sie erwischte uns, als er sich gerade aus dem Bett wand und ich auf ihn losdrosch, blind vor Wut, Zorn und Ekel. Großmutter gab mir eine Ohrfeige, und ich duckte mich weinend in eine Ecke.

Dann, während sie in ihrem Nachtgewand dastand und wir in unserer Nacktheit, kamen die Erklärungen. Rogelio saß auf einem Stuhl und sagte kein Wort. Ich aber redete und redete und brachte alles durcheinander.

»Siehst du, Großmutter, er ist ein Schwuler! Er hat mich angefaßt und hat schweinische Sachen machen wollen. Und sein Bruder ist ein Spieler. Und alle die Jungen im Ort hier spielen mit sich selber, wenn sie beisammen sind. Er hat eine Postkarte mit einer nackten Frau ...«

Ich weinte und tappte nach meinen Hosen, um, laut schluchzend, die Duros aus meiner Tasche hervorzuholen. Großmutter nahm das Geld und trug mich in ihr eigenes Bett, steckte mich unter die Decken, und so schlief ich schließlich ein, dicht an der Rundung ihres Bauches. Aber zuvor hatte sie noch Rogelio einen Tritt in seinen nackten Hintern gegeben, und ihr Hausschuh war ihr vom Fuß gefallen und durch die Luft geflogen. Ich hatte unter Tränen lachen müssen.

Ich erwachte, als die Haustür ins Schloß fiel. Fernando war zurückgekommen. Es dämmerte, und Großmutter schrie ihn von der Höhe ihres Bettes herab an. Fernando war betrunken.

»Laß gut sein, laß, Anés! Laß mich in Ruhe! Ich bin zu schläfrig.«

Er setzte sich ins Eßzimmer, trank ein Glas Branntwein und schlief am Tisch ein. Großmutter stand auf, hob ihn hoch und trug ihn in ihren Armen in sein Schlafzimmer. Es war komisch anzusehen, wie die Großmutter in all ihrer Größe im Zwielicht des Morgengrauens in ihrem weißen Nachtgewand, das bis zu ihren Füßen niederwallte, ihn auf ihren Armen trug wie eine Stoffpuppe. Ich hörte ihn auf sein Bett fallen wie einen Sack und so laut schnarchen, daß es im ganzen Haus zu hören war.

Ein schwerer Wagen fuhr unten auf der Straße vorbei, und alle Fensterscheiben ratterten. Der Kutscher sang. Und die Großmutter kam in ihr Bett zurück, nahm mich in die Arme, legte meinen Kopf an ihre Brust und begann, eine Melodie vor sich hin zu summen.

MADRID

Madrid riecht besser. Es riecht nicht nach Maultieren, nicht nach Schweiß oder Rauch, noch nach schmutzigen Bauernhöfen mit dem lauen Gestank von Dung und Hühnern. Madrid riecht nach Sonne. Auf dem Balkon unserer Wohnung im dritten Stockwerk kann man sich während der Morgenstunden sonnen. Der Kater liegt in der Ecke des Balkons auf seinem Teppichquadrat, späht über den Rand des Brettes, das unten an das Gitter gelehnt ist, auf die Straße hinunter, legt sich wieder hin und schläft. Von Zeit zu Zeit öffnet er seine goldenen Augen und blickt mich an. Dann schließt er sie wieder und schläft weiter. Auch im Schlafe schnuppert er und riecht alles.

Wird die Straße besprengt, dann steigt der frische Geruch von feuchter Erde zum Balkon herauf. Es ist genau, als ob es regne. Und bei Nordwind spürt man den Geruch der Bäume in der Casa de Campo. Bei Windstille riecht man das Holz und den Stuck des alten Hauses, die reine Wäsche, die auf den Balkonen aufgehängt ist, und das Basilienkraut in den Blumentöpfen. Die alten Nußholz- und Mahagonimöbel schwitzen Bienenwachs: Der Duft dringt durch die offenen Balkone, während die Frauen die Stuben säubern. Im Kellergeschoß unseres Hauses haben wir eine vornehme Stallung, und morgens, wenn die lackierten Kutschen auf die Straße geführt, abgespült und gebürstet werden, kann man sie riechen. Die braunscheckigen Pferde werden mit Schabracken bedeckt spazieren geführt. Sie riechen nach warmem Haar.

Dicht bei unserem Hause liegt die Plaza de Oriente, in deren Mitte die große Gruppe der Bronzepferde aufragt, mit den steinernen Königen ringsherum und den beiden marmornen Wasserbecken. Frösche, Kröten, Kaulquappen und Fische tummeln sich darin. Und Buschwerk wächst rechts und links daneben. Der ganze Platz riecht nach Bäumen, Wasser, Stein und Bronze. Ein Stück weiter steht der Königliche Palast mit dem großen viereckigen Schloßhof, der Plaza de Armas – ein riesiger Sandteppich ohne Bäume, den eine Reihe von Balkonen umrahmen. Die Sonne brennt von Aufgang bis Untergang grell darauf herab. Wie eine sandige Küste ohne Meer wirkt das Ganze. Zwei Kanonen zeigen mit den Mündungen ins offene Land und dazwischen marschiert ein Soldat in weißem Lederzeug und mit schwarz gefirnißten Patronentaschen bei Tag und Nacht auf und ab. Die Balkone befinden sich auf der anderen Seite einer gewölbten Galerie mit sechs hohen Steinbogen, und wenn man den sonnenerfüllten Hof überquert hat, fühlt man sich wie in einem kalten Keller. Das bewirkt die frische Luft vom Campo del Moro und von der Casa de Campo. Sie streicht durch die Balkone und kühlt den Sand des Schloßhofs.

Schaut man von einem der Balkone hinaus ins Freie, so ist alles grün. Kehrt man ihm den Rücken, ist alles gelb. Grün Rasen und Bäume, gelb Sand und Steine.

Auch eine Uhr ist vorhanden, sie ist so alt, daß sie nur einen Zeiger hat, denn damals, als sie gebaut wurde, zählten die Menschen die Minuten noch nicht. Über der Uhr erhebt sich ein kleines Türmchen. Frei in der Luft hängen darin die Glocken und Hämmer, immer bereit, die Stunde zu schlagen. Genau darunter stehen die Schilderhäuser aus dickem Stein mit Schlitzen statt Fenstern und einem tütenförmigen Dach. Und da sind auch die drei großen Tore, durch die nie jemand eintritt, mit Ausnahme von ausländischen Königen oder Gesandten. Bei solchen Anlässen präsentieren die Soldaten, die Wache stehen, das Gewehr.

Schwalben flitzen und schwatzen über den Köpfen der Posten, viele Tausende von Schwalben. In jeder Ecke der hundert Fassadenfenster klebt ein Nest, ja, manchmal zwei oder drei, dicht beisammen, jedes mit einer kleinen Öffnung. Wie

Beutel sehen sie aus, und es gibt so viele Nester, eines am andern, daß die Schwalben, die später ankamen als die anderen, weil sie später geboren wurden, ihre Nester in die Gewölbe der beiden Steingalerien haben pferchen müssen. An Sommerabenden, bei Sonnenuntergang, kann einem von ihrem Ein- und Ausflitzen ganz schwindlig werden. Sie kommen wohl tausendmal am Tag zu den Nestern zurück, in denen die Jungen kreischend mit weit offenen Schnäbeln auf die Mütter warten, die im Vorbeifliegen blitzschnell ein Insekt zurücklassen, als wäre es ein Kuß.

Einmal am Tag, genau um elf Uhr, kommen die Soldaten im langsamen Schritt in Paradeuniform in den Hof marschiert. Vor der Infanterie gehen die vier Sappeure, mit ihren vernickelten Spaten und Äxten auf den Schultern, dann die Trommler, die Trompeter und die Kapelle mit ihren Blechinstrumenten, die in der Sonne glitzern. Ihnen folgt der kommandierende Offizier, der sehr aufrecht, mit Orden und Säbel, auf seinem Pferd sitzt, und hinter ihm die Fahne. Nun kommt die Kavallerie in versilberten Kürassen oder in Pelzdolmanen, mit Metallhelmen oder zottigen Bärenmützen mit Totenkopfabzeichen. Den Abschluß bilden die zwei Kanonen, die von acht breitkruppigen Pferden gezogen werden. Auf den eisernen Lafetten lagern Kanonenkugeln, und die Mündungen sind mit Lederkappen bedeckt, die von schwarzer Wichse glänzen. Drüben auf der anderen Seite des Hofes sind die Soldaten aufgestellt, die abgelöst werden. Die beiden Fahnen salutieren einander über den leeren Schloßhof hin, und langsam reiten die beiden Offiziere vor, treffen sich in der Mitte und flüstern einander das gemeine Losungswort derer zu, die den Palast betreten oder verlassen dürfen. Sie salutieren einander mit blankem Säbel, den sie an die Stirne heben und dann bis zu den Füßen senken, so daß der Widerschein des Lichtes über den ganzen Platz hinblitzt. Dann marschiert die abgelöste Wache in der gleichen Ordnung, in der die anderen angekommen sind, über den Hof ab, und der Klang der Trompeten erstirbt in den Straßen. Abermals strömt das Volk in den Hof, und die Soldaten der neuen Wache spielen mit den Kindern und den Kindermädchen.

Bei Nacht steht der Platz leer; die schweren, klirrenden Eisentore sind geschlossen, die Vögel schlafen gegangen, und der Mond wirft über das Ganze seinen weißen Schein. Jenseits des Gitters hört man den Schritt der Wachtposten auf den Fliesen des Eingangs über den riesigen Hof hallen; und die Straßenlampen auf den breiten Gehsteigen der Calle de Bailén blenden mit ihrem Licht die Hunderte von Nachtfaltern, die aus den Gärten heranschwärmen.

Unser Viertel – denn das war unser Viertel – erstreckte sich noch weiter, durch ein Gewirr von alten Gäßchen bis zur Calle Mayor. Es waren enge, gewundene Gassen, wie unsere Vorväter sie aus diesem oder jenem Grunde gebaut hatten. Sie trugen wunderliche Namen: Heiligennamen wie Santa Clara oder Sankt Jakob; dann Namen aus großen Kriegen, wie Luzón, Lepanto, Unabhängigkeit, und schließlich Phantasienamen, wie Spiegelstraße, Uhrengasse, oder die Diele, und das waren stets die ältesten und gewundensten Gassen, in denen man am besten »Räuber und Gendarm« spielen konnte. Es gab da verlassene Bauplätze mit zerbrochenen Plankenwänden und verfallenem Gemäuer dahinter, alte Häuser mit leeren Eingängen, gepflasterte Höfe mit einsamen Bäumen, kleine Plätze, die mitunter noch enger waren als die Gäßchen. Die wanden und verschlangen sich alle miteinander, so daß man mit Leichtigkeit entwischen oder sich verstecken konnte.

Wir hatten unser eigenes Revier und unser eigenes Gesetz. Ab und zu drang die Bande eines benachbarten Reviers in unser Gebiet ein. Dann verteidigten wir unser Recht mit Steinen, die von den Mauern abprallten. Der Krieg dauerte gewöhnlich mehrere Tage lang und hatte vielerlei Schrammen und Beulen zur Folge. Schließlich wurden dann die Angreifer müde und ließen uns in Frieden. Zu anderen Zeiten wieder griffen wir selber ein benachbartes Revier an. Der Anlaß solcher Überfälle ergab sich entweder daraus, daß die Jungen dort »Stinktiere« waren, oder aber weil sie einen Angehörigen unserer Bande, der durch ihr Gebiet gegangen war, verprügelt hatten.

Alles in unserem Viertel war unser Besitz und Eigentum: die Löcher in der Straße, wo wir Murmeln rollen ließen, die Gehsteige auf dem Platz, auf denen wir Tempelhüpfen spielten; die Frösche und die Kröten im Springbrunnen auf der Plaza de Oriente; das Recht auf die Bretter der Plankenwände, die wir beim Zuckerbäcker in der Calle del Espejo gegen zerbrochenen Keks eintauschen konnten; das Recht, bei den Straßenlaternen der Calle del Arenal Nachtfalter zu fangen, Steine nach den Gaslaternen zu werfen, die hohen Stufen der Santiagokirche hinunterzuspringen, und auch das Recht, auf der Plaza de Ramales Feuer anzuzünden.

Das war unser Gesetz.

Unsere Ratssitzungen hielten wir in der Toreinfahrt des Stukkateurs ab. Pablito war der Sohn des Stukkateurs, und die Toreinfahrt gehörte ihm. Wir setzten uns, und der Gips, der aus den Säcken gefallen war, färbte unsere Hosen über und über weiß. Pablito war sehr blaß, sehr mager und sehr klein, aber er war der Gescheiteste von uns allen. Eladio, der Sohn des Wirtes aus der Calle de la Independencia, war der Stärkste. Diese zwei lösten alle unsere Probleme und organisierten unsere Spiele und unsere Streiche. Manchmal freilich machte der eine zunichte, was der andere begonnen hatte, denn sie waren Gegner.

In der Calle de Lemus gab es ein ödes Grundstück mit einem zerbrochenem Zaun. Auf dem Grundstück befanden sich die Keller eines eingestürzten Hauses, um die sich kein Mensch kümmerte. Eines Tages forderte Eladio uns alle heraus: »Ich geh jetzt dort hinein. Ich gebe mich nicht geschlagen, bis ich es selber zugebe. Aber ich sag euch, heult nicht, wenn ich einem den Schädel einschlage – ihr könnt mir von mir aus den meinen einschlagen.«

Er schlüpfte durch eines der Löcher im Zaun und verschwand in den Kellern, auf deren Steinen Gras wuchs und

Haufen von Ziegeln herumlagen, mitsamt dem Kot von all den Leuten, die diese Keller als Klosett benützten. Wir machten unseren Angriffsplan. Er war der Räuber Vivillo, und wir waren die Gendarmen. Als wir versuchten, durch die Löcher der Plankenwand zu schlüpfen, empfing uns Eladio mit einem Schauer von Steinen, die gegen die Planken hagelten. Wir zogen uns zurück und sammelten einen Vorrat von Ziegeln und Schuttbrocken. Die Passanten wichen auf die andere Straßenseite zurück, um nicht von unseren Steinen getroffen zu werden, und schrien uns an. Eladio verteidigte sich in seinen Köchern wie ein Held, und immer wieder, wenn wir einmal in das öde Grundstück eingebrochen waren, mußten wir wieder abziehen, denn er schlug hart zu, mit der ganzen Kraft eines Wirtssohnes aus den asturischen Bergen.

Pablito setzte sich hinter den Zaun und begann nachzudenken. Ihm fiel ein Kniff aus den Abenteuern des Dick Navarro ein. Rasch zündeten wir auf der Straße ein offenes Feuer an und wickelten unsere Steine in glimmendes Papier. Als das Papier zu brennen begann, warfen wir unsere Steine nach Eladio, der uns Feiglinge nannte, die nicht wagten, sein Gebiet zu betreten. Der Boden war bedeckt mit alten Papieren, Lumpen, Stroh und Kehricht, das die Nachbarn dort hineingeworfen hatten, und bald flammten überall Brände auf. Einige von uns warfen Steine, die in brennendes Papier gewickelt waren, andere einfach Steine, und zwar hageldicht. Eladio zahlte es uns mit ganzen Ziegelsteinen heim und sprang in großer Wut zwischen den Flammen hin und her. Schließlich drangen wir alle zusammen ein, alle unsere Taschen voll von Steinen und mit brennenden Planken vom Zaun bewaffnet.

Eladio ergab sich, und die Nachbarn jagten uns mit Tritten vom Grundstück. Die Ruine hatte Feuer gefangen, und der Metzger, der Kohlenhändler, der Milchmann und der Wirt mußten mit Eimern voll Wasser herbeilaufen. Die sprühenden Funken hatten unsere Jacken durchlöchert. Eladio schrie die Nachbarn von der nächsten Ecke her an: »Dreckschweine, Bankerte!«

Schließlich warfen wir alle Steine aus unseren Taschen auf die Männer, und das ganze Viertel geriet in Aufruhr. Haustüren und Balkontüren krachten, als sie auf uns Jagd machten. Der französische Bäcker aus der Calle del Espejo lief uns mit einem Knotenstock nach und verprügelte Antoñeja, der immer Pech hatte.

Am nächsten Tag waren die Ruinen voll von feuchtem Lehm und dickem Rauch. Die Brotlaibe des Franzosen bekamen eine Breitseite Roßäpfel ab. Diese hatten wir in den Stallungen unseres Hauses eingesammelt, und dann schmiß unsere ganze Bande sie auf die Brötchen und Milchbrote, die er im Laden aufgehäuft hatte. Der Franzmann erwischte einen Jungen und verdrosch ihn mit einem der Ginsterbesten, die er zum Heizen des Backofens verwendete. Die Mutter des Jungen erhob ein fürchterliches Gezeter, kam mit einem Messer herbei und wollte den Franzosen umbringen. Alle Frauen und auch einige der Männer wollten den Bäckerladen stürmen: »Dieser dreckige Franzmann hat sich erfrecht, mein Kind anzurühren!«

Wir Jungen bombardierten den Laden weiter mit Steinen, und die Erwachsenen klatschten uns Beifall. Die Hausruine und der gestrige Tag waren längst vergessen. Eine der alten Frauen sagte zu einem alten Mann, der neben ihr stand: »Wissen Sie, mein Vater – Gott hab ihn selig, den Armen – erzählte uns, daß die Franzosen den Schuljungen ihre Bajonette in den Hintern stachen und sie so durch die Straßen trugen.«

Der Bäcker verlor seine Kundschaft nicht, denn er buk das beste Brot im ganzen Viertel. Aber er mußte es sich wochenlang gefallen lassen, daß die Leute seine Brötchen und Brote befingerten und sagten: »Um Christi willen, dieser Laib ist nicht durchgebacken ... und der da ist verbrannt ... ich will einen anständigen Laib Brot haben.«

Wir schlossen mit dem Bäcker Frieden, als er eine Wagenladung Ginster für seinen Backofen bekam. Die Zweige waren mit spitzigen kleinen Samenkapseln behangen, die ganz wie ein Buchstabenkreisel tanzten. Wir stürzten uns wie ein

Schwarm auf den Stoß von duftendem, klebrigem Ginster, nahmen so viele Zweige, wie wir wollten, und füllten unsere Taschen mit den harten eichelartigen Schoten. Er ließ uns gewähren, ohne etwas zu sagen, und dann besuchten wir ihn in seinem Laden, kauften Krapfen, die noch warm vom Backofen waren, und erklärten ihm, daß alles, alles unsere Schuld gewesen sei.

Es fehlten nur noch wenige Tage, bis die Schule wieder anfing, und ich verbrachte sie mit Onkel José. Morgens nahm er seinen Stock mit dem Silberknauf – er hatte noch einen mit einem Goldknauf – und bürstete seinen seidigen Hut mit einer winzigen Bürste mit ganz weichen Borsten, die er leicht über den runden Deckel und den steifen, geschwungenen Rand gleiten ließ. Dann gingen wir im Sonnenschein langsam die Calle de Campomanes hinauf und unterhielten uns. Er erzählte mir Geschichten aus der Zeit, als er selber ein Junge gewesen war. Ich konnte ihn mir als Kind gar nicht vorstellen, sondern meinte, daß er immer so gewesen sei, wie ich ihn damals sah.

»Als ich so alt war wie du, da verdiente ich schon mein Brot. Mit acht Jahren war ich genau wie die Jungen, die du in Brunete gesehen hast. Ich kletterte auf den Rücken eines Esels und holte Wasser von der Quelle. Ich brachte dem Vater und den älteren Brüdern das Essen auf das Feld hinaus, wo sie arbeiteten, und kümmerte mich dann um die Krüge, so daß sie immer frisches Wasser hatten. Den Pflug konnte ich natürlich noch nicht führen, aber ich lenkte auf der Tenne die Dreschegge, und ich jätete mit einer kleinen Hacke das Unkraut auf dem Feld. Ich mähte mit einer Sichel und band die Garben, die die Männer in einem Haufen für mich liegen ließen. In der Nacht stand ich bei Sternenschein auf und ging in den Pferch hinaus. Der Brunneneimer war so groß, daß ich fast hätte drin sitzen können. Er stand am Brunnenrand. Ich mußte ihn in den Brunnen hinunterlassen und heraufziehen, sobald er voll war. Er stieß an die Wand und war so schwer, daß ich manchmal Angst hatte, das Seil würde mich in den Brunnenschacht hinunterziehen. Wenn der Eimer am Brunnenrand war, dann zog ich ihn auf die Mauer, kippte ihn und füllte die Eimer für das Vieh, das im Stall auf mich wartete und den Kopf nach mir drehte. Wenn es sehr kalt war, nahm ich meine Decken von den Herdfliesen und legte mich bis zum Morgengrauen zwischen die Maultiere.«

Während ich ihm zuhörte, dachte ich mir, dies sein ein wunderbares Leben für einen Jungen und ein herrliches Spiel.

Er sprach von Menschen und von Dingen, er ging langsam, mit dem gemächlichen, unerbittlichen, gemessenen Schritt eines alten Kastiliers, der gewohnt ist, die Stunden verstreichen zu sehen, während er in die weite Ebene blickt, und der sich sein Wissen vom schwankenden Grashalm und vom hüpfenden Insekt zu holen weiß.

»Als ich ein kleiner Junge war, da arbeitete ich schon wie ein Mann. Unser Essen war schlecht. Wir waren viele, und der Vater suchte zum Essen für uns die schwarzen Kichererbsen heraus und die gelben, die mit Brand. Die guten hielt er als Saatgut zurück, rosige Kichererbsen, mit einer Schale wie trokkene Menschenhaut. Unsere besten Mahlzeiten waren kalter Gazpacho zu Mittag und Kartoffelsuppe am Abend. Keiner meiner Brüder wurde zum Militär eingezogen, nur ich, und damals, als ich zwanzig war, begann ich zu tun, was du jetzt tust: ich fing an zu studieren. Ich hatte große ungeschickte Finger mit harter, horniger Haut, und ich heulte auf vor Wut darüber, weil ich nicht schreiben konnte. Die Federhalter glitten mir aus den Fingern, bis ich mir selber einen machte. Federn, wie du sie kennst, besaßen damals nur die reichen Leute. Die anderen verwendeten Kielfedern, die mit einem Federmesser geschärft werden mußten, und ich war unfähig, damit zu schreiben. Wir benutzten auch Rohrfedern, die wie Gänsekiele zugespitzt waren. Ich nahm ein festes Rohr und fertigte daraus eine Feder, die mir nicht aus den Fingern glitt. Ich lernte eifrig, aber ich bin nie so weit gekommen, auch nur halb so viel zu erlernen, wie du schon jetzt kannst. Ich lernte rechnen, aber bis zur Algebra bin ich nie gekommen.« Und als spräche er zu sich selbst, fügte er hinzu: »Wie ist es möglich, Buchstaben zu addieren?«

»Ganz einfach, Onkel!« antwortete ich. »Genau wie man Ziffern addiert.« Von Stolz erfüllt fing ich an, ihm eine Lektion in den Grundbegriffen der Algebra zu geben.

Er hörte zu, verstand es aber nicht. Er strengte sich an, meinen Erklärungen zu folgen, und ich wurde beinahe zornig, als er diese einfachen Dinge nicht begreifen wollte. Er ließ meine Hand fallen, legte seine Hand auf meine Schulter und fuhr mir über den Nacken.

»Nützt alles nichts. Da können wir nichts machen, wir zwei. Was Hänschen nicht lernt, lernt Hans nimmermehr. Es ist ganz so, als ob beim Älterwerden das Gehirn sich verhärtete.«

Auf der Plaza de Callao reihte sich ein Buchladen an den anderen. Alljährlich, kurz vor Schulbeginn, fand eine große Buchmesse statt, und ganz Madrid war besät mit Verkaufsständen und Tischen voller Bücher. Am dichtesten standen sie hier, im Buchhändlerviertel, und an der Puerta de Atocha, wo sie den Paseo del Prado füllten. Der Onkel und ich liebten es, gemächlich von Stand zu Stand zu gehen und nach Gelegenheitskäufen zu suchen. Wenn keine Messe war, besuchten wir die Buchläden. Die meisten Läden waren ganz einfache hölzerne Buden, die auf leeren Baugründen errichtet waren. Das größte Unternehmen dieser Art stand an der Kreuzung der Calle de la Luna und der Calle de la Abada. Es war ein grüngestrichener hölzerner Verschlag, etwa von der Größe einer Droschkenremise. Der Inhaber, ein alter Mann, war mit meinem Onkel befreundet und hatte, genau wie er, früher auf dem Land gearbeitet. Sie redeten endlos von den alten Zeiten und vom Land. Mittlerweile kramte ich in den Büchern herum und legte die, die ich mochte, zu einem Haufen zusammen. Sie kosteten im allgemeinen nicht mehr als zehn oder fünfzehn Centimos. Wenn Onkel José sich den Bücherhaufen ansah, brummte er jedesmal, aber ich wußte ganz genau, daß der Buchhändler mich ohne die Bücher niemals würde weggehen lassen. Er würde auch nicht zulassen, daß der Onkel sie einmal tatsächlich nicht kaufte, dann gab der Buchhändler mir einfach alle ausgesuchten Bücher mit. Manchmal allerdings nahm er auch das eine oder andere Buch weg, weil ich dafür noch zu jung sei. Schlimm war nur, daß ich ihm die Bücher später nicht wieder zurückverkaufen konnte. Wenn ich sie alle gelesen hatte, brachten wir sie ihm meistens wieder. Er nahm sie auch, aber umsonst. Ich kaufte auch Bücher in der Calle de Atocha ein, aber die Buchhändler kauften sie später für den halben Preis wieder zurück.

Es gab einen Schriftsteller aus Valencia, namens Blasco Ibañez, der hatte die Mehrzahl dieser Bücher geschrieben. Die geistlichen Herren in meiner Schule sagten, daß er einer der ärgsten Anarchisten wäre, aber das glaubte ich nicht. Einmal hatte dieser Mann behauptet, in Spanien lese überhaupt kein Mensch Bücher, weil die Leute nicht das Geld besäßen, sie zu kaufen. Und ich dachte, daß er damit recht habe, denn meine Schulbücher waren alle sehr teuer. Und dann erklärte er: »Ich will die Spanier mit billigen Büchern versorgen!« Er eröffnete in der Calle de Mesoneros Romanos einen Buchladen und begann selbst Bücher zu fabrizieren. Nicht seine eigenen Bücher, denn er sagte, das wäre nicht gerecht, sondern die besten Bücher, die in der ganzen Welt zu finden wären, und jeder Band kostete nur fünfunddreißig Centimos. Die Leute kauften sie zu Tausenden, und wenn sie sie gelesen hatten, verkauften sie sie an die Antiquariate, wo wiederum die Kinder und die Armen sie kauften. Auf diese Weise habe ich Dickens gelesen, Tolstoi, Dostojewski, Victor Hugo und viele andere.

Die Buchhändler stürzten sich darauf, es Blasco Ibañez nachzumachen. Der Verleger Calleja, der alle Schulbücher und Märchenbücher druckte, brachte eine Serie heraus, die er »Der Roman von heute« – La Novela de Ahora – nannte, um so gegen Blasco Ibañez und dessen Serie zu kämpfen, die »Der illustrierte Roman« – La Novela Illustrada – hieß. In seiner Serie brachte Calleja allerlei Abenteuergeschichten von

Mayne Reid und Salgari heraus, aber auch spanische Klassiker. Die beiden Firmen bekämpften einander heftig, aber sehr viele Leute kauften sich Woche für Woche die Bücher beider Serien. Dann wurden die Katalonier eifersüchtig, und der Verleger Sopena begann sehr dicke Bände auf sehr schlechtem Papier, aber mit buntem Einband zu drucken. Sie fanden weniger Käufer, denn es gab nicht viele Leute, die es sich leisten konnten, eine Pesete zu zahlen: Das war der Preis eines Bandes. Die Maurer waren seit dem Streik, den Pablo Iglesias – einer aus dem Kreise der Revolutionäre, wie Blasco Ibañez – organisiert hatte, die am höchsten bezahlten Arbeiter; sie verdienten nicht mehr als höchstens vier Pesetas täglich, und das galt auch nur für die gelernten Arbeiter; einfache Taglöhner verdienten nur 1.75 Pesetas. Wohl kauften viele von ihnen sich Bücher, aber nur in den Läden für alte und gebrauchte Bücher, und nur für fünfzehn Centimos den Band.

Der Weg von unserem Haus zur Schule war sehr lang. Darum nahm ich immer zwei oder drei Romane zum Lesen mit und tauschte sie später mit den anderen Jungen aus. Dabei mußten wir freilich vorsichtig sein, damit uns die Patres in der Schule nicht erwischten. Kriegten sie einen von uns mit einem Buch der Serie »Der illustrierte Roman« zu fassen, dann nahmen sie es sofort weg und rissen es in Stücke. Nach ihrer Ansicht war uns als Lektüre nur ein »Roman von heute« erlaubt oder höchstens noch eine der billigen Schauergeschichten, die man für ein paar Kupfermünzen überall erwerben konnte.

Eines Tages hatte ich in diesem Zusammenhang ein höchst komisches Erlebnis. Beide Serien nämlich hatten das gleiche Buch von Balzac herausgebracht, »Der illustrierte Roman« unter dem Titel Eugenie Grandet, und »Der Roman von heute« unter dem Titel Avaros de Provincias. Ich zeigte die beiden Bände dem Pater Vesga, dem bigottesten von unseren Lehrern, und fragte ihn, ob ich auch diesen »Illustrierten Roman« zerreißen solle, obgleich er doch den gleichen Inhalt habe wie das andere, erlaubte Buch. Er wurde wütend wie eine Wildkatze, schlug auf mich ein und beschlagnahmte gleich beide Bücher. Nachher stieg er aufs Katheder, schlug mit der Faust erst auf den Tisch, dann auf die beiden Bücher und rief:»Da sieht man, wie sie die Seelen der kleinen Kinder vergiften! Jawohl, meine Herren! Damit die Leute sich nicht mehr auskennen und das Zeug mit der Serie von Calleja verwechseln – einer bekannten und renommierten katholischen Firma, die sich niemals erniedrigen würde, solchen Schmutz zu veröffentlichen wie Blasco Ibañez in seinen drekkigen ‚Illustrierten Romanen‘ –, wagt es dieser Mann, den der Heilige Vater exkommuniziert hat, nun gar, das gleiche Werk unter einem anderen Titel nachzudrucken! Nein, meine Herren, es ist nicht erlaubt, auch nur ein einziges Buch der Serie ‚Illustrierter Roman‘ zu kaufen, was immer es auch sein mag, denn das hieße nur, dem Satan Waffen liefern! Und wenn Sie unglücklicherweise derartige Bücher zu Hause finden sollten, dann ist es Ihre Pflicht, darüber mit Ihren Eltern zu reden und sie zu zerreißen, selbst auf die Gefahr hin, daß Ihre Eltern zornig werden.«

Ich glaube, er hätte Blasco Ibañez auf der Stelle umgebracht, wenn er ihn nur hätte greifen können. Er schimpfte ihn ein menschenmordendes Ungeheuer.

Schließlich aber wendete er sich zu mir und sagte:»Sie« – er sagte Sie statt du nur, wenn er wütend war – »Sie werden während des Unterrichts vierzehn Tage lang im Klassenzimmer knien. Damit Sie es sich abgewöhnen, solche Bücher zu lesen!«

Wir gingen ins Büro meines Onkels, das sich im Gebäude der Kirche von Sankt Martin in der Calle de la Luna befand. Diese Kirche besaß einen uralten Friedhof auf dem Grund und Boden von Amaniel, auf dem früher die Angehörigen der Bruderschaft des heiligen Martin begraben worden waren. Später hat der Staat die Schließung des Friedhofes angeordnet und weitere Beisetzungen verboten, weil der Friedhof überfüllt war. Daraufhin ließen viele Familien ihre Verwandten, die dort begraben lagen, ausgraben und auf einen anderen Friedhof bringen, wo sie selbst dann im gleichen Grab beerdigt werden konnten. Onkel José leitete das Friedhofsbüro, und es baten ihn viele Leute um Erlaubnis, ihren Vater oder ihre Mutter oder ihren Großvater auszugraben und anderswo beizusetzen. Das war eine sehr kostspielige Sache, denn sobald man sich mit einem Leichnam zu schaffen machte, kassierte jedermann ein. Man mußte Gebühren an den Staat bezahlen, an den Stadtrat von Madrid, an beide Friedhöfe, den, von dem der Tote weggenommen wurde, und den, wo man ihn hinbrachte; an die Kirche von Sankt Martin, an das Kirchspiel, in dem die Verwandten wohnten; an alle Kirchspiele, die der Sarg passieren mußte. Dazu kamen die Kosten für die Exhumierung, für den Gerichtsarzt, der dem Öffnen des Grabes beiwohnen mußte, und schließlich der Preis für eine neue Grabstätte. So kam es zuletzt auf mehr als tausend Duros oder fünftausend Pesetas, einen einzigen Leichnam zu überführen.

Die Leute gaben dem Onkel José Geld, bis zu fünfhundert Pesetas, damit er die Erledigung der nötigen Papiere beschleunige. Also lief er für sie zur Stadtverwaltung, zu den Friedhöfen und zu den Kirchspielämtern und regelte alles.

Oft, wenn keine Schule war, ging ich mit ihm und hörte den Gesprächen zu. Viele waren sehr sonderbar. Die meisten Toten wurden auf die Kirchhöfe von San Isidro und San Lorenzo überführt. Der Kirchhof von San Lorenzo hatte einen sehr dicken, lustigen Kaplan, der immer, wenn wir kamen, ausrief: »Hallo, Pepe! Wieviel neue Mieter bringst du mir?« Dann brachte er eine Flasche mit süßem altem Wein herbei und einige Kekse dazu. »Also laß uns auf die Gesundheit der Toten trinken!« Er füllte zuerst sein Glas, trank es, schnalzte mit der Zuge, schlug meinen Onkel auf den Rücken und sagte: »Das ist der gute, weißt du, den ich für die Messe verwende! Siehst du, wir haben immer ein paar verrückte alte Schachteln, die mir so etwas geben. Sie zahlen ihre drei Pesetas für die Responsorien, und dann bringen sie mir auch noch von Zeit zu Zeit eine kleine Flasche, um die Empfehlung der Verblichenen an die göttliche Gnade wirksamer zu machen!« Das Büro meines Onkels lag am Ende eines sehr dunklen Korridors, der bei einer Seitenpforte der Kirche anfing und an einem seit vielen Jahren vernachlässigten Garten entlang lief. Dieser Garten barg viele seltsame Pflanzen, die im Gras wuchsen und sich einem um die Füße wickelten. Manche davon waren an den Bäumen und an den Mauern hinaufgeklettert, und die Bäume und Wände waren mit ihrem Laubwerk bedeckt. In der Mitte des Gartens befand sich ein rundes Becken, das früher einmal wohl ein Springbrunnen gewesen sein mochte. Regenwasser hatte sich darin seit langem angesammelt und den Stein ausgehöhlt. Pflanzen wuchsen im zerbrochenen Brunnenbecken und hingen über seinen Rand zum Boden hinunter, und vom Boden her waren andere Pflanzen hinaufgeklettert, hatten sich mit den anderen verflochten und krochen ins Becken, so daß man gar nicht mehr zu unterscheiden vermochte, welche von ihnen aus dem Boden herauswuchsen. Im Frühling waren alle Winkel des Gartens voller Blumen. An den Wänden, auf den Bäumen und im Brunnenbecken öffneten sich weiße oder lila Glocken mit gelben Staubgefäßen. Rote und orangefarbene Mohnblumen blühten und ganz dunkelrote Rosen, die schwer zu pflücken waren, weil sie Dornen wie Haken hatten. Nach jedem Regenguß war der ganze Garten mit Schnecken bedeckt. Sie kamen zu Tausenden, und ich verstand nie, woher sie kamen und wohin sie gingen. Auch grüne Eidechsen waren da, mitunter zwei Spannen lang; und aus den Bürofenstern konnten wir Ratten durch den Garten laufen sehen, die so groß waren wie kleine Katzen. Die Kirche war eine richtige Rattenburg.

Im Herbst wurde das Laub der Bäume gelb, und im Garten häuften sich die Blätter. Wenn man drauftrat, knisterten sie wie altes Papier. Nach den ersten Regenfällen moderten sie, und dann wurde der Gartenboden weich wie ein dicker Teppich. Die Bäume waren alle sehr alt und sehr groß, und es wohnten Hunderte von Vögeln in ihnen; alle Vögel aus dem ganzen Viertel hatten hier ihren Unterschlupf, denn in diesen Garten kamen niemals Kinder. Ich war der einzige, der hinkam, ich und ein sehr alter Priester, der früher viele Jahre zu dieser Kirche gehört hatte und sich nun gern in den Garten setzte, um in seinem Brevier zu lesen. Im Winter saß er meistens in der Sonne, und manchmal schlief er dabei ein. Das schwarze Tuch seiner Kutte wurde in der Sonne sehr heiß, und dann kletterten manchmal die kleinen Eidechsen auf seine Knie. Wenn er dann aufwachte und sie erkannte, streichelte er sie ganz sanft, und sie hoben ihre Köpfe, als ob sie ihm ins Gesicht sehen wollten.

Einmal kam ein neuer Pfarrer, der den Garten in Ordnung bringen wollte. Da schlug der alte Priester in der Sakristei Krach, fuchtelte mit seinem Stock herum und schrie: »Verdammnis! Wenn er den Garten anrührt, dann schlag ich ihn blau und grün!«

Er war so alt, daß sie seinen Garten ließen, wie er ihn sich wünschte. Sooft er mich sah, rief er mich heran und erzählte mir die Geschichte. »Diese Dummköpfe«, sagte er, »die glauben, sie könnten es besser machen als unser Herrgott! Wie? Würde der Garten nicht hübsch aussehen, mit ein paar kleinen Kieswegen und ein paar kleinen Bäumen mit geschorenem Haar, so als käme jeden Morgen der Barbier herbei? Siehst du, alle diese Gärtner wollen nichts anderes, als immerzu die Werke Gottes verbessern, und deshalb knipsen sie die Blätter von den Bäumen ab, bis diese aussehen wie ein Baumkuchen im Konditoreiladen. Und das nennen sie den französischen Stil. Was meinst denn du dazu?« fragte er mich.

»Ja, Pater Cesareo, für mich ist das der schönste Garten der Welt. Hier kann ich im Gras gehen und die Blumen pflükken, die ich haben will, aber im Retiro, wo die Bäume gestutzt sind, wie Sie sagen, dort darf man nicht auf den Rasen treten und keine Blume anrühren. Sie haben dort auch Stacheldraht, und wenn man nicht genau aufpaßt, zerkratzt man sich die Beine und reißt sich blutig, deshalb geh ich lieber in die Moncloa, wo man im Gras herumlaufen kann und wo die Föhren und Blumen wild wachsen, oder ich komme hierher, in diesen Garten.«

Aber nicht alle Priester waren so wie Pater Cesareo. In der Sakristei zankten sie sich oft über Messen und Beichten. Da war ein großer Pfarrer, der sehr übellaunig sein konnte. Er spielte so gerne Karten, daß er immer, wenn er Kirchendienst hatte und dableiben mußte, zu meinem Onkel ins Büro kam, um Tresillo zu spielen. Ständig ohrfeigte er die Ministranten und hatte mit jedem Streit; sogar mit den Frauen, die in die Sakristei kamen, um Kerzen für den Altar zu bringen, stritt er sich. War die Kerze dünn, so nahm er sie zwischen die Fingerspitzen und sagte: »Liebe Frau, diese Kerze ist das reine Zündholz. Entweder Sie haben sehr wenig Frömmigkeit, oder Sie haben sehr wenig Geld. Aber ich glaube, es ist die Frömmigkeit, an der es Ihnen fehlt, denn Sie haben genug Geld für Anhängsel und Schminke und Rouge, wie ich sehe.« War aber die Kerze dick, dann wurde er nicht weniger zornig: »Wo sollen wir diese Stange hinstellen? Natürlich, Sie kaufen da einen dicken Wachsklotz, damit er auf dem Altar viele Tage lang brennt und Sie es allen Nachbarinnen zeigen können und sagen: ‚Sehen Sie diese dicke, große Kerze mitten unter den kleinen? Das ist meine Kerze!‘ So haben Sie dann gleich guten Grund für ein bißchen Tratsch und Prahlerei. Was Sie für Wachs ausgeben, das sollten Sie unserer Kirche bar übergeben, die es bitter nötig hat.«

Auf diese Weise preßte er tatsächlich aus allen Leuten Geld heraus. Dann zeigte er den Duro oder die zwei Pesetas den anderen Priestern und sagte: »Seht ihr nun, was ihr für Idioten seid! Mit eurem ‚Gnädige Frau‘ hin und ‚Gnädige Frau‘ her und Händeküssen holt ihr kein Geld aus ihnen heraus. Wenn ihr eine Kuh melken wollt, dann müßt ihr sie an den Zitzen packen!«

In der Kirche gab es auch einen Platzanweiser, der zugleich Pförtner der Sakristei und der Büros war, eine Art Wächter. Während der Gottesdienste ging er mit einer Sammelbüchse zwischen den Leuten herum und sammelte von jedem seine fünf Centimos für den Sitz ein. Es war ein guter Posten, denn viele Leute gaben ihm zehn Centimos oder noch mehr dafür, daß er ihnen einen Betschemel statt des gewöhnlichen strohgeflochtenen Stuhles reservierte. Andere schickten ihn mit Briefen oder Botschaften zu den Mädchen, die sie liebten, und gaben ihm eine Peseta oder sogar zwei als Trinkgeld. Wenn dann das Mädchen in die Messe kam, ging er zu ihr hin, um das Kupferstück für ihren Platz zu verlangen, blinzelte ihr zu und gab ihr den Brief, worauf er auch von ihr noch ein Trinkgeld bekam. Die Priester nahmen das Geld aus den Sammelbüchsen, indem sie das Schloß aufsperrten, aber der Platzanweiser bestahl die Büchsen immerfort. Er verwendete dazu ein Fischbein aus einem alten Korsett. Ans eine Ende klebte er eine kleine Kugel aus heißem Pech. Die steckte er mit dem Fischbein durch den Schlitz der Sammelbüchse und ließ das Pech kalt werden. Dann klebte das Geld fest, und so fischte er eine Münze nach der anderen heraus.

Nachmittags, wenn der Onkel sein Büro verließ, gingen wir ins Callao-Kino. Das war ein großer, häßlicher Schuppen aus Holz und Zeltplanen. Im Eingang stand eine Drehorgel mit vielen Trommeln, Flöten und Trompeten und einigen Figuren in Pagentracht, die sich auf einem Fuß im Kreis herumdrehten, mit dem Kopf nickten, sich verbeugten und mit den Händen eines der kleinen Instrumente bearbeiteten. Die eine schlug eine Trommel, die zweite eine Leier mit kleinen Glöckchen, eine dritte ein Tamburin. Zuoberst stand eine Figur mit einem Dirigentenstab, die das Konzert dirigierte. Hinter ihnen befand sich der eigentliche Mechanismus, eine große Kiste mit einem sehr langen Papierstreifen voller Löcher, der über einen Zylinder lief und dann in einer anderen Kiste auf der anderen Seite verschwand. Wenn die Papierrolle über den Zylinder lief, der ebenfalls mit Löchern bedeckt war, dann drang die Luft durch die Löcher im Papierstreifen in den hohlen Zylinder hinein und ließ die Instrumente auf der Drehorgel ertönen.

Im Schuppen waren eine Anzahl Holzbänke aufgestellt, und am anderen Ende stand die Leinwand – und der Sprecher. Der Sprecher war ein sehr unterhaltsamer Mann, der den ganzen Film erklärte und über die Dinge, die auf der Leinwand erschienen, Witze riß. Die Leute klatschten ihm sehr viel Beifall, namentlich wenn einer von Toribios Filmen lief. Sie nannten ihn Toribio, aber in Wirklichkeit war es ein französischer Schauspieler namens André Deed, der lauter Sachen machte, über die man lachen mußte. Das Kino zeigte auch Pathé-Filme von Tieren und Blumen. Einmal sah ich das Ei eines Huhns, mit Eiweiß und Dotter, so groß, daß es die ganze Leinwand füllte. Es begann sich langsam zu bewegen und seine Form zu verändern. Zuerst erschien etwas wie ein Auge, dann begann sich das kleine Küchlein zu bilden, und zuletzt war es schon ein richtiges Küchlein, peckte die Eischale, zerbrach sie und kam heraus. Nur an seinem Hintern klebte noch ein Stückchen Eierschale.

Der Kinobesitzer kannte uns. Er war ein sehr freundlicher Mann, der viele Jahre in Frankreich gelebt hatte. Sein Name war Gimeno. Am Donnerstag nachmittag, wenn schulfrei war, rechnete er den Jungen nicht mehr als fünf Centimos für eine Karte. Und wenn er sah, daß ein Junge an der Drehorgel herumstand, ging er auf ihn zu und fragte, weshalb er nicht hineingehe. Dann antwortete der Junge wohl: »Ich hab kein Geld.« Und Gimeno sah ihn sich genauer an, und wenn es nicht gerade ein völlig verwahrloster kleiner Vagabund war, sagte er: »Mach schon, geh nur rein!« Andere Jungen, die auch kein Geld hatten, bettelten die Leute, die vorübergingen, an, und viele kauften ihnen eine Karte um fünf Centimos. So füllte sich an Donnerstagen das Kino mit lauter Jungen: selbst die Durchgänge waren voll von solchen, die sich nicht mehr auf die Bänke drängen konnten. Erwachsene gingen an Donnerstagen nicht gern hin, weil die Jungen immer ganz laut pfiffen und klatschten. Aber dem Señor Gimeno machten die Donnerstage mehr Spaß als alle anderen Tage und dem Sprecher vorne auch. Am Donnerstag riß er mehr Witze und erzählte tollere Geschichten als jemals sonst.

Manchmal ging mein Onkel mit mir auch in den Retiro-Park, wenn dort die Kapelle spielte, oder auch in die Gärten von Buen Retiro, die außerhalb des Parks lagen. Dort in den Gärten spielte eine andere Kapelle, und im Sommer war gewöhnlich noch ein Zirkus da, mit wilden Tieren. Ein Löwenbändiger namens Malleu, ein Spanier, von dem es hieß, er sei der beste Löwenbändiger der Welt, führte einen Löwen vor, dessen Käfig außer ihm niemand zu betreten wagte. Der Zirkus Parish hatte einen anderen Löwenbändiger, und Malleu bot ihm tausend Pesetas an, wenn er es wagte, den Käfig seines Löwen zu betreten. Wir gingen zuweilen in den Zirkus Parish, aber nur, wenn es keine gefährlichen Nummern gab. Einmal war ein junges Mädchen namens Minna Alice, die in einem Holzreifen oben auf einem Wagendach Purzelbäume schlug, ums Leben gekommen, und der Onkel wollte nicht, daß ich irgendwohin ging, wo ich sehen könnte, wie sich jemand den Hals brach.

Es ist schwer zurückzufinden.

Man schaut in den Himmel hinauf und sieht Heerscharen von Wolken, und die Luft wird niemals müde, ihnen neue Formen zu verleihen, oder man sieht nichts als die blaue Wölbung, die vor Sonnenglast zittert. Und nachts ist es geradeso, obgleich die Sonne verborgen ist und das Licht nur von den Sternen und vom Monde kommt. Unsichtbar ziehen die Wellen an diesem Himmel weiter, bei Tag und bei Nacht.

Auf der ganzen Welt werden Stimmen und Lieder in die Luft geworfen, aufs Geratewohl, durcheinander und gehäuft, wie die Wolken vom Wind gehäuft werden. Ein Kupferdraht, quer über das Dach eines Hauses gespannt, fängt sie alle auf, und sein fadendünner Körper erbebt unter dem Aufprall. Eine Anode und eine Kathode werfen diese Stimmen und Lieder einander zu, in kunterbunten, einander überschneidenden Wellen, wie sie eben kommen, und die geduldige Hand des Hörers regelt die tollen Sprünge, um eine Stimme oder eine Symphonie herauszuhören. Aber eine Weise beherrscht immer alles andere, eine Welle ist hartnäckiger als alle anderen, und man wird gezwungen, ihr zuzuhören.

Das alte Madrid, das Madrid meiner Kindheit, ist eine große Flut von Wolken oder von Wellen, ich weiß nicht wovon. Aber all dies Weiß und Blau, all dies Singen und Lärmen und Vibrieren wird von einer übermächtigen Weise übertönt: Lavapiés.

Das war damals die Grenze von Madrid. Es war das Ende von Madrid und das Ende der Welt. Mit dem wachen Instinkt für das richtige Wort am richtigen Platz, der sich seit zweitausend Jahren ständig aufs neue die Redensart »vox populi, vox die« verdient, hatten die Leute die Grenzen von Lavapiés getauft: Da gab es die Americas und da gab es El Mundo Nuevo, die Neue Welt. Es war wirklich eine andere Welt. Bis hierher reichten die Zivilisation und die Stadt, und genau hier hörten sie auf.

Eine Welt von absonderlichen Dingen und Geschöpfen begann hier. Hier lud die Stadt, hier lud die ganze Nation ihre Asche und ihren Auswurf ab. Die wirbelnden Fluten Madrids warfen ihren Abschaum von der Mitte an den Rand, und der Abschaum der wirbelnden Fluten Spaniens wurde vom Rande zur Mitte gesogen. Die beiden Wellen begegneten einander und bildeten einen Gürtel, der die Stadt umspannte. Nur die Eingeweihten, die Zivilgarde und wir Kinder drangen in diesen lebenden Grenzwall ein.

Bodenrillen und Hänge mit einem Bartwuchs von rauhen Gräsern, ewig gelb, dürr und hart. Rauch aus Fabrikschloten und übelriechende Gerinnsel aus Ställen. Parzellen mit knolliger Erde, schwarz und faulig, verseuchte Bäche und vertrocknete Risse im Erdreich. Epileptische Bäume, feindselige Disteln und Dornen, magere Hunde mit vorstehenden Rippen, staubige Telegraphenstangen mit zerbrochenen Porzellanköpfen, Ziegen, die das weggeworfene Papier abgrasten, leere verrostete Konservenbüchsen, bis an die Knie in den Boden versunkene Hütten. Zigeuner mit verwegenen langen Schnurrbärten, Zigeunerweiber in buntscheckigen, fettflekkigen Unterröcken, Bettler mit riesigen Bärten voller Läuse, Kinder, die nur aus Hintern und Bauch bestanden, an deren Beinen Unrat niedersickerte, deren Nabel wie ein vorstehender Knopf auf ihrem schmutzigen Wänstlein saß. All das hieß »Das Viertel der Unbill«, Barrio de Las Injurias.

Es war die unterste Stufe der gesellschaftlichen Stufenleiter. Sie begann auf der Plaza de Oriente, im Königlichen Palast mit seinen Toren, die sich nur den Helmbüschen und diamantengeschmückten Decolletés öffneten, und endete hier in Lavapiés, das dann die letzte Neige ausspie und an die andere Welt abgab, an die Americas, an den Mundo Nuevo.

So war Lavapiés der kritische Punkt zwischen Sein und Nichtsein. Man kam nach Lavapiés von oben oder von unten her. Wer von oben kam, der war auf die letzte Stufe vor dem absoluten endgültigen Fall herabgesunken. Wer von unten kam, der hatte die erste Stufe erklommen, die überallhin führen konnte. Millionäre sind durch Lavapiés gegangen, ehe sie den Außenring der Rondas durchquerten und zu betrunkenen Bettlern wurden. Lumpensammler, Verarbeiter von Zigarettenenden und weggeworfenem, von Speichel und Schuhen beschmutztem Papier haben die Stufe von Lavapiés erklettert, um Millionäre zu werden. In Lavapiés bestehen alle Arten von Hochmut nebeneinander: der Hochmut, alles gewesen zu sein und nichts mehr sein zu wollen.

Würden diese gewaltigen und sinnlos grausamen Kräfte gegeneinander prallen, dann wäre das Leben unmöglich. Aber die beiden Wellen berührten einander nie. Zwischen ihnen liegt ein fester, ruhiger Strand, der den Anprall beider Seiten aufnimmt und in Strömungen verwandelt, die ebben und fluten: Ganz Lavapiés arbeitet.

In seinen Häusern mit den Gefängnisgalerien, die rund um die Höfe laufen, mit ihren zugigen Gängen, mit dem einzigen Abort für sämtliche Bewohner, mit nur einer Türe und einem Fenster für jede Wohnzelle, hausen der Stukkateur, der Schmied, der Zimmermann, der Zeitungsverkäufer, der blinde Bettler von der Ecke, der bankrotte Geschäftsmann, der

Knochen- und Lumpenhändler und der Dichter. In diesen Höfen mit dem Katzenkopfpflaster und dem einzigen Wasserspund in der Mitte treffen sich alle Zungen der einen Sprache: der vornehme Akzent des Herrn, die schamlose Rede des Zuhälters, das Rotwelsch der Diebe und Bettler, die hochtrabende Rhetorik des werdenden Schriftstellers. Man vernimmt haarsträubende Lästerungen und köstlich zarte Worte.

Tagtäglich ging ich von den Toren des Palastes zu den Toren der Neuen Welt hinunter, und auf dem Rückweg stieg ich den ganzen Abhang wieder hinauf. Manchmal ging ich in den Palast und schaute mir von den Marmorgalerien aus, neben der Wache der Hellebardiere, das prunkvolle Schauspiel der königlichen Familie an, der Fürsten, Prinzen und Granden des Landes. Manchmal überschritt ich die Grenze von der Neuen Welt zur Niemandswelt und sah den nackten Zigeunern zu, die in der Sonne hockten und ihre Läuse töteten, die die schwärzlichen Finger der Mutter oder der Schwester, eine nach der anderen, aus ihrem Haar geholt hatten. Ich sah den Lumpensammlern zu, wie sie den Berg von Abfällen in Haufen von Nahrung für sich und ihre Tiere zerlegten, und in Haufen von Schund, den sie für ein paar Kupferstücke würden verkaufen können.

Ich schlug mit Steinen Schlachten gegen die Brut der Zigeuner und Lumpensammler, und ich spielte wohlerzogen Ringwerfen oder Tempelhüpfen mit den Jungen in betreßten Matrosenanzügen, mit lockigem Haar, weißen Kragen und Seidentüchern.

Wenn Lavapiés alle die widerhallenden Weisen meines Lebens auch heute noch übertönt, so hat das zwei Gründe:

Dort habe ich alles gelernt, was ich weiß, das Gute wie das Schlechte, wie man zum Herrgott betet und wie man ihm flucht, wie man haßt und wie man liebt, ich habe gelernt, das Leben nackt und roh zu sehen, wie es ist, und dazu auch die unendliche Sehnsucht zu fühlen, die nächsthöhere Sprosse zu erklimmen und allen anderen hinaufzuhelfen. Das ist der eine der beiden Gründe.

Der andere Grund ist, daß meine Mutter dort lebte. Aber dieser Grund geht nur mich selber an.

8.
SCHULE

Die Messe begann Schlag sieben Uhr früh. Ein Viertel vor sieben hatten wir Appell: Während der Viertelstunde dazwischen gingen wir langsam in die Kirche. Blieben nach dem Appell nur noch zwei Minuten – eine Minute – dreißig Sekunden –, so begann ein riesiger Ansturm. Wir konnten an der großen Turmuhr sehen, wann der letzte Augenblick gekommen war, mit dem Spielen aufzuhören und in die Kirche zu gehen. Während des Winters gingen wir früher hinein, denn da waren die Pflastersteine auf dem kleinen Platz mit Eis bedeckt, und am Brunnen hingen Eiszapfen.

In der Kirche stellten wir uns in Reihen auf, die an der letzten Stufe des Hochaltars begannen, am Eisengitter und dem bronzenen Geländer. Beim Eintreten rückte jeder von uns hinten in seine Reihe, und der diensttuende Geistliche strich jeden einzeln auf seiner Liste ab. Von der linken zur rechten Seite des Altars waren die Klassen der Stipendiaten in strenger Folge angetreten: »ABC«-Klasse, zweite und dritte Leseklasse, erste, zweite und dritte Schreibklasse, sechs Klassen mit insgesamt sechshundert Jungen. Dann betrat durch einen langen Seiteneingang eine zweite lange Reihe von jungen Burschen die Kirche: die zahlenden Zöglinge. Auch sie verteilten sich in verschiedene Reihen, nach Klassen geordnet; sechs Klassen für die sechs Jahre des Abiturientenkurses und zwei Elementarklassen. Manche dieser Zöglinge waren Interne, andere wieder nahmen nur die Mahlzeiten in der Schule ein und schliefen zu Hause. Alles in allem gab es da vierzehn Reihen mit vierzehn Geistlichen als Aufsicht, so daß in den Reihen insgesamt zwölfhundert bis fünfzehnhundert Jungen standen.

Um sechs Uhr früh nahmen die achtzig Priester der Schule an der Messe in ihrer Kapelle teil und verließen sie dann in Doppelreihen. War die Schulmesse vorüber, dann gingen wir alle in Doppelreihen ins Schulgebäude zurück, teilten uns auf und betraten im Gänsemarsch unsere Klassenzimmer. Während der Pausen am Vormittag und am Nachmittag stellten wir uns zunächst in Doppelreihen auf und gingen dann in den Hof zum Spielen. Nach der Pause ging es auf gleiche Weise in Doppelreihen wieder in die Klassenzimmer zurück. Nach dem Unterricht mußten wir uns im Kreuzgang aufstellen, nach der Ordnung der einzelnen Straßen, in denen wir wohnten, und verließen so das Gebäude abermals in Doppelreihen; jede Gruppe wurde von einem Geistlichen begleitet, der uns erst dann abtreten ließ, wenn wir ein gutes Stück von der Schule entfernt waren. Die Priester kehrten dann durch die Straßen von Lavapiés zurück und bildeten vor dem Betreten des Refektoriums ihrerseits Doppelreihen. In Reihen gingen sie zum Abendessen und nachher, bevor sie zu Bett gingen, zum Gebet.

Es war uns nicht gestattet, die Plätze innerhalb unserer Reihen zu tauschen. Waren zwei Freunde getrennt, weil sie nicht zur selben Zeit zur Messe gekommen waren, dann mußten sie sich mit Hilfe aller anderen »umstellen«; wurden sie von einem der Geistlichen dabei erwischt, dann bekamen sie eine Ohrfeige und wurden ans Ende der Reihe geschickt. Auch die Geistlichen selbst durften die Plätze in ihrer Reihe nicht tauschen. Vorne standen die Ältesten, hinten alle, die noch keine Messe gelesen hatten und nur dazu verwendet wurden, den kleinsten und stark zurückgebliebenen Stipendiaten das Lesen beizubringen, solchen Kindern, die sich zuweilen noch die Hosen vollmachten.

Da ich in meiner Klasse der Erste war, stand ich auch als erster in der Reihe. Ich konnte den Priester die Messe lesen sehen und hörte das ganze lateinische Gemurmel. Wenn ich dieses Vorrecht nicht verlieren wollte, mußte ich vor allen anderen in die Kirche kommen und durfte weniger spielen als

sonst einer. Wenn ich einmal herumtrödelte, empfing mich
der Priester mit finsterem Gesicht und grollte: »Schämst du
dich nicht, so spät zu kommen?« Er gab mir auf seiner Liste Reihennummer vierzehn oder fünfzehn. Statt als Nummer eins in die Klasse zurückzukommen, hatte ich nur die
Nummer vierzehn und mußte mit den dreizehn vor mir um
meinen Platz raufen, denn der Platz in der Kirche zählte soviel
wie gute Leistungen in der Schule. Wie gescheit ich auch sein
mochte, ich würde doch immer der Letzte in der Klasse sein,
wenn ich als letzter zur Messe kam. Mit Fleiß allein war daran
nichts zu ändern.

Das neue Schuljahr begann ich jedoch in einer neuen Stellung, das heißt, eigentlich drei von uns, Cerdeño, Sastre und
ich, begannen es so. Wir hatten überhaupt keine Plätze in
der Reihe. Wir standen für uns in einer kleinen Gruppe hinter den anderen, wo uns niemand bemerkte, wo wir reden
konnten, während wir knieten, wobei wir uns auf die Absätze
unserer Schuhe hockten, vor uns die tausend anderen Jungen
und, die Köpfe der Jungen überragend, die vierzehn Priester
im schwarzen Gewand.

Wir drei waren arme Schüler. Wir drei hatten im Institut
San Isidro ein Prüfungszeugnis mit Auszeichnung errungen,
und die Piaristenschule hatte uns daraufhin unentgeltlich in
den Abiturientenkurs aufgenommen. In den Abiturienten-
klassen gab es sonst nur wohlhabende Schüler, und wir drei
mußten in der Klasse mitten unter ihnen sitzen. Da es jedoch nicht schicklich war, daß sich arme Jungen unter die reichen mischten, weil das ein schlechtes Beispiel gegeben hätte,
und da wir uns nicht länger unter die armen Jungen mischen
konnten, weil wir ja nicht mehr in deren Klassen waren und
arme und reiche Jungen in verschiedenen Stockwerken des
Schulgebäudes untergebracht waren, hatten wir keine Reihe
und keinen Platz innerhalb einer Reihe. Wir hörten die Messe
für uns allein und gingen, einzeln und allein, auf die Straße.
Während der Pause spielten die reichen Jungen nicht mit uns,
und wir drei spielten allein.

DIE REBELLENSCHMIEDE

In der Klasse waren wir die drei Ersten, wegen unserer Zeugnisse, und das konnte uns niemand nehmen, denn wenn auch alle anderen gegen uns waren, wir drei hielten zusammen gegen alle anderen. Sobald einer von uns in Schwierigkeiten geriet, halfen ihm die anderen zwei aus der Patsche: Sie beugten sich über ihre Bücher und flüsterten ihm die richtige Antwort zu oder schrieben sie auf ein Stück Papier; man brauchte bloß hinunterzuschauen oder auf das Geflüster zu hören. Cerdeño – auch seine Mutter war eine Witwe – mußte weiter die Schulmahlzeiten für arme Kinder einnehmen. Aber die anderen armen Jungen, die dort saßen, hänselten ihn ununterbrochen, bis er aufhörte, seine Mahlzeiten unter ihnen einzunehmen. Da bemerkte Pater Joaquín, der in dieser Woche die Aufsicht bei den Mahlzeiten führte, seine Abwesenheit und fragte ihn nachher, warum er nicht gekommen sei. Und bei dieser Gelegenheit stellte es sich heraus, daß Cerdeño drei Tage lang nichts gegessen hatte. Pater Joaquín richtete es so ein, daß Cerdeño allein in der Küche essen konnte. Es war für ihn besser so, denn der Koch gab ihm zusätzlich eine Schüssel voll Essen, die er nach Hause mitnehmen konnte.

Wir konnten auf unserem kleinen Platz nicht mehr spielen. Die armen Jungen glaubten, wir gehörten zu einer anderen Kaste, und schnitten uns bei den Spielen. Mehrere Male versuchten sie, einen von uns durchzuprügeln, aber wir schlugen die Angriffe ab. Am schlimmsten war es für Cerdeño und Sastre. Sie wohnten in diesem Viertel hier, ich aber nicht. Die Kinder auf der Straße ließen es nicht zu, daß sie mitspielten, und ihre Mütter stritten sich mit Nachbarinnen, die behaupteten, die Jungen seien feine Herren geworden. Einige von den alten Klatschbasen sagten sogar: »Weiß Gott, was da dahintersteckt, daß das Kind bei den reichen Jungen ist ...!« Von uns dreien bekam ich die Veränderung am wenigsten zu spüren, und ich nahm als erster Beziehungen zu den zahlenden Zöglingen auf.

Es begann damit, daß der stärkste und langsamste Junge in der Klasse mit mir ein Gespräch anfing. Er war der Sohn eines Bergwerksbesitzers in Asturien. Während der Pause kam er auf uns drei zu und nahm mich beiseite.

»Hör einmal zu, ich muß einmal draufkommen, wie du das eigentlich anstellst, etwas zu lernen. Ich habe es satt, die ganze Zeit bestraft zu werden, und ich muß draufkommen, wie man es anfängt. Wenn du es mir sagst, dann wird niemand mehr gegen dich sein, und du wirst mit uns spielen, weil ich die anderen dazu bringen werde.«

Ich sagte ihm die Wahrheit: »Ich kann dir da nicht raten, denn ich studiere ja nicht.«

Er starrte mich an und lief vor Wut im Gesicht rot an, denn er glaubte, ich hänsle ihn. Also erklärte ich's ihm rasch: »Es ist wirklich so. Ich brauche mich auf die Stunden nicht vorzubereiten. Wenn ich ein Buch oder eine Lektion einmal durchlese, dann kann ich sie auswendig und vergesse sie nie wieder. Wenn uns Pater Pinilla die Mathematikaufgabe für den nächsten Tag erklärt, dann verstehe ich alles und brauche nachher das Buch gar nicht vorzunehmen. Weißt du – meiner Ansicht nach ist es mit dem Erlernen der Dinge genau so wie mit einem Buckel: Man kann selber nichts dafür.«

»Stimmt! Mein Vater hat es sich in den Kopf gesetzt, daß ich Doktor werde, und darum hat er mich hier ins Internat gesteckt. Wir haben zwei Stunden Hausarbeit am Morgen und zwei am Abend, und ich lese die Aufgaben immer zwanzigmal durch und schreibe sie ab und lerne sie auswendig, mit Punkt und Komma und allem; aber ich verstehe kein Wort davon. Hör einmal zu ...«

Er leierte die ganze Aufgabe über einfache Gleichungen ohne den geringsten Fehler herunter und ohne auch nur einen Satz auszulassen; als er dann fertig war, fügte er, halb traurig und halb stolz, hinzu: »Du siehst, ich kann das Ganze auswendig, und doch weiß ich nichts, weil ich nicht verstehe, was diese Buchstaben bedeuten. Und dann geben sie uns auf, die Beispiele zu lösen, und das kann ich eben nicht. So geht's mir mit allem ... Am Schluß läßt man mich dann nicht in die nächste Klasse aufsteigen, und mein Vater kommt, haut mich im Besuchszimmer durch und läßt mich weiter in der Schule eingesperrt, damit ich im September noch einmal zu den Prüfungen antrete, und er nimmt mich nicht nach Hause aufs Land mit. Und hier in der Schule werden mir fast immer die Süßigkeiten entzogen, und ich kriege keine Ferien, wie du weißt. Und es ist doch wirklich nicht meine Schuld.«

Durch diesen Jungen wurden wir drei dann zu den Spielen mit den anderen zugelassen. Ich zeichnete Landkarten für ihn und lehrte ihn so Geographie, und ich brachte ihm Geometrie bei, indem ich ihm die Kuben in Pappendeckel ausschnitt. Er war mit den Händen sehr geschickt und lernte auf diese Art spielend.

Die Schule lag am Ende der Calle de Mesón de Paredes im Bezirk Lavapiés. Es war ein altes Kloster, das fünfzig Jahre leer gestanden war, nach einem Aufstand, bei dem man allen Mönchen den Hals abgeschnitten hatte. Nachher kamen die Piaristen oder Schulbrüder und richteten in dem Gebäude eine Schule ein, die »Escuela Pía« – »Fromme Schule« – genannt wurde, die Fromme Schule von San Fernando. Es waren keine Mönche wie ihre Vorgänger, sondern Priester, die in einer klösterlichen Gemeinschaft lebten und sich dem Lehrberuf gewidmet hatten. Jeder von ihnen hatte das Recht zu kommen und zu gehen, ohne erst eine Erlaubnis einzuholen. Es galt für sie nur die Sonderregel, die Frauen vom Betreten der Räume ausschloß, in denen die Geistlichen wohnten.

Jeder Geistliche hatte einen Raum mit einem Fenster, der in ein Wohnzimmer und ein Schlafzimmer unterteilt und je nach dem Geschmack des Bewohners möbliert war. Einige von ihnen waren sehr fromm, wie Pater Vesga; er schlief auf einem hölzernen Feldbett mit einem winzigen Brett an Stelle eines Kissens und trug zum Schlafen ein Gewand aus Sackleinwand und ein härenes Hemd. Einige wieder waren protzig veranlagt, wie Pater Fidel, der Möbel aus Mahagoni und eine große Wanduhr mit leuchtendem Zifferblatt besaß.

Pater Joaquíns Raum war fast leer; er besaß weiter nichts als einen Tisch, ein Büchergestell aus Kiefernholz und ein Notenpult, weil er gerne Oboe spielte. Sein Fenster stand Tag und Nacht weit offen, und er hatte den Vögeln beigebracht, ohne Scheu hereinzufliegen. Im Zimmer fütterte er sie mit Krumen, und manchmal beschmutzten sie ihm das Papier auf dem Schreibtisch, auch dann, wenn er gerade schrieb. Er war aber nie böse auf sie. Wenn er Oboe zu spielen begann, kamen eine Menge Vögel heran und ließen sich auf dem Fensterbrett nieder, um zuzuhören. Das einzige, was er gerne mochte, waren Tiere und Bücher; wenn er nicht in der Schule war, konnte man ihn immer bei den Antiquaren oder im Löwenhaus finden. Er war ein Baske, sehr groß, mit einem kleinen Kopf, wie alle Basken ihn haben, und dem Leib eines Riesen. Wenn er einen Jungen bestrafte, dann berührte er bloß dessen Kopf mit seinen Fingerspitzen, die so hart waren wie bei anderen Männern die Knöchel. Er unterrichtete Geographie und Geschichte. Wir hatten ihn sehr gern, denn er war gütig und spielte mit uns in der Pause, statt mit den anderen Geistlichen spazierenzugehen oder das Brevier zu lesen. Er zog gewöhnlich den Rock aus und spielte mit uns in Hemdärmeln Pelota oder Tauziehen. Oft gelang es nicht einmal den vereinten Kräften aller Jungen unserer Klasse, ihn zu uns herüberzuziehen. Wenn wir dann in die Klasse zurückkamen, war er erhitzt und in Schweiß gebadet; er setzte sich dann gewöhnlich an das Pult und sage: »Schön! Aber jetzt sind die Spiele vorbei.« Und dann erzählte er uns die Geschichte von dem König, der starb, weil er, gleich nachdem er Pelota gespielt hatte, ein Glas kaltes Wasser trank. Bei ihm lernten wir viel, ohne es recht zu merken, weil er uns alles so erklärte, als wäre es eine erlebte Geschichte.

Pater Pinilla unterrichtete uns in Mathematik. Aber er lernte seine Mathematik gleichzeitig mit mir. Wenn ein Priester, der Piarist werden wollte, seine erste Messe las oder es gerade getan hatte, dann schickte man ihn in eine der Schulen, und er begann damit, in einer der unteren Klassen den Kindern das ABC beizubringen. Sobald er mit dem Theologiestudium fertig war, machte er sich an weitere Studien, um auch in anderen Fächern unterrichten zu können. Je nach dem, was er lernte, stieg er von Klasse zu Klasse bis in die höchste auf. Als man Pater Pinilla zum Mathematiklehrer machte, mußte er die gleichen Lehrbücher studieren wie wir, um uns unterrichten zu können. Der Pater Rektor befahl nach seinem Gutdünken einem Priester, eine Klasse in Mathematik oder in diesem oder jenem Fach zu übernehmen, und der Priester tat schlecht und recht, was er konnte. So geschah es einmal, daß ich ein Beispiel durchzurechnen vermochte, bei dem Pater Pinilla versagt hatte, weil ich ein guter Mathematiker war. Ihn ärgerte das natürlich mächtig, und er ließ es mich vier oder fünf Tage lang fühlen.

Pater Vesga war ein kleiner Mann, sehr mager, mit grauem Haar, das er kurzgeschoren trug. Alles an ihm war klein: Er hatte ein Notizbuch mit liniertem Papier, wie man es sich kleiner nicht denken kann, mit einem winzigen Bleistift, der in eine nadelscharfe Spitze auslief, und er war dauernd dabei, sich etwas aufzuschreiben. Seine Taschenuhr war eine kleine Damenuhr aus Silber. Er trug eine altmodische Brille mit kleinen, ovalen Gläsern und ging mit kurzen, kleinen Schritten, ohne Lärm zu machen. Er erhob sich früh im Morgengauen und machte einen Rundgang durchs ganze Kloster. Er machte Jagd auf Papierschnitzel, Zigarettenstummel und auf Staub in den Winkeln, immer darauf bedacht, etwas zu finden, wofür er die Dienerschaft tadeln konnte. Dann ging er in die Kirche und tat dasselbe mit den Ministranten. Nachher setzte er sich in den Beichtstuhl; und wenn wir um sieben Uhr zur Messe kamen, nahm er gewöhnlich einer der frommen alten Frauen die Beichte ab, die übrigens die einzigen waren, die ihn als Beichtvater wählten. Er wanderte meistens allein umher, weil keiner von uns Jungen freiwillig zu ihm aufs Zimmer kam und weil auch keiner der Priester ihn aufsuchte oder gern mit ihm sprach. Es wurde gesagt, er sei Jesuit und gehe abends häufig in die Jesuitenkirche in der Calle de la Flor, wo der Orden sein Kloster hatte, um dort über alles zu berichten, was sich bei uns in der Schule ereignet hatte.

Er brauchte zum Beichthören lange Zeit, und oft hörten wir ihn sehr rasch und mit leiser Stimme sprechen; es klang wie Geschimpfe, obwohl wir die Worte nicht verstehen konnten. Aber eines Tages vernahmen wir, wie er sehr ärgerlich zu einer der beichtenden Frauen sagte: »Heute werde ich Ihnen nicht gestatten, die heilige Kommunion zu empfangen; und Sie werden die Steine des Hauptaltars hundertmal küssen.« Das arme alte Weiblein bückte sich, erhob sich und küßte die drei Stufen des Hochaltars ununterbrochen eine volle halbe Stunde lang, vor den Augen sämtlicher Jungen, und ging schließlich mit Schluchzen und Weinen davon, weil sie von der Kommunion ausgeschlossen war.

Eine der seltsamen Grillen des Pater Vesga war es, alles in Hunderten zu machen. Er war unser Religionslehrer und ließ uns alle Aufgaben auswendig lernen, ohne daß wir dabei ein einziges Wort auslassen durften. Wenn er uns abhörte, öffnete er das Lehrbuch und las mit, was wir aufsagten. Wenn wir ein Wort ausließen, mußten wir es hundertmal abschreiben. Wenn wir mehr als drei Worte ausließen, mußten wir die ganze Aufgabe hundertmal abschreiben. Er bestand darauf, daß wir das Glaubensbekenntnis auf lateinisch lernten, obwohl noch keiner von uns begonnen hatte, Latein zu lernen. Wenn wir dann das Credo aufsagten, machten wir alle natürlich Fehler, und er ließ es uns fünfzigmal abschreiben. Diesmal vereinbarten wir, es nicht zu tun. Als er am nächsten Tag feststellte, daß keiner von uns es abgeschrieben hatte, ließ er uns antreten und im Kreuzgang auf allen vieren auf dem Boden schreiben, bis spät am Abend der Pater Präfekt kam und uns dort traf, während wir auf den Steinen kauerten. Er schickte uns heim und kanzelte den Pater Vesga fürchterlich ab.

Der Gastwirt in der Calle de Mesón de Paredes verprügelte seinen Sohn kräftig, weil er glaubte, der Junge habe in der Neuen Welt Steine geworfen, als er, auf diese Art verspätet, nach Hause kam. Den Jungen machte das derart wütend, daß er drei große Reißnägel nahm, wie sie sein Vater zum Befestigen der Stierkampf-Plakate im Wirtshaus verwendete, und sie dem Pater Vesga auf den Stuhl legte. Als dieser sich setzte, sprang er ganz schnell wieder auf und mußte sich die drei Nägel aus dem Hintern ziehen. Er wurde vor Zorn blaurot im Gesicht und konnte zunächst kein Wort hervorbringen. Dann fragte er uns, wer das getan habe. Wir sagten kein Wort, aber der Junge selbst stand auf, äußerst ernst, und sagte, er habe es getan.

»Du – du? Warum?« Pater Vesga schäumte vor Zorn und beutelte ihn wie eine Puppe.

Erregt und wütend antwortete der Junge: »Weil Sie ein dreckiges Schwein sind. Es war Ihre Schuld, daß mich mein Vater gestern mit dem Stock verdrosch. Und wenn Sie mich jetzt anrühren – das schwöre ich aufs Kreuz –, dann haue ich Ihnen mit einem Stein den Schädel ein, wenn ich sie auf der Straße treffe!«

Pater Vesga ließ den Gastwirt kommen, der den Jungen im Besuchszimmer noch einmal durchprügelte und zu Pater Vesga sagte, wenn er wolle, könne er den Jungen ruhig totschlagen, denn das sei ein richtiger Schurke und Tunichtgut.

Pater Vesga brachte den Burschen in die Klasse zurück, und wir hatten alle Angst. Wangen und Ohren des Burschen waren rot vor Zorn; seine Lippen waren aufgerissen und bluteten. Er mußte vor das Katheder treten, und Pater Vesga hielt eine Ansprache: »Hier, seht euch den Verruchten an, den sein eigener Vater verleugnen muß, weil er der verworfene Same ist! Ein wahrer Sohn des Satans, unwürdig, unter Menschen zu leben ...« Und so fort, immer heftiger, eine halbe Stunde lang.

Dann überlegte er, was er mit dem Jungen tun solle, und wir alle waren vor Angst ganz stumm und still. Plötzlich stand er auf, ergriff die beiden größten Schulranzen, die er unter unseren Sachen finden konnte, und füllte sie mit Büchern. Er ließ den Jungen die Arme ausstrecken, als wenn er ans Kreuz geschlagen wäre, und gab ihm in jede Hand einen Ranzen. Er zog eine Nadel aus seinem Rock und stellte sich damit hinter den Burschen. Da die Ranzen sehr schwer waren, ließ der Junge bald die Arme sinken; und jedesmal, wenn er das tat, stach ihm Pater Vesga mit der Nadel in die Achselhöhlen. Der Junge fing zu weinen an, ließ schließlich die Ranzen fallen und erklärte, er würde sie nicht wieder aufheben. Da ergriff Pater Vesga den Stock und schlug wie wahnsinnig auf ihn ein.

Die Türe ging auf, und der Pater Präfekt kam herein. Er sah sofort, was los war, und fragte uns Jungen aus. Schließlich wurde er sehr ernst und setzte sich an den Tisch des Lehrers. Nachdem er alles herausbekommen hatte, ließ er uns in den Hof gehen und schloß sich mit dem Priester ein. An diesem Tag gab es keinen Unterricht mehr, und auch am folgenden Tag erwähnte Pater Vesga nichts von alledem, zeigte aber ein sehr übellauniges Gesicht. Jedesmal, wenn einer von uns einen Fehler machte, fuhr er ihn mit kalter Stimme an: »Schreib es bis morgen zweihundertmal ab!« und machte eine Eintragung in sein Notizbuch. Später erzählten die Diener den älteren Jungen, der Pater Präfekt habe ihn hart bestraft und ihn ganz allein lange Zeit vor dem Hauptaltar niederknien und die Arme ausgestreckt wie am Kreuz halten lassen, als Buße. Und er habe ihm erklärt, er könne ja um Versetzung in eine andere Schule nachsuchen, wenn es ihm nicht passe; er, für seine Person, habe aber nun genug von Jesuiten und Pater Vesgas Art, mit Kindern umzugehen.

Der Pater Präfekt war bei allen Jungen beliebt und auch bei jedermann sonst im Bezirk. Er war ein kleiner alter Herr mit geradem Rücken und lockigem weißem Haar. Die Frauen der Nachbarschaft kamen häufig zum ihm und vertrauten ihm alle ihre Sorgen an. Einige fragten ihn, ob ihre Jungen die Mahlzeiten nicht vielleicht in der Schule bekommen könnten, andere baten um Kleider für ihre Kinder. Manche berichteten ihm im Beichtstuhl von den Streitigkeiten mit ihren Männern, und dann suchte er sie wohl am Abend in ihren Mietskasernen auf und erteilte den Ehegatten einen Rüffel, weil sie sich betranken oder ihre Frauen prügelten. Die meisten Schwierigkeiten entstanden dadurch, daß der Gatte den Lohn im Gasthaus durchbrachte und daheim Frau und Kinder schlug, oder weil die jungen Mädchen mit ihren Burschen zu dreist herumspazierten. In derartigen Fällen bestellte er die beiden jungen Leute einfach zu sich und vollzog kurz entschlossen die Trauung. Die Folge von allem war, daß der Pater Präfekt auf seinen Spaziergängen durch die Straßen von Lavapiés von allen Seiten gegrüßt wurde; selbst die Weiber an den Gemüseständen, die sonst nichts taten als schimpfen und fluchen, kamen herbei und küßten ihm die Hand. Und nie durfte er Geld bei sich tragen, wenn er ausging: weil jedermann versuchte, ihn anzubetteln.

Pater Fidel unterrichtete uns in Grammatik und Logik. Er war sehr jung und freundlich, aber ein reines Nervenbündel. Manchmal schien er geradezu Wahnsinnsanfälle zu haben. Dann packte er sich einen der Jungen und streichelte und küßte ihn. Oder er starrte in den Raum, ohne etwas zu sehen, und wir taten während einer halben Lehrstunde überhaupt nichts. Er sagte dann nur: »Schaut jetzt in eure Bücher!« und brütete vor sich hin. Es gab Zeiten, wo er nichts anderes tat, als lange und ausgedehnte Spaziergänge zu unternehmen, dann wieder schloß er sich in seinem Zimmer ein. Zuweilen sah er aus, als habe er geweint. Wenn er in dieser Verfassung war, zitterten seine Lippen und Hände unaufhörlich. Er hatte sehr lange, magere Hände, die oft vor Fieber brannten.

Einmal hörte ich, wie der Pförtner zu einem der Diener sagte: »Pater Fidel ist verrückt. Das Neueste ist, daß er ohne Matratze schlafen und direkt auf den Sprungfedern liegen möchte.«

»Er ist nicht verrückt. Was er nötig hat, ist bloß ein richtiges Frauenzimmer. Er wird völlig in Ordnung sein, sobald er es macht wie der Pater Pinilla.«

Pater Pinilla ging öfters im Priesterkleid aus und zog sich in einem anderen Haus Zivilkleider an; es hieß dann, er gehe sich bei Nacht unterhalten.

Am Beginn der Calle de Mesón de Paredes lag das Haus, in dem Señora Segunda wohnte. Fast jeden Morgen, wenn ich auf dem Weg zur Schule war, nahm sie ihr Frühstück im kleinen Volkscafé des Einarmigen ein. Wenn ich hineinging, um ihr Guten Morgen zu wünschen, starrten mich die übrigen Gäste erstaunt an, weil ich sie begrüßte und küßte. Denn die Señora Segunda war arm und mußte um Almosen betteln; außerdem hatte sie infolge einer krebsartigen Krankheit die Nase verloren, so daß man die Knochen ihres Schädels sehen konnte. Kein anderer Junge, der so angezogen war wie ich, kam je in dieses Café, in dem sich zumeist die Bettler trafen. Hier gab es Marmortische und einfache Holzbänke sowie zwei große Metallkessel, einen für die Milch, den anderen für den Kaffee. Der Kaffee wurde dort »Gerberlohe« genannt; hergestellt wurde er aus dem Kaffeesatz, der in den anderen Kaffeehäusern von Madrid zusammengekauft wurde. Ich habe nie feststellen können, woraus die Milch gemacht war, aber aus Milch bestimmt nicht. Verkauft wurden außerdem zerbröckelte Churros – eine Art Spritzkrapfen, der sehr populär ist – und Bruchstücke von Mürbegebäck, beides aus einer Bäckerei im gleichen Hause. Bei Einbruch der Dunkelheit fanden sich nach und nach die Bettler ein, sowie die galicischen Lastträger von der Plaza de la Cebada, die davon lebten, daß sie schwere Obstkörbe auf den Schultern zu den Gemüsehändlern trugen. Um etwas zu verdienen, mußten sie das für weniger Geld tun als die Fuhrleute, die für jeden Korb fünfzig Centimos berechneten. Die Träger verlangten fünfundzwanzig bis dreißig Centimos, und für dieses bißchen Geld mußten sie mit zwei Körben von je einem Zentner auf dem Rücken durch die Straßen rennen. Manchmal hatten sie die Lasten bis in den Salamanca-Bezirk zu tragen, aber niemand ärgerte sich, wenn diese Träger ihn anstießen, weil die armen Kerle unter ihrer Last nur so dahintaumelten und gar nicht recht sehen konnten, wohin sie traten. Sie mußten außerdem immerfort laufen, ohne innezuhalten, denn sie konnten die schwere Last nur auf eine ganz bestimmte Art tragen, eine Art, die sie zu sehr raschem Gehen zwang und sie so das Gewicht weniger fühlen ließ.

Dort, in dem kleinen Café, aßen sie dann ihr Abendessen: eine Tasse »Gerberlohe« mit Abfällen von Churros, alles zusammen für zehn Centimos. Nachher zählten sie das übrige Kleingeld, das sie bei Tag verdient hatten, auf dem Marmortisch, an dem sie saßen, und sortierten die Zigarettenstummel, wobei sie das Papier ablösten, so daß nur der Tabak übrigblieb. Wer von ihnen keine Wohnung hatte, trank noch ein bis zwei kleine Gläser Schnaps, den sie »Benzin« nannten, und der Kaffeehausbesitzer ließ sie im Lokal schlafen, mit dem Kopf auf der Marmorplatte des Tisches.

In den Winternächten, wenn es regnete oder so kalt war, daß die Bettler nicht in den Haustoren schlafen konnten, war das Kaffeehaus um zehn Uhr abends gesteckt voll. Die Leute drängten sich da wie Heringe und schliefen, einer auf der Schulter des anderen oder auf den Tischen. Manchmal erschien die Polizei und durchsuchte alle, doch ist es kaum jemals vorgekommen, daß sie jemanden festnahm und fortschaffte, denn weder der Einarm noch die Bettler hätten es einem Dieb gestattet, sich da aufzuhalten.

Manchmal lud mich die Señora Segunda zu einer Tasse »Gerberlohe« ein, und ich trank sie auch, um die Frau nicht zu beleidigen, obwohl mir's bestimmt nicht schmeckte. Señora Segunda kümmerte sich um meine Schwester Concha, die eine Klosterschule unweit der meinen besuchte. Da meine Mutter am Fluß waschen ging oder den ganzen Tag über die Tante zu bedienen hatte, war Concha zu Mittag nach Schulschluß sich selbst überlassen. Die Mutter gab der Señora Segunda öfters Geld, damit sie für sich selbst und für meine Schwester eine Mahlzeit kochen konnte; so hatten beide zu essen, und Concha trieb sich nicht auf der Straße herum. Die Mutter hob auch allerlei Eßbares für die Señora Segunda auf, damit sie am Abend etwas habe und bei Kräften bleibe. Denn sie erhielt nur wenig Almosen auf ihren Bettelgängen, weil die Menschen ihr nicht nahekommen wollten. Sie wohnte in einem großen Haus, gleich neben dem Café. Man hatte ihr da einen kleinen Raum unmittelbar beim Hauseingang abgegeben – gleich unter der ersten Windung der Treppe. Da war gerade genug Platz für ihr Bett und für ein winziges Öfchen zum Kochen.

Gleichwohl war sie immer sehr freundlich und hatte uns alle gern. Da ihre Nase nun einmal war, wie sie war, wagte sie es nicht, uns zu küssen; wenn wir aber zu ihr ins Zimmer kamen und ihr einen Kuß gaben, war sie sehr glücklich. Ich hatte nichts dagegen, sie auf die Wange zu küssen, aber es wurde mir übel, wenn sie mich küßte. Wenn sie es wollte, ließ ich es trotzdem geschehen, weil sie sonst sehr gekränkt war und anfing zu weinen.

Obwohl Sastre und Cardeño mit besseren Anzügen zur Schule kamen als früher, bevor sie in die Klasse im Oberstock aufgenommen waren, war ich noch immer besser angezogen als sie beide. Außerdem wohnten sie in Mietskasernen in Lavapiés, während ich in einem wohlhabenden Bezirk lebte und vieles kannte, was ihnen fremd war. Manchmal warfen sie mir ganz offen vor, daß ich ihnen auswich, um mich zu den anderen zu halten.

Für mich war das nicht einfach. Mit den beiden zusammen fühlte ich mich weniger gehemmt, sie aber sahen in mir jemand, der von ihnen verschieden war. Und wenn ich wieder im Kreise der anderen war, fand ich es angenehmer, aber auch sie wußten, daß ich von ihnen verschieden war, als Sohn einer Wäscherin; sie ließen mich spüren, daß ich mit ihnen nur deshalb zusammen sein konnte, weil ich ein Stipendium bekam und weil die Geistlichen mein Studium bezahlten. Daher kam es, daß mich die reichen Jungen, wenn sie mich beschimpfen wollten, »Waschweibsohn« nannten, die armen Jungen aber »Kleiner Herr«.

Am sonderbarsten dabei fand ich, daß es viele arme Jungen gab, die gar nicht arm waren, und viele reiche, die nicht reich waren. In den Klassen für die Minderbemittelten gab es Kaufmannssöhne aus der Gegend, deren Väter sehr einträgliche Geschäfte besaßen, und in den Klassen im Oberstock gab es wieder Söhne von Staatsbeamten, deren Väter darbten und hungerten, um es ihren Söhnen zu ermöglichen, in der Schule unter den wohlhabenden Zöglingen zu glänzen. Und diese beiden Gruppen protzten am meisten – die einen mit ihrer Armut, die anderen mit ihrem Reichtum.

Es war an einem Sonntag. Nach der Messe ging ich mit Pater Joaquín in sein Zimmer, um ein paar Bücher abzuholen, die er mir leihen wollte. Von dort steigen wir zum Kreuzgang im ersten Stock hinunter, wo sich nach der Messe die Angehörigen der Internen mit den Jungen bis zum Mittagessen aufhielten. Diesmal war die Reihe an Pater Joaquín, die Eltern zu empfangen und ihnen über die Fortschritte ihrer Söhne Auskunft zu geben.

Da stand Nieto, der Asturier, mit seinem Vater, einem breiten, kräftigen Mann mit dem Gesicht einer Bulldogge. Nieto rief mich, und ich ging mit Pater Joaquín zu ihnen hinüber.

»Hier, Papa«, sagte Nieto, »das ist der Barea.«

Sein Vater musterte mich mit seinen grauen Äuglein, die unter den buschigen Augenbrauen glitzerten, von oben bis unten, als sähe er ein Wundertier.

»Ach ja, der Sohn der Wäscherin, von dem du mir immer erzählt hast. Du solltest von ihm lernen! Man darf gar nicht an das viele Geld denken, das du mich gekostet hast, nur um ein dümmerer Kerl zu sein als der Sohn einer Waschfrau!«

Nieto wurde ganz blaß, und ich spürte, daß ich rot geworden war. Pater Joaquín legte mir die Hand auf den Kopf, nahm Nieto beim Arm und sage: »Geht spielen, Jungen ...« Dann wandte er sich sehr ernst an Nietos Vater, und ich hörte ihn sagen: »Hier bei uns sind die beiden Jungen ganz gleich, oder vielmehr: Hier gilt der Sohn einer Wäscherin mehr als der Sohn eines Bergwerksbesitzers, der dreihundert Pesetas im Monat bezahlt.«

Er machte kehrt und ging weg, ganz still, ohne sich zu verbeugen. Der alte Herr blickte ihm nach und rief dann seinen

Sohn. Die beiden setzten sich auf eine Bank und begannen eine heftige Debatte.

Ich ging an ihnen vorbei und sagte zu Nieto: »Also auf morgen!« und lief weiter, ohne mich vor seinem Vater zu verbeugen. Pater Joaquín stand in der Türe. Er sagte nichts zu mir. Ich sage nichts zu ihm. Ich küßte ihm die Hand und ging.

Ich ging die Stufen der großen Treppe hinunter, ohne sie zu sehen, denn Tränen traten mir in die Augen. Was Pater Joaquín getan hatte, war gegen die Schulregeln, denn Leute mit Geld wurden hier niemals so behandelt. Wenn man ihm daraufgekommen wäre, dann hätte er alle anderen Priester gegen sich gehabt. Und weil das alles so war, spielte er die Oboe und sprach mit den Vögeln.

Ich war genau so einsam wie er. Wir waren beide anders als die anderen.

9.
DIE KIRCHE

Einmal im Monat gingen alle Schüler, die bereits bei der ersten Kommunion gewesen waren, zur Beichte. Die Priester verteilten sich in der Kirche; die tausend Zöglinge verteilten sich auf die Priester, wie sie wollten, denn niemand konnte uns zwingen, bei einem Geistlichen zu beichten, den wir nicht leiden konnten. Einige Priester, wie Pater Joaquín und Pater Fidel, hatten vor ihren Beichtstühlen lange Schlangen stehen; aus der Länge der Reihen konnte man darauf schließen, welche Geistlichen bei den Jungen beliebt waren. Wer gebeichtet hatte, trat in die Einteilung seiner Klasse vor dem Hochaltar, um dort seine Buße abzubeten, die Messe zu hören und die Kommunion zu empfangen. So war die Kirche erfüllt vom Geräusch des Kommens und Gehens, von Gebetsgemurmel und dem Klappern der Schuhsohlen. Der Pater Präfekt ging umher, um die Ordnung zu wahren.

Jeden Monat war es das gleiche. Bei Pater Vesga blieben niemals mehr als sechs oder acht Jungen, denen er das Versprechen abgenommen hatte, bei ihm zu beichten. Obwohl bei ihm die Beichte länger dauerte als bei irgendeinem anderen Priester, war er stets allein, längst ehe die anderen fertig waren. Dann ging der Pater Präfekt von einer Reihe zur anderen und fragte diesen oder jenen Jungen, ob er nicht zu Pater Vesga beichten gehen wolle. Wir hatten den Präfekten so gern, daß er gewöhnlich genug Jungen zusammenbekam, um dort noch eine richtige Schlange zu bilden. An jenem Tag war es ihm bei mir gelungen, und ich ging zu Pater Vesga, weil es mir nicht so wichtig schien.

Pater Vesga näherte seinen Kopf dem meinen. Die Beichte begann. Die Fragen nach den Zehn Geboten kamen eine

DIE REBELLENSCHMIEDE   159 nach der anderen, und ich war stolz, sie alle beantworten zu können.

»Liebst du Gott? Gehst du am Sonntag zur Messe? Liebst du deine Eltern? Sagst du die Wahrheit?«

Wir kamen zum Sechsten Gebot. Alle geistlichen Herren pflegten uns zu fragen, ob wir Unzucht trieben; da wir wußten, worauf dies abzielte, antworteten wir: Ja oder Nein – meistens Ja, weil wir alle diese Dinge trieben oder uns wenigstens einbildeten, es zu tun. Dann sagten die Priester gewöhnlich: »Hör zu, mein Sohn, du sollst das nicht tun. Es ist Sünde und von üblen Folgen für dich. Kinder, die solche Dinge treiben, werden schwindsüchtig und sterben früh.« Es wurden uns ein paar Paternoster als Buße aufgetragen, und damit war diese Sache abgetan.

Bei Pater Vesga war das ganz anders.

»Du weißt, wie das Sechste Gebot lautet, mein Sohn?«

»Ja, Hochwürden. Es heißt: Du sollst nicht Unzucht treiben.«

»Sag mir, was ,Unzuchttreiben' bedeutet.«

Ich wußte es nicht und konnte es ihm nicht sagen. Ich wußte, daß es etwas Schlechtes war, was zwischen Männern und Frauen stattfand, aber das war alles, was ich wußte. Pater Vesga wurde sehr ernst und blickte mich vorwurfsvoll an.

»Du darfst vor dem heiligen Richterstuhl der Buße nicht lügen. Zuerst sagst du mir, du kennst das Sechste Gebot, und jetzt widersprichst du dir und willst mir erzählen, du wüßtest nicht, was Unzuchttreiben bedeutet.«

»Unzucht, Hochwürden, Unzucht ist – also Sachen, die Männer und Frauen miteinander machen, die eine Sünde sind.«

»So, so. Sachen, die Männer und Frauen machen. Und was machen denn Männer und Frauen, du schamloser Bursche?«

»Ich weiß nicht, Vater. Ich habe niemals Unzucht getrieben.«

»Das wäre ja allerhand, wenn du das getan hättest, du Grünschnabel. Ich habe dich nicht gefragt, ob du selbst Unzucht getrieben hast; ich frage dich, was es bedeutet, Unzucht zu treiben!«

»Ich weiß es nicht. Die Jungen sagen, es heißt, daß ein Mann einer Frau ein Kind macht. Wenn sie verheiratet sind, ist es keine Sünde, wenn sie es aber nicht sind, dann ist es eine Sünde.«

»Also schau, was ich von dir will, ist, daß du mir sagst, wie Männer und Frauen Kinder machen.«

»Das weiß ich wirklich nicht. Sie heiraten und schlafen zusammen, und dann bekommen sie Kinder. Das ist alles, was ich weiß.«

»So? Das ist alles, was du weißt, ha? Was für ein unschuldiger Säugling! Weiß nicht mehr als das! Aber du weißt wohl, wie man mit seinem Dingsda spielt?«

»Manchmal tu ich es, Hochwürden.«

»Na also, das ist Unzucht.«

Und nun folgte eine Predigt, von der ich kein Wort verstand, oder vielmehr, die mich in endlose Verwirrung stürzte. Das Weib ist Sünde. Um des Weibes willen ging das Menschengeschlecht der Gnade verlustig, und alle Heiligen hatten die Versuchung des Bösen zu erleiden. Sie hatten Erscheinungen nackter Weiber mit entblößten Brüsten und unzüchtigen Gebärden. Und in der heutigen Zeit verschont der Satan nicht einmal die Kinder. Er kommt, um ihnen den Schlaf zu vertreiben und ihnen nackte Weiber zu zeigen, um so die Reinheit ihrer Seele zu beschmutzen. Und so weiter und so weiter, eine halbe Stunde lang. Er sprach von flatternden Locken, wogenden Brüsten, lüsternen Hüften, von König Salomon, von schlüpfrigen Tänzen, von Frauen an Straßenecken – in einer Flut zorniger Worte, die alle besagten, daß das Weib ein Gefäß der Unreinheit und des Bösen sei, und daß die Männer mit den Frauen schliefen und deshalb zur Hölle fuhren.

Als ich von diesem Geistlichen loskam, um meine Buße zu sagen, konnte ich nicht beten. Mein Kopf war voll nackter Weiber und voll Neugier, zu erfahren, was sie mit den Männern trieben.

Aber niemand wußte es. Ich fragte meine Mutter, meinen Onkel, meine Tante, und sie alle beantworteten meine Fragen auf sonderbare Weise. Was heißt Unzucht? Wie werden Kinder gemacht? Warum werden Frauen schwanger? Manche sagten mir, Kinder dürften über solche Dinge nicht sprechen, andere wieder, es sei eine Sünde, und ein paar sagten, ich sei ein schamloser Bube.

In einem Buchladen der Calle de Atocha fand ich ein Buch, in dem alles erklärt war. Es schilderte einen Mann und eine Frau, die zusammen zu Bett gingen, und alles, was sie taten. Das Buch machte in meiner Klasse die Runde, alle Jungen lasen es. Um dabei von den Geistlichen nicht überrascht zu werden, nahmen es die Jungen mit auf den Abort, um dort darin zu lesen und sich die Bilder anzuschauen, auf denen zu sehen war, wie der Mann und die Frau Unzucht trieben. Ich las das Buch mehr als einmal, und es regte mich sehr auf. Genau so war es, wenn ich mir Ansichtskarten mit nackten Frauen ansah.

Nun begriff ich, warum die Heilige Jungfrau das Jesuskind bekam, ohne mit dem Heiligen Josef schmutzige Sachen zu treiben. Der Heilige Geist hatte sie geschwängert, ohne daß die beiden solche Dinge zu tun brauchten. Aber weil Vater und Mutter zusammen schliefen, hatten sie mich bekommen, und deshalb war Mutter keine Jungfrau. Was ich aber nicht begriff, war, warum Onkel und Tante keine Kinder hatten, obwohl sie zusammen schliefen. Vielleicht war meine Tante so fromm, daß sie keine schmutzigen Sachen miteinander machten und daher keine Kinder hatten. Aber ich wußte, daß sie gerne welche gehabt hätten. Andererseits hatte Gott doch auch gesagt: »Gehet hin und mehret euch!«

Die Toten sind geheiligt, und der Boden der Friedhöfe ist geweihter Grund. Im Friedhof von St. Martín waren die Wände der Grüfte zerbröckelt, und die Särge mit den Knochen ragten heraus. Der Kaplan und die Friedhofswärter sammelten die faulen Planken und benutzten sie als Brennholz. Oft warfen sie auch die Knochen mit ins Feuer, denn sie waren von den Würmern so zerfressen, daß sie wie Holz brannten. Wenn aber die Leute einen von den Toten ausgegraben und nach einem anderen Friedhof gebracht haben wollten, dann legte der Pfarrer den gestickten Chorrock an und nahm den Weihwedel, und die Totengräber gruben mit höchster Sorgfalt, um nur ja die Särge nicht zu zerbrechen. Sie nahmen die Knochen heraus, betteten sie sanft auf ein weißes Laken, der Pfarrer sprach sein Latein, und der Mesner gab die Antwort. Dann besprengte der Geistliche die Knochen mit Weihwasser, und sie wurden weggeschafft, um anderswo begraben zu werden, nur weil die Familie des betreffenden Toten das nötige Geld dafür hatte. Die anderen Leichen waren bloß gut fürs Feuer, und ihre Knochen wurden mit dem Hammer zerschlagen, bevor man sie in die Flammen warf.

An manchen Tagen starben mehr Menschen als an anderen. Dann kamen wohl zwei Frauen in die Sakristei und bestellten eine Seelenmesse für den Gatten oder den Vater; ihre Namen wurden in eine Liste eingetragen, und sie hatten eine Gebühr von drei Pesetas zu erlegen. »Morgen um elf!« sagte der Pfarrer. Dann kamen wohl andere Frauen und verlangten auch eine Totenmesse. Der Pfarrer schrieb auch ihre Namen auf eine Liste und steckte die drei Pesetas ein. »Morgen um elf!« hieß es auch da. Manchmal trafen sich drei oder vier Familien in der Kirche, jede in ihrer Ecke, um eine Messe zu hören, die jede Familie für ihre Verstorbenen bezahlt hatte. Wenn dann der Pfarrer die Totenmesse las, dann ratschte er von einem Stück Papier die Namen der drei oder vier Personen herunter, die gestorben waren, damit die Toten die Messe untereinander teilen könnten.

Einmal wurde eine Trauermesse bestellt, die zweihundertundfünfzig Pesetas kostete; drei Priester sollten daran teilnehmen, und in der Mitte der Kirche sollte ein schwarzer Katafalk aufgebaut werden. Zufällig wurden für denselben Tag weitere drei Seelenmessen bezahlt und eingetragen. »Morgen um zehn!« sagte der Pfarrer zu allen. Um zehn Uhr war die

Kirche voll von Menschen, die dem feierlichen Hochamt bei-
wohnten. Als dann aber nachher kein Requiem gelesen wurde, kamen die drei Familien eine nach der anderen in die Sakristei, um sich zu erkundigen. Der Pfarrer sagte: »Waren Sie
denn nicht beim Hochamt?«

»Ja, Hochwürden«, gaben sie alle zur Antwort.

»Nun, das war die Messe für Ihre teuren Verblichenen.
Durch einen Zufall kamen mehrere Familien zur gleichen
Stunde zusammen, und da wir nicht so viele Priester haben,
um allen dienen zu können, einigten wir uns, ein Hochamt
für die Familien zusammen zu haben. So habt ihr eigentlich
noch einen Vorteil davon gehabt.«

Die Leute gingen höchst befriedigt durch den Korridor
der Sakristei wieder weg: »Wer hätte das dem armen Juanito
vorausgesagt? Siehst du, mein Kind, er hat das ganze Leben
lang Glück gehabt, und sogar nach seinem Tod lassen sie ihn
ein Hochamt haben – für drei Pesetas.«

Und die Mysterien! Alles in der Religion war ein Mysteri-
um.

Meine Tante wollte den Segensablaß des Papstes haben.
Für zehn Pesetas erhielt sie einen Ablaß für sich persönlich;
den rahmte sie sich ein. Ein paar Jahre später gaben sie ihr einen für hundert Pesetas, der für sie galt und für alle Mitglieder ihrer Familie bis ins fünfte Glied. Sie nahm den alten Ablaß aus dem Rahmen und warf ihn in den Mülleimer. Dann
rahmte sie an seiner Stelle den neuen Segen ein, und so bin
auch ich von Leo XIII. gesegnet worden.

Je mehr ich über die Religion erfuhr, desto mehr Probleme
ergaben sich. Das schlimmste daran war, daß ich sie mit niemand besprechen konnte, weil meine Lehrer dabei bloß zornig
wurden und mich bestraften. Eines Tages kamen wir in der bi-
blischen Geschichte zu Josua, der die Sonne in ihrem Lauf bis
zum Ende der Schlacht stillstehen ließ. Ich fragte Pater Vesga,
wie das möglich sei, da unser Geographielehrer uns gesagt hätte, die Sonne stehe still und die Erde drehe sich, und es also
unmöglich sei, die Sonne stillstehen zu lassen. Pater Vesga ant-

wortete mürrisch: »Du sollst keine vorlauten Fragen stellen. So steht es in der Heiligen Schrift, und das muß dir genügen. Der Glaube versetzt Berge und hält die Sonne auf. Wenn du den rechten Glauben hättest, würdest du diese Dinge verstehen, die so sonnenklar sind wie das Licht des Tages.«

Dann fragte ich Pater Joaquín danach. Er legte mir die Hand auf den Kopf und sagte mit breitem Lächeln: »Nun, was soll ich dir da sagen, mein Junge? In früheren Zeiten geschahen sonderbare Dinge. Wie du weißt, gab es einmal eine Zeit, da die Tiere sprachen und jeder sie verstand. Zweifellos hat sich in den Tagen Josuas die Sonne bewegt.«

Pater Fidel sagte mehr: »Hör zu, mein Junge, in Wirklichkeit blieb nicht die Sonne stehen, sondern die Erde; es sah nur so aus, als sei die Sonne stillgestanden. Es ist genau so wie in einem Eisenbahnzug, wo man auch glaubt, die Telegraphenstangen bewegten sich, und sie stehen doch still. Als die Bibel geschrieben wurde, wußte man noch nicht, daß sich die Erde bewege, man sah nur, daß sich die Sonne bewegte, so wie man das auch heute sieht. Aus diesem Grund schrieben sie, daß die Sonne stillstand, obwohl es die Erde war.«

»Aber, Hochwürden, nach dem, was wir in der Physik gelernt haben, konnte die Erde nicht stillstehen, weil doch dann alles, was auf der Erde lebt, in den Weltraum geschleudert worden wäre. Außerdem müßte die Erde ja in Brand geraten, wenn sie plötzlich stillstünde.«

Er blickte mich sehr ernst an und sagte: »Aber, mein lieber Junge, wer sagt dir denn, daß sie plötzlich stillstand? Sie blieb natürlich langsam stehen, so wie eine Straßenbahn allmählich anhält. Und jetzt mußt du gehen, und zwar rasch, denn ich habe eine Menge zu tun!«

Nach und nach kam ich drauf, daß ich nicht der einzige war, der die Wahrheit über Gott und den Glauben wissen wollte. Die Bücher, die ich las, stellten dieselben Fragen. Die Kirche hatte diese Bücher auf den Index gesetzt, die Fragen selbst aber nicht beantwortet. Der einzige Mensch, mit dem ich darüber sprechen konnte, war Pater Joaquín, der sich weder darüber ärgerte, noch mir die Bücher wegnahm. Wir hatten viele Diskussionen. Aber nur ein einziges Mal hat er mich überzeugt. Ich saß an seinem Schreibtisch, und er stand an seinem Notenpult, hielt die Oboe in der Hand, und die Vögel saßen am Fensterbrett. Er schaute in den Hof hinunter, zum Himmel hinauf, als sähe er jemand, und er begann zu sprechen – nicht zu mir, sondern zu sich selbst.

»Keiner von uns weiß irgend etwas von alledem. Die einzige Gewißheit ist, daß wir existieren. Daß die Erde existiert und die Sonne und der Mond und die Sterne und die Vögel und die Fische und die Pflanzen, und daß dies alles lebt und stirbt. Es muß einmal einen Anfang gegeben haben. Die erste Henne oder das erste Ei müssen entstanden sein, aber ich weiß nicht, was zuerst da war. Der erste Baum und der erste Vogel, jemand hat sie gemacht. Danach lief alles weiter, nach einem Gesetz. Das ist, was ich Gott nenne, und an Ihn glaube ich, an Ihn, der all das beherrscht. Außer an Gott glaube ich nur noch an die Güte.«

Er verstummte, und dann gab er mir ein Buch: »Nimm es und lies darin! Und glaub, an was du willst! Selbst wenn du nicht an Gott glaubst – solange du gut bist, ist es genau so als tätest du es.«

Er gab mir »Das Leben des heiligen Franziskus von Assisi«.

Ich hatte eine Schuhschachtel mit Löchern im Deckel, damit die Raupen darin atmen könnten. Es waren Seidenraupen. Ich hatte chinesische Seidenraupen, mit kaffeebraunen Flekken, und außerdem die weiße Art. Als ich Maulbeerblätter in die Schachtel gab, blieben die Seidenraupen zuerst versteckt. Dann begannen sie herauszukriechen und an den Rändern der Blätter zu knabbern; mit den zwei dunklen Zähnen oben an ihren Köpfen begannen sie runde Stücke herauszubeißen, wobei sie sich mit ihren Beinen am Blattrand festhielten und ihren Kopf auf und ab bewegten. Währen sie aßen, ließen sie Mist fallen, in winzigen zylindrischen Bröcklein. Von Zeit zu Zeit runzelten sie die Stirn zwischen den zwei kleinen Augen, und das bläuliche Band, das ihren Körper entlanglief, begann sich wellenförmig zu bewegen, vom Schwanz bis zum Kopf, als laufe ein Blutstrom hindurch. Dann veränderten sie ihre Lage und suchten sich einen anderen Teil des Blattes zum Beknabbern aus. Manchmal stießen zwei von ihnen, wie sie sich so ihren Weg hindurchnagten, mit den Nasen gegeneinander; dann hoben sie die Köpfe, es schien, als ob sie Umschau hielten und miteinander sprächen. Eine von den beiden runzelte dann wohl die Stirn, worauf sie die Plätze tauschten.

Ich hob sie mit den Fingern auf. Sie waren weich und warm; sie schlangen den Körper mit den haarigen Beinchen um meinen Finger und kosteten offenbar von meiner Haut, ganz erstaunt, daß es auch solche Art von Blättern gab. Dann bemerkten sie die Schachtel darunter, rollten sich zu einem festen Ball zusammen und ließen sich herabfallen, um dort weiterzufressen.

Wenn ich zwischen die Maulbeerblätter ein Blatt von einem anderen Baum tat, dann rührten sie es nicht an. Sie krochen darüber hinweg und machten sich an die Maulbeerblätter. Sie kannten, rochen und sahen sie. Ich fragte mich, ob sie auch mich kannten, rochen und sahen. Wußten sie, wer und wie ich war? Wenn ich sie in ihrer Schachtel beobachtete und sie ihre Köpfe hoben, schienen sie mich anzusehen. Dann nahm ich eine, setzte sie auf einen Finger und strich mit der Spitze eines zweiten Fingers über den weißen, schmiegsamen Körper des Tieres. Es streckte sich aus, hob den Kopf und die Vorderbeine. Plötzlich runzelte die Raupe ihre Stirne. Ich ließ sie in die Schachtel fallen, und sie nahm das Fressen wieder auf. Aber hie und da hob sie den Kopf, um zu mir herzusehen.

Später verkrochen sie sich in eine Ecke der Schachtel, hefteten sich mit den Beinen an den Pappendeckel und begannen ihre Köpfe zu drehen: Ein dünner Faden Speichel tropfte ihnen aus dem Maul. Ihre Körper wurden sehr klein, der Seidenfaden wickelte sich um sie, bis nur noch ein kleiner Schatten zu sehen war, der noch immer den Kopf in der Hülse des Kokons bewegte. Schließlich lag das Kokonei da, gelb oder weiß, an einer Ecke der Schachtel befestigt. Jeden Tag öffnete ich einen anderen Kokon, um zu sehen, was darin war. Die Haut der Seidenraupen war hart geworden wie aus Horn, dunkel wie der Kern einer Olive, mit Ringen überall, nur der Mund und die zwei schwarzen Zähne waren übriggeblieben. Sie schliefen fest und wachten nicht auf, und das einzige, was sich leise bewegte, waren die Ringe. Später wuchsen ihnen richtige Beine, ein Kopf und die Flügel, sie wurden weiß und entwickelten zwei zottige Hörnchen in der Form seidener Halbmonde. Sie bohrten sich am Ende ein Loch durch den Kokon und krochen auf das weiße Tuch, das ich für sie auf dem Boden der Schachtel vorbereitet hatte. Die Weibchen entfalteten ihre Flügel sehr rasch und flogen umher. Dann kamen die Männchen und hängten sich mit ihren Schwänzen an die Weibchen. Sie blieben stundenlang zusammengeklebt. Der Bauch des Weibchens schwoll zu einer Kugel an, und sie betupfte das weiße Tuch mit winzigen gelben Eiern, die zuerst golden aussahen und später schwarz wurden. Und dann starben die Schmetterlinge. Sie blieben in der Schachtel und trockneten ein, und die Flügel klebten an den kleinen Leibern, als hätten sie im Tod geschwitzt.

Ich hob das weiße Tuch unter einem Haufen von Leintüchern auf. Es war voll von Tausenden von Eiern. Meine Tante legte Äpfel zwischen das Linnen. Sie trockneten und wurden runzlig wie das Gesicht einer alten Frau. Im nächsten Jahr roch das weiße Tuch nach Äpfeln, und aus jedem Ei kroch ein schwarzer Faden, der sich in eine Seidenraupe verwandelte.

Ich saß auf dem Balkon, mit der Schuhschachtel vor mir in der Sonne, damit es die Seidenraupen schön warm hatten. Neben mir lag ein Stoß von Büchern, aus dem ich ein Buch nach dem andern herausnahm und durchflog. Es war schon beinahe Juni: Ich mußte die Prüfungen für zwei Abiturkurse gleichzeitig bestehen und mich dann um ein Zeugnis mit Auszeichnung bewerben. Alle stießen mich vorwärts: Die geistlichen Herren auf der Schule stopften mich mit Wissen voll und beschäftigten sich kaum noch mit jemand anderem in der Klasse; sie fragten mich nach denselben Dingen in tausend verschiedenen Formen. Onkel José versprach mir, mich Ingenieur werden zu lassen, falls ich alle Prüfungen mit Auszeichnung bestünde. Meine arme Mutter streichelte mir das Haar und bat mich, mir Mühe zu geben; sie könne nichts für mich tun, aber Onkel und Tante würden alles tun, wenn ich bloß ein braver Junge sei. Die Tante zog mir die besten Kleider an und nahm mich auf Besuche mit; sie protzte mit mir vor ihren Freunden, als ob ich ein Weltwunder wäre, und glatzköpfige Herren und alte Damen, nicht unähnlich meiner Tante, quälten mich mit albernem Gefrage.

»Sehr nett, Arturito, sehr nett! Und nun sage mir, was für Fortschritte du in deinen Studien machst!«

Meine Zukunft! Ich würde Ingenieur werden, um alle glücklich zu machen, vor allem aber, damit meine Mutter nicht länger waschen gehen müsse. Sie waren alle sehr gut zu mir. Sie verteilten Wohltätigkeit zur Rechten und zur Linken. Aber ich fühlte mich müde und wollte weder essen noch spielen. Ich wollte nur sehen; die Dinge und die Wesen sehen, wie der heilige Franziskus sie gesehen hatte. Sonst nichts.

Der Kater ließ sich auf meine Knie nieder. Er blickte auf die Schachtel mit den Seidenraupen und auf die Bücher; mit seinen golden Augen sah er mich an. Dann kehrte er die Augen nach innen, rollte sich zu einer Kugel zusammen, den Oberleib zwischen die Beine gefaltet, mit dem Schweif vor der Nase, und schnurrte. Ich dachte mir, daß er mich verstehe und sich auskenne in dieser Welt. Ich verstand ihn auch. Wenn er aber so dasaß und mich ansah und die Dinge ansah, dann wußte ich nicht, was er sagen wollte. Er sagte ja nichts, aber ich konnte an seinen Augen ablesen, daß sein Kopf so voller Gedanken war wie der meine. Er schlief nur, um nicht weiter denken zu müssen. Mit mir war es dasselbe. Ich war jetzt oft so schrecklich schläfrig, daß ich mich einfach auf den Teppich im Speisezimmer oder auf den Boden des Balkons legte und einschlief.

Die beiden Hunde im Hof waren weiß und lebhaft. Ich hatte sie als Neugeborene gesehen, als sie nicht größer waren als eine Faust. Sie kannten mich und hatten mich gern. Wenn ich auf die Straße kam, liefen sie heran, wedelten, bellten und sprangen an mir empor. Ich sammelte Zuckerwürfel im Café, und sie bettelten stets darum. Ich hockte mich nieder, und sie streckten ihre schwarzen Schnauzen in die Tasche meiner Jacke, um an den Zucker heranzukommen. Der Kater beobachtete durch die Gitterstäbe des Balkons, wie ich mit den Hunden spielte. Wenn ich dann hinaufkam, weigerte sich der Kater, mit mir zu spielen; er ärgerte sich. Ich machte die Anrichte auf und holte ein Paket Kekse heraus. Wir aßen – ich auf dem Boden und er zwischen meinen Knien sitzend. So versöhnten wir uns. Die Tante war dann immer böse, aber natürlich hatte sie unrecht. Recht hatten der Kater und ich.

»Bruder Wolf – Bruder Stein!« hatte der heilige Franziskus gesagt.

In eine leere Paprikakonserve hatte ich ein paar grüne Bohnen gesät und ein paar Kichererbsen in eine andere. Ich wollte sie wachsen sehen. Jeden Tag grub ich die Erde auf, um die Samen herauszunehmen, und nachher steckte ich sie wieder hinein. Sie begannen zu sprießen; jeder ließ einen Schößling hervorschießen wie ein weißes Hörnchen; dann wuchsen ihnen graue kleine Wurzeln, und schließlich bekamen sie sogar Blätter. Sie wuchsen, als hätten sie mich verstanden und wollten mir eine Freude machen, indem sie mir zeigten, wie sie waren und wie sie wuchsen. Ich beobachtete sie und lebte und fühlte mit ihnen.

Ich hämmerte ein Stück Eisen, und es wurde warm, als empfände es Schmerz.

Schließlich waren die Prüfungen vorüber, und ich war mit Auszeichnung in den Abiturientenkurs gekommen. Man brachte mich zu einem Arzt. Ich war sehr mager und hatte keinen rechten Appetit. Ich wollte nichts als lesen, schlafen und Tiere beobachten ... Der Arzt untersuchte meinen Brustkorb und sagte: »Es ist alles in Ordnung bei ihm. Es sind nur die Jahre ... Er wächst. Am besten wird es sein, ihn aufs Land zu schicken und ihm ein Stärkungsmittel zu geben.«

Ich fuhr nach Méntrida, um am Fluß herumzulaufen, und ich nahm löffelweise Lebertran ein, schwarz und dick; er verursachte mir derartige Übelkeiten, daß ich damit aufhören mußte, sonst wäre ich noch magerer geworden.

Ich hatte einen Prospekt meiner Schule bei mir, darin hieß es, der Unterricht sei so gut, daß bei den Schulprüfungen des Jahres das Institut so und so viele Auszeichnungen aufzuweisen hatte und so und so viele Abiturzeugnisse. Tante Aquilina zeigte mich allen Frauen im Dorf: »Das ist mein Neffe, weißt du, Leonors Sohn. Er ist sehr gescheit.« Dann stopften mich die Frauen mit Kuchen voll und gaben mir ein Gläschen starken Wein, um mich zu kräftigen.

Meine besten Ärzte aber waren Onkel Luis, der Dorfschulmeister und der heilige Franziskus.

Als man Onkel Luis von meinen Studien erzählte, legte er mir seine schwere Hand auf die Schulter und sagte: »Also, was geschieht? Bist du gekommen, um ein Weilchen die Blasebalgkette zu ziehen? Was du brauchst, ist gutes Essen und viel Bewegung. Komm also morgen, und ich zeig dir, wie's gemacht wird!«

Ich zog also die Kette am Blasebalg und hämmerte und feilte in der Werkstätte. Ich bearbeitete Eisenstücke im Schraubstock, und Hände und Gesicht wurden schwarz von Ruß. In der Abenddämmerung ging ich mit dem Onkel auf die Jagd. Er füllte mich mit Essen und Wein, aber ich war zornig und geriet fast in Tränen, weil ich mit meinen mageren Armen nicht einmal den kleinsten Hammer aufheben konnte.

»Verdammt!« sagte der Onkel. »Der Junge braucht weniger Schule und mehr Zeit zum Spielen. Wie er jetzt beisammen ist, bekommt er die Schwindsucht, und dann werden wir ja sehen, was bei dem blöden Lernen herauskommt.«

Er machte sich auf, um für mich Rebhühner und Kaninchen zu schießen, und wenn er nichts erlegte, dann ließ er mir eine Taube schlachten. Tante Rogelia machte daraus eine Brühe für mich allein. Ich bekam Appetit, und Onkel Luis war glücklich, wenn er mich essen sah. Die Kaninchen und Rebhühner schmeckten nach den würzigen Kräutern der Hügel. Tante Aquilina brachte mich zum Dorfschulmeister. Er war ein kleiner, freundlicher, lustiger alter Mann. Tante erklärte ihm alles, er hörte zu und las den Prospekt meiner Schule. Dann legte er mir die Hand auf den Kopf. »Mein armer kleiner Junge – sag mir nun, was würdest du wirklich am liebsten tun?«

Ich sagte ihm, daß ich Ingenieur werden wolle und daß ich Tiere und Pflanzen liebte. Ich erzählte ihm auch vom heiligen Franziskus, und er lächelte. Ich sprach zu ihm mit dem größten Zutrauen, weil er sehr aufmerksam zuhörte, ohne ein Wort zusagen, und mich die ganze Zeit anblickte, als wolle er erfahren, wie es in meinem Inneren aussah.

Als ich geendet hatte, sage er: » Komm und hol mich morgen früh ab, wir werden zusammen Schmetterlinge fangen!«

Da waren wir also auf der Wiese am Fluß, der Schullehrer und ich. Ich wußte nicht, wie man Schmetterlinge fing, doch er lief ihnen mit einem Gazenetz am Ende eines langen Stockes nach und fing sie im Flug. Dann griff er sie äußerst sorgsam mit den Fingerspitzen und steckte sie in eine runde Metallbüchse. Er zeigte mir Eidechsen, kleine Schildkröten und Chamäleons. Wir sahen den grünen Zikaden zu, wie sie sich in der Sonne trockneten, aus ihrer Hülle schlüpften und davonflogen, während die Hülle am Boden liegen blieb und noch immer die Konturen der Beine und Flügel und des Kopfes zeigte.

Er erklärte mir Art und Eigenschaften der Tiere, eines nach dem andern. Er nahm eine Eidechse und beschrieb mir, wie Eidechsen aussehen, wie sie fressen und wie sie leben. Dann, als ich glaubte, er würde auch sie in eine Metallbüchse stecken, streichelte er leise ihren Kopf mit einem Finger. Die Eidechse schloß sanft ihre winzigen Augen, als liebte sie die Berührung. Dann öffnete er die Hand und setzte sie frei.

Die Eidechse blieb auf der Hand sitzen, grün glitzernd in der Sonne, und statt auf den Boden zu springen, kletterte sie den Ärmel hinauf und setzte sich dem Lehrer auf die Schulter, wobei sie mit ihrem langen Schweif wie mit einer Peitsche herumschlug. De Lehrer ging ruhig mit der Eidechse weiter, die ab und zu den Kopf in sein Nackenhaar steckte.

Als wir ins Dorf zurückgingen und am Rand der Wiese anlangten, nahm der Lehrer die Eidechse, setzte sie auf die Erde, kitzelte sie leicht am Rücken und sagte: »Nun lauf aber! Wir gehen jetzt. Und du mußt nach Hause!«

Die Eidechse blieb zunächst still im Gras sitzen und bewegte sich dann langsam fort, wobei sie mit dem Kopf über den Vorderbeinen hin- und herschaukelte.

Ich verzehrte einen frugalen Cocido im Haus des Lehrers – mit einem einzigen Stück Fleisch und einem einzigen Stück Speck, ohne Wurst darin und ohne sonstige Beilage –, der in einer alten gelbgrünen Tonschüssel aufgetragen wurde. Es war aber sehr gut gekocht. Der Schule war ein Bauernhof angeschlossen, und dort schüttelte die Frau des Lehrers, eine ruhige, reinliche alte Frau, die Krumen aus. Die Hennen und die Spatzen liefen heran; sie wußten, daß sie täglich zur selben Stunde die Reste bekamen.

Der Dorfpfarrer hielt jeden Sonntagnachmittag für junge Mädchen und Burschen einen Vortrag über religiöse Themen. Alle mußten kommen, weil sonst der Pfarrer sich ärgerte; außerdem hätte es Krach mit dem Bürgermeister und den Bauern gegeben, die während der Getreideernte und der Weinlese Lohnarbeiter beschäftigten. Der Schullehrer hatte versucht, tägliche Abendkurse für die jungen Leute zu veranstalten, in denen sie Lesen und Schreiben lernen sollten, was kaum der eine oder andere von ihnen konnte.

Aber der Pfarrer war wütend darüber, und der Bürgermeister verbot den Unterricht.

Der Schullehrer war nur dazu da, um den kleinen Kindern das Lesen beizubringen. Das war alles, was er tun konnte, denn sobald sie sieben oder acht Jahre alt waren, wurden die Kinder zur Feldarbeit herangezogen. Im Sommer mußten sogar fünf- bis sechsjährige Buben Ähren lesen und Zwiebeln ziehen. Der Lehrer widmete also seine Zeit dem Tiersammeln auf der Wiese. Er hatte Kästen voller Schmetterlinge und Käfer und auch ein paar ausgestopfte Vögel. Die Nachbarn brachten ihm ihre Kanarienvögel und ihre Lockvögel für die Rebhuhnjagd, wenn die Tiere krank waren oder ein Bein gebrochen hatten, und er heilte sie.

Ich brachte ihm »Das Leben des heiligen Franziskus«. Er hatte es bereits gelesen. Er sagte nur, Franziskus sei ein Heiliger geworden, eben weil er ein solcher Mensch gewesen war. Aber heutzutage gebe es keine Heiligen mehr.

Wenn ich allein auf die Wiese ging, setzte ich mich ins Gras und beobachtete alles ringsum. Nachdem ich eine Weile stillgehalten hatte, bewegten sich alle Tiere, als gäbe es mich überhaupt nicht, und ich sah ihnen beim Spielen und bei der Arbeit zu, während ich nachdachte.

Bis dahin hatte ich an Gott geglaubt, wie es mich alle, die Geistlichen und meine Familie, gelehrt hatten, an Ihn zu glauben: als an einen sehr gütigen Mann, der alles sah und alles in Ordnung hielt. Die Muttergottes und die Heiligen empfahlen ihm alle, die zu ihnen in ihrer Not beteten, und baten Gott, ihnen all das zu gewähren, was sie brauchten.

Jetzt aber drängte es mich, alles, was ich sah, mit dieser Vorstellung eines absolut gerechten Gottes zu vergleichen, und mich überfiel Angst, weil ich diese seine Gerechtigkeit nirgendwo und bei niemand entdecken konnte.

Es war bestimmt sehr gut, daß ich bei Onkel und Tante leben und Ingenieur werden konnte. Aber meine Mutter mußte an den Fluß waschen gehen und bei Onkel und Tante dienen, und sie mußte meine Schwester bei Señora Segunda lassen und meinen Bruder als Zögling in einer Wohlfahrtsschule. Hätte sie das nicht getan, dann hätte sie uns nicht erhalten können, selbst mit all der harten Arbeit, die sie täglich verrichtete. Es wäre viel leichter gewesen, wenn der Vater noch gelebt hätte. Man gab mir Gelegenheit, einen richtigen Beruf zu erlernen, aber ich mußte dafür zahlen: Ganz wirr im Kopf wurde mir von all den Büchern und dem Büffeln für eine Auszeichnung im Abiturientenkurs, damit die Schule in ihrem Prospekt damit prunken könne. Andernfalls würde man mich doch nie umsonst unterrichten. Dann wäre ich nicht anders als die anderen Jungen.

Gott belohnt die Guten und die Braven.

Der arme Angel mußte um fünf Uhr früh aufstehen, um Zeitungen zu verkaufen, in zerrissenen Leinenschuhen. Und dann, wenn die Verkaufszeit vorüber war, legte er sich im Portal des Hoftheaters schlafen, um so den ersten Platz in der Schlange zu bekommen und weiter verkaufen zu können. Er und seine Mutter verdienten zusammen kaum genug fürs Essen, und sie arbeiteten doch beide den ganzen Tag. Aber dem Don Luis Bahía gehörte halb Brunete, weil er die armen Leute, denen er Geld geliehen hatte, von dem Grund und Boden vertrieben hatte, der ihnen gehörte. Nicht nur bestrafte ihn Gott nicht – wenn er nach St. Martin kam, machten dort die Geistlichen großes Aufhebens um ihn und stellten ihn als einen ausgezeichneten Menschen hin, weil er für Messen und Novenen bezahlte. Wie es in der Schule war, so war es überall. Die einzigen guten Menschen waren die Menschen, die Geld besaßen; alle anderen waren schlecht. Beschwerten sie sich, dann sagte man ihnen, sie sollten Geduld haben, dann würden sie schon in den Himmel kommen; alles Schlimme, das ihnen in diesem Leben zustieß, falle nicht ins Gewicht; im Gegenteil, es sei eigentlich ein Verdienst, und ihr Los sei beneidenswert. Aber ich traf niemals reiche Leute, die sich selber arm machten, damit sie in den Himmel kämen.

Ich wollte Neues erfahren, wollte viel wissen, denn das schien mir die einzige Möglichkeit, reich zu werden, und wenn man einmal reich war, dann konnte man sich alles leisten, dann kam man sogar in den Himmel.

Für Geld lasen die Priester eine Messe und gaben sie Ablaß für viele Millionen Tage. Wenn ein Armer starb und Gott ihn zu hunderttausend Jahren Fegefeuer verurteilte, und die

Witwe des Armen konnte nicht mehr als drei Pesetas für eine Messe aufbringen, dann würden ihm nur zwei- bis dreitausend Tage Fegefeuer abgezogen werden. Starb aber ein Reicher und seine Leute bezahlten ein erstklassiges Begräbnis, dann spielte es keine Rolle, daß Gott ihn vielleicht zu Millionen Jahren Fegefeuer verurteilt hatte: Drei Priester würden die Messe lesen, es würde einen Chor geben und die Orgel und alles, und er würde einen vollen Ablaß bekommen.

Wenn die Armen in zerfetzten Kleidern daherkamen, so daß man ihre nackte Haut sehen konnte, weil sie eben nichts anderes zum Anziehen hatten, ließ man sie nicht in die Kirche zum Beten, und wenn sie darauf bestanden, rief man die Polizei und ließ sie verhaften. Aber die riesigen Truhen in der Sakristei waren voll schöner Kleider und Juwelen für die Heiligen, und auch die Holzstatuen wurden bekleidet und mit Diamanten und Samt bedeckt. Und dann traten die Priester vor, wie im Theater, in silbernen und goldenen Gewändern; die Kerzen leuchteten und die Orgel spielte und der Chor sang, und während des Singens ließen die Sakristane die Sammelbüchsen kreisen. Wenn alles vorüber war, wurde die Kirche abgesperrt, und die armen Leute mußten in der Vorhalle bleiben, um dort in ihrer eigenen Nacktheit zu schlafen. Drinnen stand die Madonna mit der Goldkrone und dem Samtmantel, wohlbehütet und warm, denn die Kirche war mit Teppichen belegt und gut durchwärmt. Das Jesuskind trug goldgestickte kleine Unterhosen und auch einen Samtmantel und eine Krone mit Diamanten. In der Vorhalle stand eine arme Frau, bei der meine Mutter einmal für zehn Centimos Milch gekauft hatte, denn sie hatte uns ihre verrunzelten, vertrockneten Brüste gezeigt, und neben ihr schrie halbnackt ihr Säugling. Sie saß in der Vorhalle der Santiagokirche, auf einem Haufen Abfallpapier, und sagte zu meiner Mutter: »Möge Gott es Ihnen lohnen, liebe Frau!«

Die Mutter ging heim und kam mit einem alten Schal zurück, den sie sich gewöhnlich um die Hüften wand, wenn sie im Winter am Fluß waschen mußte, und die Frau wickelte ihr Kind in den Schal, weil sie doch dort die ganze Nacht im Freien schlafen mußten. Die Frau sagte, sie würde sich mit alten Theaterplakaten zudecken. Das mußte genügen.

Am nächsten Tag nahm mich die Tante zur Novene mit und sagte, wie schön doch die Heilige Jungfrau sein, mit ihrem Mantel und der Krone und all den Lichtern. Ich erinnerte mich an die arme Frau vom Tag zuvor, und als wir aus der Kirche traten, erzählte ich der Tante von ihr.

»Mein Junge«, sagte sie, »es gibt viele unglückliche Menschen, aber Gott weiß, was er tut. Vielleicht war sie eine schlechte Frau, denn, weißt du, alle die Frauen, die in den Straßen herumgehen, sind verlorene Geschöpfe. Ich denke, sie hat keine Milch, weil sie zuviel trinkt.«

Die Novene galt der Ehre Unserer Lieben Frau, der Hochheiligen Schutzpatronin der Muttermilch und der glücklichen Entbindung.

Die Wiese am Fluß wimmelte jetzt von Tieren, die, während ich nachsann, leise und langsam herangekommen waren. Sie beachteten mich nicht. Zwei Eidechsen spielten im Gras in der Sonne, bewegten ihre Schwänze und züngelten. Frösche sprangen ins Wasser und haschten einander. Da gab es einen schwarzen Fleck voll Ameisen, die kamen und gingen, beladen mit Sandkörnern für ihren Bau. Mistkäfer hatten einen Haufen Mist umringt und drehten daraus kleine Kugeln. Sie arbeiteten in Paaren, ein Männchen und ein Weibchen zusammen, jeder stieß seine Kugel vorwärts, die manchmal davonrutschte und über sie hinwegrollte. Alles war ihnen Spiel und alles Arbeit, beides zugleich.

Ich wollte sein wie sie; ich wollte, daß alle Leute wie sie seien. Ich versuchte über diese Dinge zu Onkel Luis zu sprechen, und er hörte auch gut zu und versuchte, mich zu verstehen. Nachdem ich ihm alles erklärt hatte, sagte er: »Jetzt paß einmal auf! Das alles ist ein Haufen Blödsinn, den man dir eingetrichtert hat. Gott machte sich einmal daran, die Welt zu erschaffen. Jedesmal, wenn er eine kleine Kugel wie unsere Erde gemacht und sie noch rotglühend aus seiner Esse gezogen hatte, gab er ihr einen kleinen Stups und ließ sie durchs Weltall sausen. Von Zeit zu Zeit belustigte er sich daran, Menschen und Tiere zu machen, und so ließ er schließlich eine von den kleinen Kugeln erkalten und alle Menschen und Tiere darauf wachsen. Er beobachtete, wie die Geschöpfe heranwuchsen, und lehrte sie, wie man lebt. Eines Tages aber bekam er diese Welten satt, darunter auch unsere Erde, nahm das Ganze und schleuderte es in den Raum. Dann ging er schlafen, und seitdem hat niemand von ihm auch nur das Geringste gehört.«

Das sagte er natürlich, um mich zu hänseln. Aber ich war unglücklich, weil er nicht begreifen wollte, daß ich Gott brauchte.

Ich fuhr nach Madrid zurück, ich ging weiter in die Kirche, in die Schule und mit der Tante. Aber beten konnte ich nicht.

Zweiter Teil

I.
DER TOD

Morgens rasierte sich der Onkel. Noch im Unterhemd, hängte er seinen Spiegel an einen Nagel im Türpfosten des Balkons, schnallte den Abziehriemen an den Riegel des Fensterladens und ordnete, was zum Rasieren gehörte, auf dem Tisch des Eßzimmers: das Becken mit warmem Wasser, die Messer und die kleinen Papierblätter, mit denen er den Seifenschaum abstreifte. Die Messer kamen aus Deutschland; auf ihren Klingen waren drei Männchen eingraviert, die sich an der Hand hielten, als ob sie tanzten und sängen. Diese Klingen waren hohlgeschliffen und so dünn, daß man glaubte, sie müßten beim Anfassen zerbrechen. Vom Messerrücken stand ein gebogener Griff weg wie ein kleiner Hundeschweif. Dort lag beim Rasieren der Daumen auf, während das Heft des Messers steif in die Luft ragte.

Er seifte sich das Gesicht ein – die Seife hatte er von einem großen Block geschabt –, dann setzte er das Messer schräg an und fing an, sich zu rasieren. Die Klinge kratzte an den harten Stoppeln am Halse. In ihrem Hohlschliff staute sich der Schaum in krausen weißen Wellen, in denen die abgeschnittenen Haare wie schwarze Streifen lagen. Wurde der Schaumberg zu hoch, dann wischte ihn der Onkel mit einem Blatt Papier ab. Morgens schien die Sonne auf den Balkon, zuweilen fiel sie auf das Papier, und dann schimmerten die weißen Schaumblasen wie Perlmutter. Mir machte es Spaß, von den drei Kalendern der Wohnung die Blätter mit dem gestrigen Datum abzureißen und daraus enge Röhren zu drehen. Wenn die Sonne auf den Seifenschaum schien, tauchte ich eine dieser Röhren hinein und blies vorsichtig. Daraus erwuchs dann so etwas wie ein Traubenbündel, dessen Beeren zu schwellen und zu zittern begannen. Eine davon hob sich an der Spitze meines Röhrchens heraus. Im Sonnenlicht schimmerte sie blau, rot, violett, grün und orangefarben. Schließlich platzte sie und sprühte mir winzige Tropfen auf die Nase. Manchmal schwamm auf der Wölbung des Kügelchens ein Barthärchen, das sanft abwärts glitt, als ob es fallen wollte.

Ich schaute zu, wie der Onkel sich vor dem Spiegel sorgfältig den Hals abschabte. Seine Haare kamen mir sehr merkwürdig vor. Warum hatte er eigentlich Haare? Warum hatten Frauen dort keine Haare? Mir würden eines Tages ebensolche Haare wachsen, meiner Schwester nicht. Den Mädchen wachsen keine Haare im Gesicht. Freilich, alte Frauen bekamen manchmal welche unter der Nase oder am Kinn. Wie der Onkel so im Unterhemd dastand, mit aufgerollten Ärmeln, strömte er einen Geruch aus. Er roch nach Mann. Wenn man so roch, wuchsen einem Haare im Gesicht.

Onkel José hatte den Kopf nach hinten geneigt, den Hals gestrafft, und blickte aus den Augenwinkeln in den Spiegel. Er rasierte sich gegen den Strich, und das Messer schabte die Haare mit dem Geräusch einer Raspel. Ritsch! Ritsch! Plötzlich brach das Geräusch ab, und Blut spritzte leuchtend über den weißen Schaum. Es lief am Hals hinunter und malte kleine Bäche auf das Unterhemd. Sie vereinigten sich zu einem Fluß. Der Onkel stand da, ließ die Hand baumeln – das Messer darin schien wie zerbrochen. Mit der anderen Hand betupfte er die Wunde. Der Schnitt glich einem winzigen Mund. Man sah, wie es drin zu gurgeln begann, wie Blutklümpchen aus den Lippen der Wunde brachen und zu einem Rinnsal wurden, das zwischen den grauen Haaren der Brust und dem Unterhemd durchfloß. Onkel José legte das Messer auf den Tisch und setzte sich in den Schaukelstuhl. Vielmehr ließ er sich in den Schaukelstuhl fallen, und da merkte ich zum erstenmal, wie schwer er war. Sein Gesicht war gelb wie eine Altarkerze, das Haar klebte ihm an den Schläfen. Sein Schnurrbart hing schlaff, die Lippen waren blau.

»Ruf deine Mutter!« sagte er.

Die Mutter erschrak vor dem gelben Gesicht und den roten Streifen auf dem Unterhemd. Die Tante war in der Messe.

»Erschrick nicht, Leonor, es ist nichts! Ich habe mich geschnitten, und wie ich das Blut gesehen hab, ist mir plötzlich schlecht geworden. Mir ist noch recht übel.«

Die Mutter wusch ihn. Sie streifte ihm das Unterhemd über die schlaffen Arme, und nun saß er mit nackter Brust da. Die Brust war voll grauer Haare. In der Magengrube glänzte Schweiß und sammelte sich zu Tropfen. Ein Glas Kognak! Der Onkel blieb im Schaukelstuhl sitzen und atmete langsam mit halboffenem Mund. Er streichelte mir den Kopf. Ich saß dicht bei ihm auf der gebogenen Armlehne. Schaukelstühle wie der unsere, so fiel mir ein, wurden in Wien fabriziert; man fertigte sie aus Zweigen, die in kochendes Wasser getaucht wurden. Wenn das Holz kochte, wurde es ganz weich und ließ sich biegen, wie man's brauchte und wollte.

Der glühend heiße Tee und der Kognak belebten ihn; und ich sah, wie das Blut in sein Gesicht und in die Glatze zurückkehrte und die Haut rötete. Ein Streifen Taft bedeckte den Schnitt, der nun zu bluten aufgehört hatte, so daß nichts mehr zu sehen war. Als die Tante nach Hause kam, erzählte ihr der Onkel, daß er sich geschnitten habe, als hätte es nichts zu bedeuten.

Ich schlich in die Küche und fragte die Mutter leise: »Mutter, wird der Onkel sterben?«

»Dummer Bub, siehst du denn nicht, daß gar nichts dabei war? Vielen Leuten wird schlecht, wenn sie Blut sehen, und dem Onkel ist einfach auch schlecht geworden.«

Aber ich wußte, daß er tot war. Zwar wußte ich nicht, was Sterben war, aber ich wußte, daß er tot war. Auch Hase, mein Kater, wußte, daß der Onkel tot war. Ich hatte es ihm gesagt. Er miaute ganz leise und tat dabei den Mund langsam auf, als wollte er gähnen, und es war wie eine Klage. Ich preßte seinen Kopf an mich, und er schaute mich mit seinen gelben Augen an. Dann ging er auf den Balkon, setzte sich auf die Hinterbeine und blickte starr, unbeweglich, mit verdrehten Augen ins Weite.

Der Onkel war, wie alle Tage, in sein Büro gegangen, und ich blieb auf dem Balkon, denn es war Freitag und schulfrei. Der Kater war bei mir, er lag zusammengerollt auf seiner kleinen Matte. Von Zeit zu Zeit hob er den Kopf, schnupperte in die Luft hinaus und sah aus, als warte er auf etwas. In der Wohnung waren die Tante und die Mutter beim Aufräumen. Ich hörte Geschirr klappern. Das Essen auf dem Herd roch bis hierher auf den Balkon.

Eine Droschke bog um die Straßenecke, und der Kater und ich standen auf: Wir wollten sie sehen. Das Pferd trottete langsam die steile Gasse herauf und blieb vor unserem Haustor stehen. Ein Mann und ein Pfarrer stiegen aus. Sie liefen in den Hausflur und kamen mit Señor Gumersindo, dem Pförtner, heraus. Der Kutscher kletterte von seinem Sitz. Zu viert hoben sie Onkel José aus dem Wagen. Das schwarze Droschkendach neigte sich unter ihrem Gewicht zur Seite: In der Sonne sah es aus wie ein schwarzer Spiegel und blitzte mir in die Augen. Zu viert trugen sie ihn ins Haus. Und ich riß die Türe auf und jagte die Stufen hinunter.

Auf der Treppe begegnete ich ihnen und stieg vor ihnen die Stufen wieder hinauf, rückwärtsgehend, denn ich konnte den Blick nicht von ihnen wenden. Wie schwer der Onkel war! Die Knie hatte er an den Bauch gezogen, der Kopf hing herab, die Arme baumelten schlaff, das Hemd stand offen und war feucht von Schweiß. Auf dem halb offenen Mund stand ihm ein wenig Schaum. Er keuchte und blies den Schaum von den Lippen, als wäre er es, der die vier hinauftragen mußte. Die Augen waren halb geschlossen, so daß fast nur das Weiße sichtbar war, die Pupillen waren im Schädel verborgen.

Oben legten sie ihn aufs Bett – wie schwer er war! Die Tante schrie und weinte, Mutter lief in die Küche und holte heißes Wasser, holte Tee, holte Gott weiß was. Ich faßte eine seiner Hände, sie lag schlaff zwischen meinen Fingern wie ein leerer Handschuh.

Der Kater preßte sich gegen meine Beine, ruhelos hin und her streichend. Zusammen zogen sie dem Onkel die Stiefel aus, die Hose, den Rock, das Hemd. Als die Socken abgestreift waren, hoben sie ihn auf, zogen ihm die Kleider unter dem Leib weg und ließen ihn in Unterhosen und Unterhemd auf dem Bettuch liegen. Dann deckten sie ihn bis zum Hals zu, und da lag der Kopf, wie der Kopf des Apostels Petrus mit Glatze und grauem Haarkranz – schwitzend und röchelnd. Der Kater sprang auf das Fußende des Bettes, setzte sich hin und schaute den Onkel aus ernsten Augen an. Er blieb, denn niemand wagte es, ihn zu vertreiben. Ich wollte es tun, aber er blickte mich an, und ich ließ ihn in Ruhe. Mutter wollte ihn verjagen, aber ohne sich umzudrehen, sträubte er die Haare und fauchte ganz leise, als wolle er den Onkel nicht wecken. Er zeigte die Fangzähne und die rote Zunge.

»Was ist Angina pectoris?« Keiner wußte es oder wollte es sagen.

Am Abend – die Sonne war untergegangen, aber die Lampen waren noch nicht angezündet – kamen die Nachbarinnen im Salon zusammen und saßen ganz still im Kreis beieinander.

»Gott gebe ihm die Gesundheit wieder oder was für ihn am besten ist!« sagte die eine.

»Vater unser, der du bist im Himmel ...«

Wir beteten alle, leise, damit er uns nicht höre, und der Tante, die im großen Lehnsessel kauerte, rannen die Tränen übers Gesicht. Ich betete. Wie ich betete! Gott und die Jungfrau und alle Heiligen mußten mich hören. Als die Nachbarinnen verstummten, betete ich weiter, leise und heimlich, damit sie mich nicht sähen. Gott mußte mich hören!

Das Schlafzimmer füllte sich mit Apothekergerüchen, mit Getrippel, mit dem Klingen von Schalen und Flaschen gegen den Marmor des Nachttisches. Don Thomás, der Arzt, kam heraus und sagte mit unterdrückter Stimme zu allen und zu keinem:

»Was für ein Mann! Er ist wie aus Eisen. Jeder andere wäre schon tot.«

Nachher saß er am Bett, hielt das Handgelenk des Onkels umklammert und fühlte ihm den Puls. Der Onkel öffnete langsam die Augen, blickte uns an, streckte eine Hand aus und streichelte mir den Hals. So verbrachten wir die Nacht. Er schlief und atmete tief, seine Hand auf meinem Nacken, und ich wehrte mich innerlich dagegen. Wenn ich einschlafe, stirbt er, wiederholte ich mir. Die anderen wollten mich wegschikken, aber ich ging nicht. Und die Mutter brachte mir starken schwarzen Kaffee mit einem Tropfen Kognak dazu. Als ich erwachte, stand ich neben dem Bett, halb in die Kissen gesunken, aber noch immer die Hand des Onkels auf meinem Nakken. Sie hatten mir eine Decke umgehängt. Die Mutter saß auf einem Schemel am Bett, die Tante schlief im Lehnsessel. Vom Balkon her drang der Schein des Morgengrauens ins Zimmer. Alle Knochen taten mir weh, und die Mutter hob mich auf, wie ich so in die Decke gewickelt dastand, und legte mich auf mein Bett. Sie begann mir die Schuhe auszuziehen, mehr weiß ich nicht, denn ich sank gleich in ein schwarzes Loch.

Dann kamen bessere Tage. Onkel José verließ das Bett und ging langsam, in Hausschuhen, durch die Wohnung. Aber wir drei, der Kater, er und ich, wir wußten, daß er tot war.

Eines Tages begann er in der Kommode herumzukramen und rief mich.

»Nimm das«, sagte er, »meine silberne Uhr mit den zwei kleinen Schlüsseln. Ich hab sie dir mit einer Schnur zusammengebunden, damit sie nicht verlorengehen. Die Manschettenknöpfe, den Stock mit Goldgriff, den Siegelring.« Er zog ihn vom Finger, an dem der Ring lose hing, so mager war der Onkel geworden. »Gib das deiner Mutter, sie soll es dir aufheben!« Er gab mir einen Kuß.

Ich brachte die Dinge meiner Mutter.

»Warum hat dir der Onkel das gegeben?« fragte sie.

»Ich weiß nicht. Er sagte, du sollst es mir aufheben, bis ich älter bin.« Ich wollte ihr nicht sagen, daß er tot war. Sie ging zum Onkel hin.

»Warum haben Sie dem Kind das gegeben?«

»Schau, Leonor, dir kann ich es sagen. Ich werde das nie mehr tragen. Ich weiß es. Ich bin schon tot.« Er sagte das ganz ruhig, seine grauen Augen blickten die Mutter, mich und die Katze an, als schäme er sich seines Sterbens.

»Reden Sie doch keinen Unsinn, Onkel! Sie werden bald wieder frisch und gesund sein. Sie haben ja eine starke Natur.«

»Entweder willst du mich anlügen oder du siehst es nicht, genauso wie der Doktor nicht sieht. Aber du kannst mir glauben. Ich weiß, daß mir nur noch wenige Tage zu leben bleiben. Ich spüre es da drin.« Er klopfte sich sachte auf die Brust. »Siehst du, der Junge weiß es auch, nicht wahr, du?« Er sah mich an. Und als der Kater den Kopf hob und ihn anblickte, setzte er hinzu: »Und der Kater auch. Die Kinder und die Tiere spüren, was wir nicht spüren.«

Abends ging ich hinunter, um die Milch zu holen, und im Stall heulte ein Hund, wie sie heulen, wenn ein Toter im Haus ist. Señor Pedro hielt ihm die Schnauze zu. »Still, verdammtes Vieh!«

Als ich mit der Milchkanne zurückkam, fiel mir ein, was der Onkel gesagt hatte. Auch die Hunde wußten es. Er lag schon im Bett und nahm ein Glas heißer Milch mit ein paar Tropfen Medizin, die stark roch. Ich setzte mich aufs Bett, und er redete zu mir, aber ich hörte nicht, was er sagte. Er aß sein Abendessen allein unter der Lampe, die sich wie eine gelbe Sonne im Wachstuch des Tisches spiegelte; bevor sie mich zu Bett schickten, drückte ich ihm viele Küsse aufs Gesicht, das vom Bart ganz stachlig war. Sie hatten ihm mein Bett gegeben, damit er ungestört sei, und ich schlief daneben in der Hinterstube in einem Notbett.

Der Kater stieg mit mir ins Bett, schob sich unter das obere Bettuch und schlief schnurrend ein. Wir schliefen. Mich weckte der Kater, der sich im Bett streckte und leise miaute. Unter der Tür, die zu Onkels Schlafzimmer führte, glänzte ein

Lichtstreifen, und alles war still. Der Kater und ich horchten. Und plötzlich füllten Schreie das Haus ...

Rings um den großen Tisch im Eßzimmer hatten alle nahen Verwandten Platz genommen. Die Tante präsidierte, ich saß neben ihr. Da waren sie alle: Onkel Hilario mit seiner kastanienbraunen Glatze und der Talggeschwulst, die einer reifen Tomate glich, mitten drauf. Tante Braulia mit den vierzehn Unterröcken – grünen, gelben und schwarzen – ihres Sonntagsstaates. Onkel Basilio, ein zweiter Bruder Onkel Josés, mit seinem großen Kopf, den schweren Körper in einen zu engen Anzug aus schwarzem Tuch gezwängt, das nach Naphtalin roch. Tante Basilisa, eine Schwester der Tante Baldomera, eine winzig kleine runzelige, mürrische, Alte, mit einem Schnurrbart aus schütteren grauen Haaren, dem gestutzten Schnurrbart einer Katze ähnelnd. Daneben ihr Mann, Onkel Anastasio, in seinem schwarzen Anzug so stattlich wie ein pensionierter Kapitän, mit pechschwarz gefärbtem Schnurrbart und dicken, ebenfalls schwarz lackierten Augenbrauen. Großmutter Inés war da, auf ausdrücklichen Wunsch der Tante, die sie rufen ließ, damit sie ihr helfe, denn die Großmutter verstand sich auf solche Sachen; sie verwaltete ja den Nachlaß Señor Molinas. Schließlich war da Pater Dimas, als geistlicher Berater der Tante, der auch dem Onkel die letzte Beichte abgenommen hatte.

Die Großmutter und der Geistliche saßen Schulter an Schulter: die zwei Großen und Dicken. Der Pater gehörte zur Gattung der schwammigen Dicken. Er hatte überall Fettwülste: am Doppelkinn, unter den Augensäcken, an den Handgelenken, auf der Brust, auf dem Magen und auf dem ungeheuren Wanst, der ihm die Soutane aufblies, als wäre sie ein Luftballon. Die Großmutter gehörte zur Gattung der Dicken mit großen, schweren Knochen, die nie ganz vom Fleisch überdeckt werden. Sie hatte grobe Kinnbacken, eine breite, lange Nase, gewaltige Arme, denen am Handgelenk und am Ellbogen die Gelenksköpfe aus der Haut standen. Der Geistliche war salbungsvoll, die Großmutter scharf und stachlig wie ein Igel. Don Dimas kannte sie noch nicht. Er hätte sich auch nicht vorstellen können, daß in einer so christlichen Familie wie der unseren eine so unversöhnliche Feindin der Kutten zu finden wäre wie die Großmutter.

Onkel Hilario legte seine vom Pflug zermarterte Hand auf den Tisch und fragte: »Nun, Baldomera, und was gedenkst du jetzt zu tun?«

»Deshalb habe ich ja euch alle gerufen, damit ihr mich beratet. Ich habe eine Idee ...«

»Das wundert mich«, unterbrach sie die Großmutter, die durch die Nachbarschaft des Paters aus dem Gleichgewicht geraten war und nur auf die Gelegenheit wartete zu explodieren.

»Laß mich ausreden, Inés«, fuhr die Tante fort. »Da der arme Pepe mir für meine bescheidenen Bedürfnisse genug hinterlassen hat und da ich niemand auf der Welt habe außer dem Kind« – sie gab mir drei, vier tränenfeuchte Küsse –, »habe ich daran gedacht, mich in ein Frommes Haus zurückzuziehen, wo die Schwestern Damen wie mich als Pensionärinnen aufnehmen. Und das Kind soll in ein Schulinternat eintreten.«

Pater Dimas betrachtete liebevoll die Nägel seiner über dem Bauch gefalteten Hände. Die Verwandten vom Lande schauten einander an, ohne die Bedeutung des Gesagten recht zu begreifen. Onkel Anastasio, der sich nicht gesetzt hatte, um die Bügelfalte seiner Hosen nicht zu verdrücken, zwirbelte nervös seinen Schnurrbart. Schwerfällig erhob sich Großmutter Inés von ihrem Stuhl und schaute von ihrer alles überragenden Höhe auf die Köpfe der übrigen herab. Dann nahm sie ihr Opfer aufs Korn – die Tante.

»Schau, Baldomera! Ich sagte vorhin schon, wie sehr es mich wundert, daß du eine Idee hast, und ich sag es noch einmal. Wie bist du auf diese Idee gekommen?«

»Pater Dimas hat mir den Rat gegeben«, antwortete die Tante mit gesenktem Kopf.

»Aha! Daher bläst also der Wind, Pater Knackwurst?«

»Gnädige ...« begann der Pater, rot vor Zorn.

»Gnädige hin, Gnädige her! Zum Teufel mit der Gnädigen! Mir werden Sie nicht mir Ihren Salben kommen. Sie glauben wohl, ich bin ein Wickelkind? Schau, Baldomera, du kennst diese Bande nicht; ich kenne sie. Du gehst in ein Kloster, und dort behandelt man dich wunderbar; der hochwürdige Pater, ja, ich meine diesen hier, wird dich fromm und bieder jeden Tag besuchen. Den Jungen werden sie in der Schule schon gut behandeln – nach dem, was du gesagt hast, soll es nicht die Schule sein, in die er jetzt geht, nicht wahr?«

»Nein, ich dachte an das Internat von Areneros.«

»Stimmt. Der Pater Knackwurst dachte an das Internat von Areneros, und da haben wir den ganzen schönen Plan. Den Jungen macht man dort zu einem Jesuiten, und die Tante läßt man ein Testament zugunsten des Jungen als Universalerbe verfassen. Und so bleibt alles in der Familie, nicht wahr, Pater Knackwurst?«

Der Geistliche erhob sich nun auch, und seine Schweinsäuglein sprühten Funken: »Doña Baldomera, ich ziehe mich zurück. Das ist unerträglich. Mein heiliges Amt verbietet es mir, mit einem ordinären Weibsbild zu streiten. Ich wußte nicht, daß solche Personen zu diesem christlichen Heim Zutritt haben.«

Die Großmutter packte ihn am Arm und drückte ihm ihre mächtigen Finger ins Fleisch. »Natürlich, Seine Hochwürdigste Reverenz hat geglaubt, daß es hier nur Trottel gibt wie diese Arme da. Aber er hat sich geirrt. Hier bin ich. Der Junge geht nicht in die Jesuitenanstalt, einfach weil ich seine Großmutter bin und weil ich's nicht will. Wenn die Baldomera Lust hat, kann sie in ein Kloster gehen; ich bin weder ihre Großmutter noch ihre Mutter, sonst würde ich ihr trotz ihrer grauen Haare ein paar auf den Hintern geben. Und was das ordinäre Weibsbild anlangt, Pater Knackwurst, lasse ich Ihnen das einmal, ein einziges Mal durchgehen, und das aus Achtung vor dem Verstorbenen. Das nächste Mal streiche ich Ihnen die Wangen, daß sie doppelt so dick werden. Aber hochwürdiger werden Sie davon bestimmt nicht werden.«

Die Verwandtschaft hatte nun langsam begriffen, daß es sich darum handelte, die Tante einzufangen und sie alle enterben zu lassen. Sie wußten genug über Don Luis Bahía, um zu verstehen, wozu Jesuiten imstande waren, und alle unterstützten eifrig die Großmutter, während Pater Dimas sich in seine Pelerine hüllte, daß das Zimmer wie von Windmühlenflügeln durchfegt wurde. Die Großmutter machte ihm vorsorglich die Türe auf. Aber als er bereits auf der Treppe stand, konnte sie ihren Zorn nicht mehr bändigen: »Marsch, marsch, zurück in dein Loch, du Küchenschabe!«

Und sie knallte die Türe zu, daß die Teeschalen auf der Anrichte wie kleine Glocken erklangen.

Die Tante erschrak. »Aber Inés, was hast du getan?«

»Was ich getan habe? Mir die Lust verkniffen, dem Kerl ein paar Ohrfeigen herunterzuhauen. Na, das ist vorüber. Jetzt können wir unter uns reden, ohne falsche Patres.«

»Und ihr, was ratet ihr mir?« fragte die Tante.

Onkel Hilario, der schlaue Bauer, ergriff als erster das Wort: »Ich glaube, außer wenn die anderen was Besseres wissen« – mit »die anderen« war Großmutter Inés gemeint, die ihn tiefernst anblickte –, »daß es das beste für dich wäre, eine Zeitlang zu uns aufs Dorf zu kommen, bis der erste Schmerz vorüber ist. Da kannst du in aller Ruhe bleiben. Du brauchst dich um nichts zu kümmern. Die Mädchen werden alles für dich tun, und du wirst dich fühlen wie eine Fürstin. Der Arturo, der kann, wenn du willst, weiter studieren, und im Sommer kann er dich besuchen kommen.«

Onkel Anastasio hörte auf, sich den Schnurrbart zu zwirbeln, stützte eine Hand auf die Tischplatte, legte ein Bein über das andere und begann sich das Kinn zu streichen: »Ich bin völlig entgegengesetzter Meinung. Es ist klar, daß du Wärme und Zärtlichkeit um dich brauchst. Aber du kannst dich nicht in ein Dorf verkriechen. Du mußt Zerstreuung haben, mußt dir was anschauen, ausgehen, Menschen sehen. Bei keinem wirst du das besser haben als bei deiner Schwester und deiner Nichte, deinem Patenkind.« Das unterstrich er. »Wie es dir bei uns gehen wird, weißt du. Für Arturo gibst du seiner Mutter, was er braucht, um weiterstudieren zu können, und er kann uns besuchen kommen, sooft er will. Schlafen kann er bei uns allerdings nicht, denn wir haben keinen Platz, aber er kann den ganzen Tag mit dir verbringen, wenn es dir Freude macht.«

Großmutter schwieg, sie schaute einen nach dem anderen an, und keiner sprach ein Wort. Die Tante wartete darauf, daß die Großmutter etwas sage, und schließlich wendete sie selbst sich schüchtern an sie und fragte: »Und du, Inés, was rätst du mir denn?«

»Ich? Was ich dir rate? Also schau, ich will es dir sagen, sonst wird mir noch schlecht. Und wen es juckt, der soll sich kratzen. Was ich dir rate, ist, nicht blöd zu sein. Der Verstorbene hat dir Geld hinterlassen, damit du angenehm leben kannst. Du bleib in deiner Wohnung mit dem Jungen genau so, wie du dein ganzes Leben gelebt hast. Laß dir alles andere von Leonor besorgen und mach sonst, was du willst, ohne jemand zu fragen. Bist du so dumm, daß du nicht verstehst, was alle diese Herrschaften wollen? Der Pater will dich vom Jungen und von der Familie trennen. Die Familie will dich vom Jungen und von den andren Verwandten trennen. Und alle, paß gut auf, alle wollen sie dein Geld.«

Der Chor protestierte: »Aber Inés! Wir wollen nur ihr Bestes!«

»Was ihr wollt, ist ihr Geld! Wenn der Verstorbene sie mit einem alten Fetzen vorn und einem hinten zurückgelassen hätte, möchte ich wohl sehen, wer von euch sie zu sich ins Haus setzen wollte, eine alte, launische Betschwester, wie sie eine ist. Von euch allen, die ihr hier seid, wäre ich am Ende die einzige, die sie aufnähme; ich hätte immer noch ein Stück Brot für sie übrig. Schau«, wandte sie sich wieder zur Tante, »hör auf, bei der Familie Rat zu suchen! Gerümpel und Familie hab ich gerne – aus der Ferne. Frag Leute, die nichts mit dir zu tun haben, und du wirst sehen, was sie dir sagen: daß du bei dir zu Hause bleiben sollst und den Geldbeutel gut zuschnüren, wenn die Bittsteller kommen, die über dich herfallen werden wie Fliegen über den Honig. Weißt du, was das heißt, wenn eine gute Haut wie du, die vor lauter Güte ganz dumm ist, dreißigtausend Duros hat – in einer Familie von Hungerleidern? Du wirst es schon merken, warte nur!«

Würdevoll protestierte Onkel Hilario: »Hier gibt's niemand, der ihr etwas wegnehmen will.«

»Ist das so? Und wieviel warst du dem Pepe schuldig? Wird wohl mehr als tausend Duros sein. Und natürlich, als du vom Tod deines Bruders hörtest, hast du das Geld gleich mitgebracht, damit Baldomera es zur Hand habe, wenn sie etwa sofort etwas brauchen sollte. Deshalb hab ich ihr nämlich gestern tausend Pesetas geben müssen, damit sie all die Ausgaben decken kann, ohne sich den Kopf zu zerbrechen.«

Onkel Hilario setzte sich wieder und brummte verlegen: »So kann man doch nichts besprechen.«

»Natürlich nicht. Das einzige, was man tun kann, ist sich schämen, die Tür aufmachen und gehen.«

»Das wäre eine Ungezogenheit«, antwortete Onkel Hilario.

»Dann schluck die Pille hinunter! Die Wahrheit tut immer weh. Und die Wahrheit ist, daß ihr alle gekommen seid, vom Leichengeruch angezogen wie Krähen und Raben, um zu sehen, was für einen Brocken ihr da für euch schnappen könnt.«

Tante Baldomera begann zu weinen und zu kreischen, und Großmutter beendete die Diskussion mit dem praktischen Rezept: »Na, das wäre erledigt! Und du höre auf zu weinen, der Verstorbene kommt nicht zurück, weil du weinst. Wir werden ein Vaterunser beten, vielleicht nützt es ihm was – ich werde mitbeten, wenn ich auch an so was nicht glaube –, und dann geht jeder Kauz auf seinen Baum zurück.«

Zwischen Lachen und Weinen begann die Tante das Vaterunser zu beten. Als die beiden alten Frauen allein waren, fielen sie einander unter Tränen um den Hals. Plötzlich machte sich die Großmutter los, riß die Balkontür weit auf und sagte: »Hier muß Luft herein! Es stinkt mir zu sehr nach Moder.«

Die Wellen frischer Luft nahmen den Schweißgeruch und den kalten Zigarrenrauch mit, und die trägen, im Lampenlicht bläulich schimmernden Schwaden zogen in langen Streifen ins Freie.

Eintönig vergingen die Tage. Zeitig am Morgen ging die Tante, frömmer denn je, in die Kirche und kam erst gegen elf Uhr zurück. Meine Mutter besorgte das Haus und ging abends in ihre Mansarde. Die Tante und ich blieben allein. Ich saß lesend am Eßzimmertisch, sie schlummerte im Schaukelstuhl und hielt dabei den Kater auf dem Schoß. Gegen elf oder zwölf Uhr nachts wachte sie auf, fuhr in die Höhe, warf einen Blick auf die Uhr, und wir drei gingen schlafen, die Tante, der Kater und ich.

Ihre Liebe zu mir und ihre Eifersucht auf meine Mutter waren wacher als je zuvor. Sie ließ uns keine zwei Minuten allein. An den schulfreien Nachmittagen, Donnerstag und Sonntag, ging sie mit mir aus, damit ich nicht mit der Mutter gehe. Auf der Plaza de Oriente oder der Plaza de Palacio setzte sie sich auf eine Bank, und immer traf sie irgendeine Alte, der sie die Geschichte des Onkels erzählen und etwas vorweinen konnte. In einer der Mansarden unseres Hauses lebte die Señora Manuela, die auf der Plaza de Oriente eine kleine Bude für Erfrischungsgetränke unterhielt. Zu ihr gingen wir öfters; die Tante kaufte eine Limonade, und dann tauschten die beiden bewegte Erinnerungen an ihre Männer aus.

Seit Onkel José tot war, zeigten die Verwandten eine innige Zuneigung zur Tante. Die aus Brunete kamen fast jeden Monat einmal in die Stadt. Die Tante zerriß ihnen alle Empfangsbestätigungen über ihre Anleihen bei Onkel José, weil die Ernte so schlecht gewesen war. Wenn sie kamen, brachten sie immer ein paar Hühner und einige Dutzend große, frische Eier mit. Wenn sie gingen, hatten sie fünfzig oder hundert Duros im Sack. Tante Basilisa, die Schwester der Tante, kam fast jeden Nachmittag, um ihr Gesellschaft zu leisten; an den übrigen Tagen kam die Nichte Baldomerita – das Patenkind –, die die Tante stürmisch umarmte und küßte. Eines Tages schenkte die Tante der Baldomerita – weil sie selbst das alles nie mehr tragen würde, da sie in Trauer bleiben wollte, »bis der Herr sie mit ihrem Pepe vereinigte« –, die goldenen, brillantenbesetzten Ohrringe, an einem anderen Tag die goldene Kette, an einem dritten die Brustnadel. Und dann kamen die Ringe an die Reihe. Nacheinander verschwanden alle Schmucksachen, die hohen Schildpattkämme, die schmiegsamen Mantillas mit dem dichten Spitzenmuster, der Manila-Schal mit den elfenbeinernen Chinesenfiguren, die Gewänder aus gestickter Seide. Gab es einen Festtag oder einen Namenstag, dann war die Familie immer gerade ohne Geld und konnte ihn nicht feiern. Und Tante Baldomera brachte schnell eine große Banknote und steckte sie, ganz klein zusammengefaltet, ihrer Nichte in den Brustausschnitt. Am späten Nachmittag, wenn die Mutter schon weggegangen oder eben im Weggehen war, kamen Tante Eulogia und deren Tochter Carmen, die zu Tante Baldomera im gleichen Verwandtschaftsverhältnis standen wie Mutter und ich. Die beiden fanden immer noch etwas in der Wohnung aufzuräumen, etwas zu nähen, etwas zu bügeln. Einer nach dem anderen, zwischen Klagen und Schmeicheln, wanderten Hundertpesetasscheine in ihre Tasche.

Alle taten das Gleiche; sie verwöhnten und streichelten mich, machten aber meine Mutter bei der Tante schlecht und schürten ihre Abneigung. Die Spannung zwischen der Tante, der Mutter und mir wurde immer größer. Der kleinste Anlaß führte zu Auseinandersetzungen, die wie mit Nadeln stachen. Die Tante weinte im Eßzimmer, und die Mutter weinte in der Küche. Eines Tages war das Ende da.

»Sehen Sie, Tante«, sagte die Mutter, »so kann es nicht weitergehen. Sie und ich, wir verstehen uns nicht . Sie waren sehr gut zu uns, aber einmal muß Schluß sein. Ich gehe in die Mansarde zurück und bleibe dort. Sie haben ja schon andere Leute, die Ihnen gerne zu Dienst stehen, und auf diese Art werden wir alle zusammen Ruhe haben.«

»Und das Kind? Was wirst du mit dem Kind tun?«

»Was das anbelangt, haben Sie zu entscheiden.«

Ich zählte nicht in dieser Diskussion; keine der beiden Frauen fragte mich, was ich selber wünschte.

»Wenn du nicht bei mir bleiben willst, Leonor, werde ich dich dazu nicht zwingen. Das Kind kann hier bleiben, bis es die Schule hinter sich hat, und wenn Gott mir die Gesundheit gibt, werden wir trachten, daß er Ingenieur wird, so wie sein Onkel es wollte.«

»Einverstanden«, sagte meine Mutter. »Sie suchen sich, wen Sie wollen, für die Wohnung, und sobald Sie mich verständigen, werde ich das Haus verlassen.«

Am Nachmittag verpflichteten sich Tante Eulogia und Carmen, bereits am folgenden Tag zu kommen: »Was für eine Frage, Baldomera! Du wirst sehen, wie wir für dich sorgen. Weder dir noch dem Jungen wird etwas abgehen.«

Tante Basilisa dagegen redete ein ernstes Wort mit der Tante Baldomera: »Was fällt dir ein, Menschenskind? Aus einem Loch kriechst du heraus und fällst ins andere. Du jagst die Leonor weg und nimmst dir die Eulogia. Hast du noch immer nicht genug draufgezahlt? Die kommen schmarotzen. Was du tun solltest, ist mit uns zusammen wohnen, denn schließlich und endlich bin ich deine Schwester. Wenn es sich um den Jungen dreht, für den wir zu Hause keinen Platz haben, so ist das ganz einfach: Die Wohnung hier ist sehr groß, wir können einfach hierher übersiedeln und bei dir leben.«

Aber die Tante hatte keine Lust, Onkel Anastasio im Hause zu haben, und entschied sich für Tante Eulogia. Die Carmen sollte bei uns schlafen, ihre Mutter morgens kommen und am Abend weggehen.

Alle diese Besprechungen wurden vor mir abgehalten. Niemand legte sich meinetwegen Zurückhaltung auf. Warum auch? Die Tante würde mich ja Ingenieur werden lassen. Was wollte ich mehr? Sie machten sich meinetwegen keine Sorgen. Wer einmal in der Wohnung drin saß, würde es schon so einrichten, mich früher oder später loszuwerden. Daran war kein Zweifel möglich.

Die Mutter packte alle ihre Kleider zusammen, und Señor Manuel kam, um die große, schwere Kiste abzuholen. Als er die Treppe hinunterging, trat die Mutter noch einmal ins Eßzimmer: »Also, Frau Tante, ich gehe. Möge es Ihnen gut gehen. Wenn Sie etwas brauchen, lassen Sie es mir durch den Jungen sagen.«

Da stiegen mir die Tränen hoch, und ich sagte: »Durch mich kann sie dich nicht rufen lassen, denn ich gehe mit dir.« Vor Zorn kochend wandte ich mich an die Tante und sagte: »Meine Mutter bleibt nicht hier und ich auch nicht. Ich gehe in die Mansarde, und Sie können das Geld und das ganze Studium für sich behalten. Ich kann arbeiten. Daß Sie keine Kinder gehabt haben, war eben Ihr Pech. Aber ich geh von meiner Mutter nicht weg. Sie können mit Ihrer Baldomerita und Ihrer Carmencita hier bleiben und ihnen geben, was Sie wollen, die Mantillas und das Geld, denn Sie denken nur an sich, Tante. Zwölf Jahre lang hat die Mutter für Sie das Dienstmädchen gemacht. Ja, das war sie, und dafür haben Sie den Mund vollgenommen, daß Sie die Mutter und mich um der Barmherzigkeit willen erhalten haben, weil wir sonst verhungert wären. Und jetzt kommen diese lausigen Weiber, und Sie geben ihnen das Geld, ich habe es gesehen, und den Schmuck und die Kleider und alles, nur weil sie Ihnen schön tun und Sie abküssen.«

Ich empfand nichts als Wut darüber, die Mutter mißachtet zu sehen, mein Studium aufgeben zu müssen und fremde Leute die Wohnung plündern zu sehen. Niemand hätte mich zum Schweigen bringen können.

»Zählen Sie doch Ihr Geld, Tante!« Ich schaute sie an und wiederholte: »Ihr Geld, das Geld, das Sie in der Brieftasche im Schrank haben. Wo Sie die fünftausend Pesetas und die Bestätigung für das Bankkonto aufheben! Zählen Sie, Sie werden schon sehen, was Ihnen fehlt! Später wird man sagen, meine Mutter hätte es genommen, aber ich weiß, wer es gestohlen hat!«

In der Küche klapperten Tante Eulogia und ihre Tochter mit dem Geschirr. Tante Baldomera ging ganz verlegen und fassungslos zum Schrank. Es fehlten fünfhundert Pesetas.

»Sehen sie, Tante? Die Großmutter hatte recht, Sie sind dumm. Wissen Sie, wer es genommen hat?«

Ich zerrte Carmencita am Arm aus der Küche herbei: »Die da, die hat's gestern genommen! Ich hab's gesehn, ich war da hinten versteckt.« Ich stellte mich hinter einen der Vorhänge. »Und ihre Mutter hat aufgepaßt, ob Sie sich auch nicht im Lehnstuhl rühren. Geh, sag, daß es nicht wahr ist, trau dich!«

Carmen, die kaum älter war als ich, ein Kind noch, brach in Tränen aus.

»Warst du es?« fragte die Tante.

»Ja, Tante. Ich hab's nicht besser gewußt; die Mutter hat mir's gesagt.«

Ich faßte meine Mutter am Arm: »Gehen wir! Jetzt wissen Sie, woran Sie sind, Tante!«

Wir gingen, die Mutter ganz erschrocken, ich zitternd vor Wut und Aufregung; die Tränen rannen mir übers Gesicht. Als wir auf die Straße kamen, küßte mich die Mutter. Die Tante rief vom Balkon herunter: »Leonor! Leonor! Arturito!«

Wir bogen um die erste Ecke der Calle de la Amnistia und gingen dann langsam, ohne zu reden, durch die sonnigen Straßen, bis hinauf in die Mansarde. Dort begann die Mutter, die Kleider aus der Kiste zu holen. Ich schaute ihr wortlos zu. Sie unterbrach die Arbeit und sagte ganz sanft: »Wir werden zur Tante gehen müssen, wegen deiner Kleider.«

»Sie soll sich damit den Boden aufwischen«, schrie ich.

Und ich warf mich auf Mutters großes Eisenbett; ich weinte, das Gesicht in den Kissen, die von Tränen ganz naß wurden. Krämpfe schüttelten mich. Die Mutter mußte mich pakken und mir ein paar Kopfstücke geben, denn ich konnte nicht sprechen. Señora Pascuala, die Portiersfrau, brachte mir eine Tasse Lindenblütentee mit Branntwein. Und ich blieb da liegen wie ein Bündel.

»Das beste wird sein, wir legen ihn ins Bett«, sagte Señora Pascuala.

Zu zweit zogen sie mir die Kleider aus. Ich ließ sie gewähren, ich schaute in den Sonnenfleck an der Wand. Dann schlief ich ein.

Die Mutter ging mit mir zur Schule, damit ich mich von den Patres verabschiede. Einer nach dem anderen kam und sprach mit ihr. Zuletzt kam der Pater Rektor, der mit dem Pater Präfekt und uns allein zurückblieb.

»Es ist sehr schade«, sagte er. »Dieser Junge ist besonders begabt. Schaun Sie, wir verstehen Ihre Lage vollkommen. Wir werden dem Jungen einen Freiplatz für den Unterricht und das Essen geben, denn auch wir haben ein Interesse an ihm, und es wäre wirklich schade, wenn er uns verlorenginge.«

»Aber ich muß ihn auch kleiden, hochwürdiger Pater«, sagte die Mutter.

»Gut, gut, das werden wir schon in Ordnung bringen! Dem Jungen soll es an Kleidern nicht fehlen.«

Meine Mutter war geneigt, mich in der Schule zu lassen. Sie hatte so viele Jahre um meinetwillen die Launen der Tante ertragen; was hätte sie nicht für mich getan? Der Pater Rektor beendete die Diskussion: »Also hören Sie zu! Wir übernehmen den Jungen als Internen. Wo hundert essen, können hundertundeiner essen. Kleider und Bücher werden wir beistellen. Machen Sie sich keine Sorgen!«

Und ich? War ich niemand? Konnte die ganze Welt über mich nach Belieben verfügen? Alle wollten mir erst Almosen geben und dann daraus Nutzen ziehen. Jetzt sollte ich in der Schule bleiben wie ein Gefangener, sollte mir anhören, daß man mir vorsagte: Ich sei aus Barmherzigkeit dort, sollte büffeln wie ein Ochse, damit dann die Geistlichen schöne Prospekte machen konnten und Väter anlocken, wie den Nietos, der mich den Waschfrauensohn nannte.

»Ich will arbeiten gehen«, sagte ich auf einmal.

»Gut, gut«, sagte der Pater Rektor. »Mach dir nur keine Sorgen, dir wird nichts fehlen!«

»Ich will aber keine Almosen mehr! Glauben Sie, daß ich es nicht weiß?« Die Worte sprudelten mir unter Schluchzen heraus: »Ich weiß schon, was es heißt, Sohn einer Wäscherin zu sein; ich weiß, was es heißt, wenn einem die Wohltätigkeit vorgerechnet wird; ich weiß, was die Prospekte der Schule zu bedeuten haben, und was es heißt, daß meine Mutter in der Wohnung der Tante den Boden scheuern muß, ohne dafür Lohn zu erhalten. Ich weiß genau, was arm und reich ist. Ich weiß, daß ich einer von den Armen bin, und ich will von den Reichen nichts haben.«

Aus der Schulküche brachte man mir eine Tasse Tee, und der Pater Rektor klopfte mir immerzu auf den Rücken. Sie mußten mich lange Zeit auf einem der Plüschdivane im Empfangssaal ausgestreckt liegen lassen. Die Patres kamen mich besuchen, sie kamen mich streicheln. Pater Joaquín setzte sich zu mir, hob mir den Kopf in die Höhe und begann zu fragen, was denn das wäre mit mir. Ich antwortete ihm in hemmungsloser Aufregung. Daraufhin klopfte er mir auf die Finger und sagte: »Nein, nein. Schön langsam, wie bei einer Beichte!«

Der Pater Rektor schob meine Mutter ans andere Ende des Saales, und wir blieben allein. Ich erzählte dem Priester alles. Er hielt meine Finger zwischen seinen großen Händen und fuhr fort, mir liebevoll darauf zu klopfen, um mich zum Weiterreden zu ermuntern. Als ich zu Ende war, sagte er: »Du hast recht.«

Er wendete sich zum Pater Rektor und zur Mutter und fügte sehr ernst hinzu: »Da läßt sich nichts machen. Diesen Jungen hat man ruiniert, die einen wie die anderen. Das beste ist, er sieht das Leben, wie es ist.«

Als wir fortgingen, preßte er mir die Hand, als wollte er sie zerdrücken, in einem Händedruck wie unter Männern, und sage mir: »Tapfer sein, ja? Denn du bist schon ein Mann!«

Wir gingen die steile Gasse Mesón de Paredes hinauf, die Mutter nachdenklich, Ich stolz: ich hatte recht – Pater Joaquín hatte es gesagt.

Am Abend kam Tante Basilisa in die Mansarde, um mit meiner Mutter zu sprechen.

»Baldomera will den Jungen sehen«, sagte sie.

Bevor meine Mutter antwortete, sprach ich: »Sagen Sie ihr, daß ich dazu keine Lust habe. Überhaupt, Sie haben hier in der Mansarde nichts zu suchen. Es ist Ihnen ja geglückt, uns hinauszuwerfen. Aber das ist nicht die Wohnung der Tante. Das ist meine Wohnung, und hier lasse ich weder Sie noch jemand anderen herein. Der Tante Baldomera können Sie ausrichten, daß ich nicht komme, weil ich nicht mag. Es ist genauso weit von hier zu ihr, wie von ihr zu uns. Ja, wenn der arme Onkel José den Kopf heben könnte!« Noch einmal überfiel mich blinde Wut und machte mich rasend. Ich packte sie am Arm: »Marsch, marsch, schau, daß du hinauskommst, alte Hexe, Tratschweib, Arschkriecherin! Geh geschwind, deiner Schwester den Schmuck und das Geld und die Kleider herausziehen, bis sie nackt dasteht, du Diebin!«

Sie versuchte zu schreien. Aber die Señora Pascuala, die die ganze Geschichte kannte und, vom Lärm der Stimmen angezogen, ins Zimmer gekommen war, faßte sie am Arm. »Gehen Sie! Der Junge hat recht, ja, Gnädigste, ganz recht hat er. Am besten, Sie verschwinden von hier. Und keine Widerrede, hier bin ich die Pförtnerin, und ich dulde keinen Skandal. Verstehen Sie? Sie Hungerleiderin! Was ihr feinen Herrschaften habt, ist ganz einfach Gier und Neid. Und jetzt Schluß. Raus aus dem Haus!«

Und sie trieb sie vor sich her, den langen Korridor der Mansarden entlang, ohne daß Tante Basilisa ein Wort zu sagen wagte. Hätte sie den Mund aufgetan, würde die Señora Pascuala sie verdroschen haben. Sie hatte doch solche Lust, einmal eine dieser gnädigen Frauen auf eigene Rechnung herzunehmen.

Die beiden, meine Mutter und Señora Pascuala, kamen überein, daß ich als Lehrjunge in einen besseren Laden eintreten sollte. Mit meinen Schulkenntnissen würde ich nach der Lehrzeit ein guter Geschäftsmann sein und Karriere machen.

Zwei Tage später brachte mich die Mutter in ein Galanteriewarengeschäft in der Calle del Carmen. »Die Goldmine« hieß es. Der Inhaber, Don Arsenio, gutmütig, klein und beleibt, vereinbarte mit meiner Mutter die Bedingungen: »Arbeit gibt es, viel Arbeit, aber der Junge wird essen wie ein Prinz. In meinem Haus wird besser gegessen als bei manchem Grafen. Er bekommt alles Essen sowie Wäsche und Bett. Dazu zehn Pesetas monatlich und die Trinkgelder.«

2.
EINFÜHRUNG INS MANNESTUM

Ehe der Nachtwächter gegen halb sieben Uhr früh ins Bett ging, schlug er mit seinem Stab ein paarmal an die eisernen Rolladen. Davon wachten Arnulfo und ich auf. In dem engen Gang zwischen unseren Betten fuhren wir schnell in die Hosen. Wir mußten uns bücken, um nicht mit den Köpfen an die Decke zu stoßen. Nacheinander wuschen wir uns dann in einer Schüssel, die am Fußende unserer Betten stand. Wir gingen ins Erdgeschoß hinunter, öffneten die Ladentür und fegten Laden und Hinterzimmer. Dann nahm ich einen Wassereimer und eine Leiter. Ich mußte sämtliche Glasscheiben waschen: fünf Schaufenster mit Glas vorne und hinten, fünf große Spiegel im Laden und zwei im Eingang, einen mit Spiegeln getäfelten Pfeiler und einen Ladentisch, der eigentlich ein Schaukasten war, mit Glasplatten an allen sechs Seiten. Die Außenfläche der Schaufenster war voller Fingerabdrücke, Flekken, an denen kurzsichtige Leute ihre Nasen gegen die Scheibe gedrückt hatten, Staubstreifen und vielerlei Schmutz, der im Laufe eines Tages von der Straße her aufgewirbelt worden war. Die Scheiben am Ladentisch hatten ähnliche Flecken und dazu noch Spuren vom Klebegummi der Etiketten, Kratzer von Bleistiften und Ärmelknöpfen und allerlei Spuren von den Säckchen und Schachteln, die daraufgestellt worden waren.

Das alles sollte funkeln wie Diamanten. Gegen acht Uhr kam Don Arsenio herunter. Er wischte sich das Frühstücksfett von den Lippen und hatte bereits oben die erste Zigarre angezündet. Er unterzog die Glasscheiben einer sorgfältigen Prüfung, eine nach der anderen, und hat sie niemals so blankgeputzt gefunden, wie er es verlangte. Anschließend mußte ich unter seiner Aufsicht das gefirnißte Holz im Eingang feucht abwischen, während er draußen auf dem Gehsteig stand, an seiner Zigarre sog und seinen Laden betrachtete. Inzwischen war Rafael, der älteste Verkäufer, gekommen, und sobald ich mit dem Waschen der Eingangstür fertig war, schickte uns Don Arsenio weg – zum Frühstück.

Arnulfo und ich gingen ins oberste Stockwerk hinauf, dort hatte Don Arsenio seine Wohnung. Seine Frau, Doña Emilia, und ein Dienstmädchen gaben uns das Frühstück, auf der Dachterrasse, wenn das Wetter schön war, oder im Speisezimmer, wenn es regnete. Gewöhnlich bekamen wir zwei Brateier oder ein Kotelett oder Wurst mit einem Bratei und eine große Schale Milchkaffee.

Don Arsenio setzte seinen besonderen Stolz darein, gut zu essen; das war seine Entschädigung für den Hunger, den er ein halbes Leben lang hatte leiden müssen, bevor er sich selbständig gemacht hatte. Wir kannten seine Lebensgeschichte in allen Einzelheiten, denn er erzählte sie fast jeden Tag.

Als er fünf Jahre alt war, hatte er in den Bergen von León Schafe gehütet und von Knoblauchsuppe und saurer Milch leben müssen. Im Alter von elf Jahren wanderte er nach Madrid, die Landstraße entlang, Hand in Hand mit seinem Bruder; sie sollten beide als unbezahlte Gehilfen in ein Kaufhaus namens la Palma eintreten. Das war das beste Geschäft für Galanteriewaren in ganz Madrid. Der Besitzer stammte aus León und holte sich alle Angestellten aus seinem Heimatdorf.

Statt der Knoblauchsuppe bekam Arsenio nun harte Kichererbsen mit Speck oder Kartoffeln mit Stockfisch, die Hauptnahrung der Angestellten von la Palma. An Stelle der Freiheit der Berge gab es hier die Enge des Hinterzimmers, aus der er alle zwei Monate einmal an einem Sonntagnachmittag auftauchte mit einem einzigen Peseta in der Tasche – das war alles, was der Chef seinen Lehrlingen fürs Ausgehen zubilligte.

Zwanzig Jahre lang war er dort eingesperrt. Dann zahlte ihm sein Herr, gemäß dem patriarchalischen Herkommen, das in diesem Gewerbe noch lebendig war, seine Ersparnisse aus und gewährte ihm Kredit. Er eröffnete ein eigenes Geschäft,

rechtfertigte dessen hochfliegenden Namen und machte es zu
einer wahren Goldgrube. Er heiratete Doña Emilia, eine Kö-
chin, die er am Ladentisch von La Palma kennengelernt hatte,
und die beiden widmeten sich der persönlichen Aufgabe, dick
und rund zu werden, indem sie sich mit den leckersten Bissen
vollstopften, die die erfahrene Frau auf den Märkten zu entdecken vermochte.

Jede Mahlzeit in diesem Haus war eine Überraschung.
Fest stand nur, daß es weder Kichererbsen oder Bohnen noch
Stockfisch geben würde. Dafür gab es reichlich gebratenes
Fleisch mit einer Überfülle von goldgelben Kartoffelscheiben,
fette Fischfilets, Hasen in Wildsauce, Lämmerbraten und
Spanferkel, Aufschnitt von geräuchertem, gekochtem und
gebratenem Schinken, Hühner und Langusten. Jede Mahlzeit bestand aus drei Gängen und zwei Süßspeisen. Manchmal
kam Doña Emilia mitten am Vormittag oder auch mitten am
Nachmittag in den Laden herunter und flüsterte ihrem Mann
etwas ins Ohr. Dann leuchtete sein rundes Gesicht auf. Und
kaum war sie gegangen, wandte er sich vertraulich zu mir.
»Heute wirst du prassen«, sagte er. »Wollen doch sehen, ob
du nicht endlich aufhörst, so mager zu sein wie eine Eidechse.
Ich sage dir nicht, was es geben wird, aber sag du mir nachher,
wie's dir geschmeckt hat.«

Eines Tages kam Don Arsenios Bruder, der in der Calle del
Pez ein ähnliches Geschäft hatte, zu Besuch und fragte nach
mir.

»Er ist ein bißchen mager«, sagte Don Arsenio. »Aber das
werden wir bald ändern. Laß dir doch von ihm erzählen, wie
er gefüttert wird; denn obwohl er so dünn ist, ist er doch ein
großer Fresser und ißt zuweilen noch mehr als ich, möchte ich
meinen.«

Da mir die Worte nur so zuflogen und ich gerade in der
richtigen Stimmung war, gab ich eine ganz übertriebene Schil-
derung unserer Mahlzeiten, wie sie Don Arsenio nie gehört
hatte und wie er sie selbst zu geben nie fähig gewesen wäre.
Erst lauschte er mit Erstaunen, dann mit Begeisterung.

»Der Junge da hat ein goldenes Mundwerk. Man braucht ihm nur zuzuhören und bekommt gleich Appetit. Höre, ich werde dir in dein Lohnbuch einen Duro eintragen, als persönliches Geschenk von mir!«

Feierlich zog er das Lohnbuch heraus, in das er mein Gehalt und das Trinkgeld eintrug, und schrieb mir fünf Pesetas gut. Tagelang ließ er mich meine Rede vor Freunden aufsagen, die er bloß zu diesem Zweck mitzubringen schien. Rafael, der Verkäufer, mußte sie sich zehn- oder zwölfmal anhören, immer mit demselben Zusatz: »Da siehst du, Rafael, was du versäumt hast. Es hat keinen Sinn, sich zu verlieben. Es ist einfach ein Märchen, daß ‚Brot und Zwiebeln, aber mit dir' genau so gut sind. Am nächsten Sonntag mußt du mit deiner Frau kommen und bei uns essen. Ich werde Emilia bitten, für euch etwas Besonderes zu richten.«

An diesem Sonntag aßen Rafael und seine hübsche kleine Frau mit uns. Sie aßen mit wirklichem Hunger, und da wir allein auf der Dachterrasse waren, stopfte die Frau alles, dessen sie habhaft werden konnte, in eine leere Tasche, die sie eigens zu diesem Zweck mitgebracht hatte: große Stücke Fleisch und gebackenen Fisch, Obst, Käse und Zuckerwerk. Nach dem Essen erschien Doña Emilia mit einem Paket.

»Maria, ich hab Ihnen da ein paar Kleinigkeiten zum Abendessen eingepackt.«

Am Montag darauf mußte Rafael sich Don Arsenios schwärmerisches Selbstlob anhören. Als wir drei Angestellten allein waren, beklagte er sich: »Wenn der Kerl bloß meinen Lohn um das erhöht hätte, was er für unser Essen ausgibt, dann wären wir alle unsere Sorgen los.«

Rafael, der älteste Angestellte, verdiente monatlich 125 Pesetas zum Lebensunterhalt für sich, seine Frau und zwei Kinder; ein drittes war bereits unterwegs. Um Geld zu sparen, ließ er sich einen Bart wachsen wie eine Mähne. Seine Frau schnitt ihm Bart und Haare zurecht, und zum Friseur ging er höchstens einmal alle zwei oder drei Monate. Er war Raucher; wir sammelten für ihn die Zigarettenstummel, die im Laden herumlagen; er spülte sie mit Essig ab und trocknete sie an der Sonne. Und bei alledem war er lieb und freundlich zu jedermann. Nur seine Augen blickten traurig.

Das beste Geschäft des Ladens waren Schleier und Kopfschmuck. Wir verkauften aber auch Posamentier- und Kurzwaren, wie Knöpfe, Sicherheitsnadeln, Stecknadeln, Manschettenknöpfe und Seidenbänder. Was Frauen brauchten, führten wir, und das Geschäft ging wie warme Brötchen.

Schleier machten die meiste Arbeit. Sie wurden in mächtigen Schachteln aufbewahrt, jede mit dreißig bis vierzig Rollen darin, eingeteilt nach Mustern, und man verbrachte den ganzen Tag mit dem Herunternehmen und Hinaufheben schwerer Schachteln, die fast so groß waren wie ich, und mit dem Aufrollen von Schleiern. Die Frauen quälten uns sehr. Wir hatten große Musterhefte mit Metallecken, mit einem Schleiermuster auf jeder Seite, aber die Frauen legten keinen Wert darauf, die Schleier in Mustern anzusehen. Wir mußten ihnen die Schachteln herunterholen, ein gutes Stück von der Rolle abrollen und es dann vom Ladentisch herunterhängen lassen. Sie betasteten jeden einzelnen Schleier, nahmen die Rolle, die ihnen am besten gefiel, in die Hand und hielten sich das Gewebe vor einem Spiegel ans Gesicht, um so zu sehen, ob ihnen Farbe und Muster gut stünden. Dann wiederholten sie das mit einer zweiten Rolle und einer dritten und einer vierten. Viele von ihnen gingen aus, um »einzuholen«, wie sie das nannten, sahen sich dies und jenes an und kauften am Ende gar nichts.

Don Arsenio und Rafael kannten die meisten Frauen dieses Schlages genau; sie bedienten sie möglichst schlecht und kümmerten sich nicht weiter um sie, bis es ihnen schließlich langweilig wurde und sie weggingen. Beinahe alle Schleierkäuferinnen waren reiche Damen aus dem Salamanca-Bezirk, die sich die erworbenen Schleier dann ins Haus zustellen ließen. Das Abliefern war mein Amt, und ich bekam dafür eine Menge Trinkgelder, die Don Arsenio mir jedesmal abnahm und in mein Lohnbuch eintrug. Ich kaufte mir alles, was ich an Kleidung brauchte, aus dem Bestand meines Lohnbuches, und am Sonntag, wenn ich ausgehen wollte, gab mir Don Arsenio zwei Pesetas, die ich nach eigenen Gelüsten ausgeben durfte.

Alle Kundinnen für Kopfputz waren Frauen unseres Bezirkes, zumeist Straßendirnen in der Calle del Carmen, der Calle de Mesoneros Romanos, de la Abada und de Preciados, die da nachts und manchmal auch bei Tag an den Ecken standen. Wenn die Polizei kam, liefen sie weg und warnten einander, um nicht verhaftet zu werden. Es kam also ziemlich oft vor, daß man plötzlich zwölf bis fünfzehn Weiber laufen und sich in den Haustoren verstecken sah, weil »die Polypen« in der Nähe waren. Aber ich hatte den Eindruck, daß die Polizei nicht sehr darauf aus war, sie wirklich zu fangen, denn wenn die Weiber zu laufen anfingen, dauerte es meistens eine ganze Weile, bis ein paar Polizisten auf ihrem Rundgang, bei dem ein Detektiv in Zivil sie begleitete, gemächlich herankamen, ohne sich auch nur im geringsten zu beeilen.

Diese Frauenzimmer erschienen niemals am späten Nachmittag, wenn die übrige Kundschaft ihre Einkäufe machte, weil Don Arsenio sie dann unbarmherzig aus dem Laden hinausgeworfen hätte. Sie kamen statt dessen am frühen Morgen oder nach dem Mittagessen. Manchmal erschienen sie lediglich im rasch übergeworfenen Schlafrock mit nichts darunter. Don Arsenio, der um diese Tageszeit selbst hinterm Ladentisch stand, tätschelte ihnen den Hintern und zwickte sie. Rafael griff ihnen an den Busen und fuhr ihnen wohl auch mit der Hand von oben ins Kleid; und befand sich mehr als eine von ihnen im Laden, dann beteiligte sich auch Arnulfo. Die Weiber ließen sich's gefallen, weil sie glaubten, daß Don Arsenio ihnen die Waren billiger verkaufte, wobei sie freilich nicht ahnten, daß er am Anfang immer erst einen erhöhten Preis verlangte. Wenn Doña Emilia herunterkam und in dieses Treiben hineingeriet, verabreichte Don Arsenio ihr ein paar schallende Küsse und bat sie, sich nicht zu ärgern; das alles gehöre nun einmal zum »Geschäft«.

Außer der Vorliebe für gutes Essen hatte Don Arsenio noch eine zweite Leidenschaft: das Grammophon. Er und Doña Emilia waren einmal in Paris gewesen; von dort hatte er ein Pathé-Grammophon mit einem mächtigen hölzernen Schalltrichter und einem zweiten aus Metall mitgebracht, und einen großen Kasten dazu, den Säulen und Girlanden aus Bronze schmückten. Es war das größte Grammophon, das ich in meinem Leben gesehen hatte, und man konnte auf ihm Platten mit einem Durchmesser von einem halben Meter spielen, mit vollständigen Opern darauf. Um zehn Uhr abends, nachdem wir das Geschäft geschlossen hatten, stellte er das Grammophon auf den Ladentisch und holte die Kiste mit den Platten hervor. Er besaß Hunderte von Platten aller Art. Doña Emilia ging früh zu Bett und blieb nicht auf, um zuzuhören, er aber ließ die Türe zum Laden offen, und seine Freunde aus der Nachbarschaft kamen herein, der Besitzer des Teppichladens, der Gemischtwarenhändler, der Uhrmacher, der Spielzeugfabrikant. Sie setzten sich hin und hörten zu, und gegen elf, wenn nur noch wenige Menschen auf der Straße waren, begannen sich die Huren im Eingang zu versammeln, um der Musik zu lauschen. Von der Türe aus riefen sie die Männer an, die vorbeigingen, und es kam vor, daß eine von ihnen einen Mann bat, auf sie zu warten, bis ein Stück zu Ende war.

Ich hörte dem Grammophon gerne zu, obwohl das spätes Zubettgehen bedeutete, aber sonnabends ging es schlimm her. Da wir am Sonntag nicht offen hielten, erschienen Don Arsenios Freunde zum Kartenspiel. Arnulfo und ich blieben hinter dem Ladentisch und schauten zu. Sie schickten mich aus, Tabak oder Kaffee zu besorgen, auch belegte Brote oder Kuchen, Bier und Kognak. Sie blieben meist bis fünf oder sechs Uhr früh. Nach ein Uhr konnte ich mich vor Schläfrigkeit kaum auf den Beinen halten. Gegen Morgengrauen kamen gewöhnlich noch die Nachtwächter und die Polizei auf eine Tasse Kaffee oder ein Gläschen Kognak. Auch die Straßenmädchen, die alle unsere Kundinnen waren, kamen, um sich mit den Männern zu unterhalten, ließen sich abknutschen und aßen dafür die Reste der Kuchen und belegten Brote auf. Am Sonntag durften wir bis zum Mittagessen im Bett bleiben und nachher bis neun Uhr ausgehen. Dann bekamen wir unser Abendessen und gingen wieder zu Bett.

Ich besuchte Sonntag immer meine Mutter in der Mansarde. Mein Bruder Rafael arbeitete bei einem Krämer ganz in der Nähe, und Concha war in derselben Straße im Dienst; wir verbrachten also viele Sonntage alle zusammen und machten auch Ausflüge aufs Land. An anderen Sonntagen blieb die Mutter zu Hause, und ich ging mit Rafael zusammen ins Theater oder ins Kino. Rafael hatte angefangen zu rauchen, und wenn ich ihn begleitete, rauchte auch ich gelegentlich eine Zigarette, aber mir schmeckte der Tabak nicht und ich hatte Angst, es könnte meiner Lunge schaden, weil ich mich so schwach und mager fühlte.

Dann kam ein Sonntagnachmittag, an dem ich, als ich nach Hause kam, allerlei Neuigkeiten erfuhr. Die Tante war bei meiner Mutter gewesen, um ihr zu sagen, sie habe Tante Eulogia hinausgeworfen, weil sie es satt habe, sich bestehlen zu lassen, und sie wollte meine Mutter wieder bei sich haben. Meine Mutter hatte ihr gesagt, sie würde gerne jeden Tag kommen, um die Hausarbeit zu tun und zu kochen wie früher; was aber mich betraf, so wolle sie sich nicht einmischen, und ich könne tun, was mir beliebe. Wir besprachen die Sache den ganzen Nachmittag, Mutter und ich, und ich ging nicht zur Tante, weil ich nicht wußte, was ich ihr hätte sagen sollen.

Montag früh tauchte die Tante plötzlich im Laden auf. Don Arsenio hielt sie für eine Kundschaft, weil er meine Geschichte nicht ganz kannte. Er fragte sie, was sie wünsche, aber sie brach in Tränen aus, setze sich auf einen Stuhl und sagte. »Ich bin wegen des Kindes gekommen.«

Don Arsenio stand da wie versteinert und hielt sie wohl für eine Verrückte.

»Wegen des Kindes?« fragte er.

»Ja, wegen des Kindes. Die ganze Sache war doch heller Wahnsinn, das wissen Sie! Glücklicherweise hat es das Kind nicht nötig, weil es ja alles, was es braucht, zu Hause bekommen kann.«

»Ja, ja, gnädige Frau, Sie haben ganz recht. Regen Sie sich nur nicht auf, wir regeln alles so glatt wie möglich.«

»Wo ist das Kind? Haben Sie ihn weggeschickt?«

Don Arsenio verlor die Geduld.

»Aber was für ein Kind meinen Sie denn eigentlich, liebe Frau, um des Himmels willen?«

Als ich vom Frühstück herunterkam, hörte Don Arsenio wütend der Erklärung der Tante zu, die heftig weinte und schluchzte und bittere Tränen vergoß. Rafael und Arnulfo machten sich über beide lustig, sie hörten hinter dem Ladentisch zu, und ich fühlte mich blamiert. Ich gab ihr einen Kuß.

»Was willst du denn hier, Tante?« fragte ich sie.

»Diese Dame ist also deine Tante?« fragte Don Arsenio.

»Jawohl, Don Arsenio.« Ich begann ihm die Geschichte in Umrissen zu erzählen, aber er unterbrach mich.

»Ja, ja, ich weiß, sie hat mir das alles mindestens dreimal erklärt. Aber was soll das alles bedeuten? Du weißt doch, Besuche des Personals ...« – er sagte das wichtigtuerisch – »... sind während der Arbeitszeit verboten, außer im äußersten Notfall.«

»Was soll ich denn mit ihr machen, Don Arsenio? So ist sie eben. Ich weiß ja gar nicht, warum sie hergekommen ist.«

Und das beruhigte die Tante. »Hör zu, mein Kind! Ich bin hergekommen, um dich zu holen. Deine Mutter hat dir bestimmt gesagt, daß wir uns wieder versöhnt haben. Eulogia ist weg; es war auch höchste Zeit, ich hatte es satt. Du kannst dir nicht vorstellen, wie sie mich bestohlen hat, mein Kind. Wenn sie im Haus geblieben wäre, hätte sie nicht einmal die Nägel in der Wand übriggelassen. Und jetzt kommst du mit mir, und wenn du wirklich arbeiten willst, dann finden wir schon was Passendes für dich. Nur nicht als Ladenschwengel. Pack deine Siebensachen und sage diesen Herren Adieu, und wir verlassen diesen Ort! Lieber Gott, was du nur gelitten haben mußt, mein armes Kind!!«

Don Arsenio bekam einen Wutanfall, als er spürte, daß sie ihn von oben herab behandelte. »Passen Sie mal auf, gnädige Frau, wer Sie auch sein mögen! Ein Ladenschwengel zu sein, wie Sie sich ausdrücken, ist sehr ehrenvoll. Und wir beschäftigen uns hier keineswegs damit, Kinder bei lebendigem Leib zu fressen. Ich bin überzeugt davon, daß Sie mit all Ihrem Getue ihm nicht annähernd so gutes Essen geben werden, als er bei mir bekommt.«

»Ich kann mir schon vorstellen, was für ein Essen Sie Ihrem Personal geben.«

»Besseres Essen, als Sie ihnen geben würden, gnädige Frau! Und das ist alles, was ich dazu sagen möchte. Aber jetzt hören Sie aufmerksam zu, was ich Ihnen noch sagen werde. Diesen Jungen hat seine eigene Mutter zu mir gebracht, und ich interessiere mich nicht für Familienstreitigkeiten. Der Junge geht erst, wenn seine Mutter kommt, um ihn zu holen, und wenn er selbst gehen will. Ich kenne Sie nicht und ich will Sie auch gar nicht kennen, aber dieser Junge ist minderjährig und mir anvertraut, und hier gilt mein Wort. Und hier ist die Türe, gnädige Frau, Sie kennen den Ausgang!«

Es folgten Umarmungen, Schluchzer und Küsse. Die Tante wühlte in ihrer Tasche herum und brachte eine Fünfundzwanzig-Peseta-Note zum Vorschein. »Hier, mein Junge, kauf dir, was du brauchst.«

Don Arsenio gab ihr die Note zurück.

»Der Junge braucht gar nichts, gnädige Frau! Er hat das Geld, das er erspart hat, und ist mit Almosen nicht zu bestechen. Und jetzt sollten Sie doch gehen, gnädige Frau. Ich möchte nämlich nicht, daß Kunden kommen und hier Klageweiber finden.«

Dann folgten ein paar aufregende Wochen. Wenn ich in der Früh aus dem Laden trat, um die Fenster zu putzen, traf ich dort die Tante, mit ein paar Brötchen in der Hand und voller Angst, sie könnte Don Arsenio treffen. Sie überhäufte mich mit Küssen und quälte mich wieder und wieder, ich solle doch zu ihr zurückkehren. Sie stellte sich am Fußende der Leiter auf und rief, ich würde herunterfallen und verunglücken, ich würde mir vom kalten Wasser noch Frostbeulen holen, während ich doch um diese Stunde noch friedlich in meinem Bett schlafen könnte, ich bekäme zu wenig zu essen und ginge zu spät schlafen, und so weiter und so fort. Da alle Jungen aus allen anderen Geschäften zur selben Stunde Fenster putzten wie ich, machten sie sich alle über mich lustig. Schließlich sprach ich mit Don Arsenio, und er kam eines Morgens herunter, schlug Krach und jagte sie davon. Sie kam nicht wieder, aber ein paar Tage später traf ich sie auf der Straße, als ich eben ein kleines Paket mit einem Schleier zu einer Kundschaft in die Calle de Ferraz trug. Danach lauerte sie mir tagelang hinter einer Ecke auf, und wenn ich sie am wenigsten erwartete, fand ich sie plötzlich an meiner Seite. Es wurde mir richtig zum Alpdruck. Dabei tat sie mir leid, und ich hätte auch gern den Laden gegen eine bessere Anstellung aufgegeben. Die Leute im Geschäft kamen dahinter, daß sie meinen Spuren folgte, und begannen mich deshalb aufzuziehen, sogar die Huren, die im Laufe der Zeit meine Tante kennenlernten, weil sie doch dauernd an den Straßenecken herumstanden.

Das Grammophon entschied schließlich alles.

Don Arsenio hatte ein Abendkonzert auf seinem Dachgarten arrangiert und sagte Arnulfo und mir nach dem Abendessen: »Tragt das Grammophon hinauf! Arnulfo nimmt den Kasten und du nimmst den Schalltrichter. Aber paßt auf und laßt mir nichts fallen!«

Als ich durch die enge Ladentüre ging, stieß der Schalltrichter leicht gegen das Glas des Schaukastens. Nichts war geschehen, aber Don Arsenio, der aus irgendeinem Grund schlecht gelaunt war, sprang wie ein wildes Tier auf mich zu, versetzte mir einen schweren Schlag auf den Nacken und brüllte: »Trottel! Hurensohn!« Er gebrauchte diese Wort häufig. »Hast du keine Augen in deinem verblödeten Schädel?«

Von Schlag und Beschimpfung schwer getroffen, drehte ich mich rasch um. Ich trat in den Laden zurück und schrie ihm wütend ins Gesicht: »Rühren Sie mich nicht an, Sie ausgestopfte Sau! Ein Hurensohn – das sind Sie – Sie und Ihre ganze Familie! Stecken Sie sich Ihr altes Grammophon hin, wo es Ihnen paßt!« Und damit warf ich den Schalltrichter auf den Boden. Fünf Minuten später befand ich mich auf der Straße, verfolgt von Don Arsenios Schreien.

Es war nachmittags halb drei Uhr. Zu dieser Stunde arbeitete die Mutter in der Wohnung der Tante. Ich ging hin. Die Tante war überglücklich, mich zu sehen; sie glaubte, ich wäre auf einem Weg in die Nachbarschaft gekommen, um sie zu besuchen. Ich sagte ihr nichts, blieb aber bei Mutter in der Küche und berichtete ihr alles.

»Schon gut! Mach dir keine Sorgen! Wir finden schon einen andren Laden.«

Aber Mutter mußte natürlich die ganze Geschichte der Tante erzählen.

Diese Nacht blieb ich bei der Tante und schlief auch dort. Ich lag in meinem Messingbett und schaute auf die helle glatte Stuckdecke hoch über meinem Kopf. In der Mansarde bei der Mutter rieb sich das Fußende meines Bettes am schrägen Dach, und Gipsflocken fielen auf sein schmutziggrünes Gitter.

3.
RÜCKKEHR IN DIE SCHULE

Im hohen Eichenschrank hingen noch alle Kleider, die jenem anderen Jungen gehörten: die zwei Matrosenanzüge, ein blauer und ein weißer, auf ihren geschweiften Kleiderbügeln; die kurzen Kniehosen mit den Gummibändern über den Knien – sie hinterließen einen roten Streifen auf der Haut; die Reihe von Blusen aus gestreiftem Drillich, an denen jeder Streifen aus einer Kette winziger Vierecke bestand; die cremefarbenen Hemden mit gesteiften Kragen, die seidenen Schlipse, die Umlegekragen, die runden Matrosenmütze mit ihren goldenen Buchstaben und den baumelnden Bändern, die schottische Mütze und das Barrett für den Alltag. Dazu auch die rote Schultasche.

Die Tante nahm Stück für Stück heraus und breitete alles vor mir auf dem Bett aus. Ich erkannte jedes Stück, eins nach dem anderen, wie man erkennt, was man am eigenen Leib getragen hat, aber es waren nun doch fremde Sachen, die jemand anderem gehörten.

»Was sollen wir damit machen?« fragte sie mich.

Mit dem ganzen Stolz des Besitzers eines tadellosen, nach Maß genähten »erwachsenen« Anzugs, der nirgends Falten warf außer dort, wo die silberne Uhr meines Onkels an ihrer geflochtenen Goldkette verankert war, erwiderte ich: »Das spielt keine Rolle; wir werden schon einen Jungen finden, der sie brauchen kann.«

Die Tante faltete Stück für Stück ordentlich zusammen und legte alles in die unterste Lade des Schrankes, wobei sie reichlich Mottenkugeln zwischen die Falten steckte.

»Ich denke, wir heben die Sachen auf. Wir werden sie vielleicht noch brauchen«, sagte sie.

Bildete sie sich ein, ich würde diese Kleider je wieder anziehen? Ich betrachtete mich im großen Wohnzimmerspiegel, einem Spiegel in Goldrahmen, der bis zur Decke reichte und etwas vorgeneigt war, als ob er sich vor dem Fußboden verbeuge. In meinem weichen Hut war ich genau so groß, ja größer als viele Männer; nur sehr mager war ich, und mein Gesicht war das eines Knaben.

»Ich gehe jetzt aus«, rief ich der Tante zu.

»Sei vorsichtig und paß ja auf, wo du hintrittst und was du tust! Und komm nicht zu spät wieder!«

»Ich geh zu meinen Freunden; ich werde bald zurück sein.«

Als ich die Treppe hinunterging, pfiff ich wie gewöhnlich laut vor mich hin. Auf dem nächsten Treppenabsatz verstummte ich. War es richtig, so zu pfeifen und die Stiege hinunterzuspringen, wie ich es damals getan hatte, als ich mit meinen belegten Broten in der Hand hinunterlief, um auf der Straße zu spielen? Señor Gumersindo, der Portier, erblickte mich im Torweg und hielt mich an.

»Sie sehen ja sehr fesch aus, junger Herr!«

Er nannte mich nicht mehr Arturito. Ich war der »junge Herr«. Ich ging auf die Straße und suchte nach meinen Freunden. Die Bande spielte auf der Plaza de Ramales Tempelhüpfen; man stritt sich gerade, ob Pablito, der Maurerssohn, den Strich berührt hatte oder nicht. Meine Ankunft machte der Auseinandersetzung ein Ende. Ich mußte ihnen von meinen Abenteuern im Laden erzählen und auch von meinem baldigen Eintritt als Angestellter in eine Bank. Die Burschen waren ganz begeistert. Als sie vom Zuhören genug hatten, bückte sich der Junge, der an der Reihe war, nach einem Kieselstein, versteckte seine Hände hinter dem Rücken, machte ein paar geheimnistuerische Bewegungen und hielt mir dann seine beiden geschlossenen Fäuste unter die Nase.

»Also los, sag, rechts oder links? Spielst du mit?«

Ich hätte gern mitgespielt, aber wie konnte ich mitspielen, im Anzug eines Erwachsenen, mit der silbernen Uhr in der Tasche und einer Goldkette quer über meiner Weste?

»Nein«, sagte ich und fügte, um meine Ablehnung abzu-
schwächen, hinzu: »In dem Anzug da kann ich ja gar nicht
springen.«

Eine Zeitlang blieb ich noch dort und schaute ihnen beim
Springen zu. Ich schämte mich ein wenig, denn ich kam mir
töricht vor, dann ging ich mit einem »Auf Wiedersehen« weg,
das eigentlich ein »Auf Nimmerwiedersehen« war. Ich ging
zur sonnigen Plaza de Oriente hinunter, über die weite freie
Fläche der Plaza de la Armería, bis zu den Loggien über der
Casa de Campo. Viele Burschen, die größer waren als ich,
spielten auf dem Platz, mit nackten Beinen, in Blusen oder
Spielhosen. Aber ich konnte nicht mehr spielen. Ich war ein
Mann, ich mußte ernst sein. In einigen Monaten schon würde
ich in der Bank arbeiten. Ich war fest überzeugt, daß ich im
Wettbewerb um die Stelle Sieger bleiben würde. Es mangelte
mir nicht an Vertrauen in mich.

Alles war abgemacht. Don Julián, der Mann aus der Bank,
der immer ins Café Español kam, wollte mich dem Direktor
empfehlen. Er war einer der Vorsteher des Börsenbüros und
arbeitete schon seit dreißig Jahren in der Bank. Die Direktoren hielten große Stücke auf ihn, und mit seiner Empfehlung brauchte ich nichts weiter als die Aufnahmeprüfung zu
bestehen. Dazu hatte ich einfache Buchführung zu lernen,
was leicht und ebenfalls schon geregelt war. Die Escuela Pía,
meine alte Schule, unterhielt eine kaufmännische Klasse für
ärmere Schüler, und in die würde ich eintreten.

Mit der Tante war alles in Ordnung, als ob nie etwas geschehen wäre. Die Mutter kam am Morgen hin und ging spät
am Abend. Sie hätte bei der Tante schlafen können, weil Concha und Rafael an ihrer Arbeitsstelle Kost und Quartier bekamen, aber sie wollte nicht. Sie erklärte, sie habe ihr eigenes
Heim und würde es nicht ein zweites Mal verlassen, und auch
ich hielt das für richtig.

Es war, als wenn gar nichts geschehen wäre; aber tatsächlich
war sehr viel geschehen. Wenn ich ausgehen wollte, brauchte
ich niemand mehr zu fragen. Ich griff einfach nach meinem

Hut und sagte kurz: »Ich gehe jetzt fort.« Ich brauchte nicht mehr heimlich die Anrichte aufzumachen, wenn ich Kekse essen wollte, ich brauchte die Türe nicht offen zu lassen und Krumen auf den Boden zu streuen, damit die Tante glaube, es sei der Kater gewesen. Jetzt öffnete ich einfach die Anrichte, legte zwei bis drei Kekse auf einen Teller und aß sie dann auf. Anschließend schenkte ich mir ein Glas starken Wein ein und trank es aus. Und die Tante schaute zu und strahlte. Wenn ich ausging, fragte sie mich, ob ich auch Geld bei mir hätte, falls ich etwas kaufen wollte, und ich hatte immer zwei bis drei Pesetas in der Westentasche. Vorher hatte ich immer eine lange Geschichte erzählen müssen, ehe ich ihr eine einzige Pesete entreißen konnte.

Ich mußte Angel sehen. Hier in der Loggia des Palastes konnte ich nichts anderes tun, als blöde auf den Campo del Moro und die Casa de Campo hinunterstarren. Im Café war es um diese Zeit still. Ich fand Angel allein in einer Ecke des Eingangs; er war gerade beim Bündeln der Zeitungen, die er am Vortag nicht verkauft hatte und dem Agenten zurückgeben mußte. Ich hatte die Empfindung, daß ihn Trauer überfiel, als er mich erblickte.

»Hallo, Arturo, wie geht's dir?«

Ich erzählte ihm rasch von den letzten Ereignissen, die mein Leben verändert hatten: von Geschäft, Tante, Bank, Don Julián. Mit tiefen Runzeln in seinem Alt-Männer-Gesicht hörte er mir schweigend zu. Als ich fertig war, klopfte er mir sacht auf die Schulter mit einer Hand, die dunkel war von Kupfermünzen und Druckerschwärze.

»Nun werden wir also nicht mehr am Abend zusammen den ,Heraldo' ausrufen?«

Er zog ein Bündel billiger Romane aus der untersten Lade des Schranks und bot sie mir an.

»Nimm dir, was du noch nicht gelesen hast!«

Ich ging die Serie des »Illustrierten Romans« durch und suchte mir die Bände aus, die ich noch nicht kannte. Angel beobachtete mich still.

»Also, die da will ich nehmen. Komm dann zu uns herauf und such dir unter meinen Büchern aus , was du willst!«

»Ich werde nicht zu dir kommen, weil deine Tante das nicht gern hat.«

»Ein Trottel bist du«, sagte ich. »Hör einmal zu! Von heute abend an bringst du einfach die Zeitung zu uns herauf, weil ich dir's aufgetragen habe. Und dann bleibst du ein Weilchen bei mir. Ich werde mit der Tante schon alles ordnen.«

Mit meinem Pack Büchern unter dem Arm ging ich weiter. Ich wollte nicht nach Hause. Ich wollte das Viertel sehen, die Burschen – nun ja, ich wollte spielen.

Auf der Plaza de Isabel II machte ich dann kehrt und wanderte langsam heim.

»Was ist denn mit dir los, mein Junge? Du siehst so gereizt aus«, sagte die Tante.

»Nichts ist los! Nichts!«

Ich setze mich in einen Sessel, um einen der neuen Romane zu lesen. Der Kater saß auf seinem Tuchviereck und blickte mich an. Sonst war niemand auf dem Balkon. Aber ich konnte nicht weiterlesen. Ich stand auf und ging ins Schlafzimmer. Dort nahm ich ein Paar kurze Hosen aus der untersten Lade des Schrankes und tauschte sie gegen die anderen. In Hemdärmeln ging ich ins Eßzimmer zurück und spürte die kühle Luft an den nackten Beinen.

»Ich hab mich umgezogen, weil ich meinen Anzug nicht zerdrücken will«, sagte ich zur Tante.

Dann warf ich mich der Länge nach auf den Boden des Balkons, ein offenes Buch zwischen mir und dem Kater. Mit dem Haar berührte ich seinen Kopf, und jedesmal, wenn ich umblätterte, streckte er die Pfote vor und versetzte dem Papier einen blitzschnellen Schlag. Er wollte spielen und legte sich auf den Rücken. Ich steckte den Kopf in die Höhlung zwischen den vier Beinen, und er zauste mir das Haar, weil es ihn kitzelte.

Doña Emilia rief vom Balkon gegenüber: »Arturito, Liebling, du bist also wieder da?«

Der Kater sprang auf und lief davon. Ich schämte mich meiner kindischen Spiele, gab ihr eine kurze Antwort, ging hinein und schloß die Balkontür. Dann zog ich langsam meinen »erwachsenen« Anzug an und begann wieder zu lesen, diesmal am Tisch im Eßzimmer, ohne ein Wort aufzunehmen von dem, was ich las.

Der kaufmännische Kurs begann um zehn Uhr vormittags und dauerte bis halb zwölf. Am Nachmittag gab es dann noch eine Stunde Stenographie. Pater Joaquín hielt den Frühkurs; die Nachmittagsstunde hatte ein Parlamentsstenograph aus dem Senat übernommen.

Ich kam vor zehn und suchte Pater Joaquín in seinem Zimmer auf. Wie immer stand es den vier Winden offen. Da war ein Musikpult, dort waren die Vögel, die das Fenster umflatterten. Er las in einem Buche und rief, als ich leise anklopfte, mechanisch »Herein!« »Ah, du bist es!« Er stand auf und umarmte mich. »Du möchtest also gerne wieder mit dem Studieren anfangen? Es wird dir nicht schwerfallen. In ein paar Monaten hast du die anderen eingeholt. Du wirst mit allen anderen unten zum Unterricht gehen, damit du mit ihnen Schritt hältst, aber ich werde dir außerhalb des Unterrichts alles erklären, viel schneller und einfacher, als ich es mit den andren Jungen tun könnte. Und dann wirst du arbeiten und bald Geld verdienen, denn du bist ja jetzt ein Mann, nicht wahr, mein Junge? Und du wirst deiner Mutter helfen können.«

Wir gingen zusammen hinunter in die Klasse. Alle Jungen erhoben sich.

»Setzen!« sagte Pater Joaquín.

Er ging mit mir auf das Podium, drehte sich um und sagte: »Von heute an habt ihr einen neuen Schulkameraden, den viele von euch ohnehin kennen. Er bleibt nicht lange bei uns, bloß lange genug, um Buchhaltung zu lernen, die er braucht, weil er schon arbeitet. Und jetzt rücken alle einen Platz hinunter, damit er sich setzen kann. Ihr wißt, es gibt in dieser

Klasse keinen Primus und keinen Ultimus, aber ihm müssen wir den ersten Platz einräumen; er hat ihn sich verdient.«

Und dort setzte ich mich auch hin, auf den ersten Platz in der ersten Reihe, und er begann mit dem Unterricht. Mir schien, daß er einen Überblick über den bereits durchgearbeiteten Lehrstoff geben wollte, damit ich mitkäme. Mit Hilfe des Elementarunterrichts, den mir Pater Joaquín erteilt hatte, fand ich es leicht, mir die Grundlagen zueigen zu machen. Die Jungen beobachteten mich und flüsterten miteinander. Viele von ihnen starrten meinen Hut an, der zwischen ihren Barretten und Mützen am Haken hing. Keiner von ihnen sprach mit mir. Es waren alles arme Jungen aus unserem Viertel. Einige von ihnen kannte ich, aber als ich mit ihnen zu sprechen versuchte, verstummten sie sofort und antworteten nur mit einem »Hm«, einem »Ja« oder einem »Nein«.

Am Ende der Stunde begleitete ich den Pater Joaquín wieder auf sein Zimmer. »Nun, wie gefällt es dir?« fragte er mich.

»Schwer zu sagen.« Ich fand es schwierig zu sprechen. Mit dem Hut in der Hand stand ich ihm gegenüber, auf der anderen Seite des Schreibtisches.

Pater Joaquín stand auf, ging um den Schreibtisch herum, legte mir die Hand auf die Schulter und zog mich sanft an sich. »Geh, sag mir's! Was ist denn mit dir los?«

»Ich weiß es nicht. Es ist so komisch. Alles scheint verändert. Selbst die Steine im Kreuzgang, die ich doch alle auswendig kenne. Alles kommt mir verändert vor, die Jungen, Sie selbst, die ganze Schule. Sogar die Calle Mesón de Paredes. Als ich sie heute früh durchschritt, fand ich auch sie verändert. Mir scheint alles, die Männer, die Frauen, die Kinder, die Häuser, alles, tatsächlich alles verändert zu sein. Ich weiß nicht, wie, und ich kann es nicht erklären.«

Pater Joaquín schaute mir eine Weile fest in die Augen.

»Natürlich siehst du alles verändert. Aber alles ist noch genau so wie früher, nur du hast dich geändert. Laß einmal sehen, was du in den Taschen hast! Zeig mir's!« Ich war verwirrt, aber er bestand darauf. »Ja, ich meine es ernst, zeig mir alles, was du in den Taschen hast!«

Verwirrt zog ich mein Seidentuch aus der Brusttasche, dann meine elegante neue lederne Brieftasche, die silberne Uhr, das zusammengefaltete Taschentuch, zwei Pesetas, einen Füllbleistift, ein kleines Notizbuch. Das war alles.

»Hast du sonst nichts?«

»Nein, Hochwürden.«

»Schön, schön! Und was hast du mit deinen Murmeln und dem Kreisel gemacht? Hast du keine Streichholzschachteln oder Messingstücke oder bunte Bildchen oder eine Schnur für Räuber und Gendarm mehr bei dir? Hast du keine einzige zerrissene Tasche mehr, fehlt dir nirgends ein Knopf, hast du keine Tintenflecke an den Fingern?«

Ich muß ein sehr dummes Gesicht gemacht haben. Spöttisch lächelnd nahm er die Sachen, eine nach der anderen, und steckte sie mir wieder in die Taschen.

»Hier ist das hübsche Seidentuch, damit du elegant ausschaust. Du liebäugelst also schon mit den Mädchen, wie? Die nette Brieftasche, um das Geld gut aufzuheben. Es sind noch keine Banknoten drin, mach dir nichts draus, die kommen schon! Alles braucht seine Zeit. Da, die silberne Uhr, damit du weißt, wie spät es ist, und nicht mehr auf die Uhren in den Geschäften zu schauen brauchst und dann durch die Straßen laufen mußt, weil es spät wird. Und du brauchst auch nicht mehr zu warten, bis die Uhr am Kirchturm schlägt.«

Er legte mir beide Hände auf die Schultern, diese beiden großen Männerhände, und blickte mir wieder gerade ins Gesicht.

»Verstehst du jetzt, was mit dir geschehen ist?«

»Ja, Hochwürden«, sagte ich.

»Wenn du jetzt zu Pater Vesga gehst«, sagte er scherzend, »dann wird er dir sagen, daß du den Zustand der Unschuld eingebüßt hast. Ich sage dir einfach, daß du kein Kind mehr bist.«

Ich kam mit niemand außer der Tante und der Mutter zusammen, und Pater Joaquín war der einzige Mensch, mit dem ich reden und diskutieren konnte. Am wenigsten sprachen wir von Buchhaltung, die ich wirklich sehr leicht begriff. Manchmal gingen wir auf die Bücherjagd im Prado oder wir gingen in Museen, und wir redeten miteinander. Wir unterhielten uns so, als wäre er mein leiblicher Vater, ich sein leiblicher Sohn. Und eines Tages sagte Pater Joaquín: »Heute ist Kommunion. Hast du es etwa schon aufgegeben, einmal im Monat zur Kommunion zu gehen?«

»Ja, Hochwürden.«

»Selbstverständlich, das ist ganz natürlich! Immerhin, wenn dir danach zumute ist, dann kannst du morgen zur Kommunion kommen.«

Am nächsten Tag ging ich in die Schule und begleitete Pater Joaquín in die Kirche.

»Nun, was willst du tun?«

»Ich komme zur Kommunion«, antwortete ich.

»Wenn du willst, bleib hier und warte auf mich, und ich will dir die Beichte abnehmen.«

Im Beichtstuhl, mir gegenüber, sagte er dann: »Jetzt erzähl mir all deine Sünden!«

»Aber was könnte ich Ihnen denn erzählen, Hochwürden?«

Was hätte ich dem Menschen sagen können, der meine innersten Gedanken kannte, wie meine eigene Mutter sie nicht kannte, wie ich selbst sie nicht kannte? Hatte er sie mir nicht häufig genug erklärt?

»Du hast ganz recht«, antwortete er. »Beten wir zusammen ein Vaterunser für die Seele deines Onkels!«

Nach der Kommunion, als wir wieder essen durften, tranken wir in seinem Zimmer eine Tasse dicker Schokolade, aßen mürbes Gebäck dazu und nahmen schließlich noch ein Glas Limonade zu uns.

Als ich heimging, war ringsum alles überströmt von Licht.

Um sechs Uhr dreißig stellte ich mich in der Bank vor. Ein alter Portier, der dort herumsaß, holte Don Julián. Ich schritt hinter ihm eine Treppe hinauf, deren roter Teppich mit vergoldeten Stangen befestigt war. Oben gab es einen langen Gang, der mit gewachstem Linoleum bedeckt war und auf dem man leicht ausglitt, und weiße Holzschranken auf beiden Seiten. Rechts und links hinter den Schranken saßen Beamte, wie ich sie in meinem Leben noch nie gesehen hatte. Einer von ihnen war so blond, daß sein Haar fast aschfarben glänzte. Im Mund hatte er eine Pfeife hängen, die nach englischem Tabak roch. Ins rechte Auge hatte er ein Monokel geklemmt, so daß seine rechte Braue höher war als die linke. Ein anderer war grau meliert und klein, mit einer kahlen Stelle über der Stirne, einem schwarzen Schnurrbart, der gefärbt aussah, und einem französischen Spitzbart. Dann war da eine magere, alte Dame mit äußerst schlanken Handgelenken, die mit unglaublicher Geschwindigkeit auf einer Schreibmaschine tippte. Ein schmucker Bankdiener, dessen blaue Uniform mit den Buchstaben C. E. in Gold ausgestickt war, führte uns in eine der Abteilungen hinter den Holzschranken. Sechs bis sieben Tische standen dort und auf jedem eine Schreibmaschine.

Dann erschien ein Herr in langem kaffeebraunem Gehrock, mit goldgefaßter Brille, die an einer Seidenschnur in seinem Knopfloch hing, grauem Spitzbart und einer langen Bernsteinspitze mit brennender Zigarette. Don Julián begrüßte ihn, und die beiden unterhielten sich sehr gewandt und schnell auf Französisch. Dann trat der Herr auf mich zu und fragte mich, welche von den Schreibmaschinen ich am besten kennte. Ich suchte mir eine Underwood aus. Er griff an den Tischrand, zog daran, und die Schreibmaschine drehte sich, fiel zurück nach unten. Gleichzeitig schob sich eine Platte vor, und der Schreibtisch war glatt und flach: die Maschine war wie durch Zauber verschwunden. Unter dem Tisch war nichts weiter zu sehen als ein schiefes Brett, und die Schreibmaschine war unsichtbar.

Danach lernte ich mein erstes französisches Wort: Dossier. Es war dazu bestimmt, mich mein ganzes Leben lang zu verfolgen. Der Herr mit dem Spitzbart und der goldgefaßten Brille ergriff eine gelbe Mappe mit vielen Papieren darin und sagte in schlechtem Spanisch: »Wir werden jetzt Ihr Dossier anlegen.«

Vorname, Zuname, Vater, Mutter, Studien, Geburtsdatum und so weiter. Dann wurden mir einige Blatt Papier überreicht, darauf standen oben in Maschinenschrift die Aufgaben, die ich zu lösen hatte, darunter war Raum für meine Berechnungen. Ich wurde allein gelassen und rechnete. Don Julián und der Franzose, von dem ich später erfuhr, daß er der Leiter der Personalabteilung war, gingen inzwischen in dem linoleumbedeckten Gang auf und ab. Als ich fertig war, diktierte mir der Franzose einen längeren Abschnitt in die Schreibmaschine und einen weiteren, den ich mit der Hand zu schreiben hatte. Schließlich gab er mir eine Anzahl von Notizen, die den Geschäftsbericht einer Firma in Lugos betrafen. Aus den Notizen mußte ich einen vollständigen Bericht zusammenstellen.

Als die Prüfung vorüber war, begleitete mich Don Julián nach Hause. Auf dem Weg tätschelte er mir die Schulter.

»Du hast ihnen sehr gut gefallen, bloß deine Handschrift ist nicht sehr anständig. Aber das kannst du ja rasch verbessern.«

An der Puerta del Sol tranken wir jeder ein Glas Wermut. Das Sodawasser kitzelte. Ich trank gierig, denn ich hatte einen trockenen Mund und war noch immer ganz benommen von den großen Sälen und den Lampenkugeln aus Milchglas. Und dort sollte ich arbeiten? Ich war sehr stolz.

Daheim sage Don Julián der Tante, sie könne damit rechnen, daß ich die Stelle bekäme.

Drei Tage später erhielt ich ein Schreiben – den ersten Brief meines Lebens –, in dem mir die Leitung des Crédit Étranger, 250 000 000 Franken Aktienkapital, mitteilte, Don Arturo Barea Ogazón habe am 1. August 1911 seinen Dienst anzutreten.

Mir fehlten noch drei Monate zur Vollendung meines vierzehnten Jahres, aber ich war bereits Angestellter einer der größten Banken der Welt.

ARBEIT

Wir standen um den Tisch und sortierten in raschem Tempo die Post nach den verschiedenen Zeichen in roter Tinte, mit denen die einzelnen Abteilungen die von ihnen behandelten Briefe versahen. Hin und wieder trat Medrano an den Tisch, an dem die Abteilungsleiter saßen, und brachte von dort einen neuen Stoß Briefe mit, die wir wiederum zu sortieren hatten. Reden war verboten, aber wir drei, Gros, Medrano und ich, unterhielten uns trotzdem ständig im Flüsterton. Niemand hätte sagen können, ob wir über unsere Arbeit oder über etwas anderes sprachen.

»Wer hat dich hereingebracht?« fragte Medrano.

»Der Leiter des Börsenbüros.«

»Und mich der Kassier, der ein alter Freund unserer Familie ist. In welcher Schule warst du?«

»Bei den Piaristen. Und du?«

»Bei den Salesianern, in der Ronda, mehr oder weniger kommt das auf dasselbe hinaus. Hier läßt man uns nun wenigstens mit den ewigen Messen und Rosenkränzen in Ruhe. Das heißt – Señor Zabala, der Chef der Korrespondenz, der dort drüben in der Mitte sitzt –, der ist Jesuit. Er trägt ein Skapulier unterm Hemd und geht jeden Sonntag in der Calle de Cedaceros bei den Jesuiten zur Messe. Der neben ihm, Señor Riñón, da, der Kleine rechts von ihm, ist genau so. Er ist Leiter der spanischen Korrespondenz. Der einzige, der in Ordnung ist, ist der dritte, Señor Berzotas, der Chef der Auslandskorrespondenz. Weißt du, der ist viel herumgereist und schert sich den Teufel um Geistliche und Klosterbrüder.«

»Wie, sagtest du, heißt der?«

»Berzotas*. Er spielt Tennis. Sonnabend und Sonntag spielt er auf dem Sportplatz, den die Engländer in der Stadt eingerichtet haben. Und er plant jetzt, einen Sportverein für die Angestellten zu gründen.«

Gerade in diesem Augenblick rief mich Señor Berzotas: »Hallo, Junge – den Neuen dort meine ich –, komm einmal her!«

»Zu Diensten, Señor Berzotas«, sage ich höflich.

Er wurde rot und warf mir einen sehr sauren Blick zu. Alle Beamten in der Nähe grinsten, und ich war völlig verwirrt.

»So? Ich heiße also Berzotas? Und wer hat dir das gesagt, bitte schön?«

Ich hatte in der Schule gelernt, niemand anzugeben, und antwortete rasch: »Niemand, ich glaubte, jemand Sie so nennen gehört zu haben.«

»Wir haben keinen Kohlkopf hier; hätten wir einen, so wäre das ja sehr einfach, wir würden ihn kurzerhand auf die Straße werfen. Mein Name ist Manuel Berzosa.«

Er hatte sehr streng gesprochen, als er aber merkte, daß ich vor Verlegenheit beinahe weinte, klopfte er mir auf die Schulter. »Schon gut, ist schon recht! Der Name Berzosa hat ja etwas Blumenkohlhaftes an sich. Sieh nur, der englische Herr dort drüben, Mister Cleman, nennt mich, seit er hier ist, Birchosas, und er würde mich um nichts in der Welt anders nennen.«

Er gab mir einen Stoß Briefe zum Verteilen, und ich ging, wütend auf Medrano, an unseren Tisch zurück.

»Nimm es nicht so ernst, wir treiben hier den ganzen Tag lang Spaß! Du wirst schon sehen. Wenn sich einer darüber aufregt, um so schlimmer für ihn.«

Der nächste Scherz kam dann mitten am Nachmittag. Gros, der mit einer Menge feuchter Tücher an einer Kopierpresse herumhantierte, sagte zu mir: »Geh mal aufs Klosett und hole zwei Eimer Wasser!«

Ich kam mit zwei Eimern zurück, die so schwer waren, daß sie überflossen und mir die Hosen bespritzten. Gros wusch sich mit größter Sorgfalt die Hände in einem von ihnen, Medrano in dem andern. Dann sagte Gros: »Jetzt kannst du sie zurücktragen.« Und sie barsten vor Lachen.

Ich schluckte die bittere Pille, nahm die beiden Eimer und schüttelte den einen kräftig, als ich an Gros vorüberkam. Das Wasser bespritzte seine Hosen, von den Knien bis hinunter auf die Füße. Er drehte sich wütend um. »Kannst du nicht aufpassen?«

»Verzeih, es war ein Spaß! Wenn sich einer darüber aufregt, um so schlimmer für ihn.«
Schließlich brüllten wir alle drei vor Lachen, so daß Señor Zabala – sein häßlicher Bart flatterte nur so – herbeikam und uns mit seiner weibischen Stimme ausschalt. Dann zeigten sie mir, wie man Briefe kopiert. Man breitete zuerst ein befeuchtetes Stück dicken, festen Tuches aus, legte ein dünnes Blatt Kopierpapier darauf und zuletzt den Brief, den man kopieren wollte. Die Feuchtigkeit drang – unter dem Druck der Handpresse mit ihren Messingkugelgriffen – durch das Kopierpapier hindurch, und der Brief war kopiert. Hatte man das ganze Verfahren erst einmal erfaßt, dann war die Arbeit kinderleicht. War das Tuch freilich zu naß, dann verwandelte sich der Abdruck in einen riesigen verklecksten Fleck; war es zu trocken, kopierte es überhaupt nicht. Außerdem mußten maschinengeschriebene Briefe anders behandelt werden als die handgeschriebenen.

Und das war alles, was ich im Laufe von zwei Wochen lernte: das genau richtige Maß an Feuchtigkeit zu treffen, das zum Kopieren eines Briefes nötig ist.

Ich war tief enttäuscht. Als ich am ersten Tag zur Arbeit kam und auf den Personaldirektor wartete, der mir meinen Pflichtenkreis zuweisen sollte, bildete ich mir ein, ich würde in ein paar Minuten an einem der Schreibtische sitzen, eine Schreibmaschine vor mir stehen haben oder schwierige Kal-

---

* Im Spanischen klingt dieser Name lächerlich: er bedeutet nämlich großer Kohl, d. h. Dummkopf, von berza, Kohl.

kulationen anstellen, diese komplizierten und interessanten Kalkulationen, die in einer Bank errechnet wurden. Um auf alle Möglichkeiten dieser Art vorbereitet zu sein, hatte ich mir gleich ein halbes Dutzend Stahlfedern mitgebracht, sogenannte Hahnenspornfedern; mit ihnen schrieb ich am besten, obwohl sie manchmal spritzen. Während ich wartete, kam Don Julián herein und sagte: »Man wird dich in der Korrespondenz verwenden. Das ist eine sehr nützliche Abteilung für dich. Mach deine Arbeit ordentlich und benimm dich anständig!«

Die Korrespondenzabteilung – Briefe für die Bank zu schreiben! Man würde mir sicher gleich eine Schreibmaschine geben. Die Mehrzahl, die ich da im Gebrauch sah, waren Underwood oder Yost, und ich war mit beiden Typen vertraut. Natürlich würde man bald merken, wie gut ich Maschine schrieb. Ich hatte auf einer Yost bereits einmal einen Geschwindigkeitspreis gewonnen, auf einer Maschine mit unsichtbarer Schrift und doppelter Tastatur.

Und als der Personaldirektor kam, ein imposanter Herr in einem Gehrock mit Aufschlägen, weißen Tuchgamaschen, graumeliertem Bart und goldenem Zwicker, folgte ich ihm voller Stolz. Er stellte mich Señor Zabala vor. »Das ist Ihr neuer Bursche«, sagte er. Zabala rief Gros: »Du dort drüben, zeig ihm die Sache, damit er dir bei der Arbeit helfen kann!«

Gros und Medrano nahmen mich in ihre Mitte, und da standen wir nun, mit Papiermessern bewaffnet, an einem Tisch aus Fichtenholz, dessen schwarzer Anstrich sich ablöste und der mit Kratzern und Flecken von Tinte und Leim beschmiert war; wir öffneten die Umschläge, nahmen die Briefe heraus und legten sie auf einen kleinen Rolltisch, auf dem sie zu Señor Zabalas Schreibtisch fuhren.

»Gib acht, daß du beim Aufschneiden der Umschläge keinen Brief zerreißt«, sagte Gros warnend. »Wenn du das tust, wird der Backenbart weiß vor Zorn.«

»Backenbart nennst du ihn?«

»Das tut jeder, und was wichtiger ist, es ärgert ihn noch mehr, als wenn wir ihn Bankert nennen würden.«

Hernach wurde ich immer entweder Gros oder Medrano zugeteilt und verbrachte meinen Tag damit, die Treppen hinauf- und hinunterzulaufen. Wir verteilten die eingetroffene Post an die verschiedenen Unterabteilungen und sammelten die Briefe wieder ein, die beantwortet waren. Wir liefen treppauf und treppab und nahmen immer vier Stufen auf einmal, denn immer war alles dringend. Am Abend kopierten wir die Hunderte von Briefen, die von allen Abteilungen im Verlauf des Tages geschrieben worden waren. Dann steckten wir die Briefe in Umschläge, schlossen sie, versiegelten die eingeschriebenen Briefe und gingen zum Abendessen. Meist war es dann bereits ein Viertel vor zehn. Ich aß kaum ein paar Bissen und fiel gleich ins Bett wie ein Stück Blei.

»Wie müde du nur bist, mein armer kleiner Junge! Geh rasch schlafen!« sagte die Tante.

Innerhalb der nächsten zwei Wochen wurde ich ein Meister des Kopierens, der geschickteste Kopist der Bank.

Sechzig Jungen meiner Art waren in der Bank angestellt. Sie wurden Volontäre genannt und erhielten keinen Lohn. Ein Jahr lang sollten wir ohne Bezahlung arbeiten, dann würden wir vielleicht richtig angestellt werden. Um aber ein richtiger Angestellter zu werden, mußte man Gutpunkte sammeln. Bei einem Personal von rund dreihundert Angestellten gab es im Jahr nicht mehr als zwei bis drei freie Stellen. Das hieß, daß im Laufe eines Jahres siebenundfünfzig von den Volontären durch neue Jungen ersetzt wurden; nur drei blieben und erhielten Dauerstellungen.

Ich hatte nur eine einzige Möglichkeit, Gutpunkte zu sammeln. Ich mußte der schnellste von den sechzig Volontären sein, was mir mit meinen langen Beinen leicht fiel, und ich mußte allgemein beliebt werden. Und schließlich gelang mir das Kopieren der Briefe besonders gut. Die drei Leiter der Korrespondenzabteilung bemerkten das bald. Wann immer ein wichtiger Brief zu kopieren war, ließen sie mich holen, weil ich das ohne jeden Flecken machten konnte, und ohne daß die leichteste Spur von dem feuchten Tuch zurückblieb.

Die Blätter kamen aus meiner Handpresse heraus wie gedruckt. Es war eine besondere Begabung, um die mich Gros und Medrano beneideten.

Aber es war ganz unmöglich, auch nur eine Sekunde lang unaufmerksam zu sein. Jeder, selbst ein gewöhnlicher Angestellter von einigem Ansehen, hatte das Recht, einen Volontär hinauszuwerfen. Da siebenundfünfzig im Laufe eines Jahres ausgejätet werden mußten, beobachtete der Personaldirektor, Señor Corachán, heimlich die Jungen sowie auch das übrige Personal, um die zu erwischen, die beispielsweise auf der Toilette rauchten. Er spukte in den Zimmern herum, lauerte in den Winkeln, versteckte sich auf dem Klosett und tauchte ganz plötzlich auf, um die Angestellten zu überraschen. Auf seinen Gummisohlen ging er lautlos und mit gespitzten Ohren hinter einem her. Plötzlich legte er einem dann die Hand auf die Schulter und sagte: »Kommen Sie, bitte, ins Büro hinauf und melden Sie sich bei mir!«

Wir nannten ihn »die Fliege«, und wenn er in einem Korridor auftauchte, dann gaben die Angestellten flüsternd die Warnung weiter: »Achtung – die Fliege!«

Wer sprach, verstummte schnell und begann eilig zu schreiben. Wer gerade hinter einer Mappe heimlich eine Zeitung las, hüstelte, klappte die Mappe nachlässig zu, schob sie in eine Lade und fing zu schreiben an. Da die Abteilungen durch etwa ein Meter hohe hölzerne Verschläge voneinander getrennt waren, alles andere aber aus Glas bestand, konnte er die Leute überall bespitzeln. Manchmal kam er in die Korrespondenzabteilung, die im ersten Stock ihren Verschlag gerade über dem großen Mittelsaal des Erdgeschosses hatte, und von hier beobachtete er jeden einzelnen der Angestellten im unteren Raum. Anschließend ging er hinunter, nahm die versteckten Zeitungen aus den Laden und teilte überall Rüffel aus. Wenn er sich über das Geländer beugte, war man oft in Versuchung, ihm einen Stoß zu geben, damit er, Kopf voran, hinunterfalle.

Einen gab es, den er besonders grausam verfolgte: den armen Plá. Sobald er vom ersten Stock aus sah, daß Plás Stuhl leer stand, rannte er hinunter, setzte sich darauf, nahm seine goldene Uhr heraus und legte sie vor sich auf den Tisch. Wenn Plá zurückkam, kriegte er es sofort mit Señor Corachán zu tun.

»Señor Plá«, rief dieser mit schallender Stimme, so daß alle es hören konnten, »genau zwölf Minuten habe ich nach dieser Uhr auf Sie hier auf diesem Stuhl gewartet. Und nur Sie allein dürften wissen, wie lange Sie alles in allem von Ihrem Posten weg gewesen sind!«

»Aber ich bin doch bloß für einen Augenblick aufs Klosett gegangen.«

»Nennen Sie das einen Augenblick? Eine Viertelstunde Ihrer Arbeitszeit verschwendet! Außerdem haben Sie hier anzutreten, nachdem Sie derartige Bedürfnisse bereits erledigt haben. Aber Sie benützen ja den Abort als Vergnügungspark. Sie stinken ja geradezu nach Tabak!« Und dann erhob er sich, strich den Gehrock glatt, klappte den Deckel der goldenen Uhr mit einem scharfen Klick zu und sagte noch: »Setzen Sie sich, und daß Ihnen das nicht wieder passiert! Das kann nicht geduldet werden!«

Plá blickte ihn aus seinen kurzsichtigen Äuglein an, die hinter den dicken Brillenscheiben funkelten, und stotterte irgend etwas, denn Plá war nicht nur kurzsichtig, sondern, sobald er zornig oder verlegen wurde, auch ein schwerer Stotterer. Er wußte nicht, was er mit seinen Händen anfangen sollte; sie hingen wie runde Fettklumpen an den Enden der kurzen Arme, die auf seinem Bauch ruhten, denn der ganze Plá war ein verschwitzter runder Klumpen. Seine Entschuldigungen tropften Speichel auf die Papiere auf seinem Schreibtisch, und fiel einer dieser Sprühtropfen auf einen mit Kopiertinte geschriebenen Brief, dann gab es einen violetten Fleck.

Obwohl Plá jeden Abend bis neun oder zehn im Büro blieb und von der Arbeit schon ganz betäubt war – es war sein Geschäft, mit Leuten auf der ganzen Welt zu korrespondieren, die in der Spanischen Staatslotterie spielen wollten –, kontrollierte Señor Corachán noch ganz besonders, wann Plá am Morgen ankam, hielt ihm die Uhr unter die Nase und fuhr ihn grob an. Die Mehrzahl der anderen Angestellten ignorierte Plá, es sei denn, daß sie über seine Blindheit und sein Gestotter Witze machte, wir Jungen aber waren mit ihm befreundet.

Auch ich mußte mir die Rede anhören, die er jedem neuen Burschen hielt: »Du bist hier neu, wie? Und wie heißt du?« Er wartete gar nicht auf eine Antwort. »Schön, schön, ich hoffe, du wirst hier etwas lernen. Deine Zukunft liegt hier. Das mußt du bedenken. Ein Jahr ohne Gehalt – sechzig Burschen wie du – jährlich drei freie Stellen, und nach zwölf Jahren Arbeit neunzig Pesetas im Monat; genau soviel nämlich verdiene ich jetzt.«

Zu anderen Zeiten stellte er phantastische Berechnungen an. »In Madrid gibt es zwanzig Banken, mit fünfzig Volontären in jeder, das macht zusammen tausend. In Spanien gibt es, sagen wir, zweihundert Banken mit durchschnittlich zwanzig Volontären in jeder, das ergibt viertausend junge Burschen. Dann gibt es noch Tausende Handelsfirmen, die auch unbezahlte Volontäre haben; demnach gibt es viele Tausende von Jungen, die unentgeltlich arbeiten und die Erwachsenen ihrer Stellen berauben.«

»Aber Plá«, sagte ich zu ihm, »das ist doch eben die Lehrzeit.«

»Lehrzeit? Es ist systematische Ausbeutung junger Menschen. Es ist sehr geschickt gemacht, verstehst du. Wenn du einmal sieben oder acht Monate hier gewesen bist, dann schmeißen sie dich eines schönen Tages hinaus. Wenn du dann zu einer anderen Bank gehst und dort sagst, du bist acht Monate hier gewesen und dann entlassen worden, dann nimmt man dich nicht. Wenn du den Mund hältst, dann wirst du vielleicht auf ein weiteres Jahr als Volontär aufgenommen, aber da läufst du erneut Gefahr, nach acht Monaten wieder hinausgefeuert zu werden. Und du befindest dich dann abermals in der gleichen Lage wie vorher. Versuchst du dann in einem Büro Arbeit zu bekommen, dann sagt man dir dort, das wäre ein ganz andere Beschäftigung als in einer Bank, aber du könntest ja als Volontär eintreten, um dich mit den besonderen Erfordernissen vertraut zu machen. Die einzige Möglichkeit, aus diesem Ringelspiel auszubrechen, ist, sich um andere Arbeit umzuschauen, während man noch in der Bank arbeitet. So ist es ganz gut möglich, eine Firma zu finden, die dir monatlich fünfundzwanzig bis dreißig Pesetas zahlt.«

»Aber ich möchte doch Bankbeamter werden.«

»Schön, aber da wirst du sehr viel Geduld haben müssen.«

Von den Jungen, die gleichzeitig mit mir eingetreten waren, verschwand einer nach dem andern, bis nur wir drei zurückblieben: Medrano, Gros und ich. Es war eigenartig, daß wir wieder drei waren, wie in der Escuela Pía, und ich war fest überzeugt, wir würden alle drei ordentliche Angestellte werden. Weihnachten stand vor der Türe, und da würden wir erfahren, wohin der Wind wehte. Wir waren alle drei voller Hoffnungen, denn man hatte uns zwei neue Burschen zugeteilt, die wir anlernen sollten. Das bedeutete, daß wir jetzt fünf waren und also zwei von uns in eine andere Abteilung versetzt werden würden. Hätte man beabsichtigt, uns hinauszuwerfen, dann wäre das früher geschehen, und man hätte uns nicht dabehalten, um zwei Neuankömmlinge auszubilden. Andererseits bedeutete die Tatsache, daß wir bloß zwei neue Jungen anzulernen hatten, daß einer von uns entweder in der Abteilung bleiben oder entlassen werden würde, und so hatten wir schließlich alle drei Angst. Jeder von uns war schon einmal zu dem Betreffenden gegangen, der ihn der Bank empfohlen hatte, und jedem hatte man guten Mut zugesprochen, aber man wußte ja nie genau, was diese Leute wirklich tun würden.

Am Weihnachtsabend warteten wir alle auf die Umschläge, die auf den Schreibtischen der Abteilungsvorstände lagen. Gelbe Umschläge waren das, die den Weihnachtsbonus und das Monatsgehalt enthielten; in manchen Fällen trug der Zettel mit den beiden Beträgen auch einen handschriftlichen Vermerk, der Beförderung bedeutete, oder auch die Mitteilung, daß die Direktoren mit der Arbeit des Angestellten nicht zufrieden wären. Jeder von uns war also ungeduldig und nervös, voll Spannung, sein Geschick zu erfahren.

Señor Zabala rief einen Angestellten nach dem anderen mit lauter, scharfer Stimme zu sich. Einigen gratulierte er, bevor sie noch Zeit gehabt hatten, ihren Umschlag zu öffnen. Sie dankten ihm alle und wünschten ihm fröhliche Weihnachten. Dann machten sie sich daran, ihre Umschläge zu öffnen – sie standen in Gruppen herum und besprachen sie, ein paar selig, weil sie einen fetten Weihnachtsbonus bekommen hatten und befördert worden waren, andere sehr verärgert, weil sie nichts bekommen hatten.

Recalde schlug mit der Faust auf den Tisch und fluchte. Señor Zabala erhob sich von seinem Stuhl und rief: »Was ist dann los, Señor Recalde? Kommen Sie her!«

Recalde trat vor, den Hut tief in die Stirne gezogen, und begann mit der Faust auf Zabalas Schreibtisch zu schlagen. »Das ist eine Gemeinheit! Das dritte Jahr, daß man mir das antut! Ich lasse mir das nicht länger gefallen. Die ganze Bank und alle diese Jesuitenschweine wie Sie sollen zum Teufel gehen! Ich habe hier gearbeitet, und niemand kann an meiner Arbeit etwas aussetzen, aber natürlich, der hochwürdige Pater Kapuziner hat in seinem Dreckschädel beschlossen, daß ich keine Geliebte haben darf. Verdammt noch einmal! Ich habe eine, weil es mir so paßt.«

Señor Zabala, blutrot im Gesicht vor Zorn, zupfte an seinem Bart und schrie: »Halten Sie den Mund oder es wird Ihnen noch schlimmer ergehen! Halten Sie den Mund, sage ich Ihnen!«

»Ich denke nicht daran. Ich schreie, weil es mir so paßt und weil ich diesen Saustall ohnehin verlasse.«

Er stapfte aus dem Zimmer und schlug alle Türen im Korridor zu. Ein paar Angestellte drängten sich um Señor Zabala und trösteten ihn mit plumpen Schmeicheleien. Andere, die Unzufriedenen, sammelten sich um einen anderen Tisch und sagten, daß Recalde vollständig recht hätte.

Wir drei Jungen wurden zuletzt aufgerufen. Sie hatten jedem von uns einen Bonus von fünfundzwanzig Pesetas gegeben, und auf dem Stück Papier hieß es, Gros und ich würden in die Registratur versetzt, während Medrano als Aushilfskorrespondent arbeiten würde. Wir waren völlig verrückt vor Freude. Diese Versetzung bedeutete nämlich, daß unsere Beförderung zu ordentlichen Angestellten gesichert war. Wir beschlossen, uns jeder ein Glas Wermut zu leisten, und gingen zum Portugiesen in der Calle de la Cruz.

Dort fanden wir Plá, einen Plá freilich, der uns fremd war. Er stotterte mehr denn je, und seine kleinen Augen schimmerten feucht hinter den Gläsern; er forderte jeden auf, mit ihm zu trinken, und zeigte jedem sein Stück Papier und die Banknoten, die er bekommen hatte. Er war ein glücklicher Plá, der uns drei umarmte.

»Bestellt euch, was ihr wollt – ich lade euch ein! He, Bursche«, rief er dem Kellner hinter der Theke zu, »gib diesen dreien was zu trinken, und auch allen anderen, die was wollen!«

Und dann begann er von neuem mit der Geschichte seines Glücks, damit auch wir drei davon erführen.

»Großmütterchen wird verrückt werden vor Freude.« Großmütterchen war seine Mutter, eine winzige alte Dame, die ihn manchmal abholen kam. »Wißt ihr, ich hab den Umschlag aufgerissen, genau so schlecht gelaunt wie jedes Jahr, und hab mir gedacht, es wird dieselbe alte Geschichte sein: Mich haben sie wieder vergessen. Und dann – dann also das: Ich finde einen Haufen Banknoten, und auf dem Zettel steht: ‚Ab 1. Januar – Leiter der Registratur mit einem Monatsgehalt von 175 Pesetas.' Das Doppelte von dem, was sich bisher verdient habe, weniger fünf Pesetas.«

»Dann sind ja Gros und ich mit Ihnen in der Registratur«, rief ich und zeigte ihm unsere Papiere.

Er umarmte uns nochmals und lud uns zu einer zweiten Runde ein. Dann luden wir ihn ein, mit uns zu trinken. Weitere Bankbeamte kamen in die Bar, und eine lange Reihe Gläser stand vor Plá auf der Theke. Jeder lud ihn zum Trinken ein, und er lud jeden ein. Sicher würde er schließlich stockbesoffen sein, und das alles aus reiner Freude. Wir gingen heim. Plá hatte mich gerührt. Auch ich wollte das Gesicht meines eigenen »Großmütterchens« und das der Tante glücklich sehen und ihnen die gute Nachricht bringen.

Jeder von uns in der Registratur hatte seine Hoffnungen und Illusionen. Plá war glücklich. Gros und ich waren glücklich. Auch Antonio Álvarez, der dritte in der Registratur, war glücklich. Er hatte hundert Pesetas Weihnachtsbonus bekommen und verdiente 75 Pesetas. Er war erst seit vier Jahren in der Bank. Die Zukunft gehörte uns. Wir arbeiteten wie die Packesel, Tag und Nacht.

Der frühere Abteilungsvorstand war entlassen worden, weil er »Nester« angelegt hatte. Das heißt, er hatte ganze Bündel von Briefen genommen und sie in allerlei Ecken und Winkeln versteckt, statt sie zu sortieren und in das entsprechende Faszikel zu tun. Nachher fehlten diese Briefe, und eines Tages wurde eines seiner Nester entdeckt und er selbst sofort hinausgeworfen. Als wir die Arbeit übernahmen, warteten Tausende Briefe auf ihre Registrierung, und fast jeden Tag entdeckten wir ein neues Nest. All das mußte aufgearbeitet werden, aber die Einordnung der täglichen Korrespondenz durfte darunter nicht leiden. Wir arbeiteten von sieben Uhr früh bis ein Uhr nachts. Die Bank bezahlte uns jede Nacht eine Tasse Kaffee. Wenn wir heimkamen, waren unsere Finger rauh von Papierstaub und befleckt von eingetrockneten Tintenresten.

Wer war bloß auf die Idee gekommen, Plá zum Leiter der Registratur zu machen? Es mußte Corachán gewesen sein. Da saß nun dieser arme, kurzsichtige Mensch, und die dicken Scheiben seiner Augengläser glitzerten vom Licht der Lampe, die Tag und Nacht gerade über seinem Kopf brannte; er war stundenlang dicht über den Tisch gebückt und stieß mit der Nase beinahe in den Papierhaufen, im steten Bemühen, die Unterschriften und Briefköpfe zu entziffern. Dauernd litt er an entsetzlichen Kopfschmerzen. Um Mitternacht brachte man uns den Kaffee, und Plá trank ihn gierig aus. Es war dikker schwarzer Kaffee mit einer Menge Zichorie und Gelatine darin, und er hinterließ auf dem Registraturtisch schwarze Flecken. Plá nahm eine kleine Flasche mit billigem Kognak aus der Tasche; das half gegen seine Kopfschmerzen. Nachts konnte er nicht schlafen, und am Morgen lief er im Kreis herum wie eine hypnotisierte Eule, bis ihn um elf Uhr der Gabelbissen – ein Käsebrot um fünfzehn Centimos und ein Schluck Wein – wieder zum Leben erweckte.

Wir alle arbeiteten fleißig, und Plá liebte uns, als wären wir seine Söhne. Wir mußten einen Bissen von seinem Käse und einen Schluck von seinem Wein kosten und auch an seiner Zigarette mitrauchen, die er immer unter dem Tisch brennen hatte. Er versteckte sich dort mit seinem kleinen runden Körper, tat einen langen Zug aus der Zigarette, fuchtelte mit den Händen herum, um den Tabakrauch zu verteilen und ihn daran zu hindern, in Ringen aufzusteigen. Dann tauchte er wieder auf, mit dem ernsten Gesicht eines Schuljungen, der soeben etwas angestellt hat.

Am 1. August, genau ein Jahr, nachdem ich in die Bank eingetreten war, machte man mich zum bezahlten Angestellten, mit einem Monatsgehalt von fünfundzwanzig Pesetas. Das war wenig genug. Aber nun brauchte ich wenigstens keine Angst mehr zu haben, eines Tages hinausgeworfen zu werden. Gleichzeitig wurde ich in das Couponbüro der Abteilung für Staatspapiere versetzt, mit Perahita als Chef. Alles schien jetzt in Ordnung zu sein. Die Bank hatte gerade den Beschluß gefaßt, in der Stahlkammer nicht mehr weiter arbeiten zu lassen, weil dort ein jeder Mensch in absehbarer Zeit krank wurde: Einer der inneren Höfe wurde mit einem Glasdach überdeckt und so in einen Arbeitsraum verwandelt. Dort sollte nunmehr das Couponbüro arbeiten, mit all den Mädchen, mit drei Beamten und Perahita als Abteilungschef.

Während der Hof sein Dach bekam, arbeitete ich noch in der Stahlkammer. Die kleine Treppe, die von unten hinaufführte, endete dicht vor der Türe des Hofes, an der Stelle, wo die Bauarbeiter das Dach aus Glas und Stahl errichteten und die Wände cremefarben anstrichen. Wenn wir aus der kalten Stahlkammer, die ständig elektrisch beleuchtet war, hinaufkamen, schauten wir auf das neue Quartier, dem unsere Hoffnung galt. Mit seinem Dach und dem Fußboden aus Glas, seinen hellen Wänden, auf die zu Mittag die Sonne schien, stand es in scharfem Gegensatz zu unserem bisherigen Kellergewölbe, und wir waren sehr glücklich, wenn wir uns überlegten, daß wir bald dort arbeiten sollten.

Wir fragten die Maurer und Maler immer wieder: »Wird es noch lange dauern?«

»Zwei bis drei Tage, und dann noch eine Weile, bis der Anstrich getrocknet ist«, antworteten sie.

Jeder war es zufrieden, nur ich nicht. Die beiden Räume gaben mir zu denken. Hätte man mich ein Jahr früher ins Couponbüro geschickt, dann hätte ich dieses Jahr zwischen Stahlwänden verbracht. Ich hätte das nicht ausgehalten. Selbst während der paar Tage, da ich dort arbeitete, spürte ich einen heftigen Druck auf der Brust, und jedesmal, wenn ich in die Calle de Alcalá hinaustrat, erschien mir die Luft anders; manchmal wurde mir fast übel. Rote Funken vom elektrischen Licht blieben mir lange Zeit vor den Augen, und ich sah, wenn ich wieder ans Tageslicht kam, lauter hüpfende Punkte. Hätte ich dieses Jahr in der Stahlkammer gearbeitet, dann wäre ich dafür nicht bezahlt worden, und wenn ich krank geworden wäre, hätte man mich hinausgeworfen. Jetzt, nach einem Jahr als Volontär, nachdem ich Aktenstaub geschluckt hatte und die Treppen hinauf- und hinuntergerannt war, verdiente ich monatlich fünfundzwanzig Pesetas, immer noch weniger als eine Peseta am Tag. Das würde ein ganzes Jahr so weitergehen, und dann würde ich die übliche Karriere machen. Nach dem zweiten Jahr würde mein Monatsgehalt auf 37.50 Pesetas erhöht werden und nach dem dritten Jahr auf 50 Pesetas. Mit zwanzig Jahren würde ich im Monat 100 Pesetas verdienen, wenn ich Glück hatte, und dann würde ich zum Heer einberufen werden. In der Zwischenzeit aber würde meine Mutter weiter waschen gehen müssen wie bisher, um existieren zu können.

An einem der ersten Tage nach der Versetzung in die neue Abteilung kam einer der Portiers zu mir und sage: »Señor Barea, Sie sollen ins Direktionszimmer kommen! Zu Señor Corachán!«

Sie sahen mich alle mit entsetzten Gesichtern an, und auch ich war völlig außer mir. Eine solche Vorladung bedeutete stets etwas Schlimmes. Ich erklomm die Treppe zum obersten Stockwerk mit schlotternden Knien und pochendem Herzen. Das Ärgste, was geschehen konnte, war, daß ich aus irgend einem Grund entlassen würde; aber ich konnte mir keinen Grund dafür denken. Immerhin, ich würde nicht viel verlieren: fünfundzwanzig Pesetas im Monat.

Ich betrat das Zimmer mit den tiefen Ledersesseln und Beratungstischen, den Ledermappen und Tintenfässern aus Achat. Señor Corachán saß an einem der Fenster und blätterte in Papieren, die er vor sich liegen hatte. Er ließ mich erst ein paar Minuten vor sich stehen. Ich merkte sehr wohl, daß er nichts tat, nicht einmal las; er machte sich vor mir wichtig. Schließlich hob er den Kopf, musterte mich, nahm ein Dossier, blätterte darin und fragte mich in reichlich geschwollenem Ton: »Sie sind der Angestellte Arturo Barea Ogazón aus dem Couponbüro?«

»Jawohl.«

»Gut. Nun passen Sie auf!« – Pause. – »Die Leitung hat beschlossen« – Pause – »im Hinblick auf die positiven Berichte in Ihrem Dossier« – Pause – »Sie–nicht–auf die–Straße–zu– setzen.« Er betonte jede einzelne Silbe, wobei er sich mit dem Bleistift auf die Handfläche klopfte.

»Aber warum denn …?« fragte ich.

DIE REBELLENSCHMIEDE

»Sie haben« – und nun brach er zornig los – »eine ganz teuflische Schrift! Das kann nicht geduldet werden. Glauben Sie denn, Sie könnten in einer Bank arbeiten, in einer Bank angestellt sein, mit einer Schrift wie der Ihren, die aussieht wie Spinnenbeine? Sie sollten sich schämen! Die Leitung kann das keinen Tag länger zulassen. Merken Sie sich: Sie haben einen Monat Zeit – einen Monat! –, um Ihre Schrift zu verbessern. Wenn Sie das nicht tun, sind Sie entlassen. Es versteht sich, daß die Bank, mit Rücksicht darauf, daß ich Sie einen Monat vorher gewarnt habe, berechtigt ist, sich als von jeglicher Verpflichtung frei zu betrachten, Ihnen bei einer Entlassung das gesetzlich vorgesehene Monatsgehalt auszuzahlen. Sie können gehen.«

»Aber, Don Antonio ...«

»Kein Wort weiter! Die Leitung kann sich mit Ihnen nicht auf eine Diskussion einlassen. Schweigen Sie, gehen Sie!«

Ich hätte dem bärtigen Biest vor mir gern eine heruntergehauen: Sein Kinn zitterte vor Wut, und seine Augen quollen hinter der gefaßten Brille hervor, die auf dem Nasenrücken hin und her tanzte.

Ich erzählte die Geschichte meiner Mutter, als sie in der Küche die Kartoffeln für das Abendessen schälte; die Tante war in die Kirche gegangen, um einen Rosenkranz zu beten. Ich weinte vor Wut.

Sie ließ die Kartoffeln liegen und strich mir mit sanften Fingern durchs Haar.

5.
DAS TESTAMENT

Don Primo, der Notar, hauste in einer Kanzlei, die mit geschnitztem Holz getäfelt war. Auf die Verwandten vom Land, die sich, einer nach dem andern, im Kreis um den großen Tisch setzten, machte das tiefen Eindruck. Einige von ihnen wagten nur auf dem Stuhlrand zu sitzen. Die Männer hielten die runden Hüte auf den Knien und drehten sie dauernd im Kreise; die Frauen legten die Hände in den Schoß und zupften ständig an ihren Röcken herum. Ich war schon so oft in diesem Zimmer gewesen und hatte so häufig mit Don Primo gesprochen, daß mich weder der Ort noch die strenge Erscheinung des Notars im schwarzen Anzug, mit der goldgefaßten Brille und dem aristokratischen Kopf einschüchtern konnten. Als ich mit meiner Mutter und Großmutter Inés eintrat, klopfte er mir wohlwollend auf die Schulter.

Ich begriff nicht, warum mich all diese Leute, die zur Verlesung des Testaments der Tante gekommen waren, mit so fühlbarer Abneigung anblickten. Sie hatten sich in Gruppen gespalten. Onkel Hilario mit Frau und Töchtern – Onkel Basilio mit Frau, Söhnen und Töchtern – Tante Basilisa mit Onkel Anastasio, der nicht zu rauchen wagte, sondern an einem stinkenden Zigarrenstummel kaute – Baldomera, deren Gesicht wie das einer schwachsinnigen Nonne aussah – Tante Eulogia mit ihrer Carmen – und schließlich Onkel Julián, der wie ich ein Neffe zweiten Grades war, mit seiner Frau und drei kleinen Kindern, die sich an ihre Rockschöße klammerten. Warum hatten sie eigentlich alle ihre Kinder mitgebracht?

Während Don Primo das Testament verlas, reckten sie ihre Hälse, um besser zu hören. Und jedesmal, wenn ein Name darin vorkam, veränderte sich das Gesicht der erwähnten Person und strahlte sichtlich vor Freude darüber, nicht vergessen worden zu sein, und alle anderen blickten zu ihr hin – voll Ärger, daß man mit noch einem mehr zu teilen hatte.

Ich aber war das Hauptobjekt ihres Ärgers.

Offenbar hatten Onkel und Tante ihre Testamente gleichzeitig und im gegenseitigen Einverständnis gemacht. Sie hinterließen ihr Vermögen dem jeweils überlebenden Teil, zu freiem Genuß während seiner oder ihrer Lebenszeit; was jedoch nach dem Ableben beider übrigblieb, sollte in zwei gleiche Teile geteilt werden. Onkel und Tante hatten jeder über einen Teil zu Gunsten ihrer eigenen Verwandten verfügt. Ich war der einzige, der in beiden Testamenten vorkam und einen Anteil an beiden Teilen hatte. Ansonsten erbten meines Onkels Blutsverwandte seinen Vermögensanteil und die meiner Tante den ihren.

Sie alle glaubten, als Brüder oder Schwestern oder direkte Neffen und Nichten der Dahingegangenen größere Ansprüche zu haben als ich, der bloß ein Neffe zweiten Grades war. Als mein Name auch im zweiten Testament auftauchte, unterbrach allgemeines Gemurmel die Verlesung. Don Primo verstummte und blickte sie fragend an: »Wünschen Sie etwas zu bemerken?«

Onkel Hilario erhob sich.

»Wenn ich richtig verstehe, dann erbt das Bürschchen zweimal.«

»Ganz richtig«, antwortete Don Primo, »einmal gemäß Josés Testament und einmal laut dem Baldomeras.«

»Aber das geht doch gar nicht, zum Teufel hinein! Ich bin der Bruder des Verstorbenen, sein eigenes Fleisch und Blut, und ich sage, es geht nicht, daß ein Außenstehender mit dem Bargeld abzieht.«

Onkel Anastasio drehte seinen Zigarrenstummel zwischen den Lippen und griff ein: »Eben darum geht es. Das lassen wir uns nicht gefallen. Wir werden zu Gericht gehen.«

Don Primo lächelte.

»Ich glaube, Pepe kannte Sie alle wirklich recht gut. Als diese beiden Testamente aufgesetzt wurden, bat er mich, die Klausel hinzuzufügen, die ich Ihnen jetzt vorlesen werde:

,Es ist unser fester Wille, daß ein Erbe, der versuchen sollte, unsere Testamente vor Gericht anzufechten, durch einen solchen Akt jedes Anspruches auf sein oder ihr Erbteil verlustig gehe und daß dieses Erbteil daraufhin unter die übrigen Erben, ihren respektiven Erbteilen entsprechend, aufgeteilt werden soll.'«

Großmutter Inés erhob sich todernst aus ihrem Sessel, wandte sich den beiden Männern zu und sagte: »Nun? Gehen wir zu Gericht?«

»Niemand hat dich gebeten, in dieser Prozession eine Kerze zu tragen«, sagte Onkel Anastasio streng.

»Natürlich nicht, mein Junge! Aber siehst du, das Kind da muß jetzt zwei schwere Wachsstöcke schleppen, und ich bin zufällig seine Großmutter. Ich muß also seine schwachen Arme stützen, damit er sie nicht fallen läßt. Hat da irgendwer etwas dagegen?«

Alle außer mir waren über den Inhalt des Testaments sehr aufgeregt. Die einzigen richtigen Erben waren die nächsten Verwandten – Brüder und Schwestern – und ich. Außerdem hatten die beiden Verstorbenen allen Neffen und Nichten Legate hinterlassen, so daß die mit den meisten Kindern am besten davonkamen. Onkel Anastasio, der nur seine Baldomerita hatte, und Tante Eulogia mit ihrer Carmen und Esperanza ärgerten sich über Onkel Hilario, der drei Kinder hatte; und sie alle ärgerten sich über Onkel Julián, der zwar kein Erbe war, jedoch für sich selbst, seine Frau und seine fünf Kinder Vermächtnisse erhielt, so daß er besser abschnitt als irgendeiner der Erben. Als wir das Haus des Notars verließen, waren wir alle miteinander verfeindet.

Die Mutter hatte die Schlüssel zur Wohnung der Tante bei sich, und aus Angst, wir könnten etwas wegtragen, kamen die anderen uns nachgelaufen, so daß wir schließlich alle in der

Wohnung versammelt waren. Die Tür stand offen, und sie kamen in kleinen Gruppen herein.

Das Zimmer, in dem der Leichnam der Tante gelegen hatte, stand leer, roch aber noch immer nach Blumen und Tod. Es war ein leichter, eindringlicher, beklemmender Geruch. Einige Wachstropfen waren noch auf den Fliesen zu sehen. Es schien so, als könne jeden Augenblick ihr zartes Porzellanfigürchen mit den kurzen, kleinen Schritten aus dem Schlafzimmer hereintrippeln.

Sie setzten sich alle um den Tisch. Alle. Als ob einer, der nicht Platz nahm, seinen Anspruch verwirken würde. Großmutter Inés preßte sich in den Schaukelstuhl unter der Uhr. Sie mußte die beiden gebogenen Armlehnen auseinanderzwängen, um für ihren Hintern Platz zu bekommen. Als es ihr gelungen war, sich auf dem Rohrstuhl niederzulassen, stieß sie einen Seufzer der Erleichterung aus. Die Mutter setzte sich neben sie, auf den niederen Schemel, auf dem die Tante neben der Balkontür zu nähen pflegte, bis sie kein Tageslicht mehr hatte. Ich warf mich auf den Boden, auf den Teppich. Ich hätte mich nicht mit den anderen an den Tisch setzen können. Auf dem Teppich ausgestreckt, schaute ich sie alle von unten her an und fühlte mich besser. Don Julián hatte mit Señor Corachán gesprochen, und ich hatte von der Bank zehn Tage Urlaub bekommen.

Die Bank schien nicht länger zu existieren. Hier auf der Diele liegend, war ich wieder ein Kind; und zuletzt bettete ich den Kopf noch in den Schoß meiner Mutter, zwischen ihre Knie. Sie trug einen schwarzen Rock, der nach Stärke und neuem Tuch roch und bei jeder Bewegung meines Kopfes raschelte. Der Testamentsvollstrecker sprach und erklärte, was zu tun sei. Zuerst mußte man ein vollständiges Inventar der Wohnung anlegen, sich über den Wert jedes Stückes einigen und dann verschiedene Posten aufstellen, die unter die Erben aufzuteilen wären. Elf Posten alles in allem: neun Erben mit je einem Posten und zwei Posten für mich. Nun begannen die Streitigkeiten. Die einzelnen Posten mußten entsprechend ihrem Geldwert eingeteilt werden, doch war es schwer, sich über die großen Einrichtungsgegenstände zu einigen. Da niemand wußte, wer die Stücke schließlich bekommen würde, setzte man den Wert lächerlich niedrig an, um recht wenig Erbschaftssteuer zahlen zu müssen. Plötzlich aber sagte Fuencisla, eine der Töchter Onkel Hilarios: »Ich möchte die Muttergottes haben.«

»Ich auch«, erwidertre sofort Carmen.

»Das ist weiter nicht schwierig«, sagte der Testamentsvollstrecker. »Wenn alle Anwesenden zustimmen, werden wir die Muttergottes schätzen und einer von euch beiden zuteilen; der Wert wird dann von dem betreffenden Posten abgezogen.«

Die Muttergottes wurde auf den Eßtisch gestellt. Die Figur stand in einem hölzernen Schrein, mit einer Glasscheibe vorne und einer Tür in der Rückwand, zu der ein kleiner silberner Schlüssel gehörte. Die Statuette war achtzehn Zoll hoch. Die Jungfrau trug das Jesuskind im Arm, beide trugen kleine vergoldete Flammen im Haar. Sie hatte einen gestickten Mantel um, das Kind einen kleinen Umhang aus Samt, mit Goldfransen.

»Also«, sagte der Testamentsvollstrecker, »welchen Wert sollen wir dafür einsetzen?«

Alle blieben stumm.

»Sagen wir fünfzig Pesetas?«

Sie zögerten zuzustimmen, als wäre das ein sehr ernstes Problem. Onkel Anastasio, dessen Zigarrenstummel endlich brannte, sagte nichts, ging zum Heiligenbild hinüber, öffnete die hintere Tür des Schreins und betastete mit einem Finger das Holzgesicht der Jungfrau. Er sog weiter an der Zigarre, während er die Tür wieder schloß, und die anderen blickten ihn erstaunt an. Er wandte sich wichtuerisch an den Testamentsvollstrecker: »Sie sagen also, der Wert dieser Marienstatue wird dann vom Posten eines dieser beiden Mädchen abgezogen werden?«

»Gewiß. Das heißt, wenn alle Anwesenden zustimmen, daß eine von ihnen sie bekommen soll.«

»Ich habe nichts dagegen, daß die Muttergottes einer von ihnen zugesprochen wird«, sagte Onkel Anastasio mit heiserer Stimme.

»Aber ich kann nicht erlauben, daß eine Holzschnitzerei aus dem zwölften Jahrhundert – also gut, es kommt auf das Jahrhundert nicht an«, fügte er rasch hinzu, als er das verblüffte Gesicht des Testamentsvollstreckers sah –, »ich kann nicht zulassen, daß so etwas um fünfzig Pesetas verschleudert wird. Diese Muttergottes ist mindestens fünfhundert Pesetas wert, und das ist schon bescheiden berechnet. Denn ihr könnt doch nicht leugnen, daß das Holz geschnitzt ist!« Er öffnete die kleine Tür noch einmal und klopfte mit den Knöcheln einige Male am Gesicht der Jungfrau, das wie ein Holzklotz klang.

»Holz, meine Herren, wie Sie sehen; echte polychrome Holzschnitzerei! Man findet heutzutage eine solche Marienstatue nur noch äußerst selten.«

Großmutter Inés grunzte aus den Tiefen ihres Schaukelstuhls: »Ebensowenig wie andere Jungfrauen!«

»Ich erhebe keinen Einspruch«, sagte der Testamentsvollstrecker. »Wenn Sie glauben, daß die heilige Jungfrau mit fünfhundert Pesetas bewertet werden soll, oder auch mit tausend Pesetas, mir ist das egal. Nur müssen wir erst feststellen, welche von den beiden ...« Er stotterte ein wenig, bevor er sich zur Art der Anrede entschloß: »... jungen Damen sie bekommen soll.«

Beide antworteten gleichzeitig, jede beanspruchte die Muttergottes für sich, wehrte sich aber gegen den Preis. Fünfhundert Pesetas waren am Ende fünfhundert Pesetas. Eine Zeitlang herrschte Stimmengewirr. Schließlich befahl der Testamentsvollstrecker Ruhe und schlug eine Lösung vor: »Versteigern wir die Muttergottes doch zwischen diesen beiden jungen Damen!« Das war gerade das Richtige. »Wenn das Bieten vorüber ist, behält die Gewinnerin die Heilige Jungfrau, vorausgesetzt, Sie alle sind damit einverstanden. Wenn nicht, dann wird sie zu einem der Posten geschlagen, und wer diesen Posten bekommt, der hat dann auch die Heilige Jungfrau.«

»Ich bin bereit, fünfzig Pesetas zu geben, wie Sie vorhin vorschlugen, wenn auch nur in Erinnerung an die arme Tante.«

»Natürlich, das bildest du dir ein, daß du sie um fünfzig Pesetas bekommst«, warf Carmen ein. »Ich gebe hundert Pesetas, Herr!«

Die beiden sprangen um den Tisch herum wie zwei wütende Katzen, und zwischen ihnen stand die Madonna mit ihrem leeren Lächeln. Sie warfen sich Zahlen an den Kopf, als schleuderten sie Steine. Rot vor Zorn führte schließlich Carmen den entscheidenden Schlag: »Achthundert Pesetas!« brüllte sie.

Fuencisla brach in Tränen aus. Tante Braulia zwickte sie ärgerlich in den Arm, um sie von weiterem Bieten abzuhalten. Carmen blickte den ganzen Haufen hochmütig an. »Jawohl, Herr! Achthundert Pesetas – und ich nehme mein Wort nicht zurück.« Sie kreischte es heraus, die Arme in die Seiten gestemmt, wie eines der ordinären Mädchen von Lavapiés, das sie ja auch wirklich war.

Großmutter Inés brach in lautes Gelächter aus. Ihre Brüste und der Bauch, der aus dem Stuhl herausquoll, bebten und tanzten auf und ab. Carmen wandte sich um und sah ihr ins Gesicht: »Was soll das heißen? Hast du etwas dagegen? Zum Teufel! Kann ich mit meinem eigenen Geld nicht tun, was mir einfällt?«

Großmutter schüttelte sich vor Lachen derart, daß sie kein Wort hervorbringen konnte. Sie hustete, prustete, und die Augen gingen ihr über. Als sie sich endlich beruhigt hatte, sagte sie zwischen ständigen Lachanfällen: »Nein, liebes Mädchen, nein! Ich bin gar nicht zornig über dich. Du kannst dir deine Heilige Jungfrau nehmen und vor ihr täglich Messen lesen lassen. Übrigens wirst du sie wohl öfter anspucken als anbeten. Zum Trost will ich dir sagen, daß Pepe sie einmal um zehn Pesetas auf dem Trödelmarkt kaufte, als du noch gar nicht auf der Welt warst, und sie wurde ihm noch dazu frei ins Haus zugestellt.«

Am nächsten Morgen begann die Auflösung der Wohnung. Die Verwandten aus Brunete waren mit ihrem Bauernkarren gekommen, die Maultiere mit einem hölzernen Joch im Nakken, die Deichsel zwischen den Tieren. Auf dem Karren lag noch etwas Stroh, und Reste davon hingen auch in den Espartoseilen, mit denen man das Stroh gebündelt hatte. Möbel wurden hinuntergetragen, und etliches Porzellan zerbrach auf dem Weg über die Treppe. Onkel Julián kam mit den Kindern und zwei Schubkarren an. Als sie beladen waren und abgeschleppt wurden, kippten die Schubkarren beinahe um. Wir waren die letzten. Wir hatten die großen Möbelstücke verkauft, die uns zugefallen waren, weil wir für sie in unserer Mansarde keinen Platz hatten, aber wir behielten mein Bett, drei Wollmatratzen, etwas Geschirr und alle Kleider, die zu unserem Posten gehörten. Der Rest hatte sich in einige Banknoten verwandelt, die die Mutter in ihre schwarze Einkaufstasche stopfte. Onkel Anastasio hatte seinen ganzen Posten verkauft. Er behielt sich das Geld und sagte zu seiner Frau und Baldomerita: »Gehen wir!« Aber an der nächsten Straßenecke ließ er sie stehen, und die beiden kamen mit uns – sie trabten neben dem Handkarren, den Señor Manuel für uns schob. Sie wohnten in nächster Nähe, auf der Plaza del Angel.

Tante Basilisa begann zu sprechen: »Es ist ein Skandal, meine Liebe, ein schrecklicher Skandal, nichts anderes. Diese Männer! Und man kann dagegen nichts tun. Ich hätte gern ein paar von den Sachen meiner armen Schwester behalten, aber du siehst ja, was geschehen ist. Er hat das Geld eingesteckt, und weg ist er! Dann wird er uns sagen, alles steckt im Geschäft, und wir werden keinen roten Heller sehen. Das einzig Gute ist, daß ich vor Baldomeras Tod ein paar Sachen retten konnte; denn ohne das ... Natürlich, wenn wir das richtige Geld bekommen, das wir geerbt haben, machen wir's anders; das werden wir auf die Bank legen, für unsere Tochter, wenn sie einmal heiratet, ob ihm das nun paßt oder nicht!« Sie schwieg eine Zeitlang, während wir die Plaza Mayor überquerten und einen Umweg machten, weil der Asphalt repariert wurde.

Dann begann sie von neuem: »Ich sage dir, meine Liebe, das Leben ist eine Hölle. Ein Glück, daß ich diesen Posten als Pförtnerin habe, das sind zweihundert bis zweihundertfünfzig Pesetas im Monat, mit denen man fest rechnen kann. Aber er – seit er mit sechzig Pesetas im Monat in den Ruhestand getreten ist, hat er sich das Leben schon reichlich bequem gemacht. In der Frühe dreht er sich seine Zigaretten und liest die Zeitung. Nach Tisch geht er ins Kaffeehaus. Am Abend kommt er zum Nachtmahl nach Hause, und dann geht er ins Wirtshaus und verspielt sein Geld. Am Anfang des Monats muß ich meine Augen gut offen halten und aufpassen, daß er nicht mit dem abdampft, was mir die Mieter zahlen. Von dem Geld da werden wir auch nicht einen Groschen sehen. Und es nützt nichts, wenn ich den Mund aufmache, denn wenn ich das tue, fängt er noch an zu toben, haut mit den Stühlen herum und beginnt zu schreien: ‚Nach dreißig Jahren ehrlicher Arbeit gönnen mir diese Weiber mein Gläschen Wermut mit meinen Freunden nicht! Aber der Herr im Haus bin ich!' Also, du kennst ihn ja, Leonor. Und dann rennt er noch mit diesen Dienstmenschern herum. Er ist doch jetzt ein alter Mann, aber er geht noch immer mit jeder ins Bett, die er erwischen kann. Es ist eine Schande, meine Liebe, eine richtige Schande, sag ich dir! Er schäkert mit ihnen auf der Treppe, und dann nimmt er sie mit in den Aufzug und fährt mit ihnen nach oben und unten; er sagt, sie wüßten nicht, wie das funktioniert. Ein Dreck ist das! Er tut's, weil er sie so nach Herzenslust abknutschen kann.«

Als wir uns von ihr verabschiedeten, rief sie uns noch nach: »Kommt doch einmal und besucht mich!« Und sie hinkte an Baldomeritas Arm davon.

Señor Manuel stellte in der Mansarde die verschiedenen Teile des Bettes, die Matratzen und die großen und kleinen Pakete mit den Kleidern hin, und im Zimmer war überhaupt kein Platz mehr. Die Señora Pascuala war heraufgekommen, um sich alles anzuschauen. Sie preßte ihre Fäuste in die Wolle der Matratzen, tastete die Bettücher ab und wog das Silberbesteck. Ich stellte meine eigenes Bett auf. Die Messingstangen sahen neben den zwei anderen Betten mit den grüngestrichenen Eisenstäben und den knarrenden Sprungfedern geradezu überheblich aus. Und nun erst fing ich an, mein kleines altes Bett auseinanderzunehmen und alle seine rostigen Schrauben herauszudrehen. Die Stücke lehnten wie ein grünes Skelett im Winkel, wo sich das schräge Dach und der Fußboden trafen. Wir legten die beiden großen Matratzen auf Mutters Doppelbett mit den gebogenen Eisenstangen zu Kopf und Füßen und den zwei flachen Leisten, auf die heilige Figuren gemalt waren. Mein Bett hatte eine eigene Matratze. Und in der Ecke zwischen Dach und Fußboden ließen wir die beiden alten Kapokmatratzen liegen, geflickt und verschossen, wie sie waren.

»Was wollen Sie mit denen tun?« fragte Señora Pascuala.

»Ich weiß nicht, wir werden sie wohl jemand anderem geben müssen.«

Señor Manuel kratzte sich den kahlen Schädel und drehte sich aus Stummeln eine seiner dicken Zigaretten zurecht. Sie waren knorrig wie Baumäste.

»Werden Sie sie wegschenken, Leonor?« fragte er.

»Natürlich, zum Verkaufen sind sie nicht gut genug.«

Er kratzte sich noch einmal und sog an der Zigarette, die er sich an seiner Lunte angezündet hatte.

»Es ist eben ... wissen Sie ... Es ist nämlich so ...« Die Worte würgten ihn. »Es ist Jahre her, daß ich ... Also, Sie wissen doch, ich habe eine Wirtin, die mir ein Zimmer gibt. Aber für zweieinhalb Pesetas im Monat kann man nicht viel verlangen. Ich habe einen Strohsack, habe ihn mir selbst gemacht, aber es ist nicht dasselbe wie eine Matratze. Von einem Bett gar nicht zu reden. Ich bekomme ein Bett nicht einmal, wenn ich heimkomme in mein Dorf; dort habe ich einen schönen Haufen Maisstroh, und das ist freilich wunderbar zum Schlafen. Aber wenn Sie es wegwerfen, ich meine, wegschenken, dann wäre es besser, wenn ich es bekäme. Glauben sie nicht auch, Leonor? Und dann « – er hatte während des Sprechens an Selbstvertrauen gewonnen –, »machen wir ein

Geschäft! Sie geben mir das Bett und die Matratzen, und ich will Ihnen in den nächsten drei Wochen die Wäsche um den halben Preis herauftragen.. Ich kann nicht sagen, daß ich es umsonst tun will, weil ich wirklich nicht zu Rande komme, wenn ich dieses sichere Einkommen einbüße. Was halten Sie davon?«

Er blickte die Mutter besorgt an und wartete auf ihre Antwort. Die Mutter lächelte, wie nur sie zu lächeln verstand. Dann wandte sie sich an mich. »Hier haben Sie den Erben; er kann tun, was er will!«

Señor Manuel sah mich mit den Augen eines Hundes an, der fürchtet, sein Herr könnte ihn verlassen. Ich war jetzt ein junger Herr, der in einer Bank angestellt war. Seit Monaten hatte er es nicht gewagt, mir einen Kuß zu geben oder mit mir zu reden, wie er früher mit mir zu reden pflegte. Ich erfüllte ihn mit ehrfürchtiger Scheu, und ich wußte, daß er mit allen Wäscherinnen über mich sprach, als wäre ich ein Weltwunder: »Leonors Sohn, ihr wißt doch; er arbeitet in einer Bank; er ist ein richtiger junger Herr geworden!« Nun sog er an seiner scheußlichen Zigarette und sah mich an – sah mich an – lieber Gott, wie er mich ansah!

»Señor Manuel«, sagte ich bedeutsam. »Wir wollen einen Handel abschließen. Ich gebe Ihnen das Bett und die Matratzen, aber unter der Bedingung, daß ...«

Er ließ mich nicht zu Ende sprechen: »Was Sie wollen, junger Herr, was immer Sie wollen! Ich habe für Ihre Mutter fünfzehn Jahre lang gearbeitet – genauso alt sind Sie selbst – und sie kann Ihnen sagen ...«

»Ich gebe Ihnen das Bett, aber Sie müssen aufhören, mich ,junger Herr' zu nennen.«

Er schien zuerst nicht zu begreifen, was ich meinte. Dann packte er mich, schüttelte mich mit seinen großen starken Händen, preßte mich in die Arme, küßte mir geräuschvoll das Gesicht ab, nachdem er die Zigarette, die er im Mund gehalten, weggeworfen hatte, legte mir seine beiden Hände auf die Schultern und begann zu weinen.

Wir mußten ihm ein Glas Schnaps geben. Er mußte den Weg hinunter und herauf zweimal machen, um die alte, grün angestrichene Bettstatt und die geflickten und wieder geflickten Matratzen heimzutragen. Als Mutter und ich allein waren, brachten wir Ordnung ins Zimmer; von Zeit zu Zeit kam eine der Nachbarsfrauen, um zu schauen, was los war, und begutachtete die Bettstatt, die wie ein Kleinod in der Mansarde leuchtete, mit ihren blinkenden Stangen und der schweren gehäkelten Bettdecke. Spät am Abend kam dann noch Señora Segunda.

Die Mutter suchte die Kleider heraus, für die sie keine Verwendung hatte, und gab sie ihr, eines nach dem andern. Señora Segunda nahm sie, hielt sie vor das Licht der Petroleumlampe und stieß laute Freudenrufe aus. Da gab es die Hemden, Leibchen, Röcke, Unterröcke und Unterkleider meiner Tante. Die Mutter behielt die besten Stücke für sich und gab ihr alles übrige. Sie griff nach einer dunkelbraunen Winterweste aus schwerem Stoff – vorne mit einem riesigen Riß.

»Ich kann mir nicht vorstellen, daß Sie das brauchen können, Segunda.« Sie fuhr mit der Hand durch den Riß. »Die Tante hat es nie über sich gebracht, etwas wegzuwerfen.«

Señora Segunda hielt die Jacke hoch, daß das Licht durch den Riß fiel. »Für Toby wird sie gut sein, meine Liebe! Das arme Vieh leidet im Winter so unter der Kälte, wenn wir draußen betteln gehen. Ich mache ihm ein Mäntelchen daraus. Toby! Toby!«

Träge erhob sich der Hund vom Kohlenbecken, vor dem er gelegen hatte, beschnüffelte die Jacke und wedelte fröhlich. Señora Segunda bestand darauf, sie Tobys Rücken anzupassen. Die Ärmel streiften am Boden, und er hielt ganz still und wedelte unter den Falten weiter. Dann leckte er ihr die Hände und schlich zurück auf seinen warmen Platz.

Unser Leben in der Mansarde ging seinen gewohnten Gang. Die Mutter ging noch immer am Montag und Diens-

tag waschen. Ich ging in die Bank. Am Sonntag kamen mein
Bruder und meine Schwester zu Besuch. An Wochentagen las
ich abends; meine Mutter nähte beim Schein der Petroleumlampe. Manchmal gingen wir alle am Sonntag ins Kino, am
Nachmittag, weil um acht Uhr Rafael in seinem Laden und
Concha wieder in dem Haus sein mußte, in dem sie diente.
Ich war nun jemand geworden. Die Señora Pascuala redete
mich zwar weiter auf die übliche vertraute Weise an, aber sie
blickte mit einer Hochachtung zu mir auf, der ein wenig Neid
beigemengt war, da es ihr Pepe zu nichts brachte. Alle anderen
sprachen mich mit »Herr« an.

Von Zeit zu Zeit trank ich ein Glas Wermut und rauchte
eine Zigarette. Bald würde ich einige tausend Pesetas bekommen, als der Erbe von Onkel und Tante. Ich war der Herr des
Hauses und meiner Leute, und ich wußte das.

Wir erfuhren immerzu Geschichten über die anderen Erben.

In Brunete hatten offensichtlich die beiden Familien, die
des Onkels Hilario und die von Onkel Basilio, miteinander
heftig gestritten. Nach Onkel Josés Tod hatten beide die Führung der kleinen Gemeinschaft übernehmen wollen, die er
geschaffen hatte: Onkel Hilario, weil er der Ältere war, Onkel
Basilio, weil er jünger war und Söhne hatte. Der Streit begann
anläßlich der Übernahme der Möbel aus der Erbmasse. Obwohl alles postenweise verteilt worden war und sie selbst den
Wert jedes Stückes festgesetzt hatten, warfen sie jetzt einander
vor, daß ein Möbelstück mehr wert wäre als das andere, und
beide fühlten sich übervorteilt. Die Leute im Dorf gingen in
beide Häuser und sagten in jedem, es habe die schöneren Möbel. Schließlich einigten sie sich darauf, ihr Land nicht mehr
gemeinsam zu bebauen. Als es aber zur Teilung des Landes
kam, das sie unter Anleitung Onkel Josés gekauft hatten, zur
Aufteilung der Maultiere, der landwirtschaftlichen Maschinen, der Getreidevorräte in den Scheunen, ja sogar der großen
Krüge, die man für die Heranschaffung des Trinkwassers für
die Knechte benützt hatte, da begann der Streit erst im Ernst.

DIE REBELLENSCHMIEDE

Die Weiber fuhren einander in die Haare, und die Männer schlugen sich mit Stöcken. Am Ende gingen sie vor Gericht, um ihre Ansprüche auf das Land festzustellen, und sie suchten sich Don Luis Bahía aus, damit er ihnen Geld auf ihre Erbschaft nach Onkel José vorstrecke, um die Prozeßkosten zu decken.

Onkel Julián war ein Fall für sich. Sein ganzes Leben lang hatte er in der Ronda del Toledo als Stellmacher gearbeitet. Er hatte sein Handwerk von meinem Großvater gelernt und war dann als Meister nach Madrid gekommen, wo er als Teilhaber in die Werkstatt des Eigentümers eintrat. Er und seine fünf Kinder lebten in einem Miethaus in der Calle del Tribulete. Als die Möbel aufgeteilt wurden, bekam er die Anrichte und den Eßtisch. Beide waren große, schwere Stücke aus geschnitzter Eiche. Er brachte sie nach Hause, in seine Wohnung, die aus vier kleinen Räumen bestand – einem Eßzimmer, zwei Schlafzimmern und einer Küche; das Klosett war auf dem Korridor und wurde von allen Bewohnern des Stockwerkes benützt. Natürlich paßten weder Anrichte noch Eßtisch in die Wohnung. Aber man schob sie hinein, und dann mußte man sich seitlich zwischen Tisch und Wand hindurchzwängen, wenn man im Zimmer herumgehen wollte. Man zerlegte die Anrichte in einzelne Teile. Der untere Teil kam in das Schlafzimmer der Eltern, der obere, mit den Gläsern, Schalen und Schüsseln, wurde an ein paar Haken in der Küche aufgehängt. Onkel Julián hatte zwei erwachsene Töchter, von denen eine gerade im Begriff war zu heiraten. Sie bat um die zwei Stücke für ihr neues Zimmer. Die Schwester widersprach, weil auch sie verlobt war, und schließlich mußte Onkel Julián beiden ein paar Ohrfeigen geben und die Möbel selbst behalten.

Onkel Anastasios Geschichte war einfach. Er nahm sich das Geld aus dem Verkauf der Möbel und spielte damit im El Bilbaino Club in der Calle de Peligros. Und er gewann. Er gewann einige tausend Pesetas. Er kam heim mit Geschenken für Tante Basilisa und Baldomerita. Ungefähr einen Monat lang lebten sie alle in Saus und Braus, und alles war in Ordnung. Sie gingen ins Theater und ins Kino, sie leisteten sich allerlei Liebhabereien und kauften billigen Schmuck. Dann ging Onkel Anastasio das Geld aus. Er verpfändete den Schmuck, den er den beiden Frauen geschenkt hatte, dann den Schmuck, den Tante Baldomera der Baldomerita gegeben hatte, dann den Manilaschal, die Mantillen und was es noch gab. Als alles andere zu Ende war, begann er die Einrichtung zu verpfänden, und schließlich kam Tante Basilisa in Tränen zu meiner Mutter und bat sie, ihr fünfundzwanzig Pesetas zu leihen.

Carmens Vater, Tante Eulogias Gatte, war als junger Bursch aus Galicien gekommen. Er war ein Riese. Als er jung war, verdiente er Geld, das er dazu benützte, um sich als Kohlenhändler in der Neuen Welt niederzulassen. Er verdiente eine Menge, begann dann aber zu trinken. Er war so stark, daß er nie wirklich betrunken wurde; da er sich aber schämte, sich nicht betrinken zu können wie seine Freunde, versuchte auch er, sich betrunken zu machen, und trank ganze Flaschen voll Schnaps. Er ruinierte sich und mußte sein Geschäft schließen. Dann, als er schon nicht mehr jung war, arbeitete er als Packer im teuersten Möbelgeschäft von Madrid und schleppte den Kunden Möbelstücke ins Haus. Er hatte einen Arbeitskollegen, der so groß war wie er selbst, und die Firma hatte den beiden sehr auffallende Uniformen gekauft. Sie schleppten die Möbel auf einer Art Tragbahre, die mit rotem Plüsch bedeckt war und von der zwei breite Ledergurte über ihre Schultern liefen. Die Leute auf der Straße drehten sich oft um und starrten den zwei ungeheuren Männern nach, die auch die allerschwersten Möbel trugen, als wären sie federleicht. Einmal trugen sie auf diese Art ein Klavier, und die Leute blieben auf dem Gehsteig stehen. Sie hielten Schritt, und das Klavier schaukelte auf der Tragbahre wie in einer Wiege. Tante Eulogias Mann bekam einen hohen Lohn und gute Trinkgelder, aber er vertrank alles. Eines Tages brachte man ihn mit Delirium tremens heim. Er starb nicht, weil er so stark war, aber er mußte das Bett hüten, ein hilfloser Kranker mit ständig zitternden Händen. Der Arzt verabreichte ihm täglich drei Gläser Schnaps, denn er würde sterben, sagte der Doktor, wenn man ihm den Alkohol plötzlich entzöge.

Kaum hatte er die Möbel und Kleider erblickt, die seiner Frau durch die Erbschaft zugefallen waren, kroch er, als Tante Eulogia des Morgens das Haus verlassen hatte, aus dem Bett. Er lebte in der Calle del Peñon, gerade hinter dem Trödelmarkt, also rief er einen Nachbarn, der selbst Trödler war, und verkaufte ihm sämtliche geerbten Möbel und Kleider und noch ein paar Sachen aus dem eigenen Haushalt dazu. Dann rief er einen Jungen herbei und schickte ihn nach einer Zweiliterflasche Schnaps, legte sich ins Bett zurück und leerte sie auf einen Zug. Dann lärmte er und tobte er. Die erste Person, die heimkam, war Carmens jüngere Schwester, Esperancita. Sie traf ihren Vater splitternackt an. Er war dabei, mit einem Knotenstock die Möbel zu zerschlagen. Er wollte die Tochter umbringen, aber das Mädchen lief kreischend durch die Korridore des Hauses. In diesem Augenblick kam Tante Eulogia nach Hause, und er hieb sie auf die Schulter. Er brach ihr beinahe den Arm; wäre der Schlag auf ihrem Kopf gelandet, hätte er sie glatt getötet. Die Nachbarn mußten kommen, um ihn mit Stricken zu binden wie ein Bündel. Drei Tage lang mußte er in einer Zwangsjacke gehalten werden, ans Bett gebunden und mit Schaum vor dem Mund.

Die Mutter besuchte ihn am Tage vor seinem Tod, und ich ging zum Begräbnis. Das Zimmer war in Scherben und Trümmer geschlagen. Das einzige, was unbeschädigt war, war die Heilige Jungfrau auf der Kommode mit der kleinen Öllampe darin, deren ausstrahlende Wärme das Glas beschlug und Rußflecke außen auf dem Schrein verursachte.

Es war ein strahlender Sonntag, und ich war in die Escuela Pía gegangen, um Pater Joaquín zu besuchen. Wir hatten bis zum Mittagessen geschwatzt; dann hatte ich mit dem Pater im Refektorium gegessen. Am Nachmittag spazierte ich die Calle de Mesón de Paredes entlang und ging in das Haus, in dem die Señora Segunda lebte.

In der Türe sprang Toby mit seinen schmutzigen Pfoten an mir empor und bedeckte meine Hose mit weißen Haaren seines wolligen Fells. In dem Rock, der, mit grauen Litzen gesäumt, ihm um Hals und Bauch gebunden war, sah er sehr komisch aus. Señora Segunda wollte gerade aufbrechen, um betteln zu gehen, und zeigte mir voller Stolz, was sie aus den Kleidern gemacht hatte.

Von einer kurzen Jacke meiner Tante hatte sie allen Flitterkram abgetrennt und daraus einen Mantel für sich selbst genäht. Wo früher die kleinen Flitterscheiben gesessen hatten, waren jetzt regelmäßige schwarze Flecken, die wie Stickerei aussahen. Sie trug einen alten Seidenrock mit hellen Blumen auf dunklem Grund, alles schon ganz altersgrau und verblichen. Aus einer alten Mantille hatte sie einen losen Schleier zurechtgemacht. Er fiel ihr in die Stirne und verdeckte einen Teil ihrer fürchterlichen Nase. Sie wollte gerade nach ihrem Faltstuhl greifen und Toby mit seinem neuen Mäntelchen in den Arm nehmen, um sich auf ihren Stammplatz auf der Plaza del Progreso zu begeben. In ihrem neuen Aufzug sah sie aus wie eine alte Dame, die etwas heruntergekommen war; und weil jetzt ihre gähnenden Nasenlöcher nicht mehr zu sehen waren, würden ihr die Leute vermutlich nun mehr Almosen geben als früher! Sie zeigte mir ihre Sachen, eine nach der anderen, und erklärte mir: »Dank deiner Mutter sieht mich jetzt jeder anders an. In meinem Seidenkleid und dem Schleier, unter dem man das Gesicht nicht sieht, tue ich den Menschen leid, viel mehr als zuvor, und sie schaudern nicht mehr vor mir zurück. Toby habe ich beigebracht, einen Teller zwischen den Zähnen zu halten und auf den Hinterbeinen zu sitzen. Er hält ja eine Zeitlang still, aber dann wird er müde, der arme Kerl. Ein Jammer ist das. Ich trinke jetzt im Kaffeehaus den Kaffee immer ohne Zucker und hebe den Würfel auf, damit ich ihn dann Toby in kleinen Bissen geben kann und er so länger aushält. Aber er ist alt, der Arme, und es strengt ihn sehr an, den Teller zwischen den Zähnen zu halten. Schade! Wenn er ihn so hält, geben uns die Leute viel mehr Almosen. Selbst Männer legen Kupfer auf den Teller und streicheln den Hund.«

Sie zeigte mir vier Bettücher. Sie waren aus Leinenstükken zusammengesetzt, die ihr die Mutter geschenkt hatte. Mit winzigen kleinen Stichen hatte sie sie zusammengenäht, und alles war weiß und sauber geglättet.

»Greif sie doch an!« sagte sie. »Ich habe sie zuerst zum Bleichen in Lauge gelegt; einige Stücke waren nämlich weißer als die andern. Aber dank der Bleiche und dem Waschblau sind sie jetzt alle gleich und so weich, daß es ein Vergnügen ist, darauf zu schlafen.«

Aus den alten Strümpfen hatte sie neue gemacht, indem sie Stücke herausgetrennt und sie zusammengestrickt hatte. Aus Restchen und Stoffabfällen war eine Decke für den Hund entstanden, um die sie noch einen Streifen Segeltuch genäht hatte.

Und um auch ihrer Wohnung größeren Glanz zu verleihen, da sie selbst jetzt neue Kleider hatte und mehr Geld verdiente, hatte sie ihr Zimmer – diesen kleinen Verschlag, der wie ein Käsedreieck aussah – kalkblau ausgemalt. Davon bekam ich Flecken an den Ärmeln, und auf diese Weise wurde das Werk vollendet, das Toby an meinen Hosen begonnen hatte.

Montags und dienstags stieg ich gleich vor der Bank in die Straßenbahn und fuhr zum Fluß, um dort zu essen. Ich war stolz, mich bei den Wäscherinnen sehen zu lassen, und auch die Mutter war stolz und froh. Sie hieß mich einen der weißen Arbeitskittel des Städtischen Laboratoriums anziehn, damit ich mir den Anzug nicht schmutzig machte. Sie wusch für Dr. Chicote und die anderen Ärzte des Laboratoriums. So konnte ich mich also ins Gras setzen, mit dem umgedrehten Waschtrog als Tisch, und die Ente mit Würmern füttern. Ich fürchtete mich nicht mehr vor ihrem Schnabel; manchmal packte ich ihn und hielt ihn fest. Dann grunzte die Ente wie ein Schwein und schlug vor Wut mit den Flügeln. Watschelnd und mit ihrem Hintern wackelnd, lief sie schließlich davon, wie ein dickes Weib mit O-Beinen.

Señor Manuel bat mich inständigst, ihn in seinem Heim zu besuchen. Es war ein hölzerner Schuppen und gehörte einer Witwe. Sie selbst wohnte auch dort; Manuel hatte ein kleines Schlafzimmer mit Holzwänden. Die Spalten zwischen den Planken waren mit Papier überklebt. An die Wand genagelt hatte er Bilder von Politikern, Stierkämpfern und Tänzerinnen, die er aus Zeitschriften ausgeschnitten hatte. Der Fußboden bestand aus gestampfter Erde, doch er hatte ihn mit Fliesen bedeckt, die er auf einem Schutthaufen gefunden und zu einem vielfarbigen Mosaik ausgelegt hatte. Da gab es weiße Abortkacheln, blaue und schwarzweiße Marmorfliesen und Klinkerplatten – rot oder klein geblümt oder mit bunten Kreisen in allen Größen.

»Das hat mir die größte Mühe gemacht«, sagte Señor Manuel, »den Fußboden glatt zu kriegen. Na, jetzt ist er wohl in Ordnung. Fehlen mir nur noch zwei große Stücke Glas für mein Fenster.«

Das »Fenster« war eine viereckige Öffnung in den Brettern einer der Wände, an die er einen vergoldeten Bilderrahmen mit vergilbten Blumen und Blättern gehängt hatte. Eine Hälfte des Rahmens füllten zwei zusammengekittete Stücke Glas, die andere Hälfte bedeckte Pergamentpapier. Der Rahmen hing an zwei Angeln und war mit einem Haken zu schließen. Stand er offen, kam Sonne herein. War er geschlossen, dann konnte Licht nur durch die verglaste Hälfte eindringen. Señor Manuel brauchte also eine Scheibe für die zweite Hälfte, um Sonnenschein zu haben, ohne dazu das Fenster öffnen zu müssen. Er war gegen Kälte sehr empfindlich.

»Schau dir doch das Bett an – dein Bett!« sagte er.

Ich erkannte mein altes Bett nicht wieder. Señor Manuel hatte es gelb angestrichen, grell gelb mit einem Stich ins Grüne; er hatte die Farbe in dicken Patzen aufgetragen, und sie stach grell vom Hintergrund der bunten Fliesen ab. An das Kopfende hatte er einen Buntdruck mit Unserer Lieben Frau von der ewigen Hilfe geklebt, voller Flammen, aus denen die verdammten Seelen ihre Arme zur Jungfrau emporstreckten und flehten, sie aus der Hölle zu erretten. Eine Kiste mit einem weißen Tuch darüber benutzte er als Nachttisch; der Deckel der Kiste war zur Tür geworden, hing an zwei Lederriemen, und genau wie das Fenster war er mit Hilfe eines Hakens verschließbar. Drinnen stand ein riesiger Nachttopf mit abgebrochenem Henkel. Er hatte auf dem Boden ein Auge und dazu orthographisch falsch die Worte: »Ich sehe dich.«

Auf das Bett hatte er eine dicke Matratze gelegt, zwei Betttücher, eine geflickte Decke und einen gelben Bettüberwurf.

»Gefällt es dir?« fragte Señor Manuel. »Wenn ich fort bin, kommt die Señora Paca, die Besitzerin dieser Hütte, und hält auf meinem Bett ihr Schlummerstündchen. Die arme Frau leidet an Rheumatismus, weil sie doch seit zwanzig Jahren hier am Fluß lebt und nur auf einem Haufen alter Säcke auf dem Fußboden schläft, und deshalb beneidet sie mich sehr. Sie kann das Bett haben, hab ich ihr gesagt, wenn ich einmal sterbe. Aber ich bin überzeugt, sie stirbt vor mir, und dann bleibt dieser Schuppen mir. Es geht mir noch gut, jawohl, abgesehen von dem verfluchten Bruch. Aber ich kann mich nicht entschließen, mich operieren zu lassen. Es ist schon ganz recht, daß man stirbt, wenn die Stunde da ist, aber nicht unter den Händen der Knochenschneider.«

Er bückte sich und streichelte den Überwurf liebevoll. »Weißt du, ich arbeite mehr, seit ich in einem Herrschaftsbett schlafe. Übrigens habe ich noch etwas für dich.«

Aus der Tiefe einer Truhe, die voll war von Zeugfetzen, alten Zeitungen, Büchern ohne Deckel, aus denen Seiten fehlten und die er weiß Gott wo aufgeklaubt hatte, fischte er einen weißen Lappen heraus, der wie ein schmutziger Verband zusammengerollt war. Auf dem Nachttisch rollte er ihn auf, und eine winzige Goldmünze kam zum Vorschein. Es war ein Zehnpesetasstück, aus der Zeit, als der König noch ein kleiner Junge war: ein Centén, klein und glänzend wie ein neuer Centimo.

»Für deine Uhrkette! Es ist das einzige, was ich noch aus besseren Zeiten gerettet habe! Damals habe ich eine Menge verdient, und das Geld wurde noch nicht Pesetas genannt. Ich hab's mir aus irgendeiner Laune aufgehoben, aber was habe ich denn noch davon?«

Ich mußte den Centén mitnehmen, in ein grobes Papier eingeschlagen, wie Señor Manuel es für seine wulstigen Zigaretten verwendete. Am Abhang des Paseo de San Vicente packte ich die Goldmünze aus und sah sie mir genau an. Sie war so winzig, daß ich sie in einen Ring hätte fassen müssen, wenn ich sie wirklich an die Uhrkette hätte hängen wollen. Und ich dachte mir, daß von allen Erben die ärmsten wohl die glücklichsten seien: die Señora Segunda und der Señor Manuel. Diese beiden hatten ja nicht direkt geerbt, aber doch ihren Anteil an der Erbschaft bekommen.

Der Abhang von San Vicente ist fast eine halbe Meile lang und hat ein Eisengeländer, das in Granitsockeln verankert ist. Das war das Gitter des Campo del Moro, des Gartens des Königlichen Palastes; niemand durfte ihn betreten: Die Soldaten, die dort Wache standen, hätten jeden erschossen, der es versuchen wollte. Als ich ein kleiner Junge war, benutzte ich das Gitter, um aus Aprikosenkernen Pfeifchen zu machen. Es war nicht schwer. Man brauchte bloß einen Kern zu nehmen und mit ihm im Gehen den Granit entlangzufahren; er wurde dadurch so abgerieben, daß schließlich ein kleines Loch mit glattem Rand entstand. Dann nahm man eine Nadel und bohrte das Innere heraus, bis der hohle Kern übrigblieb. Blies man dann scharf auf den Rand des Loches, dann gab es einen Pfiff, den man weithin hören konnte.

Riebe ich jetzt den Rand der Goldmünze am Granit, dann würde auch sie abgeschabt werden.

Ich fuhr damit behutsam den Stein entlang, nur ein paar Schritte weit. Der Rand der Münze blieb unverändert, aber auf dem Granit zeigte sich ein zarter Strich. Ein Streifen Gold.

Nach dem Abendessen kamen Concha und Rafael auf eine Stunde zu uns. Concha diente im Haus Dr. Chicotes, Rafael arbeitete als Lehrling in einem Laden in der Calle de Atocha. Sie brachten ihren Lohn, es war nämlich der zweite Tag des Monats. Ich bekam mein Gehalt am Ersten. Mutter legte das ganze Geld zusammen auf den Tisch und begann mit ihren Berechnungen und der Einteilung in kleine Haufen. Es war gar nicht viel Geld.

»Neun Pesetas für die Miete, zwei für Pascuala.«

Sie legte die elf Pesetas zu einem Haufen zusammen. Dieses Mietgeld galt der Mutter als unantastbar.

»Fünf Pesetas für die Krankenkasse.«

Diese fünf Pesetas im Monat bedeuteten, daß wir alle Anspruch hatten auf ärztliche Behandlung, Heilmittel und Begräbnis.

»Zehn Pesetas für meine Waschsachen.«

Mutter hielt inne und zählte an den Fingern ihre kleinen Schulden auf. Dann legte sie weitere vierzehn Pesetas zu einem Häufchen zusammen. Wir drei beobachteten sie schweigend und hofften, daß sich der große Haufen nicht noch weiter verringern werde. Schließlich sagte sie: »Das bleibt uns bis zum Achten. Dann bekomme ich mein Geld vom Laboratorium.«

Einunddreißig Pesetas waren übriggeblieben. Jetzt kamen wir an die Reihe. Zuerst Concha.

»Ich brauche Unterwäsche: ein Korsett und ein Hemd.«

»Na, du schaust ja ordentlich auf dich«, grunzte Rafael. »Ich brauche Schuhe und einen Arbeitskittel.«

»Auch ich brauche Schuhe«, sagte ich.

»Natürlich, der feine Herr braucht Schuhe. Er hat schon zwei Paar, aber er braucht ein drittes!«

»Ich habe zwei Paar, aber beide sind braun, und ich kann sie nicht tragen, solange ich in Trauer um die Tante bin.«

»Färb sie doch schwarz!«

»Das sagt sich so leicht! Aber du mußt in einem Korsett mit deinen Brüsten protzen.«

Wir stritten uns alle drei. Die Mutter versuchte ohne Erfolg, uns zu beruhigen. Schließlich nahm sie eine Peseta aus ihrer eigenen Tasche, legte sie auf den restlichen Haufen Geld und teilte ihn in vier Häufchen zu je acht Pesetas. Einen davon behielt sie für sich.

Rafael steckte seine acht Pesetas ein. Concha wog die ihren in der Hand und sagte: »Was soll mir das helfen?«

»Nun hör einmal«, sagte die Mutter, »nimm doch ein paar Pesetas aus deinem Sparbuch und kaufe dir, was du brauchst!«

Jeder von uns hatte ein Sparbuch, was ständig zu endlosen Debatten führte. Rafael und ich hatten die unseren seit der Zeit, als wir in der Schule Preise bekommen hatten. Aber solange wir minderjährig waren, konnten wir kein Geld abheben. Concha ließ sich ein Sparkonto anlegen, als sie in Dienst trat, und sie war die einzige von uns, die Geld abheben konnte, wann immer sie wollte. Mein Buch wies einen Saldo von über tausend Pesetas auf, dank dem Gelde, das Onkel José im Lauf der Jahre für mich eingezahlt hatte. In Rafaels Buch standen über fünfhundert Pesetas; Concha hatte in ihren ersten Dienstjahren fast fünfzehnhundert Pesetas erspart, als sie ihren Lohn noch nicht auszugeben brauchte. Dann aber war jedesmal, wenn sich eine Schwierigkeit ergab, etwas von ihren Ersparnissen für den Haushalt draufgegangen, und heute hatte sie in ihrem Buch nicht mehr als zweihundert oder dreihundert Pesetas. Und so wurde sie stets wütend wie eine Wildkatze, wenn die Rede darauf kam, daß sie etwas abheben sollte.

»So? Also dazu muß ich mir mein Leben lang die Hände abarbeiten? Damit ich mir dann doch nicht kaufen kann, was ich brauche! Nein, das paßt mir einfach nicht! Die zwei halten sich ihr Geld schön warm, und ich muß die ganze Last tragen. Seit dem Tod Onkel Josés hast du die ganze Zeit von meinem Buch abgehoben, nur damit der Bursche da ein Federfuchser und ein junger Herr werden kann, während ich weiter schmutzige Teller waschen muß.«

»Du bist neidisch, das ist alles«, rief ich.

»Neidisch? Auf wen? Du wirst viel schlimmer dran sein als wir alle. Wir sind arm und haben nichts dagegen; wir bleiben die Kinder von Señora Leonor, der Wäscherin. Aber du bist natürlich ein feiner Junger Herr, der sich fürchtet zu sagen, daß seine Mutter am Fluß waschen geht und in einer Mansarde lebt. Ich wette, ich habe recht. Ich habe meine Freundinnen und die anderen Mädchen, die mit mir dienen, hergebracht. Ich schäme mich ja nicht, sie zu mir nach Hause zu bringen. Aber du, wann hast du je einen deiner Freunde mitgebracht? Siehst du, da hast du's! Ein feiner junger Herr, der in einer Bank arbeitet, und da könnten die Leute draufkommen, daß du auf dem Boden wohnst und daß deine Mutter eine Wäscherin ist!«

Weil sie recht hatte, wurde ich wütend. Natürlich wußte man in der Bank nicht, daß ich der Sohn einer Wäscherin war und in einer Dachkammer wohnte. Man hätte mich hinausgeworfen, arme Leute hatte man dort nicht gern. Die Verwandten eines Bankbeamten waren Leute, die Hüte und Überröcke trugen. Es wäre gar nicht angenehm gewesen, wäre Concha dort in ihrer Stubenmädchenuniform aufgetaucht, Rafael in seinem Arbeitskittel als Krämerlehrling und die Mutter in Schürze und Kopftuch. Aber Concha begriff das nicht. Ich sprach zu ihr und versuchte, ihr meine Zukunftsaussichten zu erklären. Ich würde als Angestellter einen Haufen Geld verdienen: Mutter würde nicht mehr waschen gehen müssen, und wir würden eine Wohnung mit elektrischem Licht und einer großen Lampe über dem Eßtisch haben. Aber sie lachte mir nur ins Gesicht, beutelte mich und schrie mich an: »Du Narr! Dein ganzes Leben lang wirst du ein elender Hungerleider bleiben, ein Federfuchser, ein feiner Herr bei Wasser und Brot!« Sie kreischte vor Lachen, wurde dann aber ganz ernst und platzte heraus. »Ein Stehkragensklave – das wirst du immer sein!« Und sie drehte mir den Rücken und brach in Tränen aus.

Rafael und ich gingen weg, auf die Straße hinunter. Wir kauften uns ein Paket Zigaretten, und jeder zündete sich eine an. Als wir einen Kaffee mit einem Schuß Kognak getrunken hatten, fuhren wir mit der Straßenbahn nach Cuatro Caminos, wo wir Lämmerbraten aßen und Rotwein tranken. Als wir heimkamen, hatten wir zusammen unsere sechzehn Pesetas ausgegeben. Rafael sagte: »Spielt ja keine Rolle. Ich bekomme meine Trinkgelder. Aber erzähle es nur nicht der Mutter!«

Am nächsten Morgen, als ich aufstand, um zur Arbeit zu fahren, hatte Mutter bereits meinen Anzug gebürstet, wie sie es jeden Tag hat. Sie gab mir zwei Pesetas.

»Hier nimm! Du mußt etwas Geld bei dir haben, für den Notfall.«

Sie fragte mich nicht, was ich mit den acht Pesetas vom Tage zuvor getan hatte. Ich schämte mich, als ich die Treppe hinunterging.

6.
KAPITALIST

Zu den Vorfällen, die in einer Bank am wenigsten verziehen werden, gehört das Fernbleiben von der Arbeit. Ich hatte Perahita gesagt, daß ich einen freien Tag brauchte, um zum Notar zu gehen. Dieser hatte alle Erben zur Abwicklung der Hinterlassenschaft von Onkel und Tante zu sich berufen. Am nächsten Tag schickte Corachán nach mir. »Ihr Vorgesetzter hat mir mitgeteilt, daß Sie aus privaten Gründen einen Tag Urlaub brauchen.«

»Jawohl, Herr Direktor!«

Er maß mich – und er nahm sich Zeit dazu – von oben bis unten, als wollte er meine Person in allen Einzelheiten untersuchen. Wenn er mir jetzt einen der bei ihm üblichen Streiche spielte, würde ich die Bank stehen und liegen lassen. Ich hatte genug von dem Kerl. Dann begann er zu sprechen und betonte jedes einzelne Wort.

»Und darf man fragen, was für ›private Gründe‹ es verlangen, daß der junge Herr seine Pflicht einen ganzen Tag lang vernachlässigt?« Er gab jeder Silbe ihren vollen Wert, strich sich dabei den Bart und schaute mich aus den Winkeln seiner kleinen Augen an.

»Ich soll eine Erbschaft antreten«, sagte ich, ebenfalls darauf bedacht, jede Silbe zu betonen.

»Ah! Eine Erbschaft? Tja, dann werden Sie uns wohl bald verlassen, nehme ich an.«

»Sie verlassen? Wen meinen Sie damit, Herr Direktor? Die Bank? Nein, ich werde weiterarbeiten.«

»Ach so! Es handelt sich wohl um ein kleines Legat? Wieviel werden Sie denn bekommen?«

»Ich weiß wirklich nicht genau, wieviel es ist. Ungefähr zwei – drei – vier – fünftausend Duros, Herr Direktor.«

»Gar nicht übel, gar nicht so übel.« Er strich sich wieder den Bart. »Und um fünftausend Duros einzukassieren – vorausgesetzt, daß Sie nicht bloß ein Märchen erzählen –, brauchen sie einen ganzen Tag? Will man Ihnen Ihr Geld denn in Kupfermünzen auszahlen?«

Ich war wie vor den Kopf geschlagen. Wie sollte ich diesem Menschen erklären, diesem hohen Beamten einer Bank, der mit Millionen umzugehen gewohnt war, daß es ein Ereignis war, einige tausend Pesetas zu erhalten und sie in die Mansarde einer Wäscherin hinaufzutragen? Ein Ereignis, das jede Arbeit am Tage, an dem das geschah, ausschloß? In der Bank machten Tausendpesetasnoten keinen Eindruck auf mich. Wenn ich aber daran dachte, daß wir am nächsten Tag ein kleines Bündel davon in unserer Mansarde haben würden und daß wir zwei, Mutter und ich, würden zu Hause bleiben müssen, um es zu bewachen, bis wir beschlossen hatten, was damit zu tun wäre, war ich tief erschüttert. Señora Pascuala würde kommen und die großen Banknoten beim Lichtschein der Lampe anstarren. »Señora Leonor, lassen Sie mich eine anschaun!« Und dann würden auch die Nachbarsfrauen aus den übrigen Mansarden kommen, eine nach der andern, um sich eine Banknote anzuschauen und sie, überwältigt, zwischen den Fingerspitzen zu halten.

Ich begann mich über den widerlichen alten Mann zu ärgern, der sich über mich lustig machte.

»Ich glaube nicht, daß man mir's in Kupfer auszahlen wird.«

Der scharfe Ton meiner Worte veranlaßte ihn, den Kopf zu heben und mich anzublicken. Pedantisch und kühl sagte er: »Und wer beweist mir, daß das mehr ist als eine Geschichte, bloß dazu erfunden, damit Sie morgen einen freien Tag haben und mit einem Freund – oder einer Freundin – bummeln gehen?«

Ich zog Don Primos Brief aus der Tasche. Er las ihn langsam, faltete ihn zusammen und gab ihn mir zurück.

»Das wäre also in Ordnung. Morgen um zehn in der Calle de Campomanes. Gut! Sie werden herkommen und den Dienstantritt eintragen. Dann können Sie wieder gehen. Sie haben den Vormittag frei. Am Nachmittag werde ich mich persönlich davon überzeugen, ob Sie wieder erschienen sind oder nicht. Sie können gehen.«

Ich erzählte Perahita von der Unterredung, und er lachte über meine Entrüstung. Er lachte so sehr, daß er sich mit den fetten kurzfingrigen Händen am Schreibtisch anklammern mußte; sonst wäre der Gummiball seines Körpers auf und ab gehüpft, und er grub seine Finger in den Schreibtisch, bis die flachen Nägel von dem Druck ganz weiß wurden. Dann erholte er sich langsam und klopfte mir auf die Schulter.

»Nur keine Aufregung, Junge, nur keine Aufregung! Du wirst morgen nachmittag nicht herkommen.«

»Sie selbst werden mir den Tag freigeben?«

»Nicht ich, mein Junge, nicht ich. Du mußt jemand anderen finden – gegen Corachán! Aber siehst du, morgen ist Christi Himmelfahrt, und da ist alles geschlossen.«

Zum letzten Mal im Leben kamen wir zusammen, wir alle, die geerbt hatten. Don Primo überreichte jedem ein Blatt mit der Schlußabrechnung; wir mußten eine Quittung unterschreiben, dann zahlte er das Geld aus. Keiner ging weg; alle blieben, um zu schauen, wieviel jeder einzelne einkassierte, und sich zu vergewissern, daß der Notar keinen betrogen hatte. Noch während sie die Abrechnungen prüften, kam es zu Streitigkeiten. Zuerst fuhr Tante Braulia auf. Sie trat an den Tisch, ihr Blatt in der Hand, und unterbrach Don Primo, der gerade Onkel Julián das Geld auszahlte.

»Hören Sie einmal, Herr! Lesen Sie mir das vor. Denn ich bin nicht gebildet genug.«

»Einen Augenblick, liebe Frau!« Don Primo brachte die Rechnung mit Onkel Julián in Ordnung, nahm ihr das Papier ab und las vor: »Ausgezahlt an Don Hilario González auf dessen Verlangen: 500 Pesetas. Ausgezahlt an Don Hilario auf dessen Verlangen: 750 Pesetas. Ausgezahlt ...« Es folgte eine Reihe von sechs Vorauszahlungen auf Verlangen. Der Saldo war 1752 Pesetas.

Tante Braulia hörte aufmerksam zu. Als der Notar fertig war, sagte sie: »Es läuft also darauf hinaus: ein bißchen Nichts auf einem Präsentierteller. Dieser Mann« – und sie wies mit einem schwärzlichen Finger auf ihren Gatten –, »dieser Mann hat das ganze Bargeld aufgefressen. Und ich hatte die ganze Zeit keine Ahnung! Darum bist du also so oft in die Stadt gefahren!«

Sie stand da, hielt die Arme in die Hüften gestemmt, während ihre vier oder fünf Röcke und Unterröcke breit ausschwangen, und starrte Onkel Hilario herausfordernd an.

»Schon recht, Frau, ich werde dir alles erklären, aber mach doch bitte keinen Krach hier!«

»Selbstverständlich werde ich hier Krach schlagen, daß man mich von hier bis in unser Dorf hört.«

Ihr Streit gab das Zeichen für alle andern. Jede Frau begann die Abrechnung zu studieren und jede entdeckte, daß ihr Mann irgend etwas angestellt hatte. Onkel Anastasio trat an den Tisch und unterschrieb die Abrechnung im Namen seiner Frau und seiner Tochter Baldomerita. Der Notar begann ihm die Banknoten auf den Tisch zu zählen, aber Onkel Anastasio streckte höchst würdevoll die Hand aus und sagte: »Machen Sie sich nicht die Mühe zu zählen; es ist nicht nötig.«

Er nahm Don Primo das Notenbündel aus der Hand und steckte es mitsamt der Abrechnung in die Tasche. Tante Basilisa protestierte: »Warte mal! Laß doch sehen!«

Onkel Anastasio hielt sie zurück: »Laß sehen – laß sehen – was meinst du denn? Da gibt es nichts zu sehen. Wir regeln das alles zu Hause. Oder bildest du dir ein, ich sei wie die andern und würde im Hause dieses Herrn einen Skandal verursachen? Ich bin – Gott sei Dank – kein Bauernlümmel. Ich habe eine Erziehung genossen. Ich weiß, wie man sich in der Öffentlichkeit benimmt. Gehen wir nach Hause!«

Tante Braulia versperrte ihm den Weg.

»Ein Lümmel, sagst du, ein Bauernlümmel? Könntest stolz sein, einer zu sein, du aufgeblasener Stadtfrack! Du hast genau dasselbe getan wie mein Mann, hast das ganze Bargeld gestohlen, und jetzt bist du frech, damit wir dir nicht draufkommen. Du bist genauso ein schamloser Schuft wie alle anderen Männer, daß du's nur weißt!«

Tante Basilisa brach in Tränen aus, und Tante Braulia folgte ihrem Beispiel. Weinend fielen sie einander um den Hals. Onkel Hilario und Onkel Basilio starrten einander an. Onkel Juliáns Kinder begannen zu plärren. Don Primo wurde ärgerlich und schlug mit der Faust auf den Tisch.

»Verdammt noch mal! Ihr seid doch in meinem Hause! Vergeßt das nicht!«

Sie hörten auf und verstummten. Dann rief Don Primo die Mutter und mich auf. Wir unterzeichneten beide die Schlußabrechnung. Don Primo legte eine Hundertpesetasnote auf den Tisch, eine zweite, eine dritte und so weiter, bis es zehn waren.

Alle beobachteten ihn, um zu sehen, was geschehen werde. Ich war enttäuscht, als ich merkte, daß er keine weiteren Banknoten auf den Tisch legte. Dann nahm er ein zweites Blatt heraus und ein zweites Bündel Papiere.

»Das ist das Beste, was wir kaufen konnten. Hier sind die Zertifikate und hier die Abschlußrechnung. Sie unterschreiben hier; der Junge braucht gar nicht zu unterschreiben, denn Sie sind ja sein Vormund.« Die Mutter malte schwerfällig ihre gespreizten Buchstaben hin. Dann überreichte ihr Don Primo eine Bestätigung der Bank von Spanien. Ich kannte solche Bestätigungen nur zu gut, ich hatte ja jeden Tag mit den Obligationen der Bank zu tun.

»Da haben Sie die Bestätigung für den Erlag.«

Mutter steckte die Banknoten in die Börse, faltete die Bestätigung zusammen und steckte sie ins Mieder. Dann nahm sie mich bei der Hand.

»Sag Don Primo schön Adieu!«

Genau als wäre ich noch acht Jahre alt, und sie führte mich an der Hand. Genau so. Am liebsten hätte ich geweint. Tante Basilisa trat zur Mutter hin.

»Was hast du denn getan, Leonor?«

»Nichts. Bloß, was mir Don Primo zu tun riet. Du weißt doch, ich bin nur der Vormund des Jungen; er hat also Staatsanleihen für ihn gekauft. Ich habe tausend Pesetas abgehoben, so daß wir ein paar Dinge erledigen können, und was den Rest betrifft, der bleibt liegen, bis Arturo ein Mann ist. Dann kann er damit tun, was er will.«

»Sag, wieviel ist es denn?« fragte Onkel Anastasio.

»Bei dem jetzigen Kurs der Staatsanleihe«, sagte Don Primo, »konnten wir für 12.500 Pesetas Nominalwert kaufen.«

Als Fuencisla die Worte »12.500 Pesetas« hörte, wandte sie sich wie eine Furie gegen Don Primo. »Sie haben also geschwindelt, Sie Räuber!« kreischte sie.

Wir alle sperrten den Mund auf. Onkel Anastasio schlug mit seiner schweren Hand auf den Tisch und sagte: »Das muß aufgeklärt werden, wie?!«

Don Primo – mit seinem schwarzen Anzug, der goldgefaßten Brille und dem kleinen Bart – sah aus, als wollte er sie alle ins Gesicht schlagen.

»Señora«, sagte er heiser, »ich verzeihe Ihnen die Beleidigung, weil man ja schließlich niemand dazu zwingen kann, vernünftig zu sein. Ich habe von 12.500 Pesetas Nominalwert gesprochen, und Sie waren über den Betrag entsetzt. Augenblicklich notiert Staatsanleihe 69 Prozent, und die Leute geben weiter ab, weil sich dieses Papier zu Spekulationszwecken nicht eignet.«

Die Vettern vom Lande scharten sich um den Tisch und starrten ihn aus weit geöffneten Augen an. »Notiert ... Staatsanleihe ... 69 Prozent ...« Was meinte der alte Herr mit alledem?

»Vorwärts! Machen Sie nicht so viele schöne Worte!« sagte Onkel Hilario. »Lieber klare Tatsachen! Der junge Lump da« – die Beule auf dem Schädel soll dir faulen, du Dieb!, dachte ich –, »der trägt also mehr als zweitausend Duros davon, und wir bekommen eine Lappalie. Warum?«

Um drei Uhr nachmittags verließen wir den Notar nach einer genauen Erklärung der Verlassenschaftsaufteilung, der Staatsobligationen sowie der Gründe, warum 69 Prozent Kurswert 100 Prozent Nominalwert entsprachen. Wir verabschiedeten uns an der Straßenecke, und es war ein sehr haßerfüllter Abschied. Die Verwandten aus Brunete – die Männer mit den Kordhosen, breiten Gürteln und runden Hüten, die Frauen mit den weiten Röcken und bunten Tüchern und die Kinder, die über ihre schweren Stiefel stolperten – trotteten über den Platz, stritten immer noch und schrien einander so an, daß die Vorübergehenden stehenblieben und ihnen nachstarrten.

Die Mutter und ich gingen die Calle del Arenal zur Puerta del Sol hinauf. Ich ging neben ihr, aber nicht mit ihr. Ich nahm ihren Arm nicht, wie ich es sonst stets tat, wenn wir zusammen ausgingen. Ich ging Seite an Seite mit ihr, aber in einem halben Meter Abstand. Keiner von uns sprach. Sie ging mit kurzen Schritten, den Schritten einer nervösen kleinen Frau. Ich griff mit meinen langen Beinen aus, je ein Schritt auf zwei der ihren. Ich war voller Groll. Zuerst richtete er sich gegen die andern und am Ende gegen meine Mutter. Ich machte keine Ausnahme. Die Verwandten mochte ich nicht – wegen ihrer mißtrauischen, pedantischen Überprüfung der Abrechnungen bis zum letzten Centimo, wegen ihres Nachrechnens aller Additionen, wegen des ewigen Fragens nach dem Unterschied zwischen 69 und 100 Prozent, wegen ihres Befingerns der Empfangsbestätigungen, der Zertifikate, der Erlagscheine der Nationalbank –, vor allem mochte ich sie nicht wegen ihrer vor Wut verzerrten Gesichter. Ich grollte aber auch Don Primo, weil er alles mit der Mutter ausgemacht hatte, weil die beiden einfach getan hatten, was sie wollten, ohne mich zu berücksichtigen, ohne mir auch nur ein Wort zu sagen. Nicht daß ich es für falsch gehalten hätte, das Geld in der Bank zu lassen, aber ich hielt es für falsch, es hinter meinem Rücken zu tun. »Der Junge braucht gar nicht zu unterschreiben!« Warum sollte er auch? Der Junge ist ein Junge, und sie sind Erwachsene und können mit jungen Burschen tun, was sie wollen. Sie können sie arbeiten lassen und sich daran beteiligen, sie können Staatsanleihen kaufen oder einen neuen Anzug, und für sie ist das alles in Ordnung. Wenn seine Zeit einmal kommt, wird der Junge ein Mann sein, und wenn er erwachsen ist, kann er protestieren, wenn ihm noch danach zumute ist.

Nein, nein und abermals nein! Sobald wir nach Hause kommen, wird es Krach geben. Ich werde der Mutter meine Meinung sagen. Wenn ich ein Junge bin, dann sollen sie mich doch in die Schule schicken, mich erziehen und meinen Unterhalt bezahlen. Bin ich aber erwachsen, dann sollen sie mich wie einen Erwachsenen behandeln. Und wenn ich keines von beiden bin, dann sollen sie zum Teufel gehen, alle, aber ich lasse mit mir nicht spielen wie mit einer kleinen Katze.

Ich wollte eine Zigarette rauchen, um meine Nervosität zu überwinden. Ich hatte welche in der Tasche; Mutter wußte, daß ich rauchte, aber ich hatte in ihrer Gegenwart bisher nie geraucht, und ich wagte nicht recht, jetzt damit zu beginnen. Aber um so besser! Mochte sie sich nur ärgern! Um so besser! Auf der Puerta del Sol entschloß ich mich doch zu rauchen, holte eine Zigarette hervor und zündete sie an. Mutter warf mir einen raschen Blick zu und ging mit ihren kurzen, entschlossenen Schritten weiter, als wäre nichts geschehen. Es begann mich zu verdrießen, daß sie nichts sagte. Hätte sie mich ausgeschimpft, dann hätte ich wenigstens explodieren können. Ich mußte einfach schreien, streiten und loswerden, was ich innen spürte.

In der Calle de Carretas fragte sie mich endlich: »Woran denkst du?«

»An nichts!«

»Um so besser für dich.«

»Natürlich, wenn die andern Leute einem alles Denken abnehmen, woran sollte man selbst noch denken?«

»Warum sagst du das?«

»Warum? Das weißt du genauso gut wie ich.« Ich blieb stehen und stand ihr nun gegenüber. »Weil ich es satt habe, mich wie ein Kind behandeln zu lassen; jetzt weißt du es.«

Wieder schwiegen wir trotzig, und so kamen wir heim.

Genau wie ich's mir vorgestellt hatte, folgte uns Señora Pascuala in den Korridor und trat mit uns in die Mansarde ein, als wir die Tür öffneten.

»Nun, ist alles gut erledigt, Leonor?«

Die Mutter seufzte, legte das schwarze Kopftuch ab und setzte sich. »Ja, alles ist erledigt. Ich bin froh, daß das Ganze vorbei ist. Ich muß schon sagen, wenn es nicht des Jungen wegen gewesen wäre ... Die Menschen werden ja ganz verrückt, sobald sie nur eine Banknote erblicken. Ich dachte schon, sie würden sich da oben in der Notariatskanzlei verprügeln. Und warum? Nur wegen einer armseligen Summe, die nicht einmal groß genug ist, um einen aus der Armut herauszureißen. Hören Sie doch! José hat für sie das Korn verkauft, hat ihnen Geld für die Maultiere und ihr Land geliehen und sie zu den reichsten Männern im Dorf gemacht. Und wegen der Erbschaft sind sie auseinandergegangen, haben gegeneinander Prozeß geführt – wegen der Maultiere und der Felder. Die Brüder und ihre Kinder sehen aus, als wollten sie einander den Hals abschneiden. Und alle sind da gleich. Sogar der da!« Sie zeigte auf mich. »Sie sehen ja, wie wütend er jetzt ist, nur weil ich getan hab, was ich für das beste für ihn hielt. Selbst die Kinder werden verrückt, wenn sie Geld sehen. Ich habe eine Menge durchgemacht, damit alle vier es im Leben zu etwas bringen ... sie wissen es ja, Pascuala. Ich für meine Person bin zufrieden mit dem Erbsentopf und dem aufgewärmten Kaffee. So habe ich mein ganzes Leben lang gelebt und so will ich auch sterben. Ich werde schon zufrieden sein, wenn man mich in Ruhe in meinem Bett sterben läßt und mich nicht ins Krankenhaus bringt. Und das ist schließlich kein unbescheidener Wunsch, möchte ich glauben.«

»Ich habe nichts gesagt«, warf ich mürrisch ein.

»Nein, gesagt hast du nichts, aber glaubst du denn, ich habe keine Augen im Kopf? Du bist die ganze Zeit neben mir hergegangen wie ein Ministrant, mit ein paar Schritten Abstand. Und dann zündet sich der junge Herr auf der Puerta del Sol eine Zigarette an – ganz dreist! Was hast du denn erwartet? Daß ich dort Krach schlage? Nein, mein Junge, nein! Du kannst rauchen, soviel du willst. Und jetzt – heraus damit! Was ist los?«

»Du fragst noch, was los ist? Ich hab's einfach satt, wie ein Kind oder ein kleiner Junge behandelt zu werden, habe es satt, daß über mein Eigentum verfügt wird, ohne jede Rücksicht auf mich. Wer hat dich denn veranlaßt, Staatsanleihen zu kaufen? Du magst ja deine eigenen Ansichten über Geld haben, ich habe die meinigen aber auch. Und schließlich gehört das Geld mir und niemand anderem.«

»Und was sind deine Ansichten über Geld?«

»Das geht nur mich etwas an, niemand sonst. Du hättest das Geld nehmen sollen, denn mir hätte man's ja nicht gegeben, solange ich minderjährig bin, und nachher hätten wir zusammen ausknobeln können, was damit geschehen soll. Du hättest dich nicht hinter den Notar stecken sollen und Staatsanleihe kaufen. Weißt du denn, was Staatsanleihen sind? Ich arbeite in einer Bank, und noch dazu in der Abteilung für Wertpapiere, und da muß ich es wohl wissen. Staatsanleihen! Ja, wenn du wenigstens konvertierbare Anleihen gekauft hättest, dann hätten wir die Chance eines Agios gehabt. Aber Staatsobligationen, die kein Mensch mag! Aber natürlich, du bildest dir ein, ich sei eben ein kleiner Junge, der nichts versteht.«

»Selbstverständlich tue ich das, du Affe!« Sie streichelte mein zerzaustes Haar, ihre Finger strichen über seine Strähnen und beruhigten meine angespannten Nerven. »Natürlich bilde ich mir das ein. Hör zu! Ich bin dein Vormund, bis du großjährig bist. Das heißt nicht, daß ich tun kann, was ich will; es heißt, daß ich für die Verwaltung des Geldes verantwortlich bin und dir über das, was ich damit getan habe, am

Tage deiner Volljährigkeit Rechenschaft ablegen muß. Wir können dein Geld nicht jetzt so ausgeben, wie es dir gerade paßt, denn dann könntest du ja eines Tages, wenn du ein Mann geworden bist, kommen und mich fragen: ,Wo ist mein Geld?' Und wenn ich dann sage: ,Du hast es ausgegeben!', könntest du ja antworten: ,Ich? Ich kann es unmöglich selbst ausgegeben haben, denn ich war doch noch ein Kind. Du, du mußt es ausgegeben haben, denn du warst doch der einzige Mensch, der dazu berechtigt war.' Und du könntest mich deshalb sogar einsperren lassen – als eine Diebin! Nein, dein Geld bleibt in der Bank, bis du selbst es abheben kannst. Und dann kannst du es selbst ausgeben, wie du willst, für Geschäfte oder für Weiber, und hoffentlich schlägt es dir zum Guten aus! Ich selbst brauche nichts. Ich war mein ganzes Leben lang arm, und ich werde arm sterben. Du hast das Leben noch vor dir, und ich bin eine alte Frau.«

Ihre Finger in meinem Haar und ihre letzten Worte hatten meinen ganzen Groll eingeschläfert, und meine Augen füllten sich mit Tränen.

»Siehst du jetzt ein, daß du ein kleiner Junge bist und ein Affe?«

Sie wischte mir das Gesicht ab, wie sie es gewöhnlich getan hatte, als ich noch ein Kind war, und küßte mich auf die Stirne. Sie nahm eine Hundertpesetasnote aus der Tasche und gab sie mir.

»Da, lad dir deine Freunde ein und kauf dir auch selbst etwas, aber mach keine Dummheiten!«

Señora Pascuala seufzte. »Meine Güte, diese Kinder, Leonor! Diese Kinder, was die uns kränken! Und was werden Sie jetzt tun?«

»Ich? Nichts. Weitermachen wie bisher.«

»Ich dachte, Sie würden ausziehn. Ich sagte mir selbst: Sobald Leonors Junge das Geld bekommt, werden sie ausziehen. Es täte mir leid, denn es sind jetzt gut sechzehn Jahre, daß wir nebeneinander wohnen, mit nichts als einer Scheidewand zwischen uns. Und wir haben ja immer in Frieden gelebt.«

»Natürlich werden wir ausziehen«, sagte ich. »Ich möchte nicht in dieser Mansarde bleiben.«

»Paß einmal auf, mein Lieber! Sei doch vernünftig! Das Geld da« – sie griff nach dem Depotschein –, »dieses Geld macht uns weder reicher noch ärmer. Es trägt dir genau eine Peseta und fünfundzwanzig Centimos Zinsen täglich. Bildest du dir ein, daß eins fünfundzwanzig täglich mehr alle unsere Probleme löst? Nein. Hier zahlen wir monatlich neun Pesetas Miete und bleiben nichts schuldig. Nehmen wir aber eine Wohnung, dann geben wir nur deine Zinsen aus und etwas darüber. Schließlich werden wir in Schulden stecken, und was dann? Wenn du einmal mehr verdienst, und deine Schwester und dein Bruder auch, dann wird sich ja zeigen, was wir tun können. Aber wie die Dinge heute liegen, verdienen wir – das weißt du ganz genau – alle zusammen gerade genug, um davon so zu leben, wie wir heute leben. Das einzige, was ich möchte, ist, eine zweite Mansarde dazunehmen, wie die von der Zigarrenfrau oder Señora Pasca, sobald eine davon leer steht. Ich möchte sie deinetwegen haben. Du wirst älter, und wenn Concha eines Tages heimkommt und wieder mit uns wohnt, dann können wir nicht alle in einem Zimmer schlafen. Das könnten wir machen, denn die beiden Zimmer würden zusammen monatlich nur zwanzig Pesetas Miete kosten, und das könnten wir uns schon leisten.«

»Also gut«, sagte ich, »aber ich wünsche mir etwas, und das wird auch getan.«

»Und was soll das sein?«

»Ich möchte elektrisches Licht in unsere Mansarde legen. Ich habe es satt, jedesmal, wenn ich etwas lesen will, mir an der Petroleumlampe die Augenbrauen zu versengen.«

Das elektrische Licht wurde mir bewilligt. Ich versprach, alles mit der Elektrizitätsgesellschaft zu regeln. Es sollte eine in der Mitte der schrägen Decke montierte Lampe sein, mit einem sehr langen Kabel. Sie würde den Tisch beleuchten, konnte aber auch an einem Haken über meinem Kopf aufgehängt werden, wenn ich im Bett lesen wollte. Und sie sollte auch einen Schalter am Ansatz haben, so daß ich ausschalten konnte, ohne aufzustehen. Was hatte ich denn vom Reichtum, wenn er mein Leben nicht bequemer machte?

Am nächsten Tag mußte ich alle meine Bürokollegen einladen. Der Portier besorgte uns heimlich zwei Flaschen Manzanilla und etwas Naschwerk. Wir schlossen die Türen zu unserer Abteilung, um von den anderen beim Essen nicht gesehen zu werden. Aber dann roch der Raum nach Wein, und wir mußten die Tür und auch die Lüftungsklappe im Glasdach offen halten, bis der Luftzug den Geruch hinausgefegt hatte.

»Na, wieviel hast du schließlich bekommen?« fragte Perahita.

»Nicht viel. Gerade ein bißchen.«

»Schon gut. Halte es nur geheim, wir wollen dir nichts davon wegnehmen. Überdies würdest du uns ja nichts geben.«

»Dreißigtausend Pesetas«, sagte ich.

»Guter Gott! Und das nennst du wenig? Sechstausend schöne Duros! Na, du kannst aber zufrieden sein. Wäre das nicht fein, wenn jeden Tag ein solcher Verwandter stürbe?«

»Wär gar nicht so schlecht.«

Natürlich wäre es schlecht gewesen. Wäre Onkel José nicht gestorben, dann hätte ich zwar nicht geerbt, hätte es aber doch viel besser gehabt. Ich hätte nicht in der Mansarde gewohnt, hätte nicht für ein elendes Gehalt in der Bank gearbeitet. Ich hätte studiert, um Ingenieur zu werden. Aber wie konnte ich ihnen das alles erklären? Ich mußte ihnen zeigen, daß ich glücklich, sehr glücklich war, daß ich reich, wirklich sehr reich war und daß von mir aus alle meine Verwandten sterben mochten, wenn sie mir nur fette Legate hinterließen.

Plá war der einzige, dem ich die Wahrheit erzählte. Wir waren allein in der Bar des »Portugiesen« und tranken ein Glas Sherry.

»Du hast ganz recht gehabt«, sagte er. »Nur hättest du ihnen erzählen sollen, daß du zwanzigtausend Duros geerbt hast. Dann hätte der Direktor dich holen lassen, dich beglückwünscht und dein Gehalt erhöht. Das werden sie auf jeden Fall tun, warte nur ab! Sobald man hier herausbekommt, daß du Geld hast, wird man dir unter die Arme greifen.«

Plá hatte sich nicht geirrt. Man erhöhte mein Gehalt auf 72.50 Pesetas.

Meine Kollegen waren darüber ein wenig verärgert. Ganz traurig sagte Antonio – in seiner Lohntüte war keine Gehaltserhöhung, sondern nur ein kleiner Bonus – zu mir: »Siehst du, es ist immer dasselbe. Du und ich, wir haben das ganze Jahr dieselbe Arbeit gemacht, und ich bin schon länger in der Bank und habe einen höheren Anspruch als du. Und da kommen sie mit einer Erhöhung für dich daher, die du gar nicht brauchst!«

Ich ging heim, strahlend, weil ich gute Nachrichten brachte. Jetzt würden wir aus der Mansarde ausziehen können.

Die Mutter war allein. Sie nähte beim Licht der Lampe, deren Petroleum wohl nur noch für ein paar Stunden reichte. Ich gab ihr den Zettel mit meiner Gehaltserhöhung und küßte sie hinten auf den Nacken, wo es sie kitzelte. Dann schob ich mir den niedrigen Schemel zu ihren Füßen zurecht, setzte mich und legte meinen Kopf in ihren Schoß. Endlich begannen sich die Dinge günstig zu entwickeln.

»Wir können jetzt übersiedeln, Mutter.«

Ihre kleinen schlanken Finger flochten Zöpfe aus meinem Haar und kraulten mich im Nacken.

»Weißt du, Rafael ist heute hinausgeworfen worden. Aber wir werden es schon schaffen. Dr. Chicote wird mir die ganze Wäsche des Desinfektionsdienstes geben. Señora Paca wird mir dabei helfen, wir zwei machen's zusammen. Rafael arbeitslos, weißt du, das sind täglich sechs Pesetas weniger. Und Gott allein weiß, wann er wieder Arbeit findet. Er hat ja kein Handwerk gelernt ...«

Ich hörte ihr zu und betrachtete ihr Gesicht von unten, von ihren Knien aus.

»Morgen um zehn kommt der Elektriker, Mutter, wegen des Lichtes.«

Er würde den hölzernen Zapfen für das Kabel der Lampe genau dort befestigen, wo der Qualm der Petroleumlampe an der Decke einen runden Fleck gemacht hatte. Die Birne würde am Ansatz einen Schalter haben; wenn ich in der Nacht zu lesen aufhörte, konnte ich das Licht ausknipsen.

PROLETARIER

Rafael hatte wieder Arbeit. Er hatte endlich mit einem richtigen Beruf begonnen und war, wie ich, Bürobeamter. Man hatte ihn im Zentralbüro des Fenix Agricola aufgenommen, jener Gesellschaft, bei der alle Pferde, Maultiere und Esel ganz Spaniens versichert wurden. Die Erbschaft hatte ihm geholfen, die Stelle zu bekommen. Von den tausend Pesetas, die Mutter in bar abgehoben hatte, hatten wir Kleider und Wäsche gekauft, die zwei Dinge, die wir am dringendsten brauchten. Rafael ging zum Fenix in einem neuen Anzug, mit einer Empfehlung bewaffnet, und wurde aufgenommen.

Volontäre wurden dort nicht beschäftigt. Jeder Beamte begann mit einem Monatsgehalt von sechs Duros. Eine Peseta täglich. Das war der unveränderliche Satz. Das Personal des Fenix hatte aus den Tatsachen, daß das Gehalt sechs Duros betrug, d. h. dreißig Pesetas, und daß das Büro um sechs Uhr dreißig schloß, seinen Spitznamen gemacht: Sie nannten den Fenix die Sechs-dreißig-Gesellschaft. Die Leitung hielt in beiden Dingen auf absolute Genauigkeit. Jeder bekam dreißig Pesetas, jeder verließ das Büro pünktlich um sechs Uhr dreißig. Zu dieser Stunde strömten vierhundert Angestellte auf die Straße, und nur zwanzig davon hatten ein Gehalt von mehr als sechs Duros. Die Direktoren natürlich ausgenommen, die Tausende verdienten.

Die Gesellschaft ließ ihre Angestellten ausschließlich Formulare ausfüllen: Versicherungspolicen, Beschreibungen der versicherten Pferde, Quittungen, Prämien. Von einem Beamten verlangte man bloß, daß er lesen, schreiben und die Prozentsätze der Prämien berechnen könne.

Hunderttausende Tiere hatten das Zeichen des Fenix – einen Vogel Phönix – auf den Hals gebrannt. Die Zigeuner nannten es den Taubenstempel, und wenn sie ihn an einem Tier fanden, das sie hatten stehlen wollen, dann ließen sie die Hände davon. Sie wußten, daß sie auf der Straße nicht weiter als zehn Meilen kommen würden, ohne auf einen Gendarmen zu stoßen. Dieser würde sie bestimmt nach dem Zertifikat fragen, sobald er ein Pferd mit dem Taubenstempel von zwei Zigeunern geführt sah. Und so leicht es war, ein Pferd, einen Esel oder ein Maultier zu stehlen, um so schwieriger war es, auch das Versicherungszertifikat der verfluchten Gesellschaft zu stehlen. Diese hatte einen Kniff ersonnen, um arme Zigeuner, die sich einen ehrlichen Lebensunterhalt zu verdienen versuchten, zugrunde zu richten.

Denn es war natürlich ein Kniff. Die Gesellschaft hatte die »Taube« und das »Eisen« erfunden. Versicherte ein Besitzer sein Tier, dann drückte der Versicherungsagent diesem ein glühendes Eisen auf den Hals, und es war mit der »Taube« gekennzeichnet. Dann verfaßte er eine Beschreibung, in der alles aufgezeichnet war, von der Größe des Tieres bis zu den fehlenden Zähnen, so daß es weder gekauft noch verkauft werden konnte, ohne daß die Veränderung der Eigentumsverhältnisse im Zertifikat eingetragen wurde. Man konnte es nicht einmal reiten, ohne Gefahr zu laufen, daß der Gendarm einen Beweis für das Eigentumsrecht in Gestalt des Zertifikats forderte.

Der Haß der Zigeuner gegen die Gendarmen saß sehr tief, ihr Haß gegen die »Taube« ging noch tiefer. Sprach man mit einem Zigeuner aus den Pferdezuchtbezirken um Sevilla oder Cordova von der »Taube«, dann klopfte er auf Holz oder bekreuzigte sich. »Mach keine schlechten Witze, Kamerad!«

Um nun die Zertifikate, Versicherungspolicen und Quittungen auszufüllen, hatte die Gesellschaft, die vor Raub schützte, ein vollkommenes Verwaltungssystem geschaffen. Es lag in den Händen von Beamten, die monatlich dreißig Pesetas bekamen. Für die Werber und Agenten hatte man sich ein anderes System ausgedacht: Die behielten die erste bezahlte Prämie als Provision. Und das war auch schon alles, was sie bekamen. Die höheren Beamten brauchten nur die Angestellten zu entlassen, die genug davon hatten, nach zwei oder drei Jahren Dienst dreißig Pesetas zu verdienen, und an ihre Stelle neue zum gleichen Zahlungssatz aufzunehmen. Natürlich erhielt jeder, der entlassen wurde, wie es das Gewerbe- und Handelsgesetz, Paragraph vierhundertundetliche vorschrieb, ein Monatsgehalt; es war eine ordentliche Firma, bei der die Arbeit auf genau acht Stunden beschränkt war und der Lohntarif strikt eingehalten wurde. Aber sie bezahlte ihren Angestellten nie mehr als dreißig Pesetas monatlich.

Eine Peseta von Rafael, zwei Pesetas von mir, eine Peseta fünfundzwanzig Zinsen von der Erbschaft und zwei Pesetas fünfzehn, die die Mutter mit dem Waschen verdiente: Das war unser Tageseinkommen. Concha zählte nicht, denn sie verdiente gerade so viel, wie sie für sich selber brauchte.

Wenn die Mutter morgens zum Fluß hinunterging, stellte sie den Cocido zu langsamem Kochen auf unsern kleinen irdenen Herd. Señora Pascuala warf von Zeit zu Zeit einen Blick darauf. Die Kichererbsen, das Stück Fleisch und der Speck, alle gelb vom Safran, kochten weiter – unter der gemeinsamen Aufsicht der Señora Pascuala und der Santa Maria de la Cabeza, die Schutzheilige der Kochtöpfe. Zu Mittag aßen Rafael und ich den Cocido ganz allein auf.

Einige Tage lang hatte sich Señora Segunda um unsere Mahlzeiten gekümmert, aber eines Tages blieb sie aus. Da sie sehr nahe wohnte, gingen wir hin, um zu schauen, was mit ihr los sei.

Sie lag im Bett, zwischen schneeweißen Bettüchern, den gekräuselten Kragen ihres Nachthemdes – ein Erbstück von Tante Baldomera – von einem Band zusammengehalten, Toby auf seiner Flickendecke ihr zu Füßen.

»Was ist denn mit Ihnen los, Señora Segunda?«

Rafael und ich hatten kaum Platz, um in diesem Kämmerchen aufrecht zu stehen. Über unseren Köpfen tönte

die Schritte der Leute, die die Treppe hinauf- oder hinunter-
gingen.

»Nichts, meine lieben Kinder, ich sterbe eben.«

»Aber was fehlt Ihnen denn?«

»Nichts, gar nichts.«

»War der Doktor da?«

»Ja, der Doktor war da. Er sagte, man werde mich ins
Krankenhaus schaffen. Ich sagte nein. ,Aber hier können Sie
nicht gesund werden', sagte er zu mir. ,Im Spital auch nicht',
gab ich zur Antwort. Worauf er schwieg und später nur noch
sagte: ,Das stimmt übrigens.' Er wollte jeden Tag kommen,
aber das ist ja unnötig.«

Sie sprach so ruhig, als würde sie heute abend ins Theater
gehen.

»Toby tut mir leid. Aber in unserem Kaffeehaus gibt es einen Blinden, der bereit ist, ihn als Begleiter zu nehmen, und
das ist ein sehr guter Mensch. Ihr kennt ihn ja: Arturo, den
,Sommersprossigen'. Er ist ein ehrlicher Mensch, trotz seiner
Armut. Wenn ich tot bin, sollt ihr ihm den Hund geben.«

Später am Abend kamen wir mit der Mutter wieder und
blieben eine Zeitlang da. Dann gingen Rafael und ich ins Kino.
Nach Mitternacht kehrten wir zurück, um die Mutter abzuholen. »Geht schlafen«, sagte sie. »Ich werde bei ihr bleiben.«

Da blieben wir auch. Wir saßen im Hauseingang, denn
für uns drei war das kleine Loch nicht groß genug. Von Zeit
zu Zeit gingen wir hinaus, in die Calle de Mesón de Paredes,
und tranken ein Gläschen. Sie starb um vier Uhr früh.

Wir bezahlten das Begräbnis, denn wir wollten nicht, daß
man sie auf dem Gemeindekarren wegschaffe, nur in ein Bett-
tuch eingehüllt. Es war ein Begräbnis dritter Klasse, mit zwei
schäbigen Rappen und einem Sarg, der mit Lampenruß dünn
angestrichen war. Entlang den Deckelrändern liefen Baum-
wollitzen. Rafael und ich waren die einzigen Trauergäste. Als
wir vom Ostfriedhof zurückkamen, aßen wir schnell in Las
Ventas zu Mittag, Koteletten und gebratene Blutwurst, und
hielten Toby neben uns an der Leine.

Toby verweigerte die Nahrungsaufnahme und starb aus Gram schon wenige Tage später. Der Sommersprossige hatte ihn nicht dazu bewegen können, etwas zu sich zu nehmen, obwohl er ein ganzes Filet kaufte und den Hund damit in dem kleinen Volkscafé zu füttern versuchte, inmitten all der anderen Bettler, die selbst nie Fleisch zu kosten bekamen, ihm aber bei seinen vergeblichen Versuchen halfen. Schließlich brieten sie das Filet in der Bratpfanne, die sonst für die Churros verwendet wurde, schnitten es in kleine Stücke und aßen es gemeinsam auf.

»Blöder Hund«, sagte einer der Bettler zu Toby, »siehst du denn nicht, wie gut es ist?«

Wir waren auf einem Spaziergang in der Calle de Alcalá gewesen und hatten uns die Mädchen angesehen. Als wir heimkamen, machte Mutter eben das Abendbrot zurecht. Sie hatte zu Mittag mit Señora Paca Cocido gegessen. Nun aß Señora Paca ihr Abendbrot bei uns. Sie tat das in der letzten Zeit öfters, weil sie gern in unserem Zimmer war, wo wir zu viert unter der Lampe um den Tisch sitzen konnten.

»Meine Liebe, mein Zimmer macht mich verrückt. Wenn ich dort ganz allein eingesperrt bin, dann muß ich einfach trinken, sonst kann ich überhaupt nicht einschlafen.«

Wenn sie bei uns war, trank sie bloß ein kleines Glas Schnaps nach dem Kaffee. Mutter kochte jetzt jeden Tag frischen Kaffee: Wir hatten nämlich gedroht, unseren Kaffee irgendwo in der Stadt zu trinken, wenn sie auch weiterhin den alten Satz aufkochte. Zwischen elf und zwölf Uhr gingen wir dann zu Bett. Manchmal baten Mutter und Señora Paca, daß ich ihnen vorlese, und sie hörten auch zu, bis Señora Paca einschlummerte. Mutter schlief nie ein. Manchmal, wenn Rafael und ich ins Kino gingen, blieben die beiden Frauen zu Hause und schwatzten; dann kam gewöhnlich auch Señora Pascuala zu ihnen, und sie hatten noch immer nicht aufgehört, wenn wir um drei Uhr morgens heimkamen.

An den Abenden, wenn Rafael im Fenix und ich in der Bank mit der Arbeit fertig waren, trafen wir unsere Freunde. Wir hatten im Laufe der Zeit unsere Wahl getroffen. Von der Bank waren nur Calzada, Medrano und Plá übriggeblieben; aus dem Fenix kamen Julián, groß, stark und munter, und Alvarez, ein kleiner Kerl, der keinen Moment ruhig war. Im Hinterzimmer der Schenke waren zwei Tische für uns reserviert. Dort unterhielten wir uns und aßen Fische, frisch aus der Bratpfanne.

Da diese Gegend ein Geschäftsviertel war, bestand die Kundschaft unserer Stammschenke fast nur aus Beamten und Kommis. Tag für Tag kamen mehrere von ihnen mit der Mitteilung, sie seien entlassen worden. Die jüngeren machten sich noch Hoffnungen, aber die über dreißig mußten jeden Gedanken, eine Beschäftigung zu finden, aufgeben.

Einer von ihnen erzählte uns im Hinterzimmer seine Geschichte: »Heute fand ich im ,Liberal' ein gutes Inserat. ,Buchhalter gesucht. Dauerstellung', lautete es. Ich wußte, daß man in keinem Büro mit der Arbeit vor neun Uhr beginnt, dennoch ging ich schon um halb neun hin. Fünf standen schon vor mir da. Es war ein Laden für chirurgische Instrumente in der Calle de las Infantas; der Besitzer war ein Deutscher. Um zehn Uhr standen mindestens zweihundert Personen Schlange, vom Büroeingang im ersten Stockwerk bis hinunter zur Straßenmitte. Man ließ die ersten zehn ein, und wir setzten uns auf die Bänke im Vorraum. Auf der einen Seite war da ein Zimmer mit einem Ladentisch, und dort hinein rief der Geschäftsinhaber den ersten Bewerber. Der Besitzer hatte einen runden Schädel, so glatt wie ein Säuglingspopo. Er fragte den Mann zuerst nach seinem Namen, wo er vorher gearbeitet hatte, und so weiter. Der Mann antwortete mit leiser Stimme; wir hörten aber dennoch, was er sagte. ,Sprechen Sie lauter!' sagte der alte Gauner zu ihm. Dann hieß er ihn an einem Schreibtisch niedersitzen und diktierte ihm Abrechnungen, Eintragungen in eine Strazze, Zinseszinsaufgaben, Devisenkurse – kurz, alles unter der Sonne. Der Mann arbeitete sehr gut. Kein Zweifel, das war ein Beamter, der sein Geschäft verstand.

Während er schrieb, blickte ihm der Deutsche über die Schulter. Nach einer halben Stunde, als der Mann seinen Test beendet hatte, sagte der Deutsche: ‚Schön, Sie gefallen mir. Wir werden Auskünfte über Sie einholen, und wenn diese gut sind, nehmen wir Sie!' Die Augen des Mannes leuchteten auf. Dann fragte der Deutsche: ‚Was für ein Gehalt erwarten Sie?' ‚Was Ihre Firma gewöhnlich für diese Arbeit zahlt.' ‚Aber nein! Ich stelle niemand an, der vom Anfang an unzufrieden ist. Sagen Sie mir, was Sie verlangen.' ‚Tja, verehrter Herr, für einen Buchhalter bei einer so bedeutenden Firma wie der Ihren wären meiner Ansicht nach monatlich siebzig Duros ungefähr das Entsprechende.' ‚Dreihundertfünfzig Pesetas? Sie sind ja verrückt. Dreihundertfünfzig Pesetas! Nein, lieber Freund, wir sind eine bescheidene Firma, nicht eine Bank, die es sich leisten kann, das Geld beim Fenster hinauszuwerfen. Tut mir leid, aber so können wir uns nicht einigen ... Der nächste bitte!' ‚Aber ich würde mich auch mit etwas weniger zufrieden geben.' ‚Nein, nein. Ich kann sie unter keinen Umständen nehmen. Sie wären vom ersten Tag an unzufrieden, und ich kann unzufriedene Leute unter meinem Personal nicht brauchen. Nach drei Monaten würde ich Ihr Gehalt erhöhen müssen oder Sie würden gehen. Ich bin in solchen Dingen nicht leichtsinnig. Hier handelt es sich um eine Dauerstellung, aber Gehaltserhöhungen gibt's nicht.'

Er wandte sich den nächsten zu. ‚Was für Gehalt beanspruchen denn Sie?' ‚Zweihundert Pesetas.' Mit einem spöttischen Lächeln wandte er sich einfach dem dritten zu: ‚Und Sie haben wahrscheinlich auch Ihren Ehrgeiz, nehme ich an?' ‚Ich könnte es mit hundertfünfzig Pesetas schaffen. Ich bin seit drei Monaten arbeitslos.' Da erhob sich der siebente in der Reihe, ein eleganter Jüngling mit goldgefaßter Brille, und sagte: ‚Ich bin Wirtschaftssachverständiger und kann Französisch und Englisch, was für Sie vielleicht von Interesse ist. Gottlob brauche ich für meinen Lebensunterhalt kein Gehalt.

Ich würde mich mit einem Betrag begnügen, der für meine kleinen Laster ausreicht.' Der Deutsche unterzog ihn einer ganz kurzen Prüfung. ‚Die Stelle ist besetzt', teilte er uns mit. Dann sagte er zu dem Burschen: ‚Sie können morgen beginnen. Ich gebe Ihnen hundert Pesetas monatlich. Wir werden ja sehen, wie Sie sich bewähren.'

Der Mann, der seit drei Monaten ohne Arbeit war, kam zu mir und flüsterte mir ins Ohr: ‚Ich möchte diesem dreckigen Schwein gern ein paar in die Fresse knallen!' Wir gingen zusammen die Treppe hinunter und traten auf die Straße hinaus. Dort sah er den kleinen Wirtschaftssachverständigen einherstolzieren und sagte zu ihm: ‚Sie sind also ein Wirtschaftssachverständiger, wie?' ‚Zu dienen.' ‚Du bist ein Hundesohn, das bist du!' Und er senkte den Kopf und rammte ihn dem Burschen mitten ins Gesicht, gerade auf die Nase, so daß ihm die Brille zerbrach und er zu Boden fiel und wie ein gestochenes Schwein blutete. ‚Ich glaube nicht, daß du morgen antreten wirst', sagte der Mann und lief davon wie ein Hase, und den Burschen mußte man auf die Unfallstation bringen. Wenn wir anderen etwas Courage gehabt hätten, dann wären wir zusammen in das Geschäft hinaufgegangen und hätten den dicken Deutschen zu seinem eigenen Fenster hinausgeschmissen.

Gegenüber der Banco Hispano wurde ein Haus gebaut: Die Arbeiter kamen zum Essen in die Schenke und tranken nach Feierabend ein Glas Wein an der Theke. Einer von ihnen war dabei, als die Geschichte erzählt wurde, und sagte mit sehr lauter Stimme: »So ist's recht. Geschieht euch schon recht, wenn ihr so feige Schurken seid. Ich wette, unser Chef würde nicht wagen, einen Maurer um vier Pesetas Taglohn einzustellen. Und er würde auch in ganz Madrid keinen Bauarbeiter finden, der bereit wäre, für einen solchen Lohn zu arbeiten. Bei euch klappt's nicht, weil ihr feine Herren sein wollte; Arbeiter wollt ihr nicht sein. Ihr schämt euch zu sagen, daß ihr Hunger habt, weil ihr euch anzieht wie Herrschaften. Und es gibt keinen unter euch, der nicht lieber auf sein Essen zu Hause verzichtet als auf die Krawatte. Natürlich, es ist schon wahr, es hat uns eine Menge Streiks gekostet und eine verdammte Menge Hiebe von der Polizei und der Zivilgarde, bevor wir genug zum Essen bekamen. Aber wie könnten auch feine Herren streiken, und wie könnten sie zur Puerta del Sol marschieren, mit steifen Kragen, um sich von der Polizei prügeln zu lassen? Geschieht euch schon recht, warum seid ihr auch so ein Haufen feiger Hunde? So, das wollte ich gesagt haben.«

»Ja, ja, Sie haben recht!« rief Plá. »Wir sind ein Haufen feiger Hunde.« Er schlug sich an die Brust. Ich dachte, er wäre etwas betrunken. »Feiglinge, das sind wir. Aber nicht ich, Genosse. Ich habe meine Mitgliedskarte von der Casa del Pueblo!*« Er zog ein rotes Büchlein aus der Tasche. »Aber einen Dreck hilft's mir! Wir sind gerade eine Handvoll, und wenn unsere Chefs herausbekommen, daß wir einer Gewerkschaft angehören, werfen sie uns hinaus. Wir können nicht einmal eine eigene Gewerkschaft bilden. Es ist eine Schande, mein Lieber, jawohl. Hier in Madrid, wo jeder Mensch ein Angestellter ist, müssen wir in die Allgemeine Arbeitergewerkschaft eintreten, weil wir zu wenig sind, um eine Beamtengewerkschaft zu bilden! Da soll doch wer anderer Propaganda machen bei dieser Bande von Speichelleckern!
Vierundzwanzig Stunden ginge es – und dann raus auf die Straße mit dir! Und wer wird dann für dich kämpfen? Deine eigene Gewerkschaft kann es nicht, und die anderen Gewerkschaften werden dich nicht durchfüttern.«

Plá und der Maurer debattierten weiter und tranken ihren Wein. Als wir andern gingen, lehnten sie noch immer an der Theke, mit den Ellbogen auf dem Zinkblech.

Am nächsten Tag verließen Plá und ich die Bank zu Mittag gemeinsam. Er wohnte in unserer Nachbarschaft, in der Calle de Relatores, und wir trafen uns oft auf dem Weg.

»Möchtest du mir die Mitgliedskarte des Volkshauses zeigen?« fragte ich.

---

* Casa del Pueblo – das Volkshaus – war der Sitz der sozialistischen Gewerkschaften und anderer Arbeiterorganisationen.

»Du darfst niemand davon erzählen«, gab er zur Antwort und holte aus der Brieftasche ein kleines Buch hervor, voll von Bestätigungen für die wöchentlichen Mitgliedsbeiträge von zwei Pesetas. Ins Büchlein war eingestempelt: U.G.T.* Diverse Berufe.

»Glaube bloß nicht, daß ich der einzige bin. Eine ganze Menge sind Mitglieder. Soviel ich weiß, sind es in unserer Bank zehn. Aber natürlich ist das sehr wenig. Nicht genug, um eine eigene Gewerkschaft zu bilden. Also hat man uns in die Allgemeine Arbeitergewerkschaft gesteckt, mit allen, die kein Handwerk können oder in einem Beruf mit sehr wenig Mitgliedern arbeiten. Auch die Kommis gehören dazu. Eigentlich haben wir nur einen Vorteil davon: die Krankenkasse.«

Und er fuhr fort, um zugleich meine unausgesprochene Frage zu beantworten: »Ja, das ist unser einziger Vorteil und in den Augen der Arbeitgeber auch die einzige Rechtfertigung unserer Mitgliedschaft. Manchmal finden sie sich damit ab, manchmal nicht. Weißt du, wir haben eine Krankenkasse. Sie heißt Arbeiterverband für gegenseitige Hilfe und ist die beste ihrer Art in ganz Spanien. Man bietet uns alles: die besten Ärzte, eine Apotheke und eine Klinik für Operationen. Man zahlt uns sogar Krankengeld, wenn wir durch Krankheit Lohnausfälle erleiden. Nur muß man Mitglied der U.G.T. werden, bevor man in die Krankenkasse eintreten kann. Wenn man also in der Bank herausbekommt, daß ich der U.G.T. angehöre, kann ich immer sagen, daß ich es tun mußte, weil ich durch den Verband Anspruch auf Arzt und Medizin habe. Aber mit der Zeit werden wir weitergehen. Früher oder später werden wir unsere eigene Gewerkschaft haben, und dann werden wir mit diesen Schuften von Arbeitgebern abrechnen. Und das wissen die auch! Sie wollten uns zuvorkommen und gründeten eine katholische Krankenkasse, aber ihr will niemand

---

* U.G.T. = Unión General de Trabajadores, die Zentralgewerkschaftsorganisation für Arbeiter, die nicht unter anarchistischem Einfluß standen. Diese waren in der C.N.T. zusammengefaßt. Die der U.G.T. angeschlossenen Organisationen standen größtenteils unter sozialistischem Einfluß.

beitreten. Eine ganz Menge würde bei uns mitmachen, wenn sie nicht solche Angst hätten. Wenn man dich nämlich mit der Mitgliedskarte in der Tasche erwischt, dann kann's schon passieren, daß man dich hinauswirft und du nirgendwo anders Arbeit findest. Wenn man deinen früheren Arbeitgeber um Auskunft bittet, dann heißt es, du seist zwar ein tüchtiger Arbeiter, aber ein Roter und ein Rebell, der zur Volkshausbande gehört. Und das genügt schon, um einen verhungern zu lassen. Ich kenne einen Burschen, der für Pallarés arbeitete und nach fünfzehn Jahren aus der Firma hinausgeworfen wurde, weil er Gewerkschaftsmitglied war. Als er sich dann bei einer anderen Firma um eine Stellung bewarb, sagte ihm der Direktor: ‚Ich höre, daß Sie Sozialist sind!' ‚Aber nein, keine Rede davon!' ‚Aber Pallarés, Ihre früheren Arbeitgeber behaupten, daß Sie dem Volkshaus angehören.' ‚Stimmt, aber ich bin dort eingetreten, um ...' Und er wollte die Geschichte von der Krankenkasse erzählen. Der Direktor ließ ihn jedoch gar nicht weiterreden. ‚Hören Sie auf!' sagte er. ‚Ich brauche Ihre Erklärungen nicht. Glauben Sie, ich will in meiner Firma einen Angestellten haben, der nicht an Gott glaubt, hinter einer roten Fahne her durch die Straßen zieht und Drohungen gegen die Regierung ausstößt? Meine Firma ist alles andere als eine anarchistische Brutstätte! Von mir aus können sie ruhig Freimaurer werden und sich die Zeit mit Bombenlegen vertreiben, aber wir sind eine anständige Firma.'

Ich dachte über diese Dinge tagelang nach. Natürlich wußte ich, was die Sozialisten waren. Aber ich war an politischen Fragen nicht sehr interessiert. Es schien mir ungefähr so: Jeden Tag lagen sie sich in den Cortes in den Haaren: Maura, Pablo Iglesias und Lerroux.* Die einen schrieben mit Pech an die Mauern: »Maura – Nein!« Andere wieder kritzelten darunter in rotem Ocker: »Maura – Ja!« Ich wußte, daß die

---

* Antonio Maura, Führer der Konservativen, wiederholt Ministerpräsident; Pablo Iglesias, Gründer der sozialistischen Partei und Führer der Gewerkschaftsbewegung; Alejandro Lerroux, damals Führer der bürgerlichen Radikalen.

Arbeiter Nein schreiben und die besseren Leute Ja. Manchmal stießen die beiden Gruppen aufeinander, jede mit ihrem Farbtopf; sie bewarfen einander erst mit den Töpfen und begannen dann zu raufen. Manchmal tauchte gegen Abend ein Trupp junger Herren in der Calle de Alcalá auf, wenn diese gerade voll von Menschen war, und brüllte: »Maura – Ja!« Sofort schlossen sich Studenten und Arbeiter zusammen und riefen: »Maura – Nein!« Die Passanten ergriffen die Flucht. Viele benutzten die Gelegenheit, um die Kaffeehausterrassen zu verlassen, ohne zu zahlen. Die Polizei griff ein, aber den jungen Herren tat sie nie etwas zuleide.

Plá wohnte in der Calle de Relatores, wo die Anhänger Lerroux' eines ihrer Parteilokale hatten. Sie nannten sich selbst »Die jungen Barbaren«, und das waren sie auch. Jedenfalls machten sie den größten Lärm. Die Anhänger Mauras erschienen häufig vor dem Lokal und begannen zu randalieren, und dann gab's jedesmal eine Rauferei. Zuweilen kam Lerroux selbst und hielt große Reden im Parteilokal: die Priester, sagte er, sollten kastriert und die Nonnen geschwängert werden. Solche Reden hetzten die Menge auf, und sie marschierte zur Puerta del Sol. Aber sie kam nie an ihr Ziel. In der Calle de Carretas erwartete sie die Polizei und trieb sie mit Säbelhieben auseinander.

Die Sozialisten begannen jeden zweiten Tag einen neuen Streik. Manchmal waren es die Bäcker, ein andermal die Maurer, dann wieder die Buchdrucker. Sie wurden eingesperrt und geprügelt, aber schließlich bekamen sie, was sie wollten. Sie waren die einzigen, die den Achtstundentag hatten, die einzigen, die die geforderten Löhne erhielten. Auf ihren Arbeitsplätzen gab es keine Lehrlinge; junge Burschen wie ich, die arbeiten mußten, bekamen von Anfang an zwei Pesetas fünfzig täglich. Ihr Führer war Pablo Iglesias, ein alter Buchdrucker, der im Parlament laut sagte, was er sich dachte. Die Arbeiter nannten ihn Großvater. Er war oft – ich wußte wirklich nicht, wie oft – eingekerkert gewesen, aber er gab nie sein Bestreben auf, alle Arbeiter zu Sozialisten zu machen.

Ich wäre gern Sozialist gewesen. Aber war ich ein Arbeiter oder war ich es nicht? Die Frage klang einfach, aber sie war schwer zu beantworten. Da ich für meine Arbeit bezahlt wurde, war ich natürlich ein Arbeiter; aber ich war ein Arbeiter nur in dieser Beziehung. Die Arbeiter selbst nannten uns ja Señoritos, junge Herren, und wollten mit uns nichts zu tun haben. Und natürlich konnten wir nicht mit ihnen durch die Straßen ziehen – sie mit ihren Blusen und Bastschuhen, und wir mit Maßanzügen, blankgewichsten Schuhen und Hüten.

Ich überredete Plá, mich ins Volkshaus mitzunehmen, und begleitete ihn, als er eines Tages hinging, um seinen Monatsbeitrag einzuzahlen. Das Gebäude hatte zahllose kleine Zimmer für die verschiedenen Sekretariate. In jedem Zimmer saßen hinter einem Schreibtisch ein oder zwei Genossen sowie ein Kassier mit einem Bogen Quittungsmarken und einer Kassette für das Bargeld. Von allen Seiten kam das Klimpern von Münzen. Die Korridore waren voll von Arbeitern; vor manchen Türen standen Schlangen.

»Heute ist Sonnabend«, sagte Plá. »Weißt du, die meisten Organisationen bekommen ihre Beiträge wöchentlich. Manche Gewerkschaften sind sehr stark. Die Bauarbeitergewerkschaft zum Beispiel muß Millionen haben, genug Geld, um ihre Streiks durchzuhalten und auch anderen zu helfen, wenn die in den Streik treten. Die Bauarbeiter zahlen ihren Leuten auch eine Erwerbslosenunterstützung, aber bei ihnen gibt es nie viele Arbeitslose. Im Baugewerbe gibt es immer Arbeit.«

Er führte mich in die beiden Versammlungssäle, einen großen und einen kleinen. Im großen Saal hielten die Buchdrucker von Rivadeneyra eine Versammlung ab. Rivadeneyra war ein großer Verlag im Paseo de San Vicente. Es gab da mehr als dreihundert Arbeiter. Einer der Männer auf dem Podium stand auf und trat vor. Der Vorsitzende läutete die Glocke, und alle verstummten.

»Kollegen«, sagte der Redner, »wir wollen jetzt über den Streik abstimmen. Ich ersuche alle, die für den Streik sind, aufzustehen!«

In einer Welle von Lärm, verursacht durch klappernde Bänke und trampelnde Füße, standen viele auf. Andere ließen sich etwas Zeit. Schließlich saßen nur noch vier oder fünf. Die andern starrten sie an, und da erhoben auch sie sich, einer nach dem andren. Nur in der ersten Reihe blieb ein Mann sitzen – allein.

»Der Streikbeschluß ist einstimmig angenommen!«

»Ich möchte etwas sagen«, meldete sich der Mann, der sitzengeblieben war.

Er bestieg das Podium und begann zu schreien. Er stimmte dem Streikbeschluß nicht zu. Streiken sei zu nichts gut. Eine andere Art Aktion sei nötig – direkte Aktion. Ein paar der großen Herren müssen liquidiert werden, ein paar Betriebe angezündet! Er benahm sich wie ein Verrückter. Die anderen verharrten in Schweigen, und wenn irgendwo Bewegung entstand, griff der Vorsitzende gleich mit seiner Glocke ein. Auf einige schien der Redner Eindruck zu machen. Schließlich sagte er, hochrot im Gesicht: »Ich bin fertig«, und stürzte ein großes Glas Wasser hinunter.

Ein anderer erhob sich, um zu erwidern. »Wir sind hier keine Anarchisten. Wir sind anständige Menschen, die ein anständiges Stück Arbeit leisten möchten. Wir brauchen niemand umzubringen. Die Maschinen sollen wir zertrümmern? Aber die Maschinen gehören doch den Arbeitern, sie sind uns heilig!« Plötzlich geriet er in Wut und rief: »Wenn ich diesen Kollegen hier oder einen anderen Kollegen dabei erwische, wie er den Hammer aufhebt, um meine Minerva zu zertrümmern, dann schlag ich ihm den Schädel ein!«

Die dreihundert jubelten ihm zu. Der Anarchist duckte sich auf seinem Platz und grunzte.

Dann gingen wir ins Theater. Das Volkshaus hatte nämlich auch eine Bühne – für Theaterstücke, Filmvorführungen und Versammlungen. In den Korridoren begegneten wir nur Männern in blauen oder weißen Arbeitsblusen. Als wir die kleine Tür zur Bühne öffneten, sagte ein Mann, der dort Schlange stand: »Hallo, was ist denn da los? Da kommen ja Touristen!«

Alle anderen lachten, und ich schämte mich meines Anzugs, meiner Schuhe und meines Hutes. Ich wandte mich also zu dem Mann, der gesprochen hatte, und rief ihm zu:

»Touristen? Blödsinn! Wir sind Arbeiter genau so wie du, und vielleicht noch mehr.«

»Entschuldige, Kollege«, sagte er. »Da habe ich mich eben geirrt, aber weißt du, wir haben hier bei uns nicht viele Herren ... ich wollte sagen: Kollegen, die wie Herren angezogen sind ...«

Ich ließ mich von einem heftigen Impuls hinreißen.

»Schon gut! Trotz unseren Anzügen und unseren glatten Händen und was immer ihr sonst auszusetzen habt, sind wir Arbeiter. Und was für Arbeiter! Ein Jahr als Volontär, dann fünf Duros monatlich, mit zwölf bis vierzehn Arbeitsstunden im Tag ...« Und ich sprach weiter und ließ meinem ganzen Groll freien Lauf. Als ich geendet hatte, sagte ein anderer, der dort Schlange stand: »Hoch lebe der Kleine!«

»Zum Teufel hinein, was meinst du mit ‚der Kleine‘? Ich bin genau so ein Mann wie du und am Ende noch mehr.«

Ein alter Mann klopfte mir auf die Schulter: »Nur keine Aufregung! Kein Mensch will dich kränken. Sobald man zu arbeiten anfängt, ist man ein Mann.«

Während wir uns im Irrgarten der Korridore auf den Rückweg machten, blickte ich alle weißen und blauen Blusen, denen wir begegneten, herausfordernd an. Hätte mich doch jemand einen jungen Herrn genannt! Ich hätte sie alle in den großen Saal gerufen und hätte ihnen ins Gesicht geschrien, was wir, die Angestellten, wirklich waren; jetzt sah ich deutlich, daß sie es nicht wußten, daß sie uns verachteten. Sie glaubten, ein Bankbeamter sein, heiße, im Winter in einem gut geheizten Zimmer sitzen und im Sommer neben dem Ventilationsfächer Zeitung lesen und am Monatsende sein Gehalt beziehen.

Ehe wir das Gebäude verließen, trat ich in die Allgemeine Arbeiter-Gewerkschaft ein.

8.
RÜCKSCHAU AUF DIE JUGEND

Was für eine prächtige Frau! Wenn ich etwas rascher gehe,
kann ich sie einholen und sehen, was für ein Gesicht sie hat.
Vielleicht ist sie häßlich. Aber von hinten sieht sie gut aus.
Ihr Gesäß prägt sich durch den Rock genau ab. Die Schenkel
sind hinten ein wenig gewölbt; man sieht das an ihrem Gang,
wenn eines der Beine vorwärts schreitet, während das andere
zurückbleibt, so daß der Rock sich anschmiegt. Wie gut sie
sich in den Hüften wiegt! Natürlich, du Narr! Sie ist genauso
wie die andere, ganz genau so! Und wie die, die jetzt auf mich
zukommt.

Man sagt, junge Männer hätten rundliche Frauen gern,
und das dürfte stimmen. Jedenfalls hatte ich mich gestern
nicht geirrt. Mir gefiel diese Maña besser als die anderen
Mädchen, die jünger waren, aber mager. Eine von ihnen war
sehr hübsch: Blaue Augen hatte sie und ein Gesicht wie die
Heilige Jungfrau, und auch ich gefiel ihr sichtlich. Aber mir
war diese Maña lieber. Sie ist etwas zu voll, das stimmt, aber
ihr Fleisch ist fest und weiß.

Was Tante Baldomera wohl sagen würde, wenn sie noch
am Leben wäre? Jesus Christus! Wenn ihr jemand erzählt hätte, ihr kleiner Arturo habe mit einer Frau geschlafen, mit einem dieser schlechten Frauenzimmer ...

Diese Maña hat ein kurzes rosa Hemdchen, das kaum bis
zu den Schenkeln reicht. Der gestickte Saum sitzt auf den
Hinterbacken. Sie sehen genau so aus wie die Kruppe eines
fetten Pferdchens.

Gar nicht zu reden von der Miene des Pater Vesga, wenn
er es erführe. »Du hast deine Unschuld verloren«, würde er
sagen. Und wie steht's um seine eigene? Und wie verrückt ihn

das Sechste Gebot machte – Du sollst nicht Unkeuschheit treiben! Ich glaube, er konnte sich manchmal auf den Holzbrettern, die ihm als Bett dienten, nicht zurückhalten. Jetzt erst verstehe ich, warum er die Frauen immer so anblickte, wie er es zu tun pflegte.

Da war zum Beispiel jene Frau, die einen Laden in der Calle de Mesón de Paredes hatte und zu Pater Vesga beichten kam. Sie war groß und stark und hatte einen prächtigen Busen. Der winzige Pater Vesga mußte sich im Beichtstuhl von ihr ganz erdrückt fühlen. Nach der Beichte trat sie immer rechts neben den Altar, um dort ihre Bußgebete zu verrichten, neben den Schülern, die in Reih und Glied standen. Peter Vesga kam dann gewöhnlich heraus, ganz rot im Gesicht von der Hitze im engen Verschlag, stellte sich hinter sie und starrte ihre Hüften und die kleinen Nackenlöckchen an. Er drehte immerfort sein viereckiges Birett in den Händen und schlug es dann plötzlich einem der Jungen ins Gesicht. »Da – weil du schwätzest!« Die Frau drehte sich um, lächelte und sagte: »Seien Sie doch nicht so streng!« Der Junge stand da, lautlos weinend, und Pater Vesga teilte die ganze Reihe entlang mit seinem Birett weitere Schläge aus.

Schließlich stand die Frau auf und ging, sich in den Hüften wiegend, langsam davon. »Leben Sie wohl, Hochwürden!« sagte sie im Vorbeigehen leise und küßte ihm die Hand. »Der Herr sei mit dir, meine Tochter!« Er inspizierte das Ende der Reihe, um sich zu überzeugen, ob alle Jungen andächtig der Messe lauschten und nicht etwa spielten oder auf den Fersen hockten. In Wirklichkeit blickte er ihr nach, der großen Frau, die ihr Hinterteil hin- und herschwenkte wie ein Maultier. Nachher kniete er vor dem Altar hin, betete und schlug sich die Brust. Er knöpfte die Soutane auf und bearbeitete mit geballten Fäusten das Fleisch. Ich glaube, manchmal riß er sich sogar mit den Nägeln blutig; einmal zerriß er dabei die Kette seiner kleinen Damenuhr.

Wie hätte sich Pater Vesga in seiner Soutane zwischen den Schenkeln dieser Maña ausgenommen? Zwischen den kräftigen Schenkeln einer Aragoneser Bauerndirne? Sie merkte gleich, daß ich zum erstenmal bei einer Frau war, und sie nützte mich weidlich aus. Und warum auch nicht? Zu komisch wär's, Pater Vesga, der doch immer auf seinen nackten Holzbrettern schlief, zwischen den Schenkeln Mañas zu sehen, auf einem weichen, federnden Bett! Ihre Brüste würden sich an seinem Gesicht reiben – er war doch so klein, daß er höher gar nicht reichen würde. Diese Maña ist sehr groß, größer als ich, und ich bin größer als die meisten Männer hier.

Aber Onkel Luis wäre nicht böse gewesen. Vielmehr, er wird nicht böse sein, denn er ist ja noch am Leben. Sobald er nach Madrid kommt, muß ich es ihm erzählen. »Genieß es nur richtig, mein Junge!« wird er wohl sagen. »Alt wirst du ohnehin. Schau mich an, wie ich heute aussehe! Ich hab Rheumatismus und kann mich kaum noch rühren. Aber als ich in deinem Alter war, da wußte ich, wie man mit diesen Weibsbildern umgeht.« Er muß schon ein richtiger Gauner gewesen sein. Und Andrés ebenso. Seine Frau ist ewig krank, sie hat ein eiterndes Bein, und wenn er nach Madrid kommt, sagt er immer zu meiner Mutter: »Warte heut abend nicht auf mich! Ich werde im Gasthof schlafen.« Im Gasthof! Daß ich nicht lache! Im »Gasthof zur Liebe« vielleicht. Ich muß mir wirklich diese Revue ansehen, die »Gasthof zur Liebe« heißt oder so ähnlich. Sie wird im Eslava-Theater gespielt, und die Frauen kommen ganz nackt auf die Bühne, und jeder, der in dem Gasthof einkehrt, will mit einer von ihnen ins Bett gehen.

Warum darf nicht einfach jeder Mensch, wie er möchte? Ich möchte gern mit Mädchen ins Bett gehen, und sie möchten gern mit mir ins Bett gehen, aber wir dürfen nicht. Die Männer halten sich an Huren, und die Frauen müssen warten, bis der Priester sie verheiratet. Und inzwischen werden sie natürlich geil. Wenn es schließlich bei einer zu arg wird, dann muß sie selbst zur Hure werden. Es wäre viel besser, wenn sie alle ins Bett gehen könnten, mit wem sie wollen. Und warum auch nicht?

Ich würde dann natürlich nicht wissen, wer mein Vater ist, und meine Mutter wäre eine Hure, die mit jedem schliefe. Es ist merkwürdig. Ich habe mir meine Mutter niemals so vorgestellt, als eine Frau, die mit einem Mann geschlafen und mit ihm das getan hat, was diese Maña mit mir machte. Aber daran ist nicht zu zweifeln: Hätte sie nicht mit meinem Vater geschlafen, dann wäre weder ich geboren worden, noch Rafael, noch Concha, noch José.

Mir scheint, ich bin mit einemmal Philosoph geworden. Ich spreche über das Leben, wie es wirklich ist. Und warum sollte ich nicht das Recht haben, über das Leben nachzudenken? Deshalb etwa, weil ich noch nicht einundzwanzig bin und über mein Eigentum noch nicht frei verfügen darf? Verfluchte Schweinerei! Was ist das Leben? Der Verschluß einer photographischen Kamera. Man drückt auf den Ball Pff! Ein Schnappschuß. Man hat nichts gesehen: ein kurzes Aufleuchten. Wie die Beine eines jungen Mädchens, das gerade in die Straßenbahn einsteigt. Ein Aufleuchten. Sind ihre Beine häßlich oder hübsch? Ich weiß es nicht, aber heute gefallen mir alle Beine. Schluß damit! Sprechen wir nicht mehr von den Frauen! Was ist das Leben? Das ist wichtiger.

Von hier oben, von der höchsten Stelle am Abhang der Calle de Alcalá aus, sehe ich das Leben. Ein Morgen am Sonntag. Dort ragt die Kirche von Calatravas, mit den Verkäufern der katholischen Zeitungen, den Blinden, den alten Bettlerinnen und den Straßenjungen, die nach den Wagen auslugen, damit sie den Schlag aufreißen und eine Münze erbetteln können. Und die netten jungen Damen schreiten an der Seite netter junger Herren, die sich über sie beugen und ihnen etwas zwischen die Locken hinter den Ohren flüstern. Wenn die Mädchen etwas Angenehmes hören, schütteln sie die Ohrringe, die wie schwere Tropfen herabhängen, genau so wie die Pferde ihre Ohren schütteln, wenn ein Auto vorbeifährt. Dazwischen tönt das Geklingel der Straßenbahnen mit ihren rotgelben, von Plakaten bedeckten Wagen. Ich sehe die soliden Steinhäuser, deren Fenster offen stehen oder mit Fensterläden verschlossen sind. Dort schimmern die stählernen Straßenbahnschienen zwischen den quadratischen Pflastersteinen, und auf dem schwarzen Asphalt der Gehsteige liegt der weiße Staub vieler Schuhsohlen und dazwischen lauter Zigarettenstummel. Die runden Marmortische auf der Terrasse leuchten milchweiß oder schwarz gefleckt. Die Uhr der Bank von Spanien tut sich gewichtig und ruft mit der Stimme eines alten Kupferkessels die Stunden aus: Bum, bum! Die Göttin Kybele inmitten der gelangweilten Löwen, die nach allen Richtungen Wasser speien, macht ein strenges Gesicht. Wasserlöwen! Wo ist die Sahara dieser Löwen? Eines Nachts hat Pedro de Répide dieser Göttin Kybele seine kaffeebraune Pelerine umgehängt, und so fand man sie dann im Morgengrauen. Eiszapfen hingen ihr aus den Nasenlöchern, während sie selbst unter der Pelerine schwitze. Pedro de Répide mußte eine Geldstrafe zahlen. Was bewog ihn auch dazu, einer Statue seinen Mantel zu schenken? Und dort oben, auf der Puerta de Alcalá, dem Tor mit den drei Bogen, strahlt die lateinische Inschrift: Carolus Rex ...

Ist das das Leben?

Natürlich gibt es in Paris und London und Peking genau solche Straßen, Ameisenhaufen, in denen die Leute spazieren gehen oder auch zur Messe. In den Geschichtsbüchern steht, daß die chinesischen Tempel viele spitze Dächer haben, mit einem silbernen oder gar einem goldenen Glöckchen an jeder der Spitzen. Sie alle klingeln leise im Wind, und vor dem Tor hängt an drei Riesenpfosten ein uralter Gong aus Bronze, über tausend Jahre alt soll er sein. Wenn die Messe gelesen wird, die chinesische natürlich, dann tritt der älteste der Bonzen – die chinesischen Priester werden Bonzen genannt – mit einem Holzhammer vors Tor und schlägt gegen den Gong. Aus weiter Ferne klingt es wie eine Kaskade trillernder »plomploms«. Dann kommen mit kurzen kleinen Schritten die Chinesen daher, auf den Zehen hüpfend, mit in den Ärmeln versteckten Händen; auf ihren Käppchen tanzen Quasten, und in kurzen kleinen Sprüngen erklettern sie die Stufen des Tempels. Sie knien nieder und beugen ihre Bäuche tausendundeinmal vor dem streng dreinschauenden Buddha mit dem polierten Nabel. Dann verbrennen sie bunte Streifen Papier, und das sind ihre Gebete. Das ist geradeso wie beim Pater Vesga, wenn er befahl, das Credo hundertmal abzuschreiben. Die alten Chinesen tragen Zöpfe, und ihre langen Schnurrbärte hängen in zwei dünnen Strähnen herab. Eines freilich ist komisch: Ich habe auf Abbildungen und Photos eine Menge Chinesen mit grauen Schnurrbärten und Bärten gesehen, aber keinen einzigen mit einem grauen Zopf, und ich habe auch noch nie eine Chinesin mit grauem Haar gesehen.

Aber es gibt ja so mancherlei seltsame Dinge auf der Welt. Züge, die pünktlich abgehen, mit pünktlichen Passagieren und pünktlichen Lokomotivführern und Stationsvorstehern. Der Stationsvorsteher bläst auf seinem Pfeifchen, und der Zug fährt davon. Häfen mit Schiffen, dicht an den Steinmauern der Molen, von denen Leute mit Gepäck die kleine hölzerne Laufplanke emporklettern und dann den Zurückbleibenden Kußhände zuwerfen. Eine Glocke ertönt, und die Laufplanke wird eingezogen. Eine Dampfpfeife ertönt, und das Schiff setzt sich in Bewegung. Einige bleiben ruhig auf dem Lande zurück und winken mit Taschentüchern, andere beugen sich über das Schiffsgeländer. Wenn ein Schiff ausläuft, hat jeder ein reines Taschentuch, in das sich noch keiner hineingeschneuzt hat, denn die Menschen würden sich über jeden den Mund zerreißen, der ein schmutziges Taschentuch benützt, um damit zum Abschied zu winken.

Ist das das Leben?

Auf der Calle de Alcalá in Madrid auf- und abzugehen oder einer ähnlichen Straße in Paris oder London oder China? In einen Zug einzusteigen oder sich an Bord eines Schiffes zu begeben? Die Messe zu hören oder Papierstreifen auf einem Altar zu verbrennen, vor Unserer Lieben Frau oder vor dem Bauch Buddhas? Die großen Glocken eines Domes zu läuten oder mit einem Holzhammer gegen einen Bronzegong zu schlagen oder Glöckchen im Wind erklingen zu lassen?

Ist das das Leben?

Die Alten, die Erwachsenen, lehren die Kinder, was Leben ist. Ich bin kein Kind mehr. Ich arbeite, ich schlafe schon mit Frauen. Aber die Schule klebt noch an mir, wie Eierschalen am Hintern eines Küchleins kleben. Setzen wir uns hin, hier, auf die Bank im Retiropark! Ich will einmal Rückschau halten, was mich die alten Leute über das Leben gelehrt haben. Zurück – zurück – denk nach! Schau in die Ferne!

Was wollt ihr denn, ihr Spatzen? Ich habe keine Brotkrumen in den Taschen. Hört doch auf, vor mir auf und nieder zu flattern! Ich meine es ernst, ihr Bande kleiner Gauner. Wollen sehen, ob ich mich noch an die Zeit erinnern kann, als ich so jung war wie ihr, vielleicht kann ich dann herausfinden, was mich die Erwachsenen über das Leben gelehrt haben.

Meine Großmutter sagte mir – aber nein. Bevor man dir irgend etwas sagte, wo warst du da? Bevor du erfaßtest, was man dir sagte, wo warst du?

Zuerst war da ein Morgen. Es schneite dicke Flocken. Sie waren wie große weiße Fliegen, die betäubt von hoch oben herabtaumelten. Die Mutter zog mir einen Unterrock und wollene Strümpfe an, die sie mir um die Leibesmitte band, mit weißen Bändern voller Knoten. Sie zog mir auch Schuhe an, Schuhe mit einer Menge Knöpfen daran, und wir gingen auf die Straße hinaus, ich auf ihrem Arm, eingewickelt in einen Schal, der langhaarig war wie ein ungestutztes Schaffell. Schön warm war es, und ich streckte aus der Höhle des dikken Schals nur die Nase heraus. Wenn ich durch den offenen Mund atmete, stieg jedesmal eine Dampfsäule in die Luft. Es machte mir Spaß, die Luft auszublasen, weil dadurch ein Trichter grauen Dampfes entstand, der in der Straße dahintrieb wie der Rauch einer Zigarette. Die Leitstange der Straßenbahn war mit Eisklumpen bedeckt. In einem großen Tor standen zwei Soldaten vor einem riesigen Wärmebecken voll brennender Kohle. Einer der Soldaten hatte einen Fuß auf den Rand einer dunklen Decke gestellt. Der andere hielt das Ende der Decke in der Hand und schwenkte es wie einen Fächer. Der Luftzug traf das Kohlenbecken, und aus der Kohle stieg ein Schauer von Funken auf, den der Wind die Straße hinuntertrug und im Schnee erstickte. Die Funken zischten und fauchten, weil ihnen so kalt war. Und da spürte auch ich, daß ich kalte Füße hatte. Sie schauten unter dem Schal hervor, und der Schnee war daraufgefallen. Ich lachte, weil einer meiner Schuhe schwarz war und der andere braun. Auch die Mutter schaute die Schuhe an und lachte mit. Eine Weile blieben wir in der Wärme um das Kohlenbecken, und alle lachten: die Soldaten, die Mutter und ich, während der schmelzende Schnee von meinen Schuhen tropfte. Als das zu Ende war, packte die Mutter mich fest ein, wickelte den Schal um die Füße, und wir zogen weiter. Der Schnee stob uns ins Gesicht.

Das ist meine erste klare Kindheitserinnerung. Dann kommt ein schwarzes Loch, aus dem nach und nach alles emporsteigt; ich weiß nicht, wann und wie: Onkel und Tante, Bruder und Schwester, die Mansarde, die Señora Pascuala ... eines Tages kamen sie und traten ins Leben, in mein Leben. Dann begannen sie mir das Leben anzufüllen mit »Tu das!« und »Tu das nicht!« Manchmal waren sie sich selbst nicht einig. »Tu das!«, sagte der eine, »Tu das nicht!« der andere.

Einmal waren wir im Theater, ich weiß nicht mehr, in welchem. Ich erinnere mich nur an den roten Samt des Sitzes – er war genau so wie der rote Samt der Sofas im Café Español – und an die hell beleuchtete Bühne, wo Männer und Frauen sangen. Ich wollte pissen. »Onkel, ich möchte mein Wasser abschlagen.« Er nickte. »Schon gut, komm mit mir!« – »Was ist mit dem Kind los?« fragte die Tante. – »Er möchte auf die kleine Seite gehen.« – »Er kann warten.« – »Aber meine Liebe, er ist doch ein Kind.« – »Er muß warten. Arturito, sei brav!« Ich machte den roten Samtsitz naß, aber niemand hörte das leise Plätschern, weil die Musik solchen Lärm machte. Als der Vorhang gefallen war, sagte der Onkel: »Komm jetzt!« – »Jetzt muß ich nicht mehr«, sagte ich. Beide beschimpften mich tagelang.

Damals fingen sie alle an, mir beizubringen, wann man auf die kleine oder auf die große Seite gehen durfte, wann man den Mund auftun durfte und wann man ihn zu halten hatte. Wenn ich weinte, sagten sie: Männer weinen nicht! Dann, als jemand starb, kamen weinende Männer und Frauen daher, um uns davon zu erzählen. »Schrei nicht! Kinder dürfen nicht fluchen!« Und dann schrien die Erwachsenen einander an und lästerten Gott und die Heilige Jungfrau. Auch der Onkel fluchte und gebrauchte manchmal häßliche Worte. Nicht einmal die geistlichen Herren in der Schule bildeten eine Ausnahme. Besonders der Pater Fulgencio, der die Orgel spielte und uns in Chemie unterrichtete. Gewöhnlich bedeckte er die ganze Tafel mit chemischen Formeln, nahm ein Paar Reagenzgläser, mischte Basen und Säuren, erklärte den Vorgang und fragte dann: »Habt ihr's begriffen?« Aber es gab kaum einen unter uns, der die Sache verstanden hatte. Worauf der Pater auf den Tisch schlug: »Verdammt noch mal, ihr habt es aber zu verstehen! Was – zum Teufel! – hat denn mein Unterricht für einen Sinn, wenn ihr mich nicht versteht?« Wir hatten einen dummen Jungen in der Klasse, auch so ein Sohn reicher Eltern, ich habe seinen Namen längst vergessen. Eines Tages griff ihn Pater Fulgencio heraus: »Verstehst du das?« – »Nein, ich kann das verfluchte Zeug nicht verstehen«, erwiderte der Junge. Pater Fulgencio gab ihm eine Ohrfeige. »Was soll das heißen, so zu fluchen? Wer hat dir dieses scheußliche Wort beigebracht? Was für ein verfluchtes Leben man mit diesen Burschen hat!« Eines Tages setzte er sich an die Orgel und schlug eine der Tasten an, aber sie gab keinen Ton. Er hörte zu spielen auf und drosch weiter auf die eine Taste los. Die Orgel machte pfff, es gab ein langgezogenes Schnaufen, und das war alles. Er stand auf und marschierte mit uns durch den Kreuzgang. Dort stießen wir auf einen anderen Priester, der den Pater Fulgencio fragte: »Was ist denn los, Bruder? Warum bist du so schlechter Laune?« – »Also weißt du«, sagte Pater Fulgencio, »da ist ein F, ein Luder von einer Taste, die gibt überhaupt keinen Ton. » Wir malten dann mit Tusche das

Wort »Luder« auf die gelbe Taste, ihren Namen. Pater Fulgencio tobte ganz wild. »Wer hat das getan? Ihr schamlosen Lumpen!« Und er drosch noch fester auf die Taste. Die Orgelpfeife, die dick war wie ein Arm, antwortete: Pffff!

»Sei brav!« sagten sie alle. »Rauf nicht mit den andren Jungen!« Einmal kam ich mit einem blauen Auge heim. Die ganze Familie fiel über mich her. »Du lächerlicher Knirps, du Waschlappen, du hast dich vermöbeln lassen! Du hättest ihm den Schädel mit einem Stein einschlagen sollen, du hättest ihn in den Bauch treten sollen!« Ich ging weg, wieder auf die Straße, und holte mir den Burschen, der mich geschlagen hatte. Er tat mir leid, denn er war klein und schwach, und er hatte mich beim Spielen ohne Absicht ins Auge getroffen. Aber ich stellte ihn zum Kampf und schlug ihm mit beiden Fäusten ins Gesicht, vornehmlich in die Augen, damit auch er ein blaues Auge bekomme wie ich. Blut rieselte ihm aus der Nase. Ich warf ihn zu Boden, ich stieß ihn in die Rippen und in die Lenden. Er brüllte. Dann kam Pablitos Vater, der Pflasterer, und trennte uns voneinander. Zuerst haute er mir eine herunter, dann hob er mich hoch und schleppte mich in unsere Wohnung hinauf, den anderen Jungen vor mir her; er blutete, und seine Kleider waren zerrissen. Was für einen Skandal haben sie da mit mir gemacht! Onkel José gab mir Ohrfeigen, die Tante zwickte mich, die Mutter verprügelte mich. Alle schrien mich an, nannten mich einen Wilden und weiß der Himmel was noch, und den anderen Jungen stopften sie mit Bonbons und Keksen voll und gaben ihm allerlei Kleingeld dazu. Er zog ab, grinsend und greinend, und ich hätte am liebsten die ganze Gesellschaft verdroschen. »Aber er hat doch zuerst mir das Auge blaugeschlagen! Ich hab ihn in den Bauch getreten und ins Gesicht geschlagen, weil ihr es mir so gesagt habt. Und jetzt haut ihr mich durch und ihm gebt ihr Kekse!« Ich heulte und wälzte mich auf dem Eßzimmerteppich herum. Onkel José aber sagte: »Um des Himmels willen, wenn du schon jemand verprügelst, mußt du dich doch in Grenzen halten!«

Auf diese Art lernte ich die Erwachsenen respektieren. Señor Corachán ist ein erwachsener Mensch, ein »Herr«. Eines Tages zog er mich an den Ohren und nannte mich einen Strolch. Ich schwieg natürlich, aber ich hätte gern auch ihn in den Bauch getreten.

Sie alle haben mich auf ihre Art gelehrt, wie man leben soll. Und nichts, was sie mich lehrten, taugt fürs Leben. Nichts, absolut nichts! Weder ihre Ziffern noch auch ihre biblische Geschichte. Sie haben mich betrogen. Das Leben ist nicht so, wie man es uns lehrt, es ist anders. Sie haben mich betrogen, und ich muß nun selbst etwas über das Leben lernen. Plá hat mich mehr gelehrt als alle die anderen. Und auch Onkel Luis mit seinen derben Worten und Señor Manuel mit seinem unschuldigen Arbeiterverstand und die Maña in ihrem kurzen Hemd. Aber die anderen, die Knaben erziehen, um aus ihnen »Männer« zu machen – was haben die mich gelehrt? Nur Pater Joaquín sagte mir einmal, ich solle glauben, was ich für gut hielt, und das zu sagen, kostete ihn solche Mühe, als ob er ein großes Geheimnis verriete.

Warum sich darüber den Kopf zerbrechen?

Aber ich möchte gern wissen, was Leben ist. Ich weiß nicht, wie meine Mutter als kleines Mädchen war; in ihrer Jugend war sie im Dienst, dann heiratete sie, und mein Vater verdiente gerade genug, um die Familie zu erhalten; dann starb er, und sie war mit ihren vier Kindern schlechter dran als je. Ohne den Onkel und die Tante hätten wir fünf verhungern können. Also los! Hinunter an den Fluß mit ihr als Wäscherin, die Schmutzwäsche der reichen Leute waschen, die sich eine Wäscherin leisten können. Die reichen Leute! Was sind denn eigentlich diese Reichen?

Weißt du, was die reichen Leute sind, du Spatz? Natürlich weißt du es – das müssen doch wohl jene sein, die uns nicht Brot, sondern Krumen zuwerfen. Das sind die Reichen – für dich. Sobald eine von den Frauen vorbeikommt, die Krapfen verkaufen, kaufe ich mir einen und werde dir die Krumen zuwerfen. Dann wirst du sagen, daß ich reich bin. Die Reichen, das sind die Leute, die den Spatzen Kuchenkrumen zuwerfen und den Armen, wie meiner Mutter, Brotkrumen. Weißt du ... aber höre doch zu, kleiner Narr, flieg nicht fort, der Kuchen kommt schon noch! Weißt du, es gibt einen Señor Dotti, den Millionär, für den meine Mutter wäscht. Er ist verheiratet, und seine Frau sagte einmal zu meiner Mutter: »Wissen Sie, Leonor, wieviel wir in diesem Jahr für Kinderspielzeug ausgegeben haben?« – »Nein, gnädige Frau«, sagte meine Mutter. – »Vierundzwanzigtausend Pesetas, fast fünftausend Duros. Und sie sind noch immer nicht zufrieden. Stellen Sie sich das bloß vor, Leonor!«

»Gnädige Frau«, sagte meine Mutter, »von dem Geld hätten wir ein ganzes Jahr leben können, ohne daß ich hätte waschen gehen müssen.«

Sie schenkte mir sämtliche Spielsachen vom vergangenen Jahr, so viele, daß ich dreimal mit der Straßenbahn hin und her fahren mußte, um das ganze Zeug abzuholen. Es war mehr als genug Spielzeug für uns alle. Ich bekam eine Lokomotive, die von selbst fahren konnte; sie hatte an Stelle des Kessels eine kleine Spirituslampe, und wenn man da Wasser hineingoß, fuhr sie wie eine wirkliche Lokomotive. Wir bekamen auch hundert Zinnsoldaten und kleine Autos mit Türen, die sich öffneten und schlossen, und Puppen, die »Papa« und »Mama« sagen konnten. Concha kam nach dem Abwaschen heim und nahm die Puppen mit. Sie war schon im Dienst, obwohl sie noch ein kleines Mädchen war. In ihrer Freizeit strickte sie Kleider für die Puppen. Warum hatten die eigentlich ihren beiden Jungen Puppen gekauft«? Señora Dotti sage es meiner Mutter: »Sie wollten sie gern haben. Was hätte ich also tun sollen?« Und dann bekamen die Jungen die Puppen satt und warfen sie weg. Diese alten Spielsachen sind noch immer in einem Winkel unserer Mansarde aufgehoben, hinter meinen Büchern. Aber ich habe keine Lust, sie herauszuholen. Ich bin kein Kind mehr. Manchmal macht es mir Spaß, mit einem riesigen Propellerkreisel zu spielen; ich lasse ihn dann auf dem Rand eines Glases laufen oder auf einer Schnur, die ich quer durch die Mansarde spanne.

Das also heißt reich sein. Señor Dotti hat ein Telephon im Haus, und er hat zwei Häuser, eines in Madrid und eines in Barcelona. Wenn er in Madrid ist, dann ruft er jeden Morgen Barcelona an, und wenn er in Barcelona ist, dann ruft er immer Madrid an. Wenn er hört, daß es dort drüben nichts Neues gibt, dann geht er auf die Börse. Dort verdient er ein paar tausend Pesetas und geht wieder heim. Er zieht einen Frack oder eine Gehrock an und lädt sich Leute zum Tee ein. Seine Jungen waschen und bürsten sich das Haar und gehen hinein, um den Damen die Hand zu küssen. Einmal durfte einer der Jungen, Alejandro, eine Woche lang an den Mahlzeiten der Familie nicht teilnehmen – zur Strafe. Sein Vater war von der Börse nach Hause gekommen, sehr zufrieden mit sich selbst, weil er eine Menge Geld verdient hatte. Er öffnete mit dem Schlüssel die Wohnungstür, nahm den Hut ab und ging aus irgendeinem Grunde in die Küche. Dort fand er Alejandro auf dem Fußboden sitzen, mit dem Hund – einer sehr schönen Hündin –, und beide aßen den Cocido des Hundes. Im Hause Dotti wird nämlich jeden Tag für die Hunde ein besonderes Gericht zubereitet: aus Fleisch, Wurst und Kichererbsen. Alejandro zog es vor, in die Küche zu laufen und mit dem Hund gemeinsam zu essen. Als Mutter die Geschichte hörte und erfuhr, wie man den Jungen bestraft hatte, sagte sie zu Frau Dotti: »Schicken Sie ihn doch auf eine Woche in unsere Mansarde, und Sie werden sehen, wie rasch er es satt bekommt, Cocido zu essen.« So geht es bei den Reichen zu.

Gib Ruh, du Spatz. Wo hast du diese Körner herbekommen? Schau her, dort kriecht eine ganze Kolonne Ameisen, jede mit einem Weizenkörnchen. Schämst du dich nicht, das Körnchen zu essen, das sie mit solcher Mühe schleppen, und vielleicht dabei auch eine Ameise zu schlucken, die mit ihren harten schwarzen Zähnen das Körnchen festhält? Wo sie nur hier im Park das Getreide herbekommen? Vielleicht von den Enten. Ich weiß nicht, ob ich etwas tun soll, damit du das Körnchen fallen läßt, oder nicht. Vielleicht gibt's in deinem Nest einen kleinen Spatzen, der darauf wartet, Ameise und

Korn zu schlucken, die du ihm bringst. Ich erinnere mich an die Schwalben im Palasthof, die mit schrillen Jagdrufen Fliegen und Mücken fangen, sie davontragen und in die eckigen, weit offenen, unersättlichen Schnäbel ihrer Jungen fallen lassen. Vielleicht hast du recht, Spatz, vielleicht hast du ein Anrecht auf die Körner der Ameisen.

Ist das Leben? Sich gegenseitig das Essen wegzunehmen? Einander auffressen?

Paß auf, Spatz, da ist ein kleiner Junge mit einem Krapfen, der dich füttern möchte! Idiot, warum läufst du davon und willst wegfliegen? Komm doch, komm und iß – komm näher! Sieh doch, wie er lächelt und dir Krümchen zwischen seinen Fingerspitzen anbietet! Er möchte, daß du kommst und sie aufpickst. Dieser fette Brocken soll dich in Versuchung führen. Ist das Leben? Zu geben – um der Freude am Geben willen, zu nehmen – um der Freude am Nehmen willen?

Die Leute machen ihren Spaziergang. Die Kindermädchen lassen die Kinder vor sich hergehen, damit sie nicht verlorengehen, und rufen gleich, wenn die Kinder zu weit weglaufen. Liebespaare schmiegen sich aneinander. Alte Weiber sitzen da und stricken Socken, mit langen stählernen Nadeln, mit knappen flinken Bewegungen, und es klinkt wie Säbelklingen. Wenn sie aufstehen, dann hinken sie vor Rheumatismus, aber jetzt, da sie sitzen, fliegen ihre Finger hin und her wie die Finger von Taschenspielern. Sie rufen ihre Enkelkinder, die Sand in grell bemalte kleine Blecheimer schaufeln. Wie traurig bloß der kleine Junge ist – der dort drüben in dem Kinderwagen mit den Gummireifen! Er strampelt mit Armen und Beinen und möchte schon laufen, statt zwischen die Kissen gepreßt zu sein, die ihn daran hindern, auf dem Boden herumzukriechen. Nun fängt er zu weinen an. O du blöde Mutter, nimm ihn doch heraus aus dieser schwarzen Wachstuchschachtel auf Rädern! Stell ihn auf den Boden, laß ihn ruhig sich auf dem Rücken oder auf dem Bauch wälzen und im Sand wühlen oder Ameisen fangen oder im Morast pantschen und sich das Gesicht mit schwarzen Strichen bekleckern! Siehst du denn nicht, daß er weint, weil er nicht tun darf, was er möchte? Der Papa zündet sich eine Zigarre an und liest weiter in seiner Zeitung. »Kannst du den Jungen nicht ruhig halten?« sagt er. – »Aber was soll ich denn mit ihm tun?« – »Gib ihm die Brust, und er wird Ruhe geben!« Die Frau setzt sich auf den eisernen Gitterstuhl, der seit so vielen Jahren Kupfermünzen einbringt, und entblößt ihre Brust. Das Kind nimmt sie nicht. Natürlich nimmt es diese schlaffe Brust nicht, mit der großen schwarzen Brustwarze, die aussieht, als wäre sie behaart. Der Junge möchte doch die Finger in die Erde stecken und zwischen den Handflächen Lehmkügelchen drehen. Er hört nicht auf zu weinen, und die Mutter versteht ihn nicht. Du dumme Gans, du Bestie, warum gibst du ihm denn einen Klaps und beutelst ihn und schreist: »Gib Ruh!« Glaubst du, er versteht dich? Du rohes Vieh! Du streckst ihn im Kinderwagen aus, als wäre er ein vollgestopfter Sack. Ich kann es an deinem Gesicht ablesen: Wenn du könntest, wie du möchtest, würdest du ihn wegwerfen wie einen toten Frosch – du würdest ihn an einem Bein halten und ihn auf den Boden werfen, nur um sein Weinen nicht mehr zuhören. »Da siehst du, was für eine Idiotin du bist«, sagt der Papa, und er hat recht. Aber er selber ist genauso ein Idiot wie sie.

Ist das das Leben?

Der Weg am Teich ist menschenleer. Der Sonnenschein strömt herab, der Sand ist glühend heiß. Warum nicht ein Sonnenbad nehmen? Warum nicht dorthin gehen, wohin kein Mensch geht? Auf dem großen Teich, in den Booten, sitzen die Leute und rudern, aber die Dampfbarkasse, in der die Kinder zweimal um das viereckige Becken herumfahren, liegt vor Anker. Vor Anker? Nein, sie ist mit einem Tau festgebunden, lächerlich verankert. Hier gibt's doch keine Gezeiten. Die Bänke in der Barkasse sind jetzt leer. Wenn sie voll von Kindern sind, dann können diese ihre Hände ausstrecken und sie im Wasser nachschleifen lassen, ohne Angst, von Haifischen gebissen zu werden. Die Mamas bilden sich ein, auf hoher See zu sein, und übergeben sich hinter ihren schwarzen

Mantillen. Da nimmt dann der junge Bootsmann, der nach Ablauf der vollen halben Stunde der Rundfahrtmiete immer die Nummern der Boote ausruft, die Damen am Arm, gibt ihnen eine Tasse Tee, bekommt eine Pesete Trinkgeld und zeigt seine Künste, indem er aufrecht im Boot umherspaziert, ohne hinzufallen, wie ein richtiger Matrose. »Sehen Sie, gnädige Frau, es ist ganz leicht! Alles bloß Übung.«

Aber nun bin ich erwachsen, und das ist das Leben. Alles das, alles das zusammen. Das ist das Leben, so ist das Leben. An einem Tag werfe ich den Fischen oder den Spatzen Brotkrumen zu, am nächsten wird mir übel in einem Boot, und wieder an einem andern werde ich Fisch fangen und auf Vögel schießen. Ja, mein Herr, man muß kleine Kinder ausschimpfen, wenn sie weinen. Wie? Sie haben ihm einen Kinderwagen angeschafft, und er weint? Einen Kinderwagen mit Gummireifen? Das muß aber ein reiches Ehepaar sein! Eines Tages werde ich auch einen Sohn haben, aber meine Frau wird keine so schwarzen Zitzen haben wie die da. Wie kann nur ein reicher Mann eine Frau mit schwarzen Zitzen heiraten? Das heißt, möglicherweise ist sie die Reiche von den beiden, und dann hat er natürlich recht. Was spielen schwarze Zitzen schon für eine Rolle, wenn man reich ist? Das ist nämlich das einzige, was zählt: reich sein. Das heißt Leben.

Ah, da kommt ja Pater Joaquín. Der ist bestimmt hergekommen, um nach der Messe spazierenzugehen. Wahrhaftig, er ist ein schöner Mensch. Ich sähe gern auch so aus: groß, stark, breitschultrig, wie angeblich alle Basken es sind. Sein Priesterrock steht ihm gut, weil er keinen Bauch hat und eine Brust, gewölbt wie eine Tonne. Bei den meisten Priestern machen die Knöpfe an ihrer Soutane – wie viele sind es denn, dreißig oder vierzig? – einen Bogen, der unter dem Kinn zurückweicht und über dem Bauch in einer Reihe leuchtender Punkte hervortritt. Pater Joaquíns Knöpfe tun das nicht. Sie treten über der Brust hervor, aber über dem Bauch weichen sie zurück und laufen schließlich senkrecht zu seinen Beinen hinunter, die beim Gehen aus der Soutane auszubrechen scheinen.

Ich kenne die Leute nicht, die mit ihm sind. Eine Dame mit einem kleinen Jungen an der Hand. Der Junge sieht ernst aus für sein Alter, aber kräftig, viel kräftiger, als ich es war.

Den Hut in der Hand, ging ich neben Pater Joaquín her. Die Frau und der Knabe gingen hinter uns.

»Gehst du spazieren, Arturo?«

»Ja, ich habe wieder einen meiner Anfälle. Ich habe nachgedacht.«

»Worüber hast du nachgedacht?«

»Ach, ich weiß wirklich nicht. Dummheiten. Über das Leben, den Tod, die Tiere. Ich habe über einen Spatzen gelacht und über einen kleinen Jungen in einem Kinderwagen mit Gummireifen. Was weiß denn ich? Meine Mutter sagt, das käme vom Wachsen. Ich weiß nicht, was es ist. Und dann ...«

»Dann? Was?«

»Nichts ... nein ... nichts ...«

Ich war errötet, ich spürte die Röte in meinen Wangen. Aber wie hätte ich ihm sagen können, daß ich das erstemal in meinem Leben mit einer Frau geschlafen hatte, daß sie ein kurzes rosa Hemd trug ...

Pater Joaquín streichelte meinen Kopf wie so oft zuvor und drehte sich zu den anderen um, der Frau und dem Jungen, die gemessen hinter uns hergingen.

»Kommt doch her!« sagte er.

Er nahm die Frau bei der Hand und zog sie heran. Er legte die andere Hand, die breit und stark war und blonden Flaum an den Handgelenken hatte, dem Jungen auf die Schulter und zog auch ihn näher heran. Er stellte die beiden vor mich hin, und wir drei, die Frau, der Junge und ich, warteten gespannt, denn irgend etwas würde nun geschehen. Etwas Ungeheures.

Er sagte bloß: »Meine Frau und mein Sohn ... Da habt ihr Arturo.«

Wir gingen zusammen auf dem besonnten Weg den Teich entlang, schweigend, wortlos, und schauten auf das Wasser in dem viereckigen Becken, damit unsere Blicke einander nicht begegneten. Wir gingen langsam, und der Weg nahm kein Ende.

Dann verließ ich sie, nach einem linkischen Abschiedsgruß, wobei ich über meine eigenen Füße stolperte. Und ich wagte nicht mich umzudrehen, denn ich wollte nicht sehen, wie die drei einander anblickten, wie sie mir nachblickten.

9.
REBELL

Alles war abgemacht. Wir vier Männer würden in der alten Mansarde schlafen: Rafael und ich wieder in meinem Messingbett, Onkel Luis und Onkel Andrés in Mutters Doppelbett, dem mit dem grünen Gestell und den verblichenen Heiligen auf dem blechernen, von den Jahren und den Wanzentinkturen zerfressenen Kopfende. Die Frauen – Mutter und Concha – würden in der anderen Mansarde schlafen, wo früher Señora Francisca gewohnt hatte.

Señora Francisca war gestorben und hatte nichts hinterlassen als ein paar geschwärzte Töpfe und Pfannen und einen Korb voll von Erdnüssen, Zuckerwerk und Knallfröschen, wie sie sie an die Kinder auf der Plaza del Progreso zu verkaufen pflegte. Wir übernahmen ihre Mansarde, die ja neben der unseren lag, und erbten ihre Habseligkeiten: die alten Kleider, die Kochtöpfe, die Ware, die sie verkaufte, und ein zusammenlegbares Bett mit einer schwarzen Wollmatratze. Niemand erhob Anspruch auf diesen Nachlaß, und so zerhackten wir die Bettstatt zu Brennholz und teilten, was übrigblieb, mit den Mietern der anderen Mansarden.

Rafael und ich übersiedelten ins neue Zimmer. Bei Tag wurde es, weil in einem Winkel unter dem Schrägdach ein kleiner Ofen mit Blechrohr stand, als Küche benützt und als Conchas Werkstätte. Concha hatte die Stellung bei Dr. Chicote aufgegeben und das Gewerbe einer Büglerin gelernt; sie wollte nicht mehr Dienstmädchen sein. Ihr Lehrgeld hatte sie sich selbst bezahlt, und da Mutter Wäscherin war, fiel es ihr nicht schwer, Kunden zu finden. Die Tage verbrachte sie mit dem Heizen der Plätteisen im Winkel unter dem Dach und dem Plätten von Kleidern oder Wäsche auf dem drei Meter langen Föhrenbrettertisch in der Mitte der Mansarde. Die zwei Frauen schliefen jetzt zusammen, genauso wie Rafael und ich; manchmal blieben wir dank dieser Unabhängigkeit eine ganze Nacht lang aus. Ungeachtet der räumlichen Trennung waren wir so alle beisammen. Neben den zwei großen Betten waren der runde Tisch, den Vater gezimmert hatte, unser Geschirr und die Wäsche unserer gesamter Reichtum, und alles noch immer in der alten Mansarde. An diesem Tage hatten wir für vier Platz zu schaffen und brauchten die großen Betten, also tauschten wir mit den Frauen.

Onkel Luis und Andrés waren zusammen angekommen, aber in verschiedenen Geschäften. Andrés war unterwegs nach Toledo, wo er drei Tage bei seinem Sohn Fidel, dem Theologiestudenten, zubringen wollte; seine Frau Elvira war, bettlägerig wegen ihres schwärenden Beines, in Méntrida geblieben. Onkel Luis war, wie schon so oft, gekommen, um Eisen für seine Hufeisen zu kaufen, weiches schwarzes Stabeisen, das, seit es den Schmelzofen verlassen hatte, von keinem Feuer beleckt worden war.

Jedesmal, wenn ich Onkel Luis Eisen kaufen sah, fielen mir die Zeiten ein, da ich ihm beim Weinkosten zugeschaut hatte. Da machte er die Runde in Méntrida, von Weinkeller zu Weinkeller, einen Schöpflöffel in der Hand, mit dem er aus jedem Weinkrug ein wenig herausholte, gerade genug, um die Hälfte des Glases zu füllen, das er überaus sorgfältig ausgespült hatte. Er hielt den Wein gegen das Licht, nippte daran, »um sich den Mund zu waschen«, ließ ihn um die Zunge spielen und ging, ohne ein Wort darüber zu verlieren, zum nächsten Weinkrug. Plötzlich faßte er sein Glas fester, tauchte es in den Krug, als ob es der Schöpflöffel wäre, holte es, bis an den Rand gefüllt, hervor und goß es hinter die Gurgel. Und das tat er dann nochmals und nochmals. Der Kellerbesitzer fragte dann gewöhnlich: »Was halten Sie davon, Luis?« Und er erwiderte darauf: »Dieser Krug hier ist das Blut Christi; alles andere können Sie wegschütten.«

Geradeso verhielt er sich beim Eisen. Er trat in einen der Läden der Cava Baja, er mußte sich dazu bücken, und verlangte Eisen. Ganz einfach: »Ich brauche Eisen.« Alle Händler kannten ihn und reichten ihm zwei und vier Meter lange Stäbe. Er wog sie in der Hand, streichelte sie mit den Fingerspitzen, brachte sie mit dem Knöchel zum Klingen und ließ sie wieder fallen, bis er zu einem Haufen kam, bei dem er stehenblieb, und aus dem er einen Eisenstab herausfischte. »Wieviel?« Nachdem er den Handel abgeschlossen hatte, bog er die fingerdicken Eisenstäbe mit den bloßen Händen, band sie zu einem Bündel zusammen und trug sie auf der Schulter davon, als wollte er von der Cava Baja direkt nach Méntrida marschieren und sie gleich zu schmieden beginnen. Manchmal beklopfte er das Stabeisen zärtlich und sagte: »Reines Gold!«

Rafael und ich schoben den Tisch so zurecht, daß wir zu sechst daran Platz fanden. Mutter holte eines ihrer weißen Tischtücher hervor und begann den Tisch zu decken. Um acht waren beide Gäste von ihren Geschäftsgängen zurück. Andrés erschien mit Paketen beladen, guten Dingen zum Essen und Kleidungsstücken für seinen Jungen. Onkel Luis trug ein einziges Paket, das er wie einen Knüttel behandelte. Er knallte es auf den Tisch und lachte schallend: »Klingt hart, was?« Dann packte er es aus und brachte einen geräucherten Schinken zum Vorschein, der trocken und hart war wie Holz.

Er schnitt ihn in der Mitte entzwei, um uns das fast violette Fleisch zu zeigen, von dem er für jeden eine Scheibe abschnitt. Die Mutter protestierte: »Aber laß doch! Nimm ihn doch mit nach Hause!«

»Du iß jetzt und halte den Mund! Man weiß nie, was morgen sein wird.«

Er füllte sein Glas randvoll mit Wein und stürzte es hinunter. »Und jetzt machen wir uns ans Abendessen.«

Zu Beginn der Mahlzeit schwiegen wir alle, denn die Scheibe Schinken hatte uns Appetit gemacht, und außerdem wußten wir nicht, womit beginnen. Onkel Luis brachte das Gespräch in Gang. Er wandte sich an mich: »Na, was ist mit dir los?«

»Ich arbeite.«

»Er hat eine Lebensstellung«, sagte Andrés. »Hat mehr Glück gehabt als mein Junge, der noch neun Jahre in diesem Seminar wird zubringen müssen.«

Onkel Luis zerkaute knirschend ein Lammrippchen, trocknete mit dem Handrücken seine fettigen Lippen und wandte sich Andrés zu: »Wird komisch sein, wenn nach neun Jahren der Junge seine Soutane an den Nagel hängt und irgendeinem Weiberrock nachläuft!«

»Wenn der Junge mir das antut, bring ich ihn um. Ich hab mich mein Leben lang für ihn aufgeopfert, aber wenn er daherkommt und den Priesterrock in die Kiste haut und ein Tunichtgut wird, dann bring ich ihn um!«

»Tatata. Was du schon Opfer nennst! Das Seminar kostet dich keinen Groschen. Sie lassen ihn umsonst studieren, weil sie mehr Pfaffen brauchen, und du hast zu Hause ein Maul weniger zu füttern. Bisher hast du bloß was erspart.«

»Aber du vergißt, daß es ein Opfer ist, von seinem Sohn elf Jahre lang getrennt zu sein, bloß weil man aus ihm einen Mann machen will.«

»Einen Mann aus ihm machen? Laß dich nicht auslachen. Glaubst du, ich bin ein Trottel? Vielleicht tust du es, weil du willst, daß er ein Pfarrer wird, aber er wird kein Mann. Pfarrer mögen Männer sein, aber sie können sich nicht verhalten wie Männer. Und daran bist du schuld. Einmal erwachsen, wird der Junge entweder ein Mann oder ein Priester sein, aber niemals beides gleichzeitig.«

»Lassen wir das, Lius, mit dir kann man nicht diskutieren.«

»Natürlich nicht. Ich bin schon ein so ungeschlachter Rohling, daß ich nichts schlucke, was mir innerlich wehtun könnte. Brot nenn ich Brot, und Wein nenn ich Wein.« Um seinen Worten Nachdruck zu verleihen, wischte er seinen Teller mit einem Happen Brot aus, der groß genug war, seinen

Mund zu füllen, und goß ein Glas Wein hinunter. Dann, als
sein Teller sauber war, pflanzte er beide Ellenbogen auf den
Tisch und fuhr fort:

»Jetzt hört zu! Ihr habt unrecht, ihr beiden. Die da« – er
nickte meiner Mutter zu – »und du, ihr habt den gleichen
Sparren im Kopf. Ihr wollt, daß euer Junge ein Prinz wird.
Schau ihn dir an« – er wies auf mich – »wie nobel und fein,
wie angenehm anzusehn, mit seinem weißen Gesicht, dem
steifen Kragen, der Seidenkrawatte, dem eleganten Anzug –
und dazu hat er zwei Pesetas Lohn, lebt in einer Dachstube,
und seine Mutter geht Wäsche waschen. Man hat ihm beigebracht, sich zu schämen, daß seine Mutter Wäscherin ist.«

»Ich schäme mich bestimmt nicht, weil meine Mutter Wäscherin ist«, sagte ich.

»So? Und wie viele von deinen Freunden in der Bank kommen dich hier besuchen?«

Ich errötete und schwieg.

»Da hast du's ja«, sagte Onkel Luis zu Andrés. »Genau wie
bei dir! Ich wette, dein Herr Sohn sagt den andern im Seminar
auch nicht, daß sein Vater Maurermeister ist, und ich wette,
du hast nicht den Schneid, in Toledo in deinem weißen Mau-
rerkittel aufzutauchen. In Leonors Fall gibt es eine Entschul-
digung, weil sie eine Frau ist und eine ganze Menge anderer
Dinge mitspielen. Aber was kannst du zu deiner Rechtfertigung anführen? Du hast gerade soviel Geld wie ich. Gott wird
es dir nicht verzeihen – wenn's so was wie Gott überhaupt
gibt. Schuster, bleib bei deinem Leisten! Meine Buben häm-
mern jetzt Eisen, und sobald sie Männer sind, können sie tun,
wonach ihnen der Kopf steht. Und sie werden sich immer ihr
Brot verdienen können und sich nie schämen, Schmied zu
sein wie ihr Vater. Und wenn es sich um Wohlstand handelt,
da geh ich eine Wette ein, daß sie sich nicht Zeit lassen werden; die werden schneller reich sein als du und dein Junge,
selbst wenn er es zum Domherrn bringt.«

»Genau das will ich ihm ersparen«, sagte Andrés mit
leicht heiserer Stimme. »Ich will nicht, daß mein Junge Ei-

mer schleppt, Gips mischt und in sengender Sonne Wände tüncht. Was ich tue, tue ich zu seinem Wohl, und eines Tages wird er mir dafür dankbar sein.«

»Und wenn er ein hübsches Mädel vorbeigehn sieht und es ihn nach einer Frau gelüstet, wird er seinen Vater einen Bastard nennen, trotz Priesterrock und ich weiß nicht was!«

»Aber, aber! Der Junge ist doch kein Dummkopf, und wenn er eine Frau haben will, wird er sich eine ins Bett nehmen.«

»Genau das wird er tun. Und du wirst ihn zu einem Heuchler gemacht haben oder zu einem armen Luder. Mein Junge, de Aquilino, hat's schon mit den Mädeln. Da hämmert er sein Eisen in der Schmiede, und wenn ein Mädel vorbeikommt, sagt er ihr, daß sie ihm gefällt. Und wenn sie ihn weitermachen läßt, na, das Schlimmste, was passieren kann, ist, daß er am nächsten Tag den Schmiedehammer etwas schwerer findet als zuvor. Aber er tut seine Arbeit mit mehr Lust als je, frißt wie ein Wolf und trägt den Kopf hoch, weil es nichts gibt, dessen er sich zu schämen brauchte. Der Junge hier hat insofern Glück, als es bei ihm nicht anders sein wird. Aber was wird aus ihm schon werden? Er wird immer ein Federfuchser bleiben, ein kleiner Kavalier, der irgendein schwindsüchtiges Mädchen heiratet, das einen Hut auf dem Kopf trägt, und nachher werden die zwei mit dreißig Duros monatlich vor Hunger wahnsinnig werden.«

»Deiner Meinung nach sollte man sich also keine Sorgen darüber machen, daß die Kinder etwas Besseres werden, als man selbst ist?«

»Besser als man selbst, ja. Aber nicht etwas anderes. Ich zum Beispiel hab alles. Ich hab meine Frau und die Kinder und die Schmiede, und Gott sei Dank sind wir alle bei guter Gesundheit. Und überdies hab ich mein Stück Weizenland und meinen kleinen Obstgarten, und das Schwein und den Wein und die Feigen zum Nachtisch. Und meine Jungen haben das alles auch und können's später vermehren, durch harte Arbeit, genau wie ich's getan hab. In meinem Haus gibt's keinen Gott und keinen König. Dort bin ich der Herr, und es gibt keinen Herrn über mir. Warum also sollte ich reicher werden wollen, wenn ich mein eigener Herr bin und habe, was ich brauche?«

»Was also hätte ich tun sollen?« fragte Mutter, die schweigend und still zugehört hatte.

»Du? Du hast genug getan, indem du sie großgezogen hast, ohne sie Priester werden zu lassen. Jetzt ist es ihre Sache, für dich zu sorgen.«

»Na, ich arbeite ja wie ein Roß«, sagte Concha.

»Was denn hast du dir vorgestellt, Mädel? Auch ich arbeite wie ein Roß. Das ist unser Schicksal in dieser Welt, wie das Vieh zu arbeiten. Aber wir müssen wenigstens das Recht haben, gelegentlich einmal auszuschlagen«, sagte Onkel Luis.

Zum erstenmal hob Rafael den Kopf und sagte: »Alles läuft darauf hinaus, daß wir uns mit dem Zustand abzufinden haben, weil wir arm sind. Du hast alles in Ordnung, also bist du zufrieden. Aber ich möchte dich in meinem Büro sehen, Fakturen schreiben und am Monatsende dreißig Pesetas auf die Hand.«

»Und weißt du, was ich täte? Ich würde meine Mütze nehmen und die Tür von draußen zumachen. Das Elend mit dir ist, daß du in deinem Büro ein bequemes Leben hast und nicht arbeiten willst. Komm mit mir nach Méntrida und arbeite mit dem Schmiedehammer, und ich werde dir das Gewerbe beibringen und dich erhalten! Natürlich wirst du schwarz vor Ruß werden und es nicht abwaschen können, und deine Hände werden voller Schwielen sein.«

Bis zu diesem Augenblick hatte ich mich am Gespräch nicht beteiligt, obwohl ich beinahe barst. Aber als mir klar wurde, daß sie alle die Dinge falsch sahen, platzte ich heraus. »Ich glaube, ihr habt alle unrecht. Du liebst deinen Beruf, Onkel, und warst glücklich dabei. Aber deine Söhne werden von deinem Gewerbe nicht leben können, und du weißt das sehr gut. Die Zeit der handgeschmiedeten Hufeisen und der schmiedeeisernen Gitter ist vorbei. In den Läden der Cava Baja haben wir beide, du und ich, Preßstahlhufeisen gesehen, in allen Größen, wie Schuhe. Die einzigen Kunden, die du noch hast, sind deine alten Freunde. Frag doch Andrés, der ein Maurermeister ist und Häuser baut, wieviel schmiedeeiserne Gitter er bei dir bestellt hat. Er wird dir sagen, daß er sie vom Lager in Madrid kauft, billiger als das Stabeisen, das du für Hufeisen kaufst.«

»Es gibt nichts, das einem geschmiedeten Eisen gleichkommt, das direkt vom Amboß auf den Pferdehuf verpaßt wird. Das ist wie nach Maß gemachte Schuhe«, sagte Onkel Luis und drosch auf den Tisch.

»Stimmt genau«, gab ich zur Antwort. »Als Onkel Sebastian dreißig war, machte er Schuhe fürs ganze Dorf. Heute aber – heut ist er froh, wenn er ein Paar Schuhe zum Besohlen bekommt, denn fertige Schuhe sind billiger und halten länger als Halbsohlen an einem alten Schuh.«

»Das ist ja genau das, was ich sage«, rief Andrés.

»Nein, das ist es nicht. Ich mag ein Federfuchser sein, aber ich leiste schließlich eine Arbeit. Aber dein Sohn ist ein angehender Priester, und das ist keine Arbeit. Überdies wird es immer Beamte geben, aber mit den Priestern wird's sehr bald vorbei sein. Die Leute haben genug davon, Müßiggänger dafür zu füttern, daß sie auf lateinisch etwas herunterleiern.«

»Du bist einfach ungezogen. Aber das spielt keine Rolle. Religion wird es immer geben.«

»Glaubst du an die Religion?« fragte ich Andrés.

»Tja, um die Wahrheit zu sagen, sie bedeutet mir nichts. Wenn ich Lust habe zu fluchen, dann tue ich's, weil es mir eine Erleichterung ist.«

»Warum willst du dann, daß dein Sohn Geistlicher wird? Du glaubst nicht an Gott, oder es ist dir gleichgültig, ob du's tust oder nicht. Aber du machst einen Priester aus deinem Sohn, so daß er mit der Hilfe eines Gottes, an den du nicht glaubst, die anderen ausbeuten kann. Und am schlimmsten ist, daß er in keinem Gewerbe und keinem Beruf ausgebildet ist und du ihn, wie Onkel Luis sagt, verhindert hast, ein Mann zu werden.«

»Hör doch auf, das ist doch alles Gewäsch! Jeder handelt nach bestem Wissen, und mein Bub wird tun, was ich von ihm verlange. Das ist mein gutes Recht als Vater.«

»Du hast überhaupt kein Recht. Eltern haben keine Rechte.«

Andrés und Onkel Luis starrten mich an. Die Mutter betrachtete angelegentlich ihre Hände. Rafael hob wieder einmal seinen hängenden Kopf und schielte zu mir herüber. Concha legte ihre zwei Fäuste auf den Tisch, als wollte sie mich niederschlagen. Ich schaute mir einen nach dem andern an und fuhr fort: »Ja, ihr braucht mich nicht so anzustarren. Eltern haben keine Rechte. Wir, ihre Kinder, sind hier, weil sie uns zu ihrem eigenen Vergnügen hierhergestellt haben. Und mit dem, was ihr Vergnügen war, müssen sie sich abfinden. Ich hab meine Mutter nie gebeten, mich in diese Welt zu setzen, und so kann ich ihr kein Recht auf mich gewähren, wie du es von deinem Sohn verlangst. Hätte ich einen Vater und er sagte zu mir, was du gerade sagtest, ich würde ihm sagen, er solle sich zum Teufel scheren.«

Jeder von ihnen reagierte auf seine Art. Andrés sagte: »Du bist ein schamloser Halunke«. Onkel Luis sage: »Wärest du mein Sohn, ich bräche dir die Beine, damit du gerade gehen lernst.« Concha rief: »Mutter hätte uns also ins Findelhaus tun sollen?« Rafael sagte: »Fahr fort!«

Als alle anderen gesprochen hatten, sagte meine Mutter ganz langsam: »Ja, Kinder haben ist ein Vergnügen, für das man teuer bezahlt.«

Worauf ich einander überstürzende Visionen hatte – das Haus Onkel Josés, der Haufen schmutziger Wäsche, Mutters laugenzerfressene Hände, ihre demütig stille Geduld und das ewige Lächeln auf ihren Lippen. Küsse in der Küche und hinter dem Vorhang des Café Español. Der Kampf um Centimos. Ihr Hinsinken in einen Sessel, in völliger Erschöpfung. Ihre Finger in meinem zerzausten Haar, mein Kopf in ihrem Schoß. Das alles kam in mir hoch und versetzte mich ins Unrecht, aber nicht die Ausrufe und Proteste der anderen, die da stritten und schrien.

»Gehen wir, Rafael!«

Wir gingen die Treppe hinunter und auf die Straße hinaus.

»Du hast's ihnen aber gegeben«, sagte Rafael.

In meiner Entrüstung begann ich zu reden. Ich redete ohne Unterbrechung endlose Straßen lang und versuchte, ihn zu überzeugen, daß ich unserer Mutter gegenüber im Unrecht war, daß wir drei, er und ich und Concha, verpflichtet waren, sie von der Arbeit am Fluß, vom Wäschewaschen, vom Aufbrechen des Eises, vom Geröstetwerden durch die Sonne und dem Heimkommen in völliger Erschöpfung zu befreien. Daß wir sie davon zu befreien hatten, und wenn wir deshalb die ganze Welt zerschmettern müßten.

Rafael ließ mich reden und sagte dann: »Richtig! Ist ja auch sehr einfach. Morgen verlangen wir eine Erhöhung, du in der Bank und ich im Fenix. Wir erzählen unseren Direktoren von unserer Mama, der Wäscherin, und es kann kein Zweifel bestehen, daß man uns ein gutes Gehalt geben wird, so daß wir sie unterstützen können ...«

Das Leichteste, aber auch das Schwierigste in der Arithmetik ist das Addieren. Zehn oder zwölf Seiten zu fünfzig Zeilen mit je sechs oder sieben Zahlen in jeder zusammenzählen, ist schwerer als die Regeldetri oder die Logarithmentafel. Am Ende gibt's immer einen Centimo zuviel oder zu wenig – oder einen Tausender –, und man muß wieder von vorne beginnen.

Ich steckte bis über die Ohren in meiner Addition und begriff gar nicht, was der Laufjunge sagte, antwortete aber automatisch: »Ich komme schon.« Nach einer Weile kam er wieder, klopfte mir auf die Schulter und sagte: »Herr Corachán erwartet Sie. Ich hab's Ihnen schon vor einiger Zeit gesagt, aber Sie haben's vergessen.«

Ich erschrak und sauste die Treppe hinauf, denn das Personal hatte ja kein Recht, den Aufzug zu benützen, der den Kunden und den höheren Beamten vorbehalten war. Was konnte der alte Knabe von mir wollen? Der Bürodiener ließ mich eine ganze Weile im Empfangszimmer der Direktion warten. Die Atempause benützte ich, um ruhiger zu werden und mich zu fragen, was für Wünsche der Mann wohl hatte. Nichts Angenehmes, das war sicher. Was es auch sein mochte, ich würde es bald wissen. Ich saß in einem tiefen Ledersessel, dessen Sitz nachgab und schaukelte. Eine Zeitlang unterhielt ich mich damit, mich hin und her zu wiegen. Auf dem polierten Tisch in der Mitte des Zimmers stand eine kleine silberne Kassette. Ich öffnete sie: Sie war mit Virginiazigaretten gefüllt. Einen Augenblick zögerte ich, dann nahm ich eine Handvoll heraus und steckte sie in die Jackentasche. Der Bürodiener öffnete die Tür und meldete mich an.

Wie immer war Don Antonio damit beschäftigt, einen Brief zu studieren, und brauchte dazu lange Minuten. Schließlich unterschrieb er ihn, war so gnädig, den Kopf zu heben, und betrachtete mich durch seinen Kneifer.

»Sie sind der Angestellte der Couponabteilung, der vorgestern eine Schreibtischplatte zerbrach?«

»Ja, Herr Direktor.«

»Nun gut. Mit Rücksicht auf Ihre einwandfreie Führung wird man diesmal von energischen Maßnahmen gegen Sie absehen. Die Leitung hat beschlossen, den Preis der Glasplatte von Ihrem Gehalt abzuziehen. Es handelt sich um 37 Pesetas. Das wäre alles. Sie können gehen.«

Ich ging langsam die Treppe hinunter, in die Toilette, um dort eine Virginiazigarette zu rauchen und über diese Ungerechtigkeit nachzudenken.

Vor nicht ganz einem Monat waren alle Schreibtische mit Glasplatten versehen worden. Die meisten Schreibtische hatten einen Mittelteil, der mit roter oder grüner Wachsleinwand bedeckt war, und einen breiten Rahmen aus gefirnißtem Holz. Die Glasplatten waren direkt auf den Rahmen gelegt worden, so daß unter dem Glas in der Mitte ein Hohlraum entstand. Die Coupons, die wir in die Provinz oder ins Ausland sandten, mußten auf der Rückseite mit den Initialen der Filiale abgestempelt werden, um zu verhindern, daß sie gestohlen und in Umlauf gesetzt würden. Wir mußten Tausende Coupons mit einem Metallstempel stempeln, und es gab Tage, an denen in der Abteilung nichts zu hören war als der Lärm, den der Stempel auf den Farbkissen und den Coupons machte. Als die Schreibtische mit Glasplatten versehen wurden, verlangte ich eine Gummiunterlage. Ich sah das Unvermeidliche kommen: Ich würde das Glas zerbrechen. Es wurde mir mitgeteilt, eine Gummiunterlage sei überflüssig, und ich mußte die Coupons weiter auf dem Glas stempeln. Vorgestern bekam die Platte einen Sprung. Man legte eine neue auf den Schreibtisch, und ich dachte nicht mehr daran. Und nun sagte dieser widerliche Geselle, ich müßte berappen. Gut, ich würde zahlen, aber ich würde keinen Coupon mehr stempeln, ehe ich nicht eine Gummiunterlage bekam.

Als ich wieder in meine Sektion kam, warteten alle schon voll Spannung und wollten hören, was geschehen war. Die Geschichte von der Glasplatte machte sofort die Runde durch die ganze Bank. Und weil das Haus voll war von Schreibtischen mit Glasplatten und Metallstempeln, war die Unzufriedenheit allgemein; alle Angestellten fürchteten, es könnte ihnen früher oder später das gleiche widerfahren. Plá ließ mich in die Toilette rufen – unseren Klub –, und dort fand ich ihn, umgeben von sechs oder sieben anderen, eingehüllt in eine Tabakwolke. Einer hielt im Treppenhaus Wache, falls etwa Corachán daherkam.

»Also komm schon und erzähl, was geschehen ist«, sagte Plá.

Ich berichtete von der Unterredung und sagte ihnen, daß der Preis der Glasplatte mir vom Gehalt abgezogen werden würde.

Plá geriet in Wut. »Eine Räuberbande sind sie! Sie haben alle diese Platten versichert, und sie verdienen also an uns, wenn etwas zerbrochen wird. Da müssen wir protestieren.«

»Ja, aber wie?« sagte ein anderer. »Wir können nicht einfach als Protestdelegation zur Leitung hinaufgehen, sonst setzen sie uns auf die Straße.«

»Dennoch muß etwas geschehen. Wenn wir ihnen das durchgehen lassen, müssen wir alle zerbrochenen Glasplatten bezahlen. Und außerdem müssen wir der Bande die Zähne zeigen. Erinnert euch an den ersten Mai und was da geschah! Sie haben's geschluckt und nie ein Wort darüber verloren.«

Der erste Mai war schon vor einigen Jahren als Fest der Arbeit gesetzlich anerkannt worden. Am Vormittag gab's immer einen Umzug durch die Stadt – zum Sitz des Ministerpräsidenten, dem eine Denkschrift mit den Forderungen der Arbeiter überreicht wurde. Die Arbeitgeber betrachteten diese Demonstration als Herausforderung und taten alles Erdenkliche, um ihre Leute zu ganztägiger Arbeit zu zwingen. Der 2. Mai war ein Nationalfeiertag, zur Erinnerung an den 2. Mai 1808, an dem mit der Erhebung des Volkes von Madrid gegen die Besetzungsarmee Napoleons der Unabhängigkeitskrieg begann. Die Unternehmer benützten den zweiten Tag, um den ersten abzulehnen. Nur Fabriken und Werkstätten schlossen am ersten Mai, die anderen Gewerbe jedoch, vor allem der Handel und die Banken, betrachteten ihn als normalen Arbeitstag.

In diesem Jahr nun hatten wir beschlossen, daß die gewerkschaftlich organisierten Bankbeamten am ersten Mai nicht zur Arbeit gehen, sondern sich ohne Rücksicht auf die möglichen Folgen am Umzug beteiligen sollten. Wir waren sicher, entlassen zu werden, aber »El Socialista« konnte dann einen intensiven Aufklärungsfeldzug beginnen, denn wir würden uns ja im Rahmen unserer gesetzlichen Rechte gehalten haben. In den Banken Madrids gab es etwa hundert von uns, und wir machten uns gegenseitig Mut und bedrohten Feiglinge, die sich drücken wollten, mit Vergeltungsmaßnahmen. Als der Umzug durch die Calle de Alcalá marschierte, wo sämtliche Banken ihre Zentralen haben, verzogen sich die feinen Herren mit den steifen Kragen, die vorher soviel Aufsehen erregt hatten, in die Seitengassen. Nur ganz wenige von uns marschierten weiter, gerade genug, um die Tatsache bekanntzumachen. Am nächsten Tag gingen wir zur Arbeit und erwarteten unsere sofortige Entlassung.

Aber kein Mensch sagte uns etwas. Cabanillas, der Jahre später Chefredakteur des »Heraldo de Madrid« wurde, hatte keinen Anlaß, den Artikel zu veröffentlichen, den er gegen den Crédit Etranger schon vorbereitet hatte, einen leidenschaftlichen Artikel, in dem er die Wut des französischen Kapitalismus beschrieb, der zwar seine Angestellten auf die Straße setzte, weil sie im Rahmen des Gesetzes der Arbeit fernblieben, am 2. Mai jedoch die Bank schlossen und die Balkone des Gebäudes mit Fahnen und Girlanden ausschmückten, als Beitrag einer französischen Firma zur Feier der Niederlage Napoleons.

Wir waren auf unseren Erfolg sehr stolz und schämten uns der Fahnenflüchtigen von der Calle de Alcalá, fürchteten uns aber auch sehr vor den Vergeltungsmaßnahmen, die uns später treffen würden, Zug um Zug. Wenn sie uns nämlich einen nach dem andern entließen und sich dazu Zeit nahmen, dann wäre es besser gewesen, stolz erhobenen Hauptes mit den Arbeitern durch die Calle de Alcalá zu marschieren. Natürlich hatte, wenn man die Mitglieder einzeln befragte, keines von ihnen die Reihen auch nur für einen Augenblick verlassen, es sei denn, um schnell ein Glas Wermut zu trinken oder einem dringenden physischen Bedürfnis abzuhelfen.

Das war die Geschichte vom ersten Mai, und Plá wurde nicht müde, uns daran zu erinnern.

Immer mehr Angestellte kamen zu uns in die Toilette, bis schließlich der ganze Raum zwischen den Waschtischen und den Kabinen überfüllt war. Der pausbäckige kleine Plá wurde von den vielen Menschen fast erdrückt, aber sein Zorn wuchs und er schrie immer lauter: »Wir müssen etwas unternehmen! Wir müssen einen großen Krach schlagen! Sonst sind wir ein Pack von feigen Lumpen!«

Einer der gemäßigteren Kollegen fand eine Lösung. »Ist ja ganz einfach! Wenn wir alle zusammen das Glas bezahlen, ist die Angelegenheit erledigt. Jedesmal, wenn eine Glasplatte zerbrochen wird, haben wir jeder zehn Centimos zu zahlen, und das wird keinen von uns umbringen.«

»Dir geht's nur darum, jede Unannehmlichkeit zu vermeiden.«

»Natürlich! Wir haben auch so schon genug Schwierigkeiten. Wenn man uns alle auf einmal am 3. Mai entlassen hätte, dann hätten wir vom Volkshaus eine Unterstützung bezogen, und die Bank hätte uns schließlich wieder einstellen müssen. Aber wenn jetzt einer den Mund auftut, wird er sich gleich auf der Straße befinden – und könnt ihr mir sagen, wovon er leben soll?«

»Unser Unglück ist, daß wir eine Bank von Feiglingen sind«, sagte Plá. Er dachte einen Augenblick nach und rief dann: »Ich hab's.«

Aber er gab weiter keine Erklärung, sondern sagte bloß: »Wartet einen Augenblick!« Er lief hinaus und kam mit einem Blatt Papier zurück, auf das er mit der Maschine geschrieben hatte: »Da der Crédit Etranger – mit 250 Millionen Francs Kapital – nicht die Mittel hat, eine Glasplatte im Werte von 37 Pesetas zu bezahlen, machen sich die Angestellten ein Vergnügen daraus, die Kosten zu übernehmen.«

Er preßte das Blatt an die Wand und setzte seine aus lauter Schnörkeln bestehende Unterschrift darauf. »Und wer jetzt nicht unterschreibt, ist ein gelber Schuft!«

Langsam bedeckte sich das Blatt mit Unterschriften. Einer versuchte, sich davonzuschleichen, aber Plá packte ihn an den Rockschößen. »He, wo gehst du hin?«

»Hinauf.«

»Hast du unterschrieben?«

»Nein.«

»Und du willst ein Gewerkschafter sein? Unterschreib, und wenn du dafür in die Hölle kommst! Die anderen, die nicht unsere Genossen sind, brauchen nicht zu unterschreiben, aber du wirst unterschreiben, sonst hau ich dir dein Mitgliedsbuch in die Fresse, du Lump!«

Der ängstliche Mann setzte eine zittrige Unterschrift auf das Papier. Und dann wurde das Blatt heimlich von Abteilung zu Abteilung weitergegeben. Als es schließlich mehr als hundert Unterschriften trug, fiel es einem Abteilungsvorstand in die Hände, der es in die Direktion brachte. Was nun? Wir versuchten einander zu trösten: »Sie können ja nicht alle hinausfeuern!« Ein paar Stunden, während derer wir jedesmal, wenn ein Bürodiener herunterkam, die Treppe beobachteten, vergingen voll Spannung. Kurz vor Büroschluß ließ Corachán mich holen. Diesmal brauchte ich nicht im Vorzimmer zu warten. Ich ging direkt in sein Arbeitszimmer. Er saß im Schein der Lampe, die die Glasplatte auf seinem Ministerschreibtisch zum Glitzern brachte, und blätterte in einem Dossier, wahrscheinlich dem meinen. Einen Augenblick ließ er mich vor dem Tisch stehen, dann sagte er: »Sie sind der Angestellte der Couponabteilung, der die Glasplatte zerbrach?«

»Ja.«

Das Blatt mit unseren Unterschriften hatte er vor sich liegen. Mit kalter, merkwürdig heiserer Stimme begann er: »Die Leitung der Bank hat beschlossen, den Preis der Glasplatte von Ihrem Gehalt nicht abzuziehen, da die Bank glücklicherweise darauf nicht angewiesen ist. Aber da solche Vorkommnisse angemessen bestraft werden müssen, werden Sie in Ihrem Dossier einen Vermerk erhalten.«

»Was für einen Vermerk, Herr Direktor?«

»Was für einen Vermerk? – Einen Strafpunkt natürlich. Sie werden mir nicht einreden, daß man mit einem Stempel eine Glasplatte zertrümmern kann. Eine Glasplatte von dieser Dicke!« Er faßte die Platte auf seinem Schreibtisch zwischen Daumen und Zeigefinger. »Das kann man bloß zerbrechen, wenn man, wie Sie, damit spielt. Schließlich seid ihr alle ja noch Lausejungen. Aber ich bin kein Dummkopf.«

»Sie sind kein Dummkopf«, platzte ich heraus. »Aber ein Idiot sind Sie. Mit dieser Löschwiege aus Holz« – ich nahm sie und hielt sie über die Glasplatte – »kann ich Ihre Glasplatte da zerschmettern, und Ihren Kopf dazu und den Ihrer verfluchten Mutter. Sie haben einfach eine Wut wegen der Subskriptionsliste da. Ja, Herr, es ist eine Schande, daß die

Bank mir mein halbes Gehalt nehmen will, damit ich eine Glasplatte bezahle, die ohnedies versichert ist. Ein Pack von Räubern und Schurken seid ihr.«

Sanft, aber fest packte Carreras, der stellvertretende Direktor, mich von hinten am Arm.

»Bist du verrückt, Junge?«

»Ja, verrückt vor Ekel und Wut und Verachtung! Dieser Kerl da in seinem Gehrock, der sich in den Aborten versteckt, um die Beamten beim Rauchen zu erwischen, und auf diese Weise beweist, daß er sein Gehalt und seine Stellung verdient, dieser Kerl ist ein Schwein, und die Bank ist ein Schweinestall!«

Beim Hinausgehen warf ich die Türe zu, und auch auf der Treppe noch brüllte ich weiter.

Wieder an meinem Schreibtisch, schrieb ich eine Quittung für mein Gehalt bis zu diesem Tage und verlangte von Perahita ein Arbeitszeugnis.

»Ein sauberes Arbeitszeugnis, ohne Strafpunkte, für meine drei Jahre Zwangsarbeit. Sagen Sie Corachán, wenn er das verweigern sollte, daß ich von hier direkt zum Volkshaus gehe, denn ich bin Gewerkschaftsmitglied.« Ich fuchtelte ihm mit der Mitgliedskarte vor dem Gesicht herum.

Der Kassier nahm meine Quittung und sagte: »Ich kann für diese Quittung nichts auszahlen, ohne daß der Direktor sie paraphiert.«

»Dann gehen Sie hinauf und holen Sie sich die Unterschrift!«

»Gehen Sie selbst, sonst kann ich Ihnen nicht auszahlen.«

»Hören Sie mal«, sagte ich mit leiser, aber sehr fester Stimme, »ich will Ihnen ja keine Unannehmlichkeiten bereiten. Rufen Sie Corachán an! Tun Sie, was Sie wollen. Aber zahlen Sie mir, sonst mache ich Ihnen vor allen Kunden den wildesten Skandal, den es hier je gegeben hat.«

Der Mann gab nach und zahlte mir ein halbes Monatsgehalt aus. 37 Pesetas 50.

Perahita kam herunter, mit einem Vorschlag zur Güte.

»Ich hab mit Corachán gesprochen. Du brauchst nicht zu gehen. Du mußt dich bloß bei ihm entschuldigen und kannst in der Bank bleiben, ohne einen Strafpunkt in deinem Dossier.«

»Glauben Sie wirklich, daß ich diese Treppe da hinaufgehen werde, um diesem Kerl die Hand zu lecken? Und wozu? Damit meine arme Mutter weiter am Fluß Wäsche wäscht? Nein, mein Lieber, nein! Dazu bin ich denn doch zu sehr ein Mann!«

Ich nahm mein Arbeitszeugnis und ging den langen Weg zur Ausgangstür. Die ungeheure Halle der Bank war voll von Schreibtischen, deren Glasplatten wie Diamanten unter den Milchkugeln der elektrischen Lampen strahlten.

Die Calle de Alcalá war voll Lärm. Zeitungsverkäufer liefen schreiend vorbei, mit riesigen Bündeln unter dem Arm. Die Menschen rissen ihnen die Blätter aus den Händen. Der europäische Krieg war ausgebrochen.

Zu Hause hörte mir die Mutter zu. Auf ihrem Schemel sitzend – eine Handarbeit war ihr aus den Händen gefallen –, hatte sie die Hände in den Schoß gelegt. Schweren Herzens erzählte ich ihr, was geschehen war. Schließlich schluckte ich und sagte: »Und so bin ich aus der Bank fort.«

Wir schwiegen. Ihre Finger spielten mit meinen Haarsträhnen, flochten und entflochten sie.

Nach einem Weilchen sagte sie: »Siehst du, was für ein Kind du noch bist!«

KAPITELÜBERSICHT

ERSTER BAND Die Rebellenschmiede

ERSTER TEIL

1.	Fluß und Mansarde	7
2.	Cafè Español	29
3.	Die Straßen Kastiliens	43
4.	Weizenland	53
5.	Weinland	71
6.	Vorwerk von Madrid	97
7.	Madrid	117
8.	Schule	141
9.	Die Kirche	159

ZWEITER TEIL

1.	Der Tod	181
2.	Einführung ins Mannestum	203
3.	Rückkehr in die Schule	215
4.	Arbeit	227
5.	Das Testament	243
6.	Kapitalist	269
7.	Proletarier	285
8.	Rückschau auf die Jugend	301
9.	Rebell	319

ZWEITER BAND Die endlose Straße

ERSTER TEIL

1.	Das Zelt	7
2.	Die Trasse	25
3.	Tetuan	45
4.	Der Feigenbaum	63
5.	Vor der Aktion	83
6.	Aktion	95
7.	Krankenurlaub	121

ZWEITER TEIL

1.	Neues Spiel	145
2.	Angesichts des Meeres	157
3.	Die Kaserne	177
4.	Abschied vom Heer	195
5.	Staatsstreich	217
6.	Villa Rosa	237
7.	Die endlose Straße	255

DRITTER BAND Die Stimme von Madrid

ERSTER TEIL

1.	Das verlorene Dorf	7
2.	Unrast	31
3.	Die Wahlen	55
4.	Der Zündstoff	73
5.	Der Ausbruch	89
6.	Die Straße	117
7.	Menschenjagd	133
8.	Bedrohung	157

ZWEITER TEIL

1.	Madrid	173
2.	In der Telefónica	193
3.	Madrid und Valencia	209
4.	Die Front	231
5.	Schock	253
6.	Die Stimme Madrids	275
7.	Im Schacht	299
8.	Auge in Auge	317
9.	Der Kampf geht weiter	341

Für Señora Leonor, meine Mutter,
und Ilse, meine Frau

Vom Autor autorisierte Übersetzung aus dem Spanischen von Joseph Kalmer

Die Deutsche Bibliothek – CIP-Einheitsaufnahme
Ein Titeldatensatz für diese Publikation ist bei der
Deutschen Bibliothek erhältlich.

Erstausgabe der deutschen Übersetzung Europa Verlag GmbH Wien, 1955,
in einem Band unter dem Titel »Hammer oder Amboß sein.«
Titel der spanischen Gesamtausgabe: »La Forja de un Rebelde«
© Arturo Barea and Heirs of Arturo Barea
La Forja © 1941
La Ruta © 1943
La Llama © 1946

Neuausgabe als »Spanientrilogie« in drei Bänden im Schuber
© Europa Verlag GmbH Leipzig, September 2004
Vorwort © 2001 Nigel Townson
Umschlaggestaltung: Christine Paxmann, München
DTP, Satz und Layout: Paxmann/Teutsch Buchprojekte, München
Druck und Bindung: AIT Nørhaven A/S, Viborg
ISBN 3-203-75530-0

Informationen über unser Programm erhalten Sie beim
Europa Verlag, Neuer Wall 10, 20354 Hamburg,
oder unter www.europaverlag.de.